С.Н. ЛАЗАРЕВ

ДИАГНОСТИКА КАРМЫ

КНИГА ВТОРАЯ

ЧИСТАЯ КАРМА

Академия Парапсихологии

Санкт-Петербург

1995

УДК2
ББК86.3
Л17

Л а з а р е в С. Н.
Диагностика кармы. Книга вторая. Чистая карма. — С.-Петербург:
"Академия Парапсихологии", 1995. — 352 с.

Художник С.Н. Лазарев
Редактор Г.А. Седова
Редакционная коллегия
Г.А. Седова
Р.Л. Казаров
А.А. Волков

Изготовление оригинал-макета
Е.А. Гавриков

Л $\dfrac{0403000000 - 002}{П81 (03) - 95}$ Без объявл.

ISBN 5-900819-02-7

художник   © С.Н. Лазарев

ВВЕДЕНИЕ

В настоящее время успехи официальной медицины несомненны. Одна из главных задач, стоящих перед медициной, — выявление болезни на ранней стадии, что позволит лечить людей намного эффективнее. По-прежнему проблемой медицины остается понимание того, что такое болезнь, каковы ее причины и что нужно сделать для того, чтобы она не возникла. Значительный шаг вперед современная медицина сделала тогда, когда врачи поняли, что лечить отдельный орган малоперспективно, так как заболевает весь организм, следовательно, лечить нужно организм в целом. В связи с этим повысился интерес к восточной медицине, где лечение было ориентировано именно на весь организм. Медикам пришлось столкнуться с такими понятиями, как энергетические меридианы и каналы. Представление об организме не только как о физической, но и как об энергетической системе, стало постепенно входить в понимание каждого врача.

Согласно восточной медицине, человек в первую очередь является энергетической системой, взаимодействующей со всем миром. Дальнейшее развитие официальной медицины привело к осознанию, что в сути заболевания лежит снижение иммунитета, и даже в основе онкологических заболеваний лежат нарушения иммунной системы. Иммунная система связана с энергетикой организма и зависит от нее. Диагностика и воздействие на энергетическую систему являются перспективными областями в современной медицине. Но есть и другие факторы, от которых зависит физическое состояние организма.

Много сотен лет назад Авиценна провел эксперимент, поместив овцу на некотором расстоянии от волка. Через три дня она погибла, хотя физически была здорова. Оказывается, то, что мы называем сознанием, психикой, в значительной степени может определять состояние организма. У пастухов Средней Азии существовал следующий метод лечения. Когда после неудачных родов заболевшая овца не могла уже вставать, и никакие средства не помогали, ей, вместо мертвого ягненка, давали живого, взятого у другой овцы. Она кормила его, заботилась о нем и выздоравливала. Значит, то, что мы называем психикой, может помочь, когда не помогают никакие лекарства. У человека, чей психический уровень неизмеримо выше, чем у животных, этот эффект, соответственно, во много раз сильнее. Без знания законов существования человеческой психики невозможно гармоничное развитие современной медицины.

Значительный этап в постижении того, как психика человека связана с его здоровьем, был преодолен благодаря экспериментам Месмера и Зигмунда Фрейда. Оказалось, согласно Месмеру, что на здоровье человека в большой степени влияют не только яркие, сильные переживания, стрессы, но и незначительные. Очень важно понять, насколько глубоко они проникают в психику. Следовательно, глубинные воздействия серьезно влияют на здоровье человека. Зигмунд Фрейд совершил открытие, которое соединило психологию и медицину. Он доказал, что глубинные подсознательные структуры живут по своим законам, и стресс, пережитый однажды, никогда не исчезает, хранится там и со временем может вызвать заболевание.

Свои исследования в области биоэнергетики я начал около пятнадцати лет назад. Изначальная ориентация была следующая: на больной орган можно воздействовать не только лекарствами или физиотерапевтическими средствами, но и энергетически, посылая энергетические потоки волевым усилием. В 80-х годах в экстрасенсорике, которая проходила те же этапы, что и официальная медицина, появилось понимание, что при лечении болезни воздействовать необходимо на весь организм. И еще: чем раньше проводилась энергетическая коррекция, тем легче было справиться с болезнью. В 1986 году я предпринял попытку ранней диагностики заболеваний, исследуя энергетическое состояние организма. Оказалось, что анализ энергоинформационных полей позволяет увидеть заболевание гораздо раньше любой самой совершенной аппаратуры. Следовательно, для дальнейшего развития ранней диагностики необходимо применение методов, определяющих энергоинформационное состояние организма. Непрерывно работая в этом направлении, я добивался точной и ранней диагностики болезни, выходя на более тонкие уровни полевых энергоинформационных структур.

В 1990 году я вышел на совершенно новый уровень исследований и обнаружил в энергоинформационных структурах, окружающих человека, специфические полевые деформации, которые приводили к болезням и нарушениям физического самочувствия. Устранение их энергетическим путем давало прекрасный лечебный эффект. В дальнейшем оказалось, что полевая структура человека имеет более сложное строение и именно полевые энергоинформационные структуры определяют физическое состояние организма, то есть болезнь начинается на полевом, энергоинформационном уровне. Продолжая свои исследования, я увидел интересную закономерность: при воздействии на полевые структуры менялось не только физическое состояние человека, но его эмоции, характер и события, происходящие с ним, — то, что мы называем судьбой. Следовательно, на полевом уровне физическое, эмоциональное, психическое состояние человека представляют собой единое образование, где одно связано с другим. Это позволило объяснить, почему психические и эмоциональные всплески могут оказывать столь сильное влияние на физическое состояние человека. Значит, при лечении мы воздействуем не только на тело, а, в какой-то степени и на эмоции и психику человека. Тем более справедливо обратное. Влияя на интеллект, психику, эмоции человека, мы воздействуем на его физическое состояние.

В 1991 году мне удалось совершить открытие, смысл которого заключался в следующем. На энергоинформационном уровне родители, дети, внуки представляют собой единое целое. Психика, эмоции и поведение родителей влияют на психику, эмоции и физическое состояние детей. Следовательно, изменяя психику родителей, можно изменить физическое состояние детей.

Проведенные исследования показали, что генетический код не является основным передатчиком информации. Ничуть не меньшая роль в этом процессе принадлежит полевым энергоинформационным процессам. Исходя из этого, можно говорить о полевом генотипе, который объемнее физического и передает по наследству эмоции, характер и даже мировоззрение. Это позволило установить связь между педагогикой, психологией, психиатрией, физиологией и другими науками, изучающими человека.

По сути дела, удалось раскрыть механизм кармы, о котором упоминалось в различных источниках, но реально изучить который до этого не удавалось никому. В результате многолетних исследований, подтвержденных практикой исцеления больных, определился механизм, связывающий мысли, эмоции, поведение человека с его болезнями и болезнями его детей. Человек представляет собой не только физическую, но и полевую оболочку. Если для физической оболочки основными являются пространственные характеристики, то для полевой — временные. Физическое тело простирается в пространстве, а полевое — во времени. Совершая какие-то поступки, реализуя мысли и эмоции на физическом плане, человек воздействует на свое временное тело, то есть попросту говоря, своим поведением и своими эмоциями он влияет на свое будущее. Мировоззрение человека, его эмоции

воздействуют на временное тело сильнее, чем физические поступки. В этом заключается механизм кармы, приблизительное
описание которого мы можем найти в различной литературе. Если
исходить из этого, то формирование истинного мировоззрения и
эмоций приобретают для выживания и развития человечества гораздо большее значение, чем все успехи современной медицины.
Эти исследования позволяют объединить знания о человеке в
единую систему соответственно увеличивая и раскрывая перспективы будущего.

ВРЕМЯ И ПРОСТРАНСТВО

Считая понятия "времени" и "пространства" чем-то абстрактным, я никак не ожидал, что это может быть связано с моими исследованиями. Оказывается, чем на более тонкий уровень выходишь, тем сильнее взаимодействие со всеми сущностями окружающего мира. Сначала, работая только с семейной кармой и зная, что существует личная карма, я видел, что иногда семейная "пробуксовывает", то есть человек очищается, а видимых изменений нет. Работа с личной кармой началась неожиданно.

С моей знакомой работала женщина-экстрасенс, которая стала рассказывать случаи из ее прошлой жизни и пообещала очистить личную карму. После ее ухода женщине стало плохо.

— Я чувствую, что это обман, — говорила знакомая. — Она мне не помогла, а вред нанесла.

Чтобы помочь знакомой, мне пришлось войти в глубинные слои ее полей и очищать прошлое через покаяние. Причем в первые моменты такого воздействия у людей меняется цветовое восприятие мира и возникают очень странные ощущения.

— Мне кажется, что меня в настоящем нет, — призналась одна из моих помощниц. — Мне кажется, я в будущем.

Смотрю на тонком уровне ее присутствие во времени, и оказывается, что она права, причем на тонком уровне у нее было три временных тела.

Исследуя эту тему, выясняю, что смещение временных точек в будущее улучшает состояние человека, а сброс в прошлое может привести к тяжелому заболеванию. Я посмотрел человека, который давно умер, вернее, покончил жизнь самоубийством. Временные точки оказались у него отброшенными назад. В этот момент я ощутил горечь на языке и сухость во рту. У присутствующих было то же самое.

— Что-то творится с пространством, — заметил один из моих друзей. — Расстояние начинает меняться, все как бы пульсирует.

Смотрю на тонком уровне и вижу, что пространство как бы взрывается, чувствую, что это очень опасно, что своим грубым вторжением я сдвинул не только временные, но и пространственные структуры. В дальнейшем, если я чувствовал, что мое вторжение было опасно, если характеристики времени и пространства меняются, то тут же останавливался, чтобы сбалансировать ситуацию.

Эксперименты с пространством были прекращены мною после странного случая.

Как-то, при очередной попытке нащупать пространственные структуры и найти способы воздействия на них, неожиданно пошла информация текстом: "Если ты выйдешь за пределы шагового пространства, Вселенная погибнет". Кто давал информацию, я определить не смог. Что за "шаговое пространство" и почему может погибнуть Вселенная, я тоже не понял, но на всякий случай эти исследования приостановил. Для лечения больных в тот момент они не требовались. И вдобавок с теми, кто мне помогал, стали происходить странные вещи: снились сны, в которых они проходили сквозь стены. Не буду в деталях описывать свои исследования со временем и пространством. Расскажу вкратце.

На сущность времени я вышел, когда заметил, что, диагностируя кармические структуры людей, начал быстро стареть, появилось много морщин, волосы стали выпадать. Причем, стареть начали и те, кто был рядом со мной. Я запаниковал, но старался понять, в чем дело. Через месяц стало ясно, что любое событие на тонком уровне отражается в будущем. То, что делаю сейчас, тут же отражается в зеркале будущего, и кармические слои плавно текут и реализуются в настоящем. То, что сделал в прошлом, возвращается ко мне из будущего. Скорость течения кармических слоев связана со временем. Большая часть целителей очищает только тело человека, не очищая его душу. Целители более высокого уровня очищают настоящее, выбрасывая грязь в будущее. Если человек не работает сам и не меняется при лечении, она где-нибудь всплывет. Для того чтобы очистить человека, увеличиваю скорость течения кармических слоев, подтягиваю грязь из будущего, чтобы человек покаянием очистил свою душу в настоящем. Но одновременно с этим я ускорял время. И только тогда стало ясно, что механическая "прополка" кармических слоев, хирургический подход ко времени и пространству — бесперспективны. Значит, главное — не механическое очищение в прошлом и будущем (даже через покаяние), а изменение характера и мировоззрения человека.

Когда работал со временем, мои часы за пять часов отстали на четыре часа. Потом я заметил, что при нарушениях высших законов время ускоряется и человек быстрее стареет. Чем сильнее душа зацеплена за Землю, тем быстрее идут временные процессы и ускоряется старение. Мне было интересно зарисовывать структуры, связанные со временем, и получилось, что спираль, закрученная против часовой стрелки, означает зацепленность. Когда я нарисовал структуру гармонизации временных отрезков, то увидел рисунок, напоминающий буддистские храмы с многочисленными крышами. Оказывается, архитектура своими формами может влиять на время и пространство. Сейчас я подхожу к такому периоду, когда для помощи другим мое проникновение в их пространственно-временные структуры становится необходимым. Какие у меня шансы выжить при этом, я не знаю. Время покажет.

ДРУГИЕ МИРЫ

Я часто сталкивался с фактами, доказывающими существование загробного мира. Моим знакомым являлись умершие родственники и предупреждали о том, что может случиться с ними в будущем. Заметил, что гадания на картах, на кофе тоже связаны с загробным миром. Когда же научился контактировать с душами умерших, вызывать их, получать информацию, то информация бывала неточной. Как оказалось, существует ограничение на информацию. Если знания о настоящем и будущем могли принести вред, то информацию взять не мог. Затем я увидел, что в загробном мире находятся души будущих детей. Они туда попадают перед зачатием. После смерти душа человека также попадает в загробный мир. Затем может опять воплотиться на Земле, но может и переходить в другие миры. Чем меньше структура другого мира похожа на земной мир, тем меньше шансов выжить человеку, родившемуся на Земле, но тем больший духовный потенциал он имеет. Перед зачатием душа, как правило, возвращается в загробный мир, но может быть переход из другого, противоположного нам мира. Тогда информационные структуры человека приходят в этот мир через центр звезды, в данном случае — Солнца. Загробный мир является как бы связующим звеном между нашим миром и противоположным ему миром.

Долго не мог понять, почему души, находящиеся в загробном мире, могут видеть будущее и давать информацию. Потом понял, что там присутствует реальность иного рода. Она — на более тонком плане, и там другие формы сознания. На тонком уровне — прошлое, настоящее, будущее стянуты в один узел. Вселенная возникла сначала как особый вид поля, где прошлое и будущее были одним целым, время и пространство не были дифференцированы. Появляющиеся затем все более плотные слои полей, оформление пространства и времени, дискретные образования привели к возможности создания вещественных структур и дальнейшему развитию времени и пространства. Развитие — это накопление потенциала между, с одной стороны, все большим многообразием вещественных форм в результате усиливающейся дискретности времени и пространства и, с другой стороны, изначальным единством.

Первый раз я увидел конструкцию загробного мира, когда работал со временем. Узнав, что человек живет в трех точках времени, решил посмотреть, как графически я буду выглядеть в загробном мире. Рисунок получился странным: три одинаковых человека, взявшихся за руки. После расшифровки оказалось, что это три мои временные оболочки, мое временное тело. В загробном мире временные точки сжаты. И время, и пространство там выглядят иначе. Поэтому оттуда можно увидеть, что произойдет в ближайшем будущем. Но поскольку матриц событий будущего много, то те, кто находится в загробном мире, могут делать ошибки в прогнозах.

Следующее мое прикосновение к загробному миру было в то время, когда я вышел на информацию о том, что повышенная привязанность к земному деформирует полевые структуры и приводит к болезням. Я попытался найти способы блокировки этого. Неожиданно выяснилось, что усиление контакта с загробным миром блокирует зацепленность за земное и способствует развитию духовных структур. В этот момент я вышел на контакт с моими будущими детьми, и они стали передавать мне информацию. Впечатление было странным. Шел большой поток информации, полевые структуры напряженно работали на прием и обработку, а в сознании была тишина, ни одного всплеска. Когда я попробовал перевести информацию в сознание, то она перекрылась. Оставил попытки — информация опять пошла на подсознательном уровне. Сознание готово принять не любую информацию и, чтобы оно выжило, включается система защиты. Это помогло мне понять культуру Египта, понять, почему раньше такие огромные средства, титанические усилия тратились на то, чтобы обеспечить существование человека после смерти. В рамках обычной логики это осознать невозможно. Культура загробного мира была значительно весомее земной реальности, и, глядя на колоссальные строения древних Фив, я начинал понимать, что здания на Земле должны отвечать не интересам тела, а интересам духа. Оказывается, одним из главных условий первых этапов развития цивилизации было развитие форм контактов с загробным миром и закрепление их в материальных символах.

Очередной контакт с загробным миром был для меня неожиданным. Мне принесли настой грибов-поганок, оказывающий воздействие, сходное с ЛСД. Человек, который дал мне его, предупреждал: "Через двадцать минут начнут меняться цвета предметов, изменятся физические ощущения, даже членораздельно говорить ты не сможешь".

Изменения последовали довольно быстро. Одни чувства начали притупляться, другие обострились. Притуплялись те эмоции, которые были связаны с сознанием и телом. Активизировались же подсознательные, связанные с другой реальностью. Язык стал заплетаться, тело как будто потеряло вес. Ощущения были, как после выпитого стакана спирта. Но, как ни странно, на способности диагностировать это никак не отразилось. Я понял, что диагностирую на тонких полевых уровнях. Временные деформации сознания здесь не только не мешают, а даже помогают. Продолжая зарисовывать работу своих полевых структур, с удивлением увидел, что резко усилен контакт с загробным миром. Правда, этот контакт был однобоким, искаженным. На другой день, просчитывая ситуацию, я пришел к очень интересному выводу: у растений контакт с тем миром сильнее, чем у животных; особенно сильно он выражен у так называемых галлюциногенов. Принятие дурманящих напитков или курение различных трав смещало точку опоры сознания, связанного с логикой этого мира, на логику одного из слоев подсознания загробного мира. Это давало новую информацию и толчок развитию сознания. То есть принятие галлюциногенов было одним из источников получения новой информации, которую черпали из подсознания. При этом блокировалась зацепленность за земное разрушением логических структур, и это давало лечебный эффект.

В древней Индии употребляли напиток, который в Ведах называется Божественным, — сомоли, в него входил настой из мухоморов. Это замедляло работу сознания и активизировало работу подсознания. Аналогичные приемы употреблялись в боевых искусствах. Активизация духовно-полевых структур расширяла возможности тела. Использование галлюциногенов происходило в буддистских школах, связанных с боевым искусством. Древние викинги перед боем пили отвар из мухоморов, чтобы приобрести неустрашимость в бою.

Алкоголь, наркотические, галлюциногенные средства разрушают не только сознание, но и тело, возникает привыкание к ним и зависимость от них, поэтому в плане лечения и познания мира они были только толчком, а дальше начинают развиваться техники: сначала деформации, потом остановка сознания для активизации полевых структур, связанных с другими мирами.

Выяснился один любопытный факт: человек — это не только животное, но и растение. Волосы, ногти, отдел кишечника живут по законам растительного мира. Поэтому после смерти человека не прекращается рост волос и ногтей. Если человек сильно заземляется и агрессия идет на тонкие уровни, то у него могут выпасть волосы, и это будет блокировать проникновение агрессии в загробный мир.

Я смотрел однажды молодую девушку, у которой началось стремительное выпадение волос. Сначала обнаружил мощную программу уничтожения собственных детей, потом вышел на то, что лежало в основе этой программы: для нее благополучная работа, карьера были намного важнее рождения детей. Это же было и в прошлых жизнях. Выпадение волос блокировало проникновение программы в загробный мир и нанесение вреда душам детей.

Любопытный момент: стало понятно, почему всех ведьм рисовали с распущенными волосами. Оказывается, волосы могут иметь отношение к колдовству. Если желание человека проникает на тонкие уровни и достигает загробного мира, то вероятность реализации этого желания многократно возрастает. Когда человек, высказывая свои желания, поглаживает волосы, наблюдается тот же эффект. Я понял, почему в церковь женщины должны входить с покрытой головой. Волосы женщин усиливают возможность реализации земных желаний, сбивают энергетику и мешают духовному настрою, ибо диапазон христианского эгрегора включает в себя не только загробный мир, но и более тонкие духовные структуры. Контакт с загробным миром помогает резко повысить уровень прикладных способностей, тактических. Все, что мы называем магией и оккультизмом, чаще всего связано с этим уровнем.

Теперь стало понятно, почему Апостол Павел лишил способностей ясновидения женщину, которая говорила, что он Бог, то есть своим видением прославляла его. Уровень контакта Апостола был значительно выше ее уровня, и, перекрыв ей контакт с другим миром, он перекрыл ее способности. Почему он это сделал? Когда человек сообщает информацию и увязывает ее в логические структуры, все это делается в рамках определенного эмоционально-духовного слоя. Проще говоря: вначале мы понимаем мир эмоциями, ощущениями и только потом — мыслями. Значит, в основе мировоззренческих философских структур лежат структуры эмоционально-духовные. Они зарождаются при взаимодействии наших полевых структур с различными слоями реальности. Загробный мир по своей структуре ближе к земному. Есть другие миры и реальности, где меньше вещественного и больше духовного — масштаб больше. Усиление контакта с загробным миром породило язычество. Контакт с другими слоями, более духовными, породил христианство. Жизнестойкость и перспективы каждой религии определялись достижением высших духовных уровней. Чем больше количество других миров и Вселенных, тем выше должен быть уровень духовности, соединяющий их.

На взаимодействие с другими мирами я вышел в режиме лечения. У одной пациентки шла агрессия к другим сущностям, и это было связано с какими-то магическими действиями в прошлых жизнях. Неделю ломал себе голову, пытаясь просчитать, что это за сущности. В конце концов пришел к выводу, что это другие миры. Попытался нарисовать, как они выглядят, но у меня ничего не получилось. В рамках земной логики это было невозможно. Тогда я выключил логику и попытался брать информацию в любых символах, понимая, что напрямую ее отразить невозможно. Некоторую информацию нельзя было даже воспроизвести на бумаге, но что-то зафиксировать я сумел, и картина стала проясняться. Оказалось, что структура Вселенной сотовая, состоящая из тридцати трех миров, которые группами соединяются между собой, и каждый человек, вернее, его двойник тонкого плана, присутствует в каждом мире, соответственно, совершенно иначе выглядит и имеет другое сознание. Посмотрел, как я выгляжу в одном из ближайших миров. Было очень потешно: какое-то странное амебовидное существо с непонятными образованиями внутри.

Раньше я уже писал о других мирах, об их воздействии на нас, о том, что мы на тонком уровне тоже взаимодействуем с ними и несем им вред или пользу, в зависимости от того, насколько совершенно наше мышление. Получая информацию о конструкции других миров, об их жителях, не подозревал, что мне придется столкнуться с этой проблемой на гораздо более серьезном уровне.

Однажды мне на глаза попался журнал с фотографиями странных кругов, появлявшихся ночью или рано утром на полях в Англии. Меня фотографии заинтересовали. Я рассуждал следующим образом: если эти круги кто-то начертил, то этим преследовалась какая-то определенная цель информационного воздействия на людей. Надо было просчитать, как они влияют на человека, смотревшего на них некоторое время. Я проверяю воздействие на основные параметры, на общую полевую структуру, по системе двойников, на информационное поле. И тут открывается удивительная картина. Круги оказывают положительное воздействие на любого человека, который на них смотрит.

Краткое отступление.

Некоторое время назад, когда мы с моей ассистенткой вели работу по сбору информации и чистке кармы, я все время выходил на некую сущность, имеющую большое значение, и нарушения по отношению к которой карались весьма сурово. Но я еще не знал, что это за сущность. После многодневных усилий сумел разгадать ее: это оказалось человечество в будущем. Выяснилось, что энергетика будущего человечества на тонком плане коренным образом отличается от нашей энергетики. Я посмотрел, какие параметры должны быть у нынешнего человека, чтобы он был подготовлен к вхождению в новое состояние. Дело в том, что матрица будущего человечества сформирована, и одна из причин многих сложных заболеваний — несоответствие полевых параметров современного человека этой матрице. Все те, у кого параметры окажутся ниже определенного уровня, будут исправляться через болезни, а в случае неудачи — отсеиваться смертью. Вот четыре основных параметра, которые должны иметь максимальное значение, — это духовность, наполненность любовью, здоровая психика и минимальный уровень подсознательной агрессии. Кроме того, есть два дополнительных параметра — душа и поведение.

Когда я посмотрел, как рисунки на полях в Англии воздействуют на человека, то увидел, что идет мощное облагораживающее воздействие на его тонкие полевые структуры. Итак, воздействие рисунки оказывают.

Теперь нужно было найти их автора. Мне казалось, что это инопланетяне, правда, смущало то, что при появлении кругов никаких НЛО люди в том месте не замечали. Механизм появления кругов был непонятен, да и зачем инопланетянам, которые уже неплохо освоили наш воздушный океан, изображать какие-то круги?

Итак, я закрыл карму, вышел на тонкий полевой уровень и начал исследовать причину появления кругов. Здесь меня ждал очередной сюрприз. Это оказались другие миры. Поработав с информационным полем, я понял, в чем дело. Соседние миры общаться между собой могут только на очень тонком информационном уровне. Передача информации происходит через точку, ибо информация есть свернутая в точку пространственно-временная реальность. При определенной степени плотности пространство и время исчезают, остается информация, которая, проконтактировав с информационным полем Вселенной, реализуется, разворачиваясь во времени и пространстве. С каждым очередным циклом плотность информации повышается, то есть контакт с Божественным усиливается. Все вырастает из зерна.

Энергетический контакт разорвет оболочку между мирами и может привести к их гибели. Наше мышление сейчас подобно растущей раковой опухоли и весьма вредит всем соседним мирам. Причем, вырезать опухоль невозможно, она дала метастазы, то есть, если цивилизация на Земле погибнет, это отнюдь не исправит вреда, наносимого невежеством человечества другим мирам, ибо наши полевые структуры нерушимы.

Поэтому в интересах всех цивилизаций нашего мира и других миров спасти нас духовно. Каким образом цивилизация другого мира может оказывать влияние на нас? Только информационно. Но воздействия лишь на наше подсознание маловато, должно быть еще какое-то материальное проявление, чтобы происходило одновременно и изменение сознания человека. Решена эта проблема была очень изящно. Человек — это уникальная система, в которой тонкие информационные уровни достаточно быстро превращаются в энергетические, а затем — в физические, то есть идея становится материей. Я уже упоминал, как информационные слои спускаются на энергетический уровень, а потом воплощаются в физическое тело.

Этим и воспользовались представители других миров. С четырех до пяти утра у человека наиболее сильна активизация подсознательных структур, когда глубинное подсознание выходит на поверхностные слои. В зоне круга с трех часов ночи начинается активная посылка информации тонкого уровня с определенными программами в подсознание нескольких десятков тысяч людей. Они реализуют эту информацию на энергетическом уровне, и подсознание, усиленное несколькими десятками тысяч человек, фокусируется в точке на глубине около двухсот метров под землей, под тем местом, где должен появиться круг. Около четырех часов утра энергетика реализуется на физическом уровне, и в течение одной-двух минут посевы ложатся строго в соответствии с полученной информационной программой. Этим и объясняется отсутствие всех видимых причин сминания стеблей. Итак, я выяснил, что это оказывает мощное положительное воздействие.

Осталось решить другую задачу: почему была выбрана такая форма, и с чем связана конфигурация рисунков? Решилась она следующим образом. Когда я на тонком информационном уровне смотрел, как выглядят представители других миров, то мной все время овладевали сомнения — уж больно нелепый у них вид. Тогда меня осенила мысль: "Ведь я их вижу на тонком полевом уровне. А, может быть, на грубом, на котором работают наши органы зрения, они выглядят иначе?" Когда взял их на поверхностном первом уровне сознания (выяснилось, что я работаю в основном на девятом уровне сознания), все встало на свои места.

Внешне представители других миров оказались похожими на нас. Я решил проверить эту гипотезу на кругах и определить, как рисунки выглядят на уровне их первого слоя сознания, ибо, судя по всему, они были посланы на восьмом уровне сознания.

Все оказалось достаточно просто. Соединение двух кругов представляет собой соединение двух цивилизаций, большой круг — представитель другого мира, малый — представитель нашего мира. Все рисунки были посланиями с пожеланием любви и единения. Это была попытка не просто установить с нами дружественный контакт, но и помочь нам выжить, заблокировать наши самые опасные программы.

Итак, я рисую линию, на которую нанизаны два круга, вокруг одного из них, большего, есть кольцо. Между ними, в стороне от прямой линии, четыре небольших отрезка равной длины. Это в нашем восприятии. Может ли это выглядеть иначе в восприятии того мира? Я разделил лист на две части и справа рисую, как эта информация видится их глазами на первом уровне сознания. Слева вырисовывается примитивный человечек, поднявший руки вверх, на его голове торчат несколько волосинок, глаза — точки. Лицо занимает почти всю голову, рот — до ушей, человечек радостно улыбается. Это мы, земляне.

Прижавшись к нему кружочком-телом, стоит еще одна фигурка, она крупнее, ручки не подняты вверх, как у нас, а раскинуты в стороны. Этот человечек посылает первому гармоничную структуру в виде цветка, символ развития и оплодотворения. Голова у него огромная, большую ее часть занимает лоб, нос и рот крошечные, один глаз — большой овал, а второй выглядит странно, у него как бы ячеистая структура. Вероятно, это связано с суперспособностями.

Почему же им сразу не послать информацию, которую мы могли бы расшифровать? Судя по всему, контакт между мирами возможен только на определенном уровне, на очень тонком информационном слое. Проходя через этот слой, первоначальная информация изменяется и выглядит совсем по-другому. В их восприятии мы, наши дома и Земля тоже выглядят совсем иначе, не так, как мы сами себя видим.

К тому же не исключено, что форма кругов определялась особенностями связующего информационного поля.

Напрямую в другие миры ломиться очень опасно. Это я сразу понял, когда, не проконтролировав свои полевые структуры, не подготовив себя, решил попытаться сам установить с ними контакт. Я рассуждал так: поскольку мне удалось получить информацию о другом мире, значит, определенная форма контакта уже существует. Поэтому можно усилить этот контакт и передать им какую-нибудь информацию о нас. Я представил, что перехожу из нашего мира в их мир и даю им аналогичное послание.

Поскольку я действовал не через контакт с кем-либо, а напрямую, то невольно подключил энергетику. Внешне ничего не произошло. Мне стало интересно, как проходил контакт, и я стал отображать весь процесс графически. Миры между собой разделены как бы мембраной пространства — времени, и я увидел, что мой дубль, прорвав мембрану, устремляется в другой мир. Там он присутствовал как бы в коконе, и вокруг него сразу начали кружиться некие сущности. Мне было интересно, как поведет себя разорванная мембрана. На ней немедленно появился знак полного закрытия. Только тогда я понял, что мое вторжение может быть опасно как для нашего, так и для другого мира. В комнате, где я работал, мы были вдвоем, вдруг в нескольких метрах от нас пространство стало меняться и как бы светиться. Особенно хорошо было заметно это сияние боковым зрением. У меня в голове появилась характерная боль, указывающая на то, что информацию можно брать текстом. Пошло автоматическое письмо. Хочу полностью привести здесь полученное послание, это поможет понять всю сложность ситуации.

"Скажи людям: они слабы для проникновения в Космос. Если будут вторгаться в тонкие миры, то начнут умирать их дети, то есть умирать будут их тонкие тела-поля. Ты хорошо работаешь через Солнце. Ты будешь хорошо исследовать то, что так или иначе скоро произойдет. Скоро, скоро. Ты обязательно дай информацию о контакте. Если этого не будет, хорошего не жди.

Скоро получишь большие деньги. Успей отдать на создание школы изучения полевых структур.

Если опять будешь вторгаться в наш Мир, то помни: пока ты не можешь делать то, что мы делаем нехотя. Готовься к тому, что у тебя будут большие проблемы в личной жизни. От тебя уйдет твоя любимая дочь. Она умрет. От тебя ничего не зависит. Дальше будешь хотеть смерти себе из-за того, что потеряешь свою силу с женщинами. Скоро это будет. Жди. Отец ".

Итак, меня в ближайшее время ожидает смерть, а также смерть моих близких, кроме того, развал поля в районе первой чакры. Я понял, что нанес при контакте какой-то вред и включились блокирующие программы. При нарушении законов в первую очередь пробивается первая чакра, чакра размножения и передачи информации. Мне потребовалось много времени, чтобы понять, что произошло:

первое — не подготовился к контакту и не посмотрел, насколько чиста моя карма для этого;

второе — пошел на контакт, подключив энергетику грубого плана, а, судя по всему, это нарушение законов.

Миры не могут контактировать формой, их контакт может осуществляться только на очень тонком плане через содержание. Блокировка этого нарушения происходит на самых тонких уровнях, то есть на уровнях, отвечающих за размножение и за жизнь будущих детей.

Когда я посмотрел свое поле на тонком уровне, то увидел смерть свою и своих потомков в двенадцати будущих жизнях, то есть на тонком уровне я уничтожил свое потомство, как и себя, впрочем. Мне оставался единственный выход — покаяние и очищение кармы. Следовало убрать все программы, приведшие к травме другого мира, а также причины, позволившие мне бесцеремонно нарушить высшие законы.

Около часа я пытался стабилизировать свое поле и поле дочери. Постепенно все стало приходить в норму, метод, позволяющий смерть превратить в жизнь, спас меня и на этот раз. Моя монада, находящаяся в двух мирах, начала фиксироваться сначала в семи, а потом во всех тридцати трех мирах нашей Вселенной. Потом, при очередной чистке кармы, я был вынужден выйти во вторую Вселенную, а затем и в третью, в которой заключены обе первые Вселенные. Мне сложно пока дать какое-то объяснение по этому поводу, ибо информация поступает в процессе работы над очищением кармы и жестко определяется именно этим направлением. Работая в режиме очищения кармы, я нахожусь под защитой. Обыкновенное любопытство может привести к потере контроля над ситуацией. Шансов выжить при этом очень мало.

Тема других миров не оставляла меня еще несколько дней. Когда мне удалось стабилизировать ситуацию после контакта, я вышел погулять на улицу. Через полчаса стал чувствовать боль во всем теле, как будто его прокалывали вязальными спицами. Я понял, что блокировка происходит не только на тонких уровнях, и гораздо быстрее, чем я ожидал. Не исключено, что информация, данная в тексте, была столь категорична для абсолютной мобилизации всех моих сил, чтобы я понимал серьезность происходящего. Еще несколько дней я снимал у себя нарушения по другим мирам, зато информационный кругозор резко расширился. Такого рода смертельные ситуации очень хорошо способствуют повышению уровня. У меня их было достаточно много при изучении полевых структур, поэтому любая смертельная ситуация воспринимается сейчас мною как нормальный рабочий режим повышенной сложности.

Через два года после описанных событий я убедился, что информация о моих личных проблемах оказалась искаженной, многократно преувеличенной в негативном аспекте. Таким образом меня заставляли работать над собой. Чем в более сложную ситуацию жизнь ставит человека, тем сильнее его устремление к Богу через молитву.

Хотелось бы упомянуть еще одну интересную деталь. Когда я понял, что на каждом информационном уровне любой предмет выглядит по-разному, то решил взять яблоко и посмотреть, как оно выглядит на разных уровнях. Итак, первый уровень — яблоко с листочком, прикрепленным к хвостику; второй слой сознания — яблоко, но листочек уже отдельно, как некая сущность рядом; третий слой — яблоко в разрезе, видны зернышки; четвертый слой — похож на техническую графику, яблоко напоминает скобу, внутри которой находится четырехлепестковая структура Божественного, знак продолжения рода. С внешней стороны скобы — прямоугольник, разделенный надвое, около него структура разрушения, и так далее.

Я понял, что по мере выхода на все более тонкие слои идет все более обобщенная информация, где внешняя форма начисто отсутствует, поскольку она не имеет никакого принципиального значения. Дойдя до восьмого уровня, дальше информацию взять не мог, хотя она явно была, но, вероятно, выходила пока за пределы моей компетенции.

Когда я работал со структурами яблока, нас было за столом трое. Нарисовав, отложил в сторону листок, и в этот момент одна из присутствующих хотела прикоснуться к нему шариковой ручкой, но была вовремя остановлена. Я посмотрел, что могло произойти, если бы она что-то нарисовала на этом листе. Мощные деформации поля в районе головы, печени и первой чакры, через пять дней ситуация могла бы кончиться смертельным исходом. Атаковало мое подсознание. То есть информация, оставленная на листе, еще работала, и контакт с моим подсознанием, и прикосновение к листку человека с незакрытой кармой могли бы окончиться плачевно для рискнувшего это сделать.

Такой контакт держится около суток, затем он закрывается, и листок можно трогать. Это был очередной шаг в исследовании подсознательных структур. Раньше я знал, что не всю информацию, которую получаю, можно наблюдать остальным, поэтому во время моего контакта с источником информации, неподготовленный человек, войдя туда через мое поле, мог бы иметь большие неприятности. Как и всякая серьезная тема, контакт с другими мирами на время полностью закрылся. Это знак того, что я еще далеко несовершенен.

КОНТАКТЕРЫ

Любой человек, независимо от его способностей, является контактером и, в свою очередь, частью чего-то великого. Все зависит только от уровня контакта. Когда последний на порядок выше, чем у окружающих, человека называют контактером, или ясновидящим, или медиумом. Я как-то смотрел, сколько существует уровней сознания и на каком находимся мы. Растения — на втором, животные — на третьем-четвертом, человек — на шестом. Приматы, например, на третьем, четвертом, пятом. Если я сумел правильно оценить информацию, то наши возможности включают семьдесят пять уровней, но, судя по всему, эти соотношения плавающие, нестабильные.

Как правило, детальное предсказание событий происходит при контакте с загробным миром. Сначала я относился к этому как к шутке и не больше. Но мне в точности предсказали события, которые исполнились, и я понял, что механизм предсказания событий действительно существует. Когда мы, забавы ради, крутили тарелку, и мне было не только предсказано рождение сына, но и назван точный срок, я был весьма удивлен. Потом, занимаясь исследованиями, я узнал, что загробный мир — самый близкий к нам и контакт с ним дает информацию, точную в мелочах, так сказать, — видение тактического плана, но с большими ошибками в крупном.

Развитие информационных и энергетических способностей связано с этим уровнем.

Видение более высокого порядка — это уже контакт с другими мирами, уровень не гадалок и прорицателей, а людей, продвинутых в духовном плане. Если есть контакт с другими Вселенными, то это уровень пророков и мессий. Но есть уровень непосредственного контакта с Божественным. Насколько я понимаю, человек, имеющий контакт с Божественным, не всегда может реализоваться на внешнем уровне. Но на тонких уровнях его влияние всегда значительно. Если результаты контакта с загробным миром человек может реализовать в одной-двух жизнях, то на реализацию контакта с Божественным могут уйти десятки жизней. Талант формируется не одну жизнь, поэтому, когда мы видим человека исключительного, то видим лишь реализацию того, что он накопил в прошлых жизнях. А там, чтобы накопить духовный потенциал, он должен был пройти полную нищету и не упасть при этом духом; вынести самые тяжкие удары судьбы, которые сломали бы любого-другого, но он выжил, потому что точку опоры искал не в теле, а в духе. Происходящие события заставят его усомниться в разумности и справедливости окружающего мира, и, чтобы сохранить свой потенциал, он должен быть безраздельно устремлен к Богу. Потом человеку дадут физическую ущербность, страдания и болезни, но это укрепит его желание накапливать духовность, а не материальный капитал. В следующей жизни ему дадут возможность вырваться вперед, почувствовать себя намного способнее других и тут же пошлют смерть, чтобы ощущение превосходства над другими ассоциировалось у него со смертью. Так постепенно будут увеличивать амплитуду, даруя все больше земных возможностей и счастья, а потом разом разрушая все это, чтобы постепенно человек перемещал точку опоры и цель жизни на единственное, что не разрушается, — на любовь к Богу. И как только исчезнут последние моменты прирастания души к Земле, он будет готов в следующей жизни принять любую информацию, и это не повредит его душе. Ощущение своей незаурядности, превосходства над другими всегда будет иллюзорным для него.

Однажды ко мне обратились родители погибшего мальчика.
— Нашего сына сбила машина, и он умер. Мальчик был очень ласковым и умным, мы никак не можем понять, почему это случилось. Во время похорон мы сфотографировали его в гробу, и, когда проявили пленку, увидели, что как будто цветок в гробу лежит. Это был не дефект пленки. Нам говорили, что это связано с НЛО.
Я объясняю родителям:
— Это вам знак, что его смерть не случайна и в этом есть созидательный смысл. Судя по диагностике, он действительно связан с инопланетянами, то есть мальчик — прирожденный контактер, но его душа слишком зацепилась за мудрость. Можно сделать целью и кумиром деньги и зачернить душу; можно любимого человека и отношения с ним сделать кумиром, а можно сделать кумиром источник информации. И тогда информация, которую он даст людям, будет пропитана гордыней и станет опасной.
— Но что же такого он совершил в прошлых жизнях, раз его останавливают не болезнью, а сразу смертью? — спросила мать.
Смотрю прошлые жизни и не вижу там причину смерти. Она была в будущем.
— В следующей жизни ваш сын родится в Тибете и станет контактером очень высокого уровня, но для этого он должен быть

абсолютно не зацеплен за мудрость и гордыню. Важность его дела в будущем настолько велика, что в этой жизни полумеры по отношению к нему не годятся. Вы своим сожалением, обидами, нежеланием жить можете повредить его душе, поэтому те, кто будет работать с ним в следующей жизни, дают вам знак стойко принять это, чтобы не запачкать его душу.

При общении с контактерами я убедился, что среди них встречаются люди с психическими нарушениями, или, наоборот, с ясной головой, но с авантюрными замашками. Активизация полевых структур усиливает контакты с загробным миром, и человеку кажется, что он общается с высшими сущностями и чувствует себя чуть ли не мессией, а информацию дает его собственный дубль или чья-то душа. Помню, как два контактера одновременно давали мне информацию. Она совершенно не совпадала, а иногда просто вызывала смех. Мне было интересно посмотреть саму динамику развития контакта. Постепенно стали появляться указания, приказы. Я сказал им, что уезжаю на неделю в Польшу, но на самом деле никуда не поехал. Потом они мне рассказывали, что я неправильно сделал во время поездки.

Об этом я рассказал на приеме одной пациентке, когда речь зашла о контактерах:

— Нет контактеров, которые получали бы абсолютно чистую информацию, так как их психика этого не выдержит. Они могут за нее зацепиться так, что из-за этого их гордыня, а особенно гордыня их детей, увеличится многократно. У детей шансов выжить нет, поэтому у контактеров высокого уровня либо нет детей, либо они погибают. Спасение для контактера в том, что информация идет "бутербродом": слой чистый, слой грязный. К этому надо относиться правильно. Любую информацию следует воспринимать критически, то есть верить и не верить одновременно.

Женщина, подумав, задает вопрос:

— А Вы какую информацию получаете? Сколько в ней "грязи"?

— Думаю, что в моей информации тоже есть "грязь", — ответил я. Через несколько секунд женщина жалобно сказала:

— У меня рука левая отнялась.

Смотрю причину, почему-то это связано со мной: идет отречение от Божественного.

— Прошу прощения, но я вынужден заявить, что у меня в главном информация чистая.

— Вы знаете, рука тут же стала подчиняться мне, — и женщина улыбнулась.

Приведу один случай общения с контактерами достаточно высокого уровня. После выхода первой книги знакомые стали передавать мне, что ходят слухи: "Лазарев "почернел", контактирует с "грязными" сущностями, его первая книга убивает людей". Мне было тошно.

Отчасти они правы. Вспышка интереса ко мне на тонком уровне вдавила меня в землю, усилила гордыню и зацепку за способности и мудрость, а ведь я тогда только начинал ориентироваться в этих понятиях. В этот момент ко мне пришли супруги, сообщившие, что они контактируют с другими цивилизациями. Им разрешили встретиться со мной. Более того, передали, что информация, содержащаяся в моей книге, достоверная. Они рассказали, как начался контакт у них.

Молодой человек имел два высших образования, был директором коммерческой фирмы, то есть человек вполне здравомыслящий. Но однажды, когда он сидел дома, перед ним стали материализовываться листки бумаги и падать на стол. На его глазах они покрывались каким-то странным текстом, а звучащий голос тут же давал перевод. Потом пошли указания: "Оставить прибыльную работу, заниматься только собой, исключить спиртное и секс. Дочери оставить учебу".

— У меня дома несколько стопок с листками, где они дают информацию, причем запретив показывать ее кому-либо, даже Вам. Я здравомыслящий человек и хотел бы узнать, правильно ли делаю, что подчиняюсь им?

Смотрю его полевые структуры.

— Я не могу точно сказать, кто с Вами работает, но работают профессионально. Выпивка и секс дают мощное заземление, поэтому принимать информацию намного тяжелее. Тем не менее зацепка за способности и мудрость начинает повышаться, и спасти Вас можно через унижение вашей гордыни, поэтому долгое время запрещали работать Вам и учиться дочери. Сейчас Вам позволено быть директором крупной фирмы, потому что у них виды на будущее: Вы получите возможность работать в каком-то ключевом режиме для спасения человечества.

— Правда, что они из созвездия Гончих Псов? — спрашивает меня контактер.

— Если человек постоянно будет воплощаться только на Земле, это опасно для его высших духовных структур. Поэтому он периодически воплощается на другой планете, которая находится с другой стороны Галактики, с цивилизацией, похожей на нашу. Кроме того, есть цивилизации-посредники, которые находятся между нами и той планетой. Вот эти посредники чаще всего навещают нас. Периодически человек рождается в других мирах и в других Вселенных для того, чтобы разрушить привычные стереотипы и активизировать контакт с Божественным. А какие еще у Вас были формы сотрудничества?

— Когда я не работал и нечего было есть, мы как-то пришли домой, а весь стол вдруг оказался завален едой, была даже кастрюля с горячей картошкой. И потом нас периодически подкармливали неизвестно откуда появляющейся едой.

Мое общение с этими контактерами продолжалось недолго. Мне в голову стали приходить мысли: "Я над первой книгой так "пахал", что чуть не помер от перегрузок, а вторую только начал писать, а жить-то хочется, а тут, глядишь, более опытные товарищи подскажут, как мне написать вторую книгу". Но "халява" тут же кончилась. Им запретили общаться со мной под страхом наказания. Я понял, что мне нужно заниматься своим делом, а им — своим, и мне придется писать вторую книгу самому, не ожидая помощи со стороны.

Самый лучший вид контакта тот, при котором человек чувствует, что его ведут, а доказать этого не может. Явно видимый материальный контакт расслабляет и развращает наше сознание. Для того, чтобы что-то сделать качественно, человек должен рассчитывать только на свои силы, и любая помощь может быть опасной, иначе он никогда не встанет с колен. Только в критических случаях указания идут напрямую. В вышеуказанном случае меня подвели к контактерам, чтобы я их сбалансировал, а потом увели для дальнейшей работы.

ДВОЙНИКИ

Исходя из физического представления о мире, я считал, что каждый человек — это уникальное, неповторимое существо, и смерть, поэтому, носит абсолютный характер. На тонком уровне все оказалось несколько иным. Когда я понял, что структура Вселенной ячеистая и духовная конструкция человека повторяется в этих ячейках, тогда мои представления о человеке изменились, и оказалось, что во времени и пространстве, даже в одном мире, каждый человек представляет собой группу сущностей, объединенных общей информационной структурой. Из восточной литературы известно, что у человека есть энергетический двойник. Я убедился в этом, проанализировав тонкие слои полей, и начал изучать поведение энергетического двойника. Когда мы думаем о каком-либо человеке, наш двойник мгновенно переносится туда и собирает информацию о нем, правда, информация идет на подсознательном уровне. Поведение двойника определяется установками, взятыми из нашего сознания, то есть какой у меня характер, такое поведение будет у моего энергетического двойника. У меня была мысль заняться активизацией и расширением возможностей двойника. При определенной тренировке он может работать на физическом уровне. Приведу пример.

Однажды я почувствовал, что моя знакомая может погибнуть. Чтобы ее спасти, у меня было полчаса, так как на тонком уровне очищение шло медленно, я мог не успеть. Послав своего двойника, вскоре получил информацию, что все в порядке. Через несколько дней я ее встретил.

— Ты знаешь, что в понедельник в шесть часов вечера ты могла погибнуть?

— Действительно, я полезла за чем-то на шкаф и, упав навзничь, затылком чуть не ударилась об угол стола.

При активизации двойника можно контролировать любую ситуацию на расстоянии. Но потом я прекратил эти занятия, почувствовав опасность.

Произошло это следующим образом: я как-то дистанционно посмотрел одного экстрасенса и вдруг ощутил мощную атаку. Мне тогда было непонятно, в чем дело. Оказывается, у меня возникло некоторое презрение к этому человеку, моя диагностика, по сути дела, стала атакой, и ответная агрессия была столь мощной, что мне пришлось лечь, ибо меня шатало и кружилась голова. Проходило время, и мое состояние ухудшалось. Я послал своего двойника, который прорвал поле этого человека. Атака сразу же прекратилась. А потом до меня дошло, что блокировка двойника и разрыв поля приведут к его смерти. Я вспомнил о магических техниках, когда при подобных повреждениях человек через десять дней умирает, а врачи при этом ставят диагноз воспаления легких или чего-то в этом роде. Несколько часов у меня ушло на то, чтобы восстановить нарушенные мной полевые структуры экстрасенса. Мне стало ясно, что малейшая обида на любого человека приведет к тому, что мой двойник будет убивать его. Обидеться можно и на собственных детей, и на близких людей. И сколько жизней придется потом за это расплачиваться? Потом я еще много раз убеждался, что силовое решение ситуации — это проигрыш, а понимание происходящего и правильная ориентация являются гораздо более мощной системой защиты, чем любые воздействия.

Оказалось, что у человека не один энергетический двойник. Мои знакомые утверждали, что видели меня на улице, хотя я сам в это время спал дома. Мне стало интересно, кого они видели, и я дистанционно просматривал ситуацию. Результаты были странными: это был я, но в совокупности с пространством и загробным миром, это была как бы моя копия, которая находилась там, а реализовывалась здесь, в основном во время моего сна. Двойник так может менять характеристики пространства в нашем мире, что становится реально видимым и практически неотличимым от оригинала. Я долго думал, зачем нам нужен двойник и каково его назначение. Выяснилось, что дубль живет пять жизней и на тонком уровне я являюсь как бы одной пятой более емкой структуры.

Когда человек умирает, его тело разрушается, а сознание трансформируется, но квинтэссенция всего, что он прошел, должна куда-то передаваться. Все это переходит в дубль. Человек, как пчела, собирая в жизни самое главное, передает его дальше, в будущее. Когда разрушается дубль, главная информация передается структурам судьбы, причем по рисунку наш дубль напоминает бабочку, а судьба — то ли птицу, то ли ящерицу с шестью крыльями. Каждое образование, живущее во времени, имеет форму и содержание, которые передаются высшим иерархическим структурам.

С одной из моих пациенток состоялся следующий разговор:
— Часть Ваших проблем объясняется тем, что пришли программы из прошлых жизней. В прошлой жизни Вы были мужчиной и жили в Австралии.

Она посмотрела на меня так, как будто я вытащил у нее из кармана кошелек.

— А в прошлый раз Вы мне сказали, что я была женщиной и жила в Америке.

Мне стало стыдно, но все равно почему-то получалось, что и тот, и другой варианты верны. А потом оказалось, что у каждого человека есть двойник противоположного пола, то есть идентичная энергетическая структура. Они живут на тонком уровне, постоянно взаимодействуя друг с другом. Это облегчает смену полов по жизням. Чтобы не зацепиться за физическую оболочку, человек не только болеет, стареет и умирает, но и меняет периодически пол. Гормональный сдвиг, необходимый для этого, минимален. В каждом человеке есть мужское и женское начала, 5 — 10% превышения одного над другим — и рождается ребенок соответствующего пола. Я смотрел, как перед зачатием, и даже после зачатия, колеблется половая ориентация ребенка. Если опасные программы идут по женской линии (ревность, ненависть), рождается мальчик, и материнские программы в нем как бы спят, но могут активизироваться в его дочери, и наоборот.

Когда в одной жизни у человека есть тяга к смене пола — это блокировка неблагополучия, сидящего внутри. Как-то ко мне пришла женщина и сказала, что любит другую женщину и чувствует, что у нее душа мужчины.

— Смена половой ориентации в одной жизни, — стал объяснять я ей, — как правило, связана с ревностью. Вы в прошлой жизни были невероятно ревнивы, и ревность стала постепенно превращаться в ненависть к женщинам, которые могли отнять любимого человека. Если подобное повторится в этой жизни, Вы не выдержите и ревностью будете убивать любовь к другим и к себе. Значит, в этой жизни либо Вы умираете, либо начинаете испытывать повышенное влечение к женщинам, меняя половую ориентацию. То же самое у мужчин: ревнивый мужчина тяготеет к гомосексуализму. Ревность — это зацепленность за любимого человека, за отношения, за земное. Когда духовные структуры общества заземлены, возникает повышенная агрессия, которая блокируется болезнями, смертями и сменой половой ориентации. В Древней Греции культ тела постепенно приводил к гомосексуализму. В эпоху Возрождения происходило то же самое. В настоящее время человечество испытывает аналогичные проблемы. Заповедь Христа "Возлюби Бога превыше отца, матери и сына своего" — лучшее лекарство от гомосексуализма.

Еще о двойниках. Оказывается, кроме практически идентичных энергетических разнополых половинок, существует около девяти похожих. Человек, будучи индивидуальным на физическом уровне, на тонком плане все больше вплетен в окружающий мир. Я сначала думал, что двойники — это половинки, которые ищут друг друга, чтобы вступить в брак. Ничего подобного, они не должны встречаться, так как слишком похожи. Дальнейшие исследования привели меня к любопытному выводу. Человек может дублироваться не только в других людях, но в животных, растениях и даже минералах. Каждому человеку ближе всего какое-то животное или растение. Одна женщина попросила нарисовать животное с родственной ей энергетикой. Я начал рисовать, и ручка все время выходила за верхний край листа. На рисунке получился ленивец, висящий на ветке.

На внешнем уровне у нас мышление индивидуальное, а на внутреннем — коллективное. На самых тонких уровнях все едино — человек ли это, животное или минерал — не имеет никакого значения.

БУДУЩЕЕ

Мой метод начинался как система самозащиты. Есть сглаз или порча, есть автор. Необходимо как-то защищаться. Нужно дистанционно выйти на того, кто сглазил, оценить его возможности и способы защиты. Потом, когда я раз и навсегда решил, что с моей стороны ответа на агрессию никогда не будет, вся система защиты свелась к одной и той же процедуре: если кто-то проявляет агрессию по отношению ко мне, значит, у меня в душе есть аналогичная программа. Я ее убираю, и атака прекращается автоматически. Любая форма агрессии невозможна, если в моей душе нет аналогичной программы. Когда я начинал работать над первой книгой, на меня вдруг обрушилась лавина атак со стороны различных людей. Нужно было не только отражать единичные атаки, но создать систему самозащиты. Все это превратилось в систему самоочищения. Когда я поднялся выше уровня обычных человеческих возможностей, то думал, что мои проблемы разрешились, и я достиг достаточного уровня чистоты, но это оказалось началом. И меня стали атаковать сущности более высоких порядков. Когда атака идет из загробного мира или из других миров, или когда атакуют пространство и время, чтобы выжить, нужно очень многое переосмыслить. Потом это оказалось очень полезным для лечения пациентов. Если при неправильном мышлении и поведении затрагиваются интересы какой-либо сущности, скажем, времени или других миров, то человек очень быстро может постареть и ослепнуть. Разобраться, что за нарушения происходят, как они переводятся на язык обычного поведения, понять это и создать цельную систему, было поначалу довольно сложно.

Приведу пример.

Я плохо подумал о человеке, находящемся на значительном расстоянии от меня. Человек — это единство физической оболочки с полем, второй своей частью он разлит в пространстве. Если я ненавижу и обижаюсь, то могу нанести вред его телу, но полевые структуры практически не повреждаются. А если осуждаю и, особенно, презираю, идет агрессия против его полевых структур. Здесь может включиться не только программа самого человека, но и пространства, как особой сущности. Моя физическая оболочка, чтобы существовать, должна взаимодействовать с пространством. Есть основные точки, где контакт усилен. Если у меня есть нарушения по отношению к пространству, оно закрывает мне контакт, и мое тело начинает разваливаться. Тут же идут болезни, неприятности и несчастья. Поскольку каждый человек является частью высших сущностей, то как только атака переходит с поверхности внутрь, мы атакуем уже эти сущности, и соответственно эта атака должна быть остановлена. Если мы презираем свое стареющее, дряхлеющее тело, мы нарушаем Высшие законы и проявляем агрессию ко времени и пространству со всеми вытекающими отсюда последствиями. Когда ко мне приходит пациент, я просто смотрю, какие сущности к нему плохо относятся, перевожу на обычный язык нарушения по отношению к этим сущностям и объясняю, как правильно себя вести, чтобы быть здоровым. Иногда эти сущности давали мне информацию текстом, когда я не справлялся и мог погибнуть. Но это было весьма редко. Я только потом понял, почему были мощные атаки с той стороны. Для того чтобы выяснить, как к человеку относится, например, время или магнитное поле, я должен был войти с этой сущностью в контакт, просчитать, если так можно выразиться, ее эмоциональное отношение к человеку. Но для этого у меня не должно быть агрессии к данной сущности, иначе я могу погибнуть.

Скорее всего, я подсознательно стал готовиться к диагностике высоких сущностей для того, чтобы помочь людям. Мои программы стали тревожить их, и они в ответ начали атаковать меня. В обычной ситуации у меня должны были быть неприятности, я должен был тяжело или легко болеть или, развивая метод, очищать себя, чтобы контакт проходил безболезненно. Значит, болезнь есть форма адаптации к тем событиям, которые еще не произошли. Анализируя ситуации, я пришел к интереснейшему выводу: на тонком уровне человек реагирует на событие задолго до того, как оно произойдет. Чем более тонкий уровень, тем больше расстояние до реального события. Болезнь — это не столько расплата за прошлое, сколько подготовка к будущему, и человек должен главное усилие употребить не столько на пересмотр прошлого, сколько на пересмотр будущего. Главные усилия следует направить не на самобичевание за сделанное, а на изменения себя, чтобы не допустить этого в будущем. Следовательно, и покаяние больше обращено к будущему, чем к прошлому.

БУДУЩИЕ ДЕТИ

За эти годы я узнал, что мыслями, эмоциями и поведением мы влияем на судьбы своих детей, но не знал, что и будущие дети могут влиять на нас. Причем, начиналось это совершенно мистически.

Мы сидели в компании. С нами был молодой человек со своей подругой. Вскоре девушка завела разговор с женщиной-врачом, сидящей рядом. Тема была деликатной, они вышли в соседнюю комнату. Минут через пять вернулись. "Вы нам стучали в стену, и мы пришли", — объяснили они. У нас вытянулись лица:

— Вам никто не стучал. Может быть, вам послышалось?

Женщины утверждали, что в стену кто-то стучал, им не могло показаться, тем более, что, в отличие от нас, они трезвые. Но мы тоже еще не дошли до той кондиции, когда не понимаешь, что происходит. Нечто в этой ситуации меня заинтересовало, и на следующий день я решил посмотреть, что же произошло на тонком уровне. Случившееся было связано с загробным миром, то есть стучали оттуда. Стал смотреть дальше, и у меня получилось, что стучал будущий сын девушки. Потом, многократно просматривая ситуации, я понял, что души будущих детей приходят из загробного мира, значит, там не только умершее, прошлое, но и будущее. Причем на Землю они приходят через Южный полюс. По моим данным, над Южным полюсом находится место контакта с этим миром. Если душа будущего ребенка совершенна, он может прийти из других миров, причем входит ребенок в наш мир через центр Солнца, потом подходит к Земле и воплощается на ней.

Итак, ребенок стучался из загробного мира, вероятно, с целью остановить разговор. Значит, в этом разговоре было что-то, что препятствовало ребенку появиться на свет. Я подошел к девушке:

— Скажи, о чем вы говорили?

— Мы говорили о том, как предохраняться и как прервать беременность.

Этот факт меня просто поразил. Оказывается, ребенок взаимодействует со своими родителями за много лет до своего зачатия.

Следующий шаг в познании этой области я сделал, когда пытался помочь женщине с тяжелой формой астмы. В начале лечения наступило значительное улучшение, но длилось оно недолго. Некая причина давала мощную подпитку болезни — это была ее дочь. Я попросил привести девушку, чтобы легче было выправить ситуацию. Когда она вошла, то понял, что вылечить мать будет сложно.

— Послушайте, а ведь Вы можете убить человека, — сказал я ей.

— Смотря за что, — хладнокровно отвечала девушка.

— Вы лично будете убивать из-за причины, которая Вам покажется весомой. А если понадобится Ваше согласие на убийство, то Вы дадите его из-за пустяка. Когда убивают, защищаясь или исполняя долг, — это одно, а вот когда душа готова убить, это совершенно другое. Вы уже заранее готовы уничтожить человека, который Вас обидит. И не только постороннего человека, но и собственных детей. У Вас огромная гордыня. Ваша душа не хочет и не может принять травмирующую ситуацию и готова мстить и убивать в ответ. При такой гордыне, чтобы появились дети, нужно получить большое унижение до зачатия и во время беременности, но Вы, вместо очищения, будете убивать своих детей, прерывая беременность. В будущем Вы уже убили своего ребенка на четвертом месяце беременности, а следующего — на седьмом, и при этом погибли. Ваши внутренние амбиции и благополучная судьба являются для Вас абсолютной ценностью. И когда Вашу душу будут очищать разрушением этого, Вы станете ненавидеть и убивать все вокруг. Ваш личный вклад в данную ситуацию, пришедший из прошлых жизней, составляет сорок процентов; шестьдесят процентов — от матери, которая подавляла в себе чувство любви из-за ориентации на благополучие, не зная того, что на Земле нет ничего, что можно поставить выше чувства любви. Мать неправильным поведением загрязнила Вашу душу и души внуков, поэтому, если Вы не очиститесь и молитвой не будете очищать души потомков, помочь матери будет очень сложно.

На третьем сеансе я увидел, что девушка меняется к лучшему. Она стала значительно мягче, было видно ее желание измениться. На четвертый сеанс мать с дочерью не пришли, и я понял, что их просто отвели. Значит, я был несовершенен и в тот момент не мог им помочь. Я вспомнил, что не говорил ей о том, как молитвой нужно очищать души своих будущих детей. Это и было причиной того, что они больше не появились. Тогда я лечил непосредственно пациентов и не мог предположить, что смогу увидеть души будущих детей, диагностировать их и лечить. Мне не было известно, что в нашем поле есть как бы матрицы жилищ душ будущих детей и их можно загрязнить с выбросом в будущее до третьего, седьмого, тринадцатого колена и так далее. Я не знал, что нужно молиться за души будущих детей и молитвами очищать их. Часто невозможно вылечить тяжелое заболевание из-за загрязненности душ наших потомков.

Недавно смотрел одну семью. Пришла молодая супружеская пара с ребенком и мать молодой женщины. Они рассказали, что на них в последнее время обрушилась череда несчастий. После рождения ребенка у его отца стали умирать родственники. Бабушка развелась с мужем, а потом у нее обнаружили рак. Они никак не могли понять, за что все это. Смотрю полевые структуры и объясняю им:

— Последнее время скорость движения кармических слоев возрастает, соответственно усиливаются поощрение и наказание. Труднее появиться ребенку с темной душой, и идет подстраховка для рождения светлого. Сейчас в людях стало меньше любви, контакт с Богом уменьшился, и шансы на выживание падают. Любовь существует до рождения человека и после его смерти, но в своем сознании человек фиксирует возникновение любви в результате отношений с кем-либо, и возникает желание сделать отношения целью, а не средством для развития любви. Когда это происходит, рождается ревность, которая сначала убивает земную любовь, а затем Божественную. Для того чтобы сейчас на свет появился гармоничный ребенок, родителям нужно очистить души, или после его рождения их будут очищать через болезни и несчастья.

У мальчика внутренний уровень любви очень высокий, но по отцовской и материнской линиям идет зацепка за отношения, ревность и убийство любви. Для того, чтобы он появился на свет, умирают родственники по отцовской линии, а чтобы ему выжить, бабушку по материнской линии отрывают от земного. Поэтому — развод и болезни. Значит, насколько вы все пересмотрите свою жизнь, переориентируете свои души, настолько будете здоровы.

Потом я неоднократно наблюдал случаи, когда неправильное отношение людей к будущему создавало большие проблемы. Помню, однажды пытался вытащить мужчину, у него был рак легких. Мне не удалось снять полевые деформации, они уходили, потом опять возвращались.

— Вы убивали в себе чувство любви, пересмотрите свою жизнь, просите за это прощения, тогда Вам станет лучше.

Но он умер. Я ничего не смог сделать.

Когда мой уровень повысился и я вернулся к этой ситуации, то понял, в чем дело. Он влюбился в женщину, от которой ему был предназначен ребенок, хотел уйти из семьи, но не ушел. Сын не родился, и он отработал это смертью, так как семью, внешнее благополучие поставил выше любви.

И вот передо мной сидит пациент, у которого рак, и я ему объясняю:

— У Вас есть жена и женщина, которую Вы любите и к которой Вас тянет. От этой женщины у Вас может быть ребенок, не бойтесь этого. Вы заболели, потому что решили бросить эту женщину. Если Вы с ней расстанетесь, то умрете. Если уйдете к ней, то может умереть Ваша жена. Вам всем троим нужно принять возникшую ситуацию. Конечно, лучше, сохранив этот треугольник, не травмировать жену, то есть на словах можете ситуацию представить несколько иначе. У Вас к этой женщине такая страсть, что вы можете убить друг друга любовью, поэтому вас нужно держать на расстоянии. У жены зацепка за семью, за отношения тоже весьма сильна, и для нее опасна стабильная семья. Любовный треугольник возникает не случайно, и топтать здесь чувство любви нельзя — это может обернуться смертью. Чем искренней человек в такой ситуации, тем возвышенней его чувства, тем меньше он цепляется за Землю, тем легче разрешается проблема.

Пожалуй, один из первых случаев, когда рождение будущего ребенка было связано со здоровьем матери, я наблюдал, работая в поликлинике на Невском. Пришла женщина, которая рассказала, что ее тошнит, часто бывают головные боли и головокружения. Она ходила к экстрасенсам, ей объяснили, что поле у нее сдвинуто, долго его восстанавливали, но ничего не помогло. Я объяснил ей, что у нее высокая подсознательная агрессия, что земное для нее значит больше, чем любовь к Божественному. Она все поняла, ей стало лучше. Женщина вновь пришла через полгода и сообщила, что все началось опять, и с большей силой. Посмотрев ее поле, увидел в нем душу будущего ребенка, но увидел и то, что у нее начинается рак матки.

— Вам надо рожать, — сказал я ей, но не стал говорить про онкологию, чтобы ее решение не было вынужденным.

— Послушайте, у меня уже двое детей, а положение в стране сейчас очень тяжелое.

— В прошлый раз я Вам объяснял, что для Вас земные ценности и радости выше любви к Богу. Вы и сейчас думаете только о земном, хотя Ваша душа хочет родить третьего. Понимаете, есть женщины, которым запрещают иметь даже одного ребенка, а Вас обязуют иметь троих детей.

Минуту она думала.

— Так что, мне снимать спираль?

— Да.

— И не предохраняться?

— Да.

— Ладно, пусть так и будет.

Я смотрю ее поле и поражаюсь резким изменениям. Поле чистое. Если правильно найти причину, то онкоинформацию можно быстро убрать. Мы еще раз встретились через год. Полгода она не могла забеременеть, но потом все было благополучно. На день последней нашей встречи шел шестой месяц беременности. Проблем со здоровьем не было, ребенок в норме, я мог только порадоваться.

Я ограничил себе видение будущего и стараюсь видеть только то, на что могу воздействовать в данный момент. Поэтому поднятие планки видения идет медленно и мучительно. Если бы я сразу видел все связи и будущее, мне не нужно было бы так много работать, просто поражал бы людей своими способностями — и только. Поэтому, когда видение ограничивало возможности интеллекта, я останавливался, делая шаг в интуитивном познании, опять останавливался и пытался сделать шаг в другом направлении, то есть осмыслить то, к чему прикоснулся. Происходит это иногда очень тяжело, но за многие годы я уже притерпелся.

Когда я начал видеть будущее, то смог оценить эффект от традиционного лечения и от воздействия экстрасенса высокого уровня. Оказалось, что они перебрасывают проблемы в будущее потомков и в наши будущие жизни, то есть излечения не происходило, просто была отсрочка. Вывод напрашивался сам: во-первых, — без изменения характера, мировоззрения человека не вылечить; во-вторых, — все виды лечения дают только отсрочку. Если это понять и воспользоваться этим, то физическое выздоровление не будет давать отрицательных последствий в будущем. Я не знаю, какие сюрпризы преподнесет мне будущее, но думаю, что исследование этой темы только начинается.

— Вот уже несколько месяцев прошло, как мы пытаемся по Вашему методу вылечить дочь. Но эффект минимальный, и даже наоборот — идет ухудшение, у нее участились эпилептические припадки. Вы это можете как-то объяснить?

— Сейчас пока могу сказать одно: души ее будущих детей очень сильно загрязнены, надо их очистить. Расскажите еще какие-нибудь детали, которые я мог раньше не знать.

— Ее проблемы начались сразу после рождения. С первых недель жизни она кричала во сне. Когда научилась говорить, рассказывала, что во сне к ней приходит злой медведь и пугает ее. А в три года она потеряла речь. Я не знаю, поможет Вам или нет такая деталь, — продолжает отец, — у нас были трудности с зачатием. Мы обратились к известной женщине-экстрасенсу, и после этого у нас родилась дочь.

Вновь просматриваю ситуацию, и постепенно складывается общая картина.

— Если не меняется Ваш характер, Ваше понимание мира, то любое улучшение ситуации — это выброс грязи в будущее. Ваша дочь не могла сначала родиться, потому что свою гордыню, зацепку за благополучную судьбу Вы, усилив, передали душе дочери. Женщина-экстрасенс интуитивно стала очищать ваши полевые структуры и полевые структуры дочери, но все сбросила на будущих внуков. Девочка родилась, но кармические слои из будущего плывут сюда, в настоящее. Чем сильнее выбросить грязь в будущее, тем тяжелее она потом придавит, если эту отсрочку не использовать. Во время сна у человека усиливается контакт с загробным миром, в котором находятся души будущих детей, и являющийся во сне страшный медведь — это усилившийся контакт с душами ее будущих потомков.

В феврале-марте, а также сентябре-октябре усиливается контакт с загробным миром и с будущим. Если там есть грязь, то болезни обостряются. Вы болели, мучились, молили Бога, чтобы он дал Вам ребенка, и постепенно отрабатывали свою грязь и то, что передали потомкам. При воздействии со стороны Вы получили отсрочку от проблем. В возрасте трех-пяти лет идет мощное включение человека в социальные структуры, в земную жизнь. Все это дало Вашей дочери вспышку подсознательной агрессии к людям, которая тут же превратилась в программу самоуничтожения и была заблокирована потерей речи и эпилептическими припадками. Если Вы хотите сейчас вылечить дочь, то Вам нужно усиленно очищать свою душу и души потомков. Если Вы этого не будете делать, то к очередному периоду заземления, к десяти-четырнадцати годам, усилится программа самоуничтожения не только у дочери, но и у Вас как источника проблем.

Женщина рыдала около часа, говоря, что я убиваю ее. Потом пришла в себя. Через некоторое время она позвонила и сказала, что ее состояние нормализовалось.

Я думал, что история закончилась. Прошло полгода, и вот опять она сидит передо мной.

— Все было прекрасно: голова не болела, слабости и головокружения не было, а месяц назад все опять возобновилось, и стало еще хуже.

— А Вы не догадываетесь, почему? — спрашиваю я.

Она пожимает плечами в ответ.

— Просто Вы месяц назад подумали, что проскочили, и ребенка не надо рожать.

Женщина плачет.

— Ну как же мне жить с двумя детьми одной?

— Вы сами работаете, у Вас есть мать, которая Вам помогает, и самое главное, если Вам суждено родить ребенка, то сверху помогут вырастить его.

Женщина вытирает слезы и смотрит на меня внимательно.

— А если я не захочу рожать, что будет?

— Чем нарушаете, то и пострадает. Поскольку сознательно не хотите иметь ребенка, пострадает голова, возможно заболевание головного мозга, например, эпилепсия либо опухоль.

— Хорошо, а если у меня будет рак мозга, сможете меня вылечить?

— Смогу.

— Ну вот и отлично, — радуется она.

— А почему Вы не спрашиваете, как я Вас буду лечить?

— А как? — удивленно смотрит она на меня.

— Я Вам скажу, что надо рожать. Имеет ли смысл так заболеть?

Вечером звонит ее подруга.

— Слушай, она забыла спросить, от кого ей рожать?

— Передай, что она знает, от кого.

На сегодняшний день эта история еще не закончена. Знаю только, что пациентка чувствует себя нормально, собирается рожать, и ее личная жизнь налаживается.

ПРИВЯЗКИ

Меня еще в юности тянуло к индийской философии. Я читал, что привязанность к земному, земные страсти и желания дают человеку несчастья, и одновременно видел, что все окружающее появилось в результате человеческих желаний. Так и не разобравшись, перестал об этом думать и не предполагал, что, когда начну заниматься практикой, мне придется решать этот вопрос.

Итак, я увидел, что деформации полевых духовных структур приводят к болезням. Мне нужно было выяснить, как и какие эмоции деформируют поле. Первой я отметил ненависть. Она деформирует поле в районе головы. Нужно было найти в поле человека эмоциональные центры. Естественно, их не могло быть на физическом уровне, значит, надо было брать то, что лежало рядом с физическим телом, — это были чакры. Я слышал о многих видах диагностики по чакрам. Однажды мне показали новый вид диагностики.

— Вот смотри, — объясняли мне, — если руку относит далеко от чакры, значит, чакра разбалансирована. Поработай рукой, карандашом и почувствуешь энергетику чакры.

Я начал работать, десятки и сотни раз отрабатывая новый метод диагностики. Это все больше направляло мои исследования на полевой уровень. Перестав искать болезнь на физическом уровне, я попытался совместить эмоциональное напряжение, возникающее в чакрах, с величиной деформации окружающих полей. В районе головы — ненависть, ревность, зависть. В районе груди — обида. В районе первой чакры — подавление любви в других или в себе. Когда я видел какую-нибудь полевую деформацию, тут же моделировал, какие эмоции ее вызвали. Вся система работала по принципу "да — нет".

У человека плохо со зрением. Причина — ненависть, связанная с женщиной. Случилось это десять лет назад. Цепочка замкнулась. Нужно через покаяние и молитву очищаться.

Сотни и сотни раз диагностируя, я видел, что человек испытывает одновременно несколько эмоций. Допустим, обиду и ненависть. Или обиду и подавление любви. В конце концов я вышел на эмоциональные поля, не связанные с чакрами. Оказалось, что деформацию поля дают осуждение, трусость, предательство, богохульство, лжесвидетельство. Когда человек лжет другим — это театр, когда он лжет себе — это болезнь. Если человек внутри пытается убедить себя, что он кого-то не любит, что кто-то непорядочен, — это может вызвать тяжелое заболевание. Внутренняя искренность является одним из условий здоровья.

Интересная ситуация возникла с эмоцией трусости. Я увидел вспышку неприязни у одного человека по отношению к другому как совокупность трех программ: отречение, ненависть и уничтожение. Так вот, трусость состоит из пяти программ: дурные мысли о ком-то, осуждение, отречение, ненависть и программа уничтожения. Причем программа такой агрессии идет независимо от того, боюсь я этого человека или боюсь за него. Первое, вроде бы, — агрессия по отношению к человеку, а второе — забота о нем. Но на самом деле, и в том, и в другом случае — уничтожение.

Я рисовал фигуру человечка и обозначал эмоции. Вспышка над головой — отречение. Сознательная агрессия — спереди, вынужденная — сзади. Со стороны лица — возненавидел. Со стороны затылка — плохо подумал. Со стороны груди — обидел, со стороны спины — обиделся. Перед первой чакрой — убил любовь в другом, позади нее — убил любовь в себе. Все это было похоже на плетение ковра. Работая по десять часов в день и больше, я сплетал новое видение мира на полевом уровне. Иногда в сложных ситуациях видел, как человеческая фигурка взрывается всеми агрессивными эмоциями. Это было похоже на паука, раскинувшего лапы в стороны. Наблюдая такие вспышки, я наткнулся на факт, поразивший меня.

Когда я понял, что агрессия не только по отношению к человеку, но и по отношению к животным, растениям может давать болезни, то ввел все это в свою систему для определения того, на кого направлена эта агрессия. Потом в эту схему стали входить другие сущности: время, пространство, иные цивилизации, загробный мир, судьба, Божественное. В подсознании человека хранится информация об отношении ко всем сущностям. Из этой мозаики складываются его характер, здоровье, судьба. Так вот, объясняя пациентам, что у них идет программа уничтожения чего-то, я часто слышал в ответ, что они наоборот очень это любят, и тогда был вынужден допустить, что слишком сильная привязанность к чему-то убивает не меньше ненависти. Избыточная привязанность и рождает ненависть. Когда попытался работать, исходя из этой концепции, результаты улучшились.

Передо мной сидит пациент, помочь которому несколько месяцев назад я не смог. Молодой человек озабоченно рассказывает о проблемах в семье:

— Моя теща несколько месяцев назад сломала обе руки. Вышла из больницы, сломала ногу. Тут явно что-то не так, чувствуется чье-то воздействие.

— Да, воздействие есть, — отвечаю, — автор — Вы.

— Да что Вы? — опешил молодой человек. — Я ведь к ней прекрасно отношусь.

— В этом-то все и дело. У Вас есть тенденции привязываться к людям, и этим Вы им вредите. Смотрите: вот тело человека, а вот его поле — духовные структуры. Именно здесь, в поле, находятся системы защиты человека от несчастий. А когда Вы привязываетесь к кому-либо, то сминаете системы защиты этого человека, находящиеся в полевых структурах, и ломаете его судьбу.

— Так что же мне делать? — спросил пациент.

Честно говоря, я тогда не знал, что ему ответить, но пытался помочь.

— Раз Вы так сильно привязываетесь к другим людям и к тому, что Вас окружает, Вам нужно немножко отталкивать это от себя. Не зацикливайтесь на мыслях о близких людях, периодически уединяйтесь. Первое движение делайте не к себе, а от себя. И самое главное — Вам надо понять, что прилепляться душой к другим людям нельзя.

Это было переворотом в моих взглядах. Привязанность к земному приносила огромный вред тому, к чему я привязывался, но и я мог пострадать тоже. Как потом выяснилось, привязаться можно к животному, к дому, в котором живешь, к работе, а не только к человеку.

Я пытался объяснить одному пациенту, что у него большая привязанность к дочери, и поэтому она болеет.

— Так мне теперь ненавидеть ее, что ли? — возмущенно спросил он.

— Нет, здесь все дело в соотношении. Нельзя слишком сильно привязываться к земному.

Но ему меня понять было очень трудно. Когда я уставал, у меня опускались руки, но судьба подбрасывала мне удачи, и я потихоньку продвигался вперед.

Однажды мы с другом поехали в деревню. Один глаз у него опух и налился кровью. Накануне он ударил молотком по эмали, и мелкие частицы впились ему в глаз.

— Вчера весь вечер жена пыталась снять отек. Чем мы только глаз не промывали, но он все хуже и хуже.

— Все дело в том, что ты слишком зацепился за свою дачу и дачные проблемы, — сказал я ему. — И тебе как бы тушат глаза, чтобы меньше смотрел на нее и думал о ней.

— Точно! — воскликнул удивленно он. — Последние дни только о даче и думал.

Через несколько часов глаз полностью очистился. Понимание того, что человек слишком привязался к чему-то, работает более эффективно, чем заговоры и заклинания.

Очередное открытие, сделанное в этой области, заключалось в том, что каким-то образом привязанность к земному вредит другим мирам. Почему-то другие миры атаковывали именно зрение, когда им наносился вред. В моей системе, кроме людей, животных, живой и неживой природы, были и другие миры, потому что, как выяснилось, они имеют большое значение в нашем существовании.

Большая часть моего времени уходит на исследования. Однажды я решил выяснить, какой вред наносит корысть. Корыстный человек, думающий только о своей выгоде, — наносит он вред или нет? Получилось нечто совершенно неожиданное. Оказалось, корысть — это программа уничтожения других миров. Но как соотносятся человеческая непорядочность и агрессия к другим мирам? Понять это я не мог. Если мне что-то непонятно, то не отключаюсь от этой темы, а отставляю ее в сторону. Рано или поздно пригодится — моя память все сохранит. Это меня спасло очередной раз при проведении исследования.

Молодая женщина привела ко мне своего родственника.

— У него неоперабельный рак желудка, помогите хотя бы снять боли.

Смотрю, в чем дело, и вижу огромную агрессию по отношению к неживой природе. Она блокируется онкозаболеваниями. Рак желудка — значит обиды. Уточняю, что это связано с работой.

— Если Вы не будете обижаться на людей и на все, что связано с работой, то Вы не будете болеть.

— Как же мне не обижаться, — неловко оправдывается пациент, — тружусь, как вол, денег платят очень мало, начальство относится ко мне несправедливо.

— Если происходящее Вы будете считать причиной, то не сможете снять обиду. Любая неприятность, произошедшая с Вами, — не причина, а следствие. Причина — в несовершенстве Вашей души, которую неприятностями очищают. А Вы в ответ обижаетесь, значит, не хотите очиститься, и Вас пнут еще сильнее. Поэтому весь день повторяйте: "Я всех люблю, и у меня нет ни на кого обиды".

Через несколько дней позвонил пациенту домой, и он сказал, что чувствует себя нормально и боли стихли. Я предложил ему через неделю прийти на сеанс, но он не пришел. Посмотрев поле, я увидел, что у него все нормализовалось.

Именно тогда ко мне обратилась одна знакомая, которая начала лечиться по моей системе.

— Я устала отпрашивать за все свои нарушения. Дай какую-нибудь молитву, чтобы все разом очищалось.

Раз болезнь вызывается агрессией и лечится очищением души через покаяние, то человек, чувствующий в себе любовь, будет здоров телом и счастлив. Нужно постоянно воспитывать в себе любовь к людям.

— Встаешь утром и желаешь добра всему окружающему миру: людям, животным, травам и цветам. И говоришь: "Я люблю себя, я люблю других людей, я люблю Землю, я люблю Космос, Бога, Вселенную". Тогда твоя душа будет очищаться от агрессии, и ты будешь здорова. Она была в восторге.

Раньше я всегда опасался давать рекомендации. Если человеку дать описание картины мира, он сам будет искать дорогу, а если повести, ничего не объясняя, то он может погибнуть.

— А к чему Вы, собственно, призываете? — часто спрашивали меня. — Ведь все это давно уже известно.

Я ни к чему не призываю и ничего не советую, а передаю описание картины мира, открывающейся мне. Каждый сам решает, что ему делать. Так вот, своей знакомой я первый раз дал рекомендацию. У меня было ощущение, что я готов к практическим действиям. Было интересно, насколько быстро ее душа начнет очищаться. А через два дня я стал слепнуть. Правый глаз у меня покраснел и распух. Идет чья-то атака, и я начал искать источник. Если это человек, то нужно снять аналогичную программу в его душе, и атака уйдет. Если это неживая природа, то нужно снять раздражение, злость к неживым объектам, и программа снимется.

Начал исследовать ситуацию и вдруг с изумлением увидел, что меня атакуют другие миры. Причем, судя по мощности воздействия на меня, я стал представлять для них большую опасность, совершив какое-то мощное нарушение. Что это было, понять не мог. Зрение ухудшалось с каждым часом. Мои лихорадочные попытки разобраться в создавшемся положении ничего не давали. Я вспомнил, что корысть — это программа уничтожения других миров. Но в последнее время у меня не происходило ничего, где это могло бы проявиться. Всю жизнь прожив в нищете, я никогда не был корыстным. Наоборот, чувствовал, что могу полностью отдаться работе над собой, отключиться от многих проблем, которые дает достаток. Получается, не в корысти дело. Работает какой-то механизм, аналогичный корыстному поведению.

Что такое корысть? Это слишком сильная привязанность к земным благам и готовность из-за этого отречься от Духа Святого, то есть от порядочности, благородства, любви. Корысть наносит ущерб другим структурам, а мои духовные структуры распространяются на тонком уровне во всей Вселенной. Стал вспоминать свои исследования, которые касались иных миров.

Структура Вселенной ячеистая. Ячейки — другие миры. Самое главное: моя информационная структура дублируется в каждом из этих миров. Попросту говоря, в каждом из миров есть мой информационный двойник. Значит, если я слишком сильно буду привязываться к земному счастью, то буду "тянуть одеяло на себя", тянуть все из других миров к своей оболочке в этом мире, буду уничтожать своих двойников в других мирах. Поскольку каждый из них сплетен с миром, в котором он обитает, то это фактически программа деформации других миров. Значит, в каждом моем стремлении должен быть порог, за которым начинается развал.

Шаг за шагом, анализируя ситуацию последних дней, старался понять, что же меня так мощно приклеило к Земле? Как назло, ни одного мало-мальски значащего события не вспоминалось. Единственное, за что я мог зацепиться, так это мой совет знакомой о том, как она должна молиться. На всякий случай решил проработать этот вариант. Звоню ей.

— Привет, как дела?

— У меня что-то случилось с глазами, я плохо стала видеть.

— Ты молишься, как я тебе говорил?

— Конечно. Утром, днем и вечером. И детей своих научила, и мама моя молится.

— Немедленно скажи, чтобы они прекратили так молиться. Здесь есть что-то опасное.

Я положил трубку и начал анализировать случившееся. Если критическую, опасную ситуацию воспринимать как несчастье, то сломаешься. А если ее воспринимать как возможность для самосовершенствования, то вместо развала идет созидание. Вспоминаю кем-то сказанную фразу: "Бог не по силам испытаний не дает". И потому последние двадцать пять лет любую ситуацию я рассматриваю как очередную ступеньку в познании мира. Вновь и вновь перечитывал текст, который дал своей знакомой, и наконец-то мне стало ясно.

У меня понятие "Бог" шло после людей, животных, растений, Земли. А первое чувство любви должно быть отдано, судя по всему, именно Богу. Как только я это понял, зрение сразу улучшилось. Я снова звоню знакомой. Объясняю ситуацию, и через несколько часов зрение у нас приходит в норму. Только тогда мне стал понятен смысл главной заповеди Иисуса Христа: "Возлюби Бога превыше отца, матери и сына своего". Потом уже я на сотнях примеров видел, что любовь, направленная сначала к Земле, а потом к Богу, убивает и, наоборот, любовь, идущая через Бога, очищает. Нужно менять не только поступки, но характер и мировоззрение. Человечество должно прийти к сознательному и научному устремлению к Богу. Вера в Бога не должна превращаться в фанатизм и догму. А сознательное, рациональное направление не должно отрекаться от контакта с Высшим. Вот это понимание и стало стержнем и смыслом второй книги.

После того, что со мной произошло, я качественно изменил систему диагностики, поняв, что агрессия вторична и что в основе ее лежит любовь, направленная к Земле и приклеившая нашу душу к земному счастью. Я начал искать точки прилипания к Земле и через изменение мировоззрения, характера, через молитву и покаяние возвращать душе гармонию.

Я пришел домой и принес сласти. Первой подбежала дочь.

— Папа, дай скорей попробовать сладкого, очень хочется.

— Не спеши, поужинаем, потом будешь есть сладкое.

— Папа, дай сейчас, а то умру. Дай хоть маленький кусочек.

— Хорошо, я дам тебе сколько захочешь, только выполни одну просьбу.

— Пожалуйста, пожалуйста, — тараторит она, — все сделаю.

— Сядь на диван, руки положи на колени. Мысленно поблагодари Бога за то, что он дает тебе вкусное.

Она все это делает, потом разочарованно смотрит на меня.

— А есть совсем расхотелось.

— Не волнуйся, сейчас опять появится аппетит, но только нормальный. Первое чувство радости и благодарности нужно отдать туда, — показываю наверх, — а второе уже всему, что ты любишь.

Она пошла на кухню, а я увидел, как в ней все изменилось, даже движения стали мягкими и плавными.

КУМИРСТВО ЗЕМНОГО

Так получилось, что в жизни у меня было много увлечений, главные из них — философия и желание понять мир. В двадцать лет я пытался стать писателем и неожиданно проявил успехи в этом. Пытался поступать в Театральный институт, меня приглашали работать профессиональным певцом, учился в Военно-медицинской академии и в Архитектурном институте. Пять лет проработал на стройке. Это все помогает мне сейчас. Для моей работы нужно быть философом, врачом, психологом, социологом, педагогом, поэтом, писателем и артистом одновременно.

Получить новую информацию для меня легко. Гораздо труднее увязать ее в единую систему. Без философского подхода, который я нарабатывал всю жизнь, здесь обойтись невозможно. Но как объяснить все это пациентам? Я могу им дать только один процент той информации, которую получаю, и в этом должно быть ощущение полного охвата.

Человек — диалектическая сущность, состоящая из двух половинок. Первая — это вещество, вторая — поле. Вещество — это тело человека, оно обращено к Земле и ко всему земному. Поле — это мысль, душа и дух человека. Оно разлито во Вселенной и во всем сущем, и на самом тонком уровне является частью первопричины. Для того чтобы противоположности переходили друг в друга и взаимодействовали, у них должен быть посредник, в котором соединились бы их качества. Этим посредником является душа человека. На тонком духовном уровне между нами нет никаких отличий, мы — единое целое. Физические оболочки у нас разные. На уровне души мы и похожи, и различны. Сознание, интеллект человека — это полевая структура, обращенная к Земле и связанная с телом. Дух человека устремляется к Богу, а душа, то есть эмоции человека, объединяет противоположные начала и устремляется и к Богу, и к Земле. Поэтому для души главное правило — это соотношение устремлений к земному и к Божественному. Раньше это был колебательный процесс. В одной жизни человек ближе к Земле, он зацепляется за нее, и его эмоции становятся все более низменными. В следующем воплощении в таком режиме он уже не может выжить, его душа устремляется к духовности, к Богу, он становится благородным. Поэтому, порядочные и добрые люди часто болеют и несчастливы, ибо болезни и несчастья блокируют ту грязь, которая находится в их сердцевине или пришла из прошлых жизней. А подле-

цы и негодяи живут прекрасно, потому что имеют чистую серд-
цевину из прошлой жизни.

Сейчас процесс развития ускорился, и развитие идет не по
спирали, а по двойной спирали. Это как два маятника, качаю-
щихся в противофазе. Если раньше душа колебалась от земного
к Божественному и сознание человека направлялось либо к Земле, либо к Богу, то сейчас сознание должно быть устремлено и к
Богу, и к Земле одновременно. Принципы такого сознания сфор-
мулированы в Библии, но не на уровне концепции, а всей сово-
купностью изречений, заповедей и поступков, описанных в ней.
Если раньше маятник души колебался то вправо, то влево — то к
Земле, то к Богу — и человек был или только святым, или только
дельцом, то сейчас человек должен быть и дельцом, и святым
одновременно. Это возможно лишь при создании новой системы
взглядов на мир, нового мышления, в котором соединены материализм и идеализм, наука и религия, духовное и материальное.
В сознании человечества сейчас проходит этот процесс, который
приведет к человечеству будущего.

Теперь относительно половинок тела и души. На тонком уровне я соединен со всем человечеством и со всей Вселенной, в
конечном счете. Скажем, на определенном уровне духа моя духовная масса — это масса всего человечества. Но моя физическая оболочка — это крошечная часть человеческой массы. Из
этого следует, что интересы моего духа намного важнее интересов моей оболочки. Поэтому и забота о духовных структурах должна быть намного больше, чем о телесных. Мне не позволят заботиться о своей физической оболочке, если я не хочу работать
на всех. В истории человечества это происходило следующим
образом. Возникала религия, которая все интересы человека ус-
тремляла к духу и через него к контакту с Богом, заставляла человека жить в режиме духа, а не тела. Религия родила философию, искусство, а затем науку. Философия — посредник между
религией и наукой. Поэтому Гиппократ говорил: "Врач-фило-
соф Богу подобен". Наука была связана с телом человека и реализацией его потребностей, активно развивала сознание и интеллект человека. Мистические, оккультные тенденции являлись
связующим звеном между наукой и религией. Новые науки рождались из мистических тенденций, как, например, алхимия, став-
шая затем химией.

Религия и наука должны были бороться друг с другом, ибо в
одном маятнике совмещение противоположных точек означает
его остановку. Но в двух маятниках, противоположно направ-

ленных, мы видим нечто другое. Так вот, как бы ни двигалась душа, приоритет высших духовных принципов должен быть соблюден неукоснительно. Поэтому все религиозные школы говорили о том, что смысл жизни — устремление к тому, кто нас создал. Это приоритет духовного над земным. Мое сознание может быть привязано к земному — это не страшно, но большая часть моей души и мой дух должны устремляться к Богу.

В начале 60-х годов ученые провели исследования в океане, которые показали, что в колониях организмов, живущих в воде, каждый берет себе только 20% необходимых для жизни веществ, 80% выбрасывает в воду. Долго не могли понять, в чем же дело? Потом поняли. Оказалось, что вроде бы напрасно выбрасываемые химические вещества создают межорганизменные связи, благодаря которым и выживает колония. Эти правила работают на всех уровнях организации живого. Человек — не исключение. Только 20% своей душевной энергии он должен взять себе и своим земным проблемам, а остальные 80% — отдать Богу. Чем приземленней душа человека, тем больше она должна стремиться к Богу, и наоборот, духовный человек может уделить внимание земному. Здоровая клетка сначала работает на организм, потом на себя. Если клетка забывает об организме и начинает работать только на себя, то она подлежит уничтожению. Искушение забыть о главенстве организма весьма велико, ведь его клетка не видит и все необходимое для жизни получает от окружающих ее клеток, поэтому периодически взаимодействие с этими клетками должно нарушаться, чтобы главный импульс клетка посылала целому, а не части. Есть еще одно эффективное средство — смерть клетки. Тогда резко обрывается ее контакт с другими клетками, и ее главная информационная структура резко меняет ориентацию с физической оболочки, где все разделено, на полевую, где все едино. Ощутив высшую степень единства с организмом, клетка возвращается на физический уровень и забывает об этом контакте, и, хотя ее сознание обращено только на собственные интересы, подсознание, где есть память о прошлом, приказывает ей в первую очередь работать на организм. Вот почему в здоровом организме клетки периодически отмирают, а раковые клетки практически бессмертны.

Значит, смерть, то есть разрушение физической оболочки и активизация полевой, является в природе самым мощным принудительным фактором развития. Эти законы справедливы для любого организма, будь то несколько живых молекул или колония бактерий, или человечество, или все живое во Вселенной.

Человек — та же клетка во Вселенной. И как здоровая клетка, он должен работать сначала на Вселенную, потом на себя, и Бога он должен любить больше, чем все, что связывает его с Землей. Высшим счастьем на Земле должна быть любовь к Богу, и точка опоры человека должна стоять не на земных ценностях, а на любви к Богу. В этом самое главное. В наше подсознание, то есть в нашу душу, проходит все то, что постоянно фиксируется в сознании. Если человек думает только о земном и держится за земное, забыв о Божественном, то прилипает к Земле не только малая часть его души, но и вся душа в целом. Он уподобляется раковой клетке, которая, забыв об организме, работает только на себя. Этот процесс необходимо остановить, ибо деградация духовных структур опасна для всей Вселенной. Поэтому человек периодически должен быть оторван от земного болезнями, травмами, несчастьями и смертью в зависимости от того, насколько его душа заземлена. Умение принять все это, как данное Богом, — это умение очистить душу. Неприятие спасения в форме разрушения земного дает еще более сильное прилипание к земному и агрессию.

Как определить, прилипла душа к земному или нет? Очень просто, — по агрессии. Именно она является сигналом, что душа стала притягиваться к земному. Представим, что моя душа прилипла к деньгам. Значит, автоматически, хочу я или нет, у меня появятся эмоции, связанные с этим: презрение к тем, кто не имеет денег, зависть к тем, у кого денег больше, ненависть к тем, кто меня обворовывает, осуждение того, кто занял и не отдал вовремя, сожаление о том, что не сумел заработать больше, и нежелание жить, если потеряю их. Я буду постоянно бояться за них и мечтать о них. Все это будет сильнее прилеплять меня к земному, и моя душа будет становиться все агрессивней. Пока этот процесс идет в сознании, для Вселенной он не опасен, потому что сознательный интеллект — это крошечная часть того, что мы называем духом, потому что он связан с телом и его потребностями. Это как яд, накапливающийся к осени в листьях дерева, — для дерева он не опасен, а листья облетают. А вот если он проникает в корни, которые питают все дерево, — это уже опасно. Агрессия, наполняющая душу, становится опасным ядом для Вселенной.

Чем больше я ненавижу, осуждаю, презираю, тем сильнее моя душа прилипает к Земле и тем быстрее эта агрессия проходит в мое подсознание, то есть в мою душу. Чем на более тонкие уровни она проходит, тем быстрее ее нужно остановить. Здесь есть четыре варианта. Первый — добровольный. Я чувствую что-то неладное, начинаю помогать другим, отдаю деньги на благотворительные нужды или отказываюсь от них вообще. Если я этого не делаю или не сумел этим очиститься, включается принудительный механизм. Второй вариант — я либо должен потерять деньги, либо меня должны обворовать. Если я не испытал ненависти к обворовавшему, не осудил его, я очистился. Если же осудил, обиделся, стал презирать, значит, не принял самого щадящего очищения. Тогда включается третий, более жесткий вариант: болезни, травмы, несчастья. Не сумел внутренне очиститься — последний вариант очищения — смерть. Получается парадокс: человеком, обворовавшим меня, мне спасают жизнь. Умение сопротивляться снаружи этому и абсолютно принять внутри — это умение сделать здоровой душу и, в конечном счете, тело.

Механизм прилипания души к Земле был известен давным-давно и блокировался различными техниками. Одна из них — жертвоприношение. Первобытные охотники лучшую часть своей добычи отдавали духам. Они знали, что без этого следующая охота не будет удачной. Это было абсолютно правильно. Все, к чему прилипли, должны потерять. Этот механизм выражен в заповедях Моисея. Первая заповедь: "Я — Бог твой единый". Первая мысль должна быть о Боге. Вторая заповедь: "Не сотвори себе кумира", — то есть не молись ничему на Земле. Молитва — это цель. Ничто земное не может быть целью, оно может быть только средством. Поэтому Моисей врывался в толпу молящихся золотому тельцу и убивал их. Он понимал: если не остановить сейчас часть людей, то может выродиться весь народ.

Так вот, несколько тысяч лет назад душа человека могла прилипнуть к видимым материальным благам. Это был первый уровень земного счастья: пища, сексуальные удовольствия, дом, имущество, деньги. Если человек привязывался душой к этому, душа становилась алчной, ненавидящей и обидчивой. И все блага он должен был потерять, чтобы очистить душу. Чтобы не погрязнуть в земном, вводились периодические ограничения в еде, сексуальных удовольствиях. Возникали обряды и обычаи, которые не позволяли человеку забыть о Боге и душой прилипнуть к Земле.

Но проходили тысячелетия, человечество повышало свой духовный уровень и возможность абстрагирования. Человек уже видел не только предмет, один или другой, но и то, что связывало их, объединяло. Появилось земное, но невидимое, и оказывается, что прилипнуть можно и к этому. Это и есть второй уровень земного — отношение с близким человеком, любовь к нему, чувство долга, все, связанное с работой, положением в обществе и так далее За это зацеплялись более духовные люди. Если человек любил родителей больше Бога, то в следующей жизни родители должны были обижать его, плохо к нему относиться, чтобы его душа не привязывалась к ним, и он свою любовь направил к Богу. Нужно было периодически разрывать отношения между людьми, чтобы они цеплялись за главную, вечную нить — связь с Богом. Понимание этого, выраженное на уровне концепции, дал Иисус Христос. Вот почему главная заповедь Иисуса Христа — "Возлюби Бога превыше матери и отца своего". Вот почему он говорил: "Я пришел разлучить брата и сестру, мужа и жену". Заповедями, притчами и своим поведением Христос дал понять то, что душа не должна прилепиться ни к чему земному, даже если оно невидимое.

Прошло время, и человечество поднялось еще на более высокий уровень, и оказалось, что есть третий уровень земного счастья. С точки зрения Божественной, таким же капиталом, как деньги, машина, дача являются способности человека, его душевные качества, мудрость и судьба. Этот уровень прилипания дает самую большую гордыню, самую большую агрессию и самые тяжелые заболевания. С чем это связано?

Дело в том, что каждый человек знает: если у него есть деньги, то завтра он их может потерять. Искушение поставить точку опоры на них не очень большое. То же самое с любыми материальными благами. Люди духовные достаточно легко преодолевают этот уровень, но вот искушение прилепиться к семье, к положению в обществе, к любимой работе и желание реагировать агрессией, когда это разрушается, — гораздо больше, и блокируется оно тяжелыми болезнями, травмами и несчастьями.

Третий уровень существенно отличается от первых двух. На него невозможно выйти без соединения западного и восточного способов мышления. Мышление Запада исходит из понятия одной жизни, мышление Востока — из понятия многих воплощений. Соединить мышление Запада и Востока — это значит совместить земное с интересами Божественного, это умение быть тактиком и стратегом, святым и дельцом одновременно.

Чем отличается третий уровень? Суть в том, что я твердо знаю: и деньги, и любимую работу, и материальные блага я потеряю вместе со своей жизнью. Способности в могилу не унести, но основная память и мой опыт, дающий развитие способностей, хранятся около пяти жизней в дубле. Поэтому и способности, и душевные качества, лежащие в их основе, могут существовать до пяти жизней. Как умирает тело, так умирают и наши способности и душевные качества. Самым долговечным капиталом является мудрость, потому что информация о ней хранится в структуре, называемой "судьба". Искушение прилепиться к мудрости максимальное. Когда это происходит, возникает самая большая гордыня. Возвеличивание и любовь к мудрости другого человека или своей — самое большое искушение. Зацепка за мудрость дает самую большую агрессию. Вот откуда идет притча об ангеле, поставившем свою мудрость выше Бога и отрекшемся от Бога, и, в результате, ставшем дьяволом. Через сорок девять жизней разрушается судьба человека, разрушается зацепка за мудрость. Истинно мудрыми становятся люди с исковерканной судьбой, перенесшие многие несчастья и лишения и умеющие принять их как очищение, понявшие, что точку опоры нельзя ставить на мудрость и судьбу, и переместившие точку опоры на любовь к Богу.

Человечество совершило мощный рывок в развитии сознания за последние три столетия. Все это принадлежит к земным ценностям. Абсолютизация успехов науки, мнимое торжество разума и все меньший гуманизм в воспитании детей привели к тому, что все человечество прилипло к мудрости. Поэтому столь усилились элементы жестокости и дьяволизма, и поэтому в ближайшем будущем человечество ждет разрушение по судьбе, то есть многочисленные болезни, несчастья, катаклизмы будут потрясать Землю. Насколько человечество сумеет подняться над этим, настолько не нужны будут потрясения.

Каждый из нас управляется Вселенной, как клетка организмом. Чем больше человек заземлен, тем меньше он это чувствует, тем больше сил он вкладывает в тактику, забывая о стратегии, и наоборот, чем явственней видит свою зависимость от Бога, тем больше возможностей ему дают. Если я неправильно воспринимаю мир, не успеваю перестроить свои духовные структуры для приема информации, у меня начинают разваливаться физические и полевые параметры. Но поскольку у меня есть предел прочности, включается щадящий вариант. Вокруг меня образовалась группа людей, через которых я получаю информацию.

И вот передо мной сидит моя давняя пациентка, которую последний год я веду, просто контролируя ситуацию.

— На меня недавно навалились неприятности. В общем, все как-то не так.

Я смотрю ее поле и вижу судьбу, которая, как птица, обнимает ее крыльями и крепко держит, и рядом чья-то еще судьба —

это моя. Идет информация текстом. Смотрю, что ее судьба передает моей судьбе. Текст этот выглядит так: "Скажи ему, что опасно сейчас думать о материальном благополучии. Это смерть для людей", — информация закрывается.

Я понимаю, что если я сейчас буду мечтать о материальном благополучии, это может изувечить вторую книгу. Я сейчас не живу в своей комнате с двумя окнами в стену, а снимаю квартиру. Если желание иметь собственную квартиру чуть глубже затолкнуть в душу, оно станет ядом в тех зернах, которые рассыпаю.

Теперь я понимаю, почему мне не хочется выступать на радио, телевидении и использовать другие виды рекламы, кроме самой книги. Нельзя пнуть земное и отбросить от себя, но нельзя к нему и прилипнуть. Это возможно при все более возрастающем потенциале двух противоположностей — идеализме и материализме, науке и религии, которые совмещаются в моем методе и восприятии мира. Если наша душа постоянно не устремлена к Богу и не ищет новых путей к познанию и совершенству, она незаметно начинает прилипать к Земле, и тогда включаются принудительные механизмы очищения. Сначала самые тонкие: уколы, обиды, неприятности от людей. Если человек не понимает, что люди ни при чем, что это Божественное его лечит, включается более жесткий механизм. То же самое делается близкими людьми: родителями, братом, мужем и женой. Не принимают это — удар идет через детей. Если духовных страданий, идущих от других людей, человек принять не может, подключаются физические. Сначала неприятности, несчастья, травмы, а потом уже болезни или смерть.

— Вы не могли бы помочь моему другу? — обращается знакомый. — Он очень хочет выжить, а, судя по всему, шансов у него немного.

Я соглашаюсь на встречу с молодым человеком и объясняю ему, в чем причина возникших проблем.

— Когда человек завидует, ненавидит, сожалеет, его душа приклеивается к тому, из-за чего он это делает. Например, я постоянно завидую кому-то из-за денег, моя душа прилипает к ним, и денег у меня не будет. Если я презираю человека, который потерял деньги или не сумел заработать, происходит то же самое — денег у меня не будет. Все видимое, что непосредственно дает счастье нашему телу, является зацепкой за первый уровень: еда, сексуальные наслаждения, одежда, жилище, деньги и так далее.

— Простите, но я совершенно спокоен по отношению к деньгам.

— Но Ваша душа не спокойна к сексуальным наслаждениям. Вы слишком зацеплены за это, поэтому у Вас должны быть проблемы. Основная зацепка у Вас за второй уровень земного. Любимую женщину, семью Ваша душа готова поставить выше Бога. Поэтому женщины должны были рвать с Вами отношения, предавать Вас, обижать. Вместо того, чтобы внутри принять это и очиститься, Вы презирали женщин, это как программа уничтожения. Презрение опасней ненависти и обиды. Презирая жену, Вы убивали своего будущего сына. В настоящее время его шансы появления на свет близки к нулю, поэтому либо Вы тяжело болеете и меняете свое отношение к миру, очищаете свою и его души, либо Вам нужно умереть, чтобы хотя бы в следующей жизни он смог родиться. Положение усугубляется тем, что Ваша душа зацеплена еще и за третий уровень земного — за мудрость. Вы сначала презирали глупых и несовершенных, а затем стали презирать себя.

— Да я не презираю себя, — протестует молодой человек.

— Хорошо, что Вы делаете, если совершили промах или плохой поступок?

Он пожимает плечами.

— Сам себя ругаю: "Вот дурак какой!"

— Это и есть презрение к себе. Любая форма агрессии приклеивает нас к тому, на что она направлена.

Несколько минут молодой человек в раздумье.

— Недавно я был у одной целительницы. Она бывший врач, получила видение и, в принципе, сказала то же самое, что и Вы, то есть чтобы я читал десять заповедей. Вы мне говорили, что я женщин люблю больше Бога. Первая заповедь говорит о Боге, а десятая заповедь говорит: "Не возжелай жены ближнего своего". Еще она сказала, чтобы я постился и читал молитвы, но мне это не помогло. Скажите, почему?

— Дело в том, что Ваше презрение связано с повышенной гордыней. Максимальная гордыня дается зацепкой за третий уровень земного. Значит, в первую очередь нужно преодолеть желание поставить свою мудрость выше любви к Богу. Но в христианстве нет заповедей, касающихся третьего уровня земного. Все дело в том, что заповеди блокируют то, за что можно зацепиться в одной жизни. Способности, душевные качества, мудрость живут больше одной жизни и связаны не только с жизнью на Земле, но и с жизнью в других мирах и на других планетах, поэтому желание поставить главную точку опоры не на любовь к Богу, а на третий уровень земного — самое большое желание, и справиться с ним сложнее всего.

Как выяснилось, опасность агрессивной эмоции не в ее силе, а в глубине проникновения этой эмоции в душу. Поэтому презрение гораздо опасней ненависти или обиды. Если у человека есть зацепка первого уровня, возникает агрессия, но она поверхностна, зацепка второго уровня дает агрессию более опасного, глубинного уровня. Говоря простым языком, греховодник, выпивоха и бабник менее опасен, чем ревнивец и чинуша. Зацепившийся за чувство долга, за работу, за семью на тонком уровне более опасен, чем первый.

Глубже всего проникает и является самой опасной агрессия, связанная с зацепками третьего уровня. Поскольку последнее столетие человечество абсолютизировало знания, способности и все сильнее прилипает к ним, полевые структуры переполнены агрессией, дьяволизмом, и началась мощная блокировка этого процесса.

Расскажу Вам притчу о двух монахах:

Один из монахов постоянно постился и молился, был худой и изможденный, а второй позволял себе поесть и выпить, был толстенький и веселый. Когда прилетел ангел и стал выбирать, кто более святой, то выбрал второго, и все в изумлении стали спрашивать, почему второго, в чем же дело? Ангел ответил следующее:

— Когда я начинаю поститься, голодать и делаю это долго, то начинаю презирать других, чувствую себя выше других, совершенней, если я не пощусь и выпиваю, то уже не могу презирать людей несовершенных. И когда мне надо было выбирать, я выбрал второго.

Я объясняю дальше молодому человеку:

— Обильная еда, питье, сексуальные удовольствия заземляют нашу душу весьма сильно. Поэтому периодические ограничения, и весьма жесткие, в этом плане необходимы, но полностью наложив запрет на все это, Вы не станете святым. Работа в этом плане не является определяющим условием развития духовности. Определяющим является стремление развить любовь в Вашей душе.

Одна из моих прежних пациенток настоятельно просила о встрече.

— У меня все прекрасно. Изменив отношение к людям, стала другим человеком. Я привела своего сына. Ему хотелось бы знать, на правильном ли он пути. Сын занимался музыкой, у него большие способности, а сейчас он работает финансовым директором в одной из крупных фирм.

Смотрю поле молодого человека, показываю ему свои рисунки и объясняю:

— Видите, это — иероглиф смерти. Если он справа — это программа, если под ногами — то подлежит исполнению. Напряженность поля троекратная. При семикратной Вы должны умереть, то есть я бы сказал так: в Вашем поле созревает смерть. Причина — душа все больше зацепляется за деньги.

Молодой человек выжидающе смотрит на меня.

— Я отношусь к деньгам так, как Вы учите. Мне на них наплевать, они для меня тяжелая, неприятная обязанность.

— Несмотря на то, что Вы безразличны к деньгам, работа у Вас хорошо получается, — говорю я ему.

— Ну и что? — удивляется он.

— Если решите, что это Ваше предназначение, то можете умереть. Вы созданы для музыки, и у Вас огромные способности. Однако есть одно обстоятельство, которое мешает всему. Вы слишком зацеплены за любимое дело. Это не значит, что нужно меньше любить музыку. Это значит — не проявлять агрессии, когда что-то не получается. А Вы презираете себя за неудачи. Поэтому для балансировки Вас должны периодически отрывать от Вашего дела. Но Вы всегда должны к нему возвращаться. С того пути, по которому Вы пошли, можете не вернуться и уйти в могилу. Когда человеку Богом дан талант и предназначение, его очень жестко ведут. Я имею право дать информацию, а как поступать, решайте сами.

— Хорошо, — говорит молодой человек, — я понял. Мой старший сын играет на скрипке, нужно ли это для него?

— Ему лучше забыть про нее.

— Но ведь он очень способный.

— У Вашего сына по материнской линии идет презрение к людям из-за способностей. Ваш сын внутренне презирает людей, высокомерно к ним относится.

— Да, я у него это замечал.

— При таком отношении любая крупная удача для него смертельно опасна. Значит, либо он теряет способности, либо руку, либо жизнь. Работайте над его характером, не думайте о его карьере.

Недавно я был в городе, находящемся недалеко от Петербурга. Случай здесь был классический. В нем сконцентрировалась проблема, преследующая сейчас многих. Передо мной сидела хорошо одетая женщина, достаточно симпатичная, обаятельная. Она говорила спокойно и уравновешенно, и только, когда касалась больной темы, ее тон менялся.

— Мы с мужем хотим убить своего сына. Я пытаюсь удержать в себе это желание, но чувствую, что уже не могу. Думаю, что рано или поздно мы его убьем. Это не человек, это выродок какой-то. А ведь мы с мужем воспитывали его совершенно по-другому. Сыну восемнадцать лет, но когда сидит за столом, он не ест, а жрет, он издевается над нами постоянно, — глаза женщины наливаются злобой и ненавистью. — Он забирает из дома деньги и может просто их выкинуть куда-то. Мне стыдно перед людьми за него. Это ведь постоянное унижение и издевательство какое-то.

— Послушайте, — пытаюсь я остановить ее. — Ваш сын гораздо порядочнее и чище вас обоих, и своим внешним поведением, которое кажется вам безобразным, он лечит ваши души. Точнее говоря, вас лечат вашим сыном. Для того, чтобы изменить ситуацию, вам нужно менять себя, свое отношение к миру. Тогда сын станет намного мягче. Когда вы лечите свою душу, то исправляете поведение окружающих людей. Для вас сын является игрушкой и рабом, но его душа вам не принадлежит. Это его право — как есть, во что одеваться. Ненавидеть и осуждать его за это нельзя.

— Так это он нас ненавидит! — опять зло восклицает женщина. — У меня уже три года лежит для него яд. Но меня все время что-то останавливает. У мужа дома лежит завернутый топор, он несколько раз хотел зарубить сына, но всякий раз ему что-то мешало: то кто-то приходил, то что-то отвлекало.

Мне трех-пяти секунд достаточно, чтобы увидеть и оценить ситуацию, но вот сумею ли я объяснить ее женщине?

— Видите ли, — начинаю я объяснять ей, — есть определенные законы, которые выполняются неукоснительно. Программа гасится контрпрограммой. У Вас колоссальная подсознательная агрессия по отношению к сыну, и, чтобы выжить, он должен проявлять сознательную агрессию. Таким образом возникает равновесие. Теперь поговорим о причинах агрессии. Вы в прошлых жизнях имели деньги, благополучную судьбу, и Ваша душа стала прилипать к ним, потому что Вы презирали несовершенство, почувствовав себя совершеннее других. Душа должна любить сначала Бога, а потом земное. Когда душа прилипает к земле, она становится гордой и агрессивной. Ваша душа стала прилипать к деньгам, материальным благам, благополучной судьбе.

— Ничего подобного, — с нажимом возражает женщина. — Я за деньги совершенно не зацеплена. Я готова помочь любому, и меня часто просят о помощи, а вот мой сын хамски требует у меня денег. Если я не даю, он, мерзавец, берет какую-нибудь вещь и продает ее. Я его так ненавижу, что стала ненавидеть уже всех детей. Молодая женщина качает ребенка в коляске, а мне хочется убить его и сказать: "Дура, ты не знаешь, что он потом сделает с тобой".

Я смотрю ей в глаза и стараюсь говорить помягче.

— Сначала Вы раскручивали и тащили за собой программу уничтожения сына и всех детей, а теперь она Вас тащит за собой, и Вам все труднее контролировать эмоции. Сейчас Вас может спасти только устремление к Богу.

— Какой Бог, о чем Вы говорите. Я никогда в Бога не верила и не понимаю, при чем тут Бог.

Я продолжаю спокойным голосом:

— У меня недавно был пациент с тяжелым заболеванием, и я сказал ему, что он должен молиться, чтобы выжить. Он возразил, что никогда не делал этого и делать не будет. Я ответил, что помочь ему не могу. Ваш сын Вам кажется выродком, а его поведение ужасным. А себя Вы считаете добрым и отзывчивым человеком, не зацепленным за земные блага, но в глубине души Вы черствый, корыстный человек, зацепленный за деньги и презирающий других. Для такого человека видимое благополучие выше невидимого, то есть духовного. Он зубами держится за имидж, положение в обществе, для него главное — не ответственность перед Богом, а то, что скажут и подумают другие. Как Вы относитесь к людям в этой жизни, так к Вам будут относиться дети в будущих жизнях. Ваш сын относится к Вам так, как Вы относились к людям в прошлых жизнях. Поскольку понятие "Бог" Вам чуждо, то интересы души идут после интересов тела. Поэтому то, что для Вас является спасением и очищением, хотя и мукой, Вы отрицаете. В этой жизни Вы стараетесь вести себя правильно, поэтому Вас отводили от той ситуации, в которой Вы могли убить сына. После его смерти Вы бы недолго прожили с мужем. Судя по всему, Вам предстояло умереть от тяжелого заболевания, а Вашего мужа должны были убить. Вы хотите разрубить веревку на шее, а затянете ее еще сильнее. Ваш сын таков, каким Вы его сделали в прежних жизнях. Хотите изменить его — меняйте себя, работайте над собой. Все причины в Вас. Его душа в глубине своей весьма гармонична. Изменить себя Вы можете, переместив точку опоры с интересов тела на интересы духа. Высшая точка опоры — любовь к Богу.

— Послушайте, — говорит женщина, сверля меня тяжелым взглядом, — все мои знакомые не верят в Бога. Но они добрые люди, и у них нормальные дети. Почему же со мной такое?

— Вы просто раньше их в прошлых жизнях начали прилипать к Земле. Если эти люди не изменят своего отношения к жизни, они исчерпают свои запасы, и у них будет то же самое.

— Нет, я не могу поверить, — решительно отвечает она.

— А я Вам не могу помочь, — отвечаю я.

Она поворачивается и идет к выходу. Я ее догоняю.

— Во-первых, оставьте домашний телефон, во-вторых, запомните: убьете сына — изувечите свою душу. Вас разорвут на части, и не только в этой жизни, но и в следующих. В-третьих, сумеете молиться, что Бога любите больше всего на Земле, а также молиться за сына — его отношение к Вам изменится. Вы меня понимаете, изменится именно к Вам. — Она молча уходит, а я, измотанный, сажусь на диван.

Для того чтобы стать целителем, нужно подняться над несовершенством любого пациента, понимая, что оно тоже определено Богом. Для меня это всегда тяжело, особенно в данном случае. Но в глубине души я счастлив. Несмотря на внешний вид, подсознательная агрессия против сына у женщины резко упала. Через десять дней звоню ей.

— Не знаю, как подсознательная агрессия, а внешне я стараюсь не осуждать его и молюсь, — говорит она.

— У Вас и на внутреннем уровне неплохо, — отвечаю я. — Отношение сына к Вам изменилось или нет? Расскажите, пожалуйста.

— Да, он стал мягче, — слышу в ответ.

Когда я разговаривал с женщиной по телефону, то не узнал ее голос. Тот металл, который я слышал в первый раз, похоже, исчез навсегда. У меня часто бывают неудачи и ситуации, в которых я не могу и не знаю, как помочь человеку. Но вот такие случаи дают ощущение, что просто нужно идти вперед и все неудачи принимать, как возможность для совершенствования.

На приеме женщина неожиданно спрашивает у меня:

— Если появляется негативная мысль, то надо ее сжечь? Это помогает или нет?

— Нет, конечно, — отвечаю я.

— Вы ошибаетесь, — разочарованно отвечает женщина. — Я заметила, что становится лучше.

— Надолго? — спрашиваю я.

Она пожимает плечами.

— Просто я смотрю на это со стратегических позиций, а Вы — с сиюминутных. Негативная мысль — это следствие, а причина в том, что душа прилипла к чему-то земному. Если постоянно бороться со следствием, то улучшение будет, а потом обернется еще большей чернотой. Грязная, негативная мысль — это та же болезнь. Когда медицина пыталась справиться с болезнью, а не с ее причиной, она всегда терпела неудачу. Но неудача была потом, а сначала было облегчение. Оно-то и считалось выздоровлением. А сейчас этот переход после улучшения к ухудшению значительно сократился. Врачи стали понимать, что устранять следует не болезнь, а причину болезни. Весьма показательно здесь отношение к повышенной температуре. Сначала пытались сбросить жар, считая это болезнью, а потом увидели совершенно обратное.

То же происходит и в экстрасенсорике. В начальных, примитивных формах работы экстрасенс пытается вытащить болезнь и разрушить ее, сжечь и куда-то перенести. И появилась техника сжигания болезней лучом из третьего глаза, перемещения болезни в глубь Земли, в центр Солнца, перемещения ее в какие-то предметы, в животных, представления болезни в виде рыбы с целью "утопить" ее в океане и так далее Это помогает, когда причина, которая блокируется болезнью, незначительна. Поэтому возвращение проблемы происходит плавно, медленно. А когда привязанность к земному мощная, тогда такая техника дает не улучшение, а ухудшение. Все силы уходят на бесплодную борьбу со следствием, а не с причиной. Этот механизм известен достаточно давно. Вспомните притчу Иисуса Христа о бесах.

Бес — это грязная мысль, которая засела в душе. Человек выгоняет беса из души, и тот уходит, но, погуляв, он возвращается назад и приводит еще семерых. Метод выжигания каленым железом дает семикратное ухудшение. Причиной возникновения грязи в душе является желание земное благо сделать абсолютной ценностью. Отказ от логики духовного и Божественного работает только на логике земной. Это принцип раковой клетки — отказ от организма и работа только на себя. Поэтому желание уничтожить гадкое, грязное приводит к десятикратному его увеличению. Душа очищается тогда, когда она в любви и смирении устремляется к Богу, поднимаясь над всем земным, а не тогда, когда она пытается сжечь все земное. Нужно быть на Земле, но не принадлежать ей. Нужно любить Землю, но после Бога. Чернота, дьяволизм побеждают, когда становятся выше Божественного.

В изначальной любви к земному заложен эгоизм. Вот откуда появляется тезис об изначальной греховности человека. А нужна ли тогда вообще любовь к Земле? Конечно, нужна. Должна ли клетка работать на себя? Естественно. Но на организм она должна работать всегда больше. В каждой клетке есть тенденция работать на себя, то есть раковое начало. Вся суть — в соотношении. Любовь к Богу — это крылья, любовь к земному — это гири. И чем тяжелее гири, тем сильнее должны быть крылья. Если снять гири, идет мощный скачок наверх, но если их опять не подвесить, то крылья будут ослабевать. Поэтому периодическое отключение от всего земного благотворно влияет на душу.

Когда появляется дьявольская, грязная мысль, первое, что нужно понять: Вы и она — разные вещи. Нужно отойти в сторону от грязной мысли. Ее не нужно выгонять, ее нужно обуздать. Нужно не выгонять дьявола из души, а "посадить его за решетку". Для этого используются молитва, пост и уединение, то есть выключение из общения, неподвижность, выключение интересов тела. Периодические ограничения потребностей тела, включая дыхание, сексуальные удовольствия, дают мощную вспышку духовности и очищают душу от грязи, поднимая ее над земными интересами. Если при этом человек еще и молится, признаваясь в любви к Богу, это дает максимальный эффект. Опять прекрасный пример дает Библия. Апостолы не могли вылечить человека, одержимого бесами, а когда они пришли к Христу, он напомнил им, что такие болезни лечат постом и молитвой, после чего они, пристыженные, ушли.

И еще один очень важный момент. Грязная душа очищается земной грязью. Если у человека высокая подсознательная агрессия, она будет лечиться сознательной агрессией, направленной против него. Внутреннее неощутимое презрение к другим лечится внешним высокомерием других людей. Войти в грязь и не запачкаться в ней можно только тогда, когда ее не осуждаешь. Поэтому ничто так не очищает душу, как снятие внутреннего осуждения всего того, что мы называем грязью земной: подлость, лицемерие, предательство. Если я внутри принимаю все, как данное Богом, без ненависти и осуждения, а только с любовью, моя душа будет не загрязняться, а очищаться. Осуждать себя за дурные мысли нельзя, нужно сознавать, что это патология, и все силы направлять не на ненависть к себе, а на желание подняться над несовершенством и обуздать его. В будущем мы так же будем любить все земное и привязываться к нему, и зависеть от него. Но в душе каждого человека будет разгораться Божественная искра, которая не позволит ему прилипнуть ко всему земному.

Человек, приходящий в церковь, зависит от кармы священника, с которым общается. Это духовная зависимость. Поэтому здесь весьма важны чистота помыслов и внутренняя незаземленность священника. Чем больше мы уважаем какого-либо человека, тем больше наша душа взаимодействует с его душой. Кроме духовной и наследственной кармы, есть еще и семейная, и социальная, и материальная. Если человек свою душу не отдает напрямую Богу, он все сильнее начинает зависеть от душ других людей, его душа все больше открывается для воздействия других людей и все больше зависима от них.

Женщина, сидящая передо мной, пришла с необычной просьбой.

— Я сейчас директор предприятия. Оно частное, у нас есть учредитель, то есть хозяин. Директором я стала недавно. А до этого три года им была моя школьная подруга. Но учредитель, не объясняя причин, снял ее с должности, сказав, что ее работой недоволен. Я чувствую, что она не согласна с этим и сильно мне завидует. А вчера со мной произошла большая неприятность. Какой-то человек пытался вырвать из моих рук сумку, в которой были документы и печати предприятия. Если бы это произошло, то директором я бы уже не была. Чувствую, что это связано с подругой, и не знаю, принимать ли какие-нибудь меры? Мне хотелось бы знать, в ком причина, в ней или во мне?

Смотрю полевые структуры ее и подруги, и все становится ясным.

— Причина не в ней и не в Вас, а в учредителе, то есть хозяине предприятия. Он себя, деньги, благополучную судьбу готов поставить выше Бога. И все это он сбрасывает на Вас. У Вашей подруги все это пошло через усиление гордыни и жесткое, пренебрежительное отношение к другим людям. А у Вас положение хуже. Если она сбрасывала это через поверхность, поведением, то Вы, внешне не позволяя себе этого, запихиваете всю грязь внутрь, и у Вас зацепка за гордыню, деньги и судьбу подошла к опасной черте. Потеря места Вас бы сбалансировала. У Вас очень плохие параметры судьбы из-за гордыни, то есть в этой ситуации с сумкой подруга ни при чем.

— Что же мне теперь делать?

— Понять, что начальник — это не Бог. Если Ваша физическая оболочка может от кого-то зависеть в социальном плане, то духовно она должна быть обращена только к Богу.

— Что делать в отношении подруги?

— Спасать и очищать свою душу в первую очередь, — на этом мы расстались.

— А Вы очень изменились, — сказала одна моя знакомая. — Год назад Вы были настолько высокомерны, что с Вами противно было общаться.

— Все дело в том, что своей системой я меняю и себя тоже, и достаточно мучительно при этом. Являясь автором, создателем системы, то есть причиной, я в еще большей степени являюсь следствием. Сначала я понимаю то, что приходит, как озарение сверху, а потом начинаю этим пониманием воспитывать свою несовершенную душу.

— Неужели Вы не такой, какими учите быть нас?

— Нет, конечно! Если у человека слабое и беспомощное тело, он делает костыли и идет с их помощью, делает приспособления и упражнения, чтобы укрепить тело. Моя система — это те же приспособления и костыли для моей слабой души. Я могу помочь моим пациентам потому, что работаю больше их, прикладываю больше усилий для укрепления и очистки своей несовершенной души.

Пациентка спрашивает меня:

— Вот у меня есть формула, которой я уже несколько месяцев пытаюсь помочь другим людям: "Боже, направь всю мою любовь и доброжелательность на дух и душу другого человека..."

Я смотрю, есть ли нарушения закона в этом на тонком уровне. Есть, хотя внешне все вроде бы правильно. Ведь если ненависть, пожелание зла вредят человеку, то лучше направить любовь. Христос говорил: "Возлюби ближнего своего как самого себя..." Любовь — это желание соединиться, слипнуться с чем-то. Если я слипаюсь с душой другого человека, то именно это порождает ту агрессию, от которой я пытаюсь убежать. Судя по всему, фраза "Возлюби ближнего своего как самого себя",— означает, что на тонком уровне мы все едины, на тонком уровне мы все одно целое. Если я прошу Бога направить любовь на другого человека, это равносильно просьбе: "Господи, позволь мне отречься от Тебя ради другого человека". Если хотите помочь человеку, должны просить, чтобы ему было дано Бога любить больше, чем все земное счастье.

"Возлюби ближнего своего как самого себя и возлюби врагов своих", — означает, что поскольку мы едины на тонком уровне, то ненависть к другому человеку и пожелание смерти ему равносильны пожеланию смерти себе и своим детям. А желание всю свою любовь отдать другому человеку равносильно тому, чтобы отдать эту любовь себе. Это программа раковой клетки, принцип которой предполагает отречение от организма и работу на себя. Поэтому Христос говорил: "Возлюби Бога превыше отца, матери и себя самого". И только остатки любви я могу отдать другому человеку, а любовь к другому человеку всегда вторична.

Я парюсь в бане, и мой сосед спрашивает:

— Скажи, а почему у меня вены на ногах расширены?

— Когда у тебя были неприятности, возникло стойкое нежелание жить. Ты не знал, что человек всегда выигрывает, и если через неприятности тело теряет или умирает, то душа получает и возвышается. Суицид — это нежелание жить, его ты передал своей дочери. Но ты человек добродушный, поэтому тебя надо подстраховать. Смерть и развал по судьбе у нас под ногами. Так вот, если ноги болеют, травмы — это блокирует программу самоуничтожения. Меняя свое мировоззрение, характер, молись за дочь, и проблем не будет.

Сидящий рядом спрашивает:

— У меня коленки болят, с чем это связано?

— Если болят все суставы, значит, у тебя душа слишком ревнивая, а коленки связаны с детьми. Боли в коленях и их травмы означают, что души детей несовершенны. Так что имеет смысл молиться за себя и за детей.

Знакомый моряк рассказал мне интересный случай.

— Мы на корабле выгнали 100 литров самогона. Первый день выпили — все прекрасно, качество хорошее, через два дня повторяем — у меня начинают болеть почки. Оказалось, что почки болят у всех, кто пил самогон. Мы хотели вылить его за борт, но забыли. А через несколько дней у одного из моряков был день рождения, и мы решили отметить. На этот раз мы пили его с опаской, но, что самое интересное, — утром никаких болей ни у одного человека не было. Как это можно объяснить?

Смотрю, что вызвало боли в почках. Почему-то резко усилилось нежелание жить, внутреннее уныние. Косвенно это было связано с Россией.

— Получается, что когда судно шло от России, у Вас подсознательно включалось нежелание жить. Функция почек нарушалась, и самогон давал боль. А когда шли к Родине почки работали нормально.

Моряк пораженно посмотрел на меня.

— А ведь точно, мы галсами ходим. Припоминаю, что боли начинались, когда мы шли к Югу, а когда шли к Северу, то есть к России, все было нормально.

ВЫХОД НА ТРЕТИЙ УРОВЕНЬ ЗЕМНОГО

Уже год пытаюсь закончить вторую книгу. Основной материал написан, но опять какое-то мощное сопротивление. Я был уверен, что книга вполне готова, и информации достаточно, чтобы прочитавший мог излечиться. Раз никак не могу продолжить, значит, чего-то не хватает. Странно, с чем это может быть связано?

Все, что человек на Земле готов поставить выше Бога, уже более или менее ясно. В основе этого лежит земная судьба человека. Есть то, что лежит над судьбой человека, но значения для второй книги это иметь не будет. Это — судьба человека в обществе, в других цивилизациях, на других планетах, в других мирах, в других Вселенных. Мне неоднократно говорили: "Зачем ты каждому пациенту говоришь похожие вещи? Собери десять человек, прочти лекцию, затем объясни детали каждому". Для меня такое неприемлемо, я чувствовал, что это халтура. Потом понял, в чем дело. Когда я говорю с пациентом, то смотрю ему в глаза и по малейшим оттенкам их выражения вижу: принял он информацию или нет. Если вижу, что информацию не принимают, то понимаю, что должен изменить себя, подняться над собой, повысить доступность информации, чтобы она усвоилась. Чем больше индивидуальные особенности восприятия, тем выше качество информации. Я должен давать обобщенную информацию, она проходит легче. Сейчас умею двумя-тремя фразами объяснить то, что раньше рассказывал бы сутками. Тот колоссальный поток информации, который идет к каждому, нужно уплотнять до предела. Поэтому по-прежнему 99% времени у меня занимает не диагностика, а объяснение. И общение с каждым пациентом для меня — поединок, где победа — это максимальная передача знаний другому. Тогда у пациента возникает как бы прозрение. Это изматывает. Теперь за каждым моим словом стоит во много раз больше информации, чем раньше.

В Нью-Йорке отец девочки, у которой были большие проблемы, глядя на меня, как на вора, которого поймали за руку, спросил:

— Вы каждый раз это пациентам рассказываете?

— Да, каждый раз, за исключением деталей, которые стоят жизни.

Я действительно устал от того, что повторяю одно и то же. Для того, чтобы дать конкретную информацию пациенту, я вынужден объяснять всю систему. Но каждый раз ищу новые слова, новые сравнения. Примеры экономят много сил. Помню, как целый час объяснял пациенту, что нельзя обижаться на себя и осуждать себя.

— Но ведь меня это подстегивает, — удивлялся он.

То, что осуждение и обиды есть закрытое пожелание смерти, то, что любая внутренняя агрессия против себя есть скрытое пожелание смерти себе, до него не доходило. Он кивал головой, но душа его не принимала этого. Базовая информация берется не мыслями, а чувствами. Эмоционально-образное воздействие проникает глубже.

— Представьте, — говорю я ему, — двоих людей. Оба заблудились в лесу. Первый все силы прилагает к тому, чтобы выйти из леса. Второй берет палку и лупит себя по голове, сожалея и причитая. Вот Вы — второй.

Проходят доли секунды, и я вижу — информация закрепилась. Итак, я свел метод до элементарных понятий. В Нью-Йорке у меня было три пациента с онкологическими заболеваниями. Всем я говорил одно и то же. У всех четкое стабильное улучшение.

Я хочу уехать на десять дней в Ялту. Перед моим отъездом звонит знакомый:

— Помните, я просил посмотреть коллегу по работе? Вы с ней тогда полчаса проговорили. Она после разговора с Вами пошла на обследование, у нее обнаружили рак с метастазами. Через месяц повторили анализы — ничего не оказалось. Если хотите, она Вам принесет документ — подтверждение.

Мне подтверждать ничего не нужно, но случай действительно интересный. Одного сеанса и одного стандартного объяснения хватило, чтобы человек выкарабкался из сложной ситуации. Раньше, когда я впадал в отчаяние и думал, что не смогу лечить, судьба давала мне огромные удачи, которые окрыляли меня. Сейчас удачи пошли полосой. Теперь, впервые за четыре года, я твердо знал, что метод работает, метод перспективен. Это не просто метод, но новое мировоззрение, новая система идей.

Я уезжаю в Ялту, и у меня весьма неплохое настроение. На второй же день отдыха забываю в машине видеокамеру своего приятеля. Затем опять неприятности. Причина — зацепки за судьбу, желание судьбу поставить выше Бога. Опять происходит то, что последние два-три месяца портит мне настроение. Я думал, проскочу, но пока не получилось. Пока идет постоянная зацепка за благополучную судьбу, но чиститься я не смог. Когда проанализировал ситуацию, получилось, что это связано с тем, что в последние месяцы улучшилось мое материальное положение. Появилась возможность вместо комнаты в коммуналке получить большую жилплощадь. Правда, мог быть еще один вариант зацепки за судьбу, который подпитывался и которого я не знал. Но чтобы освоить источники, лежащие в основе судьбы, классифицировать их, дать им название, ввести в систему, нужен был еще один рывок, а сил у меня на него не было. Я решил исследовать эту тему после выхода второй книги. Но мои личные планы не совпадали с планами Божественными, и я не мог контролировать ситуацию. Это говорит об очень опасном положении и о том, что выжить можно, только поднявшись на высший уровень. Смерти я не боюсь. Всех близких постоянно контролировал, поэтому был спокоен и считал, что у меня нет болевых точек. Этим я приклеился к земному. Оказывается, эти точки были. По ним меня и ударили. Через два дня после приезда я позвонил в Ленинград, спросил у своей помощницы, как идут дела.

— Большие неприятности. Ваш пациент, которого Вы начали лечить, умер.

Это был первый случай в моей практике, когда человек, имевший шанс выжить, умер. Я абсолютно не сомневался в возможностях метода. Метод работал безупречно. И именно в этот момент все развалилось. Более того, моя помощница напомнила, что он звонил и говорил, что у него депрессия, а я не придал значения его словам. Может быть, если бы я не взялся его лечить, он прожил бы еще полгода-год. В последнее время, мощность моего воздействия многократно усилилась. После первого сеанса многих ломало физически очень сильно. А здесь у человека было три инфаркта. Мне он был очень симпатичен. Обаятельный, умный человек. Тогда надо было принять решение, имею ли я право заниматься лечением. Решил это отложить до приезда в Ленинград.

Через пару дней понял, что сам же разваливаю свою систему. Я всех учил, что сожаление о прошлом — это неверие в Бога, это программа уничтожения Вселенной, объяснял что любое событие определено Богом, поэтому при несчастьях желание смерти себе — это есть ненависть к Богу. И я, сжав зубы, стал перекраивать себя в отношении к тому, что случилось. Но это было больше на поверхности, внутри процесс продолжался. Понял я это в интересной ситуации.

Мы на машине поехали из Ялты в Судак. У меня было странное ощущение, что мы можем попасть в аварию. На обратном пути остановились искупаться. Когда подплывал к берегу, на меня сверху стала пикировать чайка. Я закричал, замахал руками, и она в последний момент свернула в сторону. Потом опять сверху бросилась на меня. Я опять начал махать руками, она налетела в третий раз и повторила то же самое. Мне стало не по себе, но интересно, в чем же дело. Посмотрел свое поле и увидел, что это поле покойника. Тогда я понял, почему чайка на меня пикировала. Причина была в пожелании смерти себе из-за зацепки за благополучную судьбу. Я почистил себя, и мы поехали дальше. Когда приехали, мне позвонила знакомая и сказала, что у нее были очень плохие предчувствия. Посмотрел поле своих товарищей и увидел, что у них были аналогичные программы самоуничтожения. Автором их был я.

Вернулся в Ленинград. На другой день у меня полетела вся мочеполовая система. Сначала был в шоке, потом понял, что явилось причиной этого. Ко мне на прием приходил моряк по поводу острого уретрита. До прихода ко мне он лечился в стационаре, но улучшения не было. Врачи разводили руками. Я объяснил ему, что нежелание жить бьет по мочеполовой системе. Сейчас это я стал объяснять сам себе.

За день до моего приезда о дверь разбился волнистый попугай, который жил у меня дома. Он взял на себя карму хозяина. Программа самоуничтожения у меня практически не снялась. На всякий случай посмотрел поле сына и увидел там тоже смерть. Что-то опускалось сверху и все разваливало, но что это такое — понять не мог. Я думал: прекратить прием или довести пациентов? Решил довести.

Передо мной сидит дама, которая пришла на второй сеанс. Прекрасные духовные структуры а детей нет. У самой положение очень серьезное. В прошлый раз сказал ей, что она на грани смерти и осталась жить благодаря своей духовности. Желание свою гордыню, имидж, мудрость поставить выше Бога привело ее к роковой черте. Сейчас поле у нее намного лучше. Но остается зацепка за судьбу из-за трех высших сущностей над судьбой. В поле мощная программа осуждения духовного отца.

— В 1984—1986 годах Вы осуждали человека, который Вам был как духовный отец. Это перекрыло Вам возможность очистить высшие духовные структуры. Возможность иметь детей тоже. Чем талантливей и духовней женщина, тем меньше шансов у нее иметь здоровых детей, и детей вообще. Объясню, почему. Тенденция к любви, к земному у женщин всегда выше, чем к Духу Святому. Если мужчина будет презирать женщину, он будет болеть. Это все равно, что дух, презирающий тело. А если женщина будет презирать мужчину, она будет бесплодна. Тело, презирающее душу, — нежизнеспособно. Никто, как жена, не очистит мужа и никто, как муж, не очистит жену. Умение принимать и прощать обиды от близкого человека — это умение почувствовать первичность Божественного в самом высшем проявлении земного. Именно приятие этого лучше всего очищает души будущего поколения. Для того, чтобы не осуждать мужа и родить здоровых детей, нужно понимать, что успехи и промахи мужа ни при чем, это определено Богом. Если на это сил не хватает, то внутреннее уважение к мужу не позволит осуждать его. Если и на это сил не хватит, то должна быть боязнь перед мужем, рождающая невольное уважение. Вот почему сказано: "Да убоится жена мужа своего". На ранних этапах развития человечества, чтобы родить здоровых детей, нужно было бояться мужа. Сейчас достаточно понимать, что способности и талант мужа или его глупость определены Богом. Внутри все мы одинаковы: и мужчины, и женщины, и глупый, и мудрый. Разница только на поверхности, это есть борьба противоположностей. Противоположности едины внутри на тонком уровне, а различны и борются на внешнем. Это и есть развитие.

Вот почему в Библии было сказано: "Да убоится жена мужа своего". Почему убоится? Просто раньше, чтобы не осуждать, нужно было бояться. Боится — значит, уважает, осуждения не будет. И это давало здоровое потомство. Почему важно уметь не осуждать близкого человека? Вот представьте, женщину зацепило за гордыню, мудрость, благополучие, семью. Создадутся ситуации, где ее незаслуженно оскорбят и унизят, поставят ее в глупое положение, найдутся люди, которые обманут ее и тем очистят зацепку за мудрость. Нужно изобретать множество неприятностей по судьбе, чтобы очистить от зацепок за судьбу. На это могут уходить годы и годы. А можно дать ей мужчину, которого она любит и который скажет ей: "Ты дура, ты в жизни ничего не добьешься", — или что-то подобное. Если она его не осудит, за секунды добьется столько же, сколько за годы мучений и неприятностей. Чем талантливей и незаурядней женщина, тем труднее ей это сделать. И вместо того, чтобы очиститься, она еще сильнее прилипнет к Земле, и дети у нее не родятся. И поймите, чем больше духовная боль, тем больше шансов очистить душу.

Женщина задумывается, а я пытаюсь понять, что же стоит выше судьбы и как оно работает. Интересно устроен человек. Сколько раз я пытался помочь себе, когда возникали новые проблемы, но ничего не получалось. Когда пытался помочь другим с теми же проблемами, решение приходило как озарение. Чтобы помочь себе, нужно помогать другим!

Итак, у нее зацепка за судьбу и за три сущности. Я рисую земной шар и смотрю на ее земные воплощения. Они идут по синусоиде вокруг земного шара. Интересный рисунок. Смотрю, где было воплощение в прошлой жизни, — на другой планете, с противоположной стороны Галактики. Вторая жизнь — в других мирах. Естественно, что при таком рисунке реинкарнации духовность будет высокой. Итак, то, что стоит над ее судьбой, — это судьба в других цивилизациях, а не в обществе и человечестве, как я думал. Выше — судьба в другом мире. Еще выше — судьба в группе из четырех миров. Понятно, что речь идет о все более высоких иерархиях со все большим охватом информации. Непонятно только, как это привязывается к Земле и на Земле реализуется. Это имеет отношение к ней и ее работе.

— Понимаете, в чем дело, — говорю я ей, — человек, которого Вы уважаете, должен презрительно высказаться о Вашей работе. Вы в свою работу вкладываете душу, а она связана с высшими источниками информации, то есть с Вашей судьбой, с Вашими судьбами в других цивилизациях и других мирах. Когда Вас унижают в деньгах, материальных благах, Вы должны подняться над земным. Это тяжело, но возможно. Когда же Вас бьют по тому, во что Вы вложили душу, по идее, которую Вы туда вложили, нужно подняться и над душой тоже, в высшие слои духа.

Женщина, задумавшись, смотрит в одну точку.

В этот момент меня пронзило воспоминание о недавней ситуации. В последнее время стали выходить пиратские издания моей книги. Я подошел к киоску и увидел очередное такое издание. Безобразный ало-красный цвет и большие черные буквы, как кляксы — "Диагностика кармы". На первой странице гордо красуется: г. Москва, а на последней — печатными буквами № типографии без адреса. "Несчастные люди, — подумал я. — Они даже не подозревают, какую участь они готовят себе, издавая эту книгу только ради наживы". Дистанционно взял поле тех, кто был связан с книгой, и увидел там сплошные черные пятна. Вдруг я почувствовал, что в этом есть и моя вина. Невольно от меня у них включилась программа самоуничтожения. "Но ведь все, что делается, работает на мое очищение", — подумал я. Потом я час ходил, молился и вновь взял

ту же книгу и ничего не испытал, кроме спокойствия и умиротворе-
ния. Если они нарушают высший закон, они свое получат, но я не
имею права своими эмоциями, своей энергетикой ускорять этот
процесс. Понял, что данная ситуация была для меня очень важным
испытанием. Мне была дана возможность очистить свои высшие
духовные структуры, приняв унижение, связанное с тем, во что я
вложил все свои высшие духовные помыслы. В этот момент я как
бы испытал еще одно озарение.

— Вот смотрите. Христос излагал заповеди и объяснял, как
нужно себя вести, и давал понимание мира. То, что сознание
воспринять не могло, он давал образно в форме притч, повество-
ваний. А то, что не принимал разум, он объяснял своим поведением. Для того, чтобы цивилизация могла дальше развиваться,
нужно было дать механизм развития высших духовных структур.
Он делал самое святое — спасал человечество и каждого, кто
стоял перед ним, жертвуя всем. А в ответ ему плевали в лицо и
издевались над ним. И он не отвечал на это агрессией, принимая
все это, как данное Богом. Крест — символ высшего духовного
очищения. Это знак принятия самого гадкого и мерзкого, что
может быть, как данное Богом. Душа лечится грязью, черной
неблагодарностью, если она это не осуждает и принимает, как
данное Богом.

Пациентка уходит, а я еще раз пытаюсь осмыслить то, к чему
пришел. Кажется, я сумел подняться еще на одну ступень.

Значительное повышение уровня у меня происходит пример-
но раз в два месяца. Я как бы начинаю видеть все другими глазами. Но бывают поворотные моменты, когда, чтобы выжить или
сохранить жизнь пациенту, нужно перестроиться полностью. Я
давно заметил, что действую как катализатор. В моем присут-
ствии хорошее и плохое мощно усиливаются в любом человеке.
Долго пытался убедить себя, что мое состояние совершенно не
влияет на ту информацию, которую я даю. А потом четко заметил, что от моего состояния, от моей балансировки зависит, выздоровеет человек или будет только облегчение, сможет поверить
или скажет, что я шарлатан.

Однажды в Нью-Йорке женщина отказалась прийти на второй сеанс. А когда ее спросили, почему, она сказала: "Да он
просто хам". Я понял, что не сумел правильно дать ей информацию. Правда — это кнут, которым можно вытащить человека из
смертельной ситуации, но кнутом можно исхлестать и до смерти.
Сначала нужно показать человеку дорогу, помочь ему собраться

с силами и только потом, если он не осознает, насколько серьезно его положение, хлестать правдой. Каждая неприятная для меня
ситуация или информация меня лечит. Чем сильнее шок, тем
более резкое повышение уровня затем происходит.

Я уже писал о первом таком поворотном пункте. Я тогда лечил руками. У девочки, которую лечил, на теле появились пузы-
ри там, где проводил руками. Мне было не ясно, в чем дело.
Потом я ей звонил, и мать сказала, что после каждого моего
звонка у девочки наступает ухудшение. Попросил мать описать
все, что с дочерью происходит. И когда прочитал записи, у меня
помутнело в глазах. После моих сеансов у девочки начались проблемы даже с психикой. Руки так чесались, что она умоляла мать
отрубить их. Тогда понял, что передо мной только два пути. Либо
отказаться от занятий этим делом, либо сбросить старую форму
и попытаться найти совершенно новую. Именно тогда я все усилия сконцентрировал не на лечении, а на диагностике. И тут с
изумлением увидел, что диагностика лечит лучше любого воздействия. Думал, что дам информацию, и пациент будет излечи-
ваться, и так будет все время. Для меня было неприятной неожи-
данностью, когда увидел, что программы деформации поля пациентов переползают ко мне. Оказывается, происходил резонанс
полевых структур. Понял, что мне нужно постоянно очищать себя
до и после сеанса. Более того, если приходили пациенты с опасными для меня программами, которые в данный момент я не мог
очистить, то мне нельзя было браться за лечение. Понятно, почему священники против экстрасенсов. При контакте со священ-
ником, который, молясь, ориентируется на личность Иисуса Христа, происходит гармонизация духовных структур. Поскольку
экстрасенсорная наука только начала развиваться и большинство
экстрасенсов не знают о механизмах блокировки кармы, они все
земное передают пациентам. Конечно, здесь много значит про-
шлая жизнь экстрасенса. Сейчас биоэнергетика от слепого, без-
думного воздействия на человека переходит к осмыслению и
поиску. Это дает основание говорить о больших перспективах
биоэнергетики.

Вторым мощным поворотом в моей системе исследований
стало понимание того, что способности, душевные качества, мудрость и судьба человека являются понятиями земными и могут
дать не только радость, но и болезнь, и смерть. С точки зрения
Божественного, это материальные блага, только более тонкого
уровня.

Началось это через два месяца после выхода моей первой книги, в августе 1993 года. Пошли слухи, что мной завладели черные силы, что мне перекрыли чистую информацию, что вторая книга не выйдет.

— Похоже, что самая большая ошибка в моей жизни — это то, что я напечатала Вашу книгу, — призналась мне моя издательница.

Все определяется Богом. Понимал, что люди здесь ни при чем. Ситуация выходит из-под контроля, а моего метода и моего понимания не хватало. Следующий случай опять поставил меня на грань.

Ко мне на прием пришла женщина с дочерью, у которой были проблемы со здоровьем. К тому времени система моего лечения изменилась. Если раньше я вытаскивал агрессию, как иголки из души, и человек выздоравливал, то потом стал работать с причинами агрессии: зацепки за земное, желание что-то земное поставить выше Бога. Могу брать информацию напрямую, видеть все, что происходит на тонком уровне. Можно создавать мысленный экран, можно сконцентрированно слышать голос, который будет давать информацию, можно использовать маятник, лозу, карты, автоматическое письмо. Я художник, и поэтому предпочитаю видеть пальцами. У меня под руками как бы клавиатура, где я ощущаю пальцами каждую ситуацию. В сложных ситуациях делаю зарисовки полей.

Когда душа слишком привязывается к чему-то на Земле, возникает агрессия, и это дает болезни. Стал потихоньку классифицировать, к чему можно прилипнуть. Работа долгая. Общаясь с пациентами, видя болезнь, затем связанную с ней причину, пытался выйти на источник: к чему человек прилип на Земле. Сначала считал, что можно прилипнуть к деньгам, даче, машине. Потом с удивлением увидел, что прилипнуть можно и к работе, и к чувству долга, и к положению в обществе. Прилипнуть, то есть сделать кумиром, можно еду и выпивку, секс и удовольствия, свою внешность. Прилипнуть можно и к любимому человеку. Когда человек молился и снимал причину привязанности, наступало резкое улучшение. Меня поразило, насколько эффективно действовала система.

Мое удивление возросло, когда проанализировал Библию и увидел, что мои исследования подтверждают заповеди Моисея и Христа. Мне стал понятен смысл заповеди: "Не сотвори себе кумира". Я понял, почему главной заповедью Христа было:

"Возлюби Бога превыше отца, матери, сына своего". В чем смысл фразы: "Не мир пришел принести, но меч. Я пришел разлучить мужа и жену, чтобы они любили Бога, а потом друг друга"? В чем разница между заповедями Моисея и Христа? Моисей указал на опасность поклонения земным ценностям — за это не молись, молись Богу невидимому. Информация, данная Моисеем, позволила вывести духовность и энергетику людей на более высокий уровень. Более высокая духовность и энергетика подобны более мощному мотору в машине, для использования которого необходимы более совершенные правила движения, то есть нужны новая переоценка ценностей, новое понимание Мира и новые Заповеди. Христос вводит новые понятия. Оказывается, и невидимое тоже может быть кумиром: семья, должность, работа. Что готов поставить человек во главу угла? Это самых близких ему людей: отца, мать и своих детей. Цепочка срабатывает следующим образом. Сначала я отца делаю кумиром, ставлю выше Бога, но я его часть, значит, и себя ставлю выше Бога. Значит, своих детей, свою жену, семью, дом, в котором живет семья, машину, дачу, квартиру и деньги, в конце концов. И когда я проверил все зацепки и сравнил их с заповедями, то понял, что прошел весь этот путь, данный в заповедях, но уже самостоятельно.

Мне было интересно, а куда же я пойду дальше? В последние месяцы выявилась еще одна зацепка — способности. Но она чистых проблем не давала и была умозрительной. Ситуация, в которой я оказал помощь дочери моей пациентки, показала мне, насколько абстрактный теоретический элемент может внезапно стать реальным и опасным.

Когда я посмотрел поле девочки, то сказал, что у нее большая гордыня, внутреннее презрение и осуждение людей. Сильнее всего подпитывает гордыню осуждение людей и презрение к ним. Именно гордыня давала тяжелейшие болезни. Потом объяснил матери, чтобы она молилась за весь свой род и вспоминала все моменты, когда она высокомерно относилась к родственникам, осуждала их, и просила Бога, чтобы это снялось с дочери и ее потомков. Девочка сама призналась:

— Мама, я чувствую, что презираю других.

Я бился сеанс за сеансом, но гордыня девочки не снижалась. Наоборот, у нее стал усиливаться страх, это почему-то было связано со способностями. Мать говорила, что страх растет, стала неустойчивой психика, и она не знает, сможет ли та учиться дальше. Я объяснял матери:

— Видите ли, в чем дело, страх и неуверенность в себе — это блокировка гордыни, это защитный механизм. У девочки огромные способности. Сейчас у нее период полового созревания. Унижение личной гордыни и способностей откладывается на всю жизнь, и потом память об этом не позволит зацепиться за гордыню и способности, поставить их выше Бога, и поэтому ей будет позволено раскрыть способности.

Помочь изменить ситуацию я не смог. Более того, после каждого сеанса ситуация ухудшалась. Я поехал в Крым. Звонок из Ленинграда был последней каплей. Мать через знакомых умоляла не думать о девочке, отключиться от нее, потому что ситуация стала катастрофически ухудшаться.

После приема у меня продолжается полевой контакт с пациентами. Этот контакт может помогать, а может ухудшать состояние. Я понял, что чистую информацию могу дать, только очистившись сам. Опять первой мыслью было отказаться от всего, что связано с экстрасенсорикой. Потом попробовал собрать силы. И опять началась многомесячная чистка различных форм агрессии, связанных со способностями. Я молился, молился, молился о том, что способности поставил выше Бога и этим усилил свою гордыню, и просил, чтобы это снялось. Я молился о том, что презирал, осуждал тех, у кого не было способностей, завидовал и ненавидел тех, у кого они были больше, обижался, когда мои способности ущемлялись, сожалел и не хотел жить, когда что-то не получалось. Я молился, просматривая свои прошлые жизни, жизни своего двойника. Я молился за себя в будущих жизнях, за своих потомков в этой жизни и в следующих жизнях, за себя в других мирах и других Вселенных. Эта история для моего мировоззрения была весьма шокирующей. Всегда большие способности связывают с какой-то миссией, предназначенной Богом человеку. Сверхспособности и чудеса — именно они убеждали, что данный человек от Бога. И вдруг оказывается, что это тоже земное, и что зацепиться за них можно так, что почернеет душа, а потом заболеет тело. Тогда я понял, почему появляются черные колдуны. Это те, кто свои способности ставит выше Бога, земной аспект способностей ставит выше духовного, загрязняет и увечит свою душу, а потом свое тело.

Раньше этот процесс шел медленно, поэтому люди видели благоденствующих черных колдунов, но не знали, что с ними будет в следующих жизнях. Мне стали понятны те факты, которые раньше, как я ни силился, осмыслить не мог. Почему в пра-

вославии святые как бы стыдились своих способностей и скры-
вали их. Серафим Саровский молится за тяжело больного мальчика, которого принесли к нему, и когда тот, нарушив указания,
поворачивается и видит святого висящим в воздухе и молящим-
ся, Серафим Саровский просит мальчика никому не сообщать
этого до его смерти. Другой старец, которому отец принес мертвого сына и положил у его ног, говорит, не поняв, что мальчик
умер: "Встань и выйди вон!" Мальчик воскресает и выходит, и
старец, узнав об этом, печалится. Печалится потому, что воскресение произошло не очищением души, а его волевым усилием,
то есть нарушив Божественный ход событий. Печалится потому,
что о его способностях теперь узнают и восхваления могут зачернить его душу. В христианстве нет механизма блокировки пре-
вознесения способностей, как и в других религиях. Поэтому святые вынуждены были блокировать это своим поведением. Они
прекрасно сознавали опасность гордыни, скрывая свои способности. Я вновь обратился к Библии и увидел, что там нет концепции кумирства способностей. Но то, что не было дано пониманием, давалось косвенно, примерами поведения. Дьявол искушает Христа проявить свои способности, исходя из земных
целей. Христос отказывается сделать это. Апостол Павел лишает
способностей ясновидящую, у которой земные интересы были
поставлены выше Божественных.

Всегда считалось, что способности у святых от Бога, а у черных колдунов от дьявола. Оказывается, здесь другой механизм.
Если душа человека, имеющего Божественные способности, прилипает к земным благам и начинает, при этом, проявлять агрессию, то способности Божественные становятся способностями
дьявольскими. После нескольких месяцев работы, когда я немного пришел в себя, то увидел, какие последствия может давать
невинная зацепка за способности, и какую колоссальную опасность таит это мировоззрение.

Ко мне стали приходить раковые больные, а рак блокирует
именно гордыню. Здесь подпитка шла именно способностями. Я
долго мучился, чтобы понять, в чем дело, а потом понял: когда
душа прилипнет к чему-то на Земле, она становится гордой и
агрессивной. Гордыня блокируется тяжелыми заболеваниями
или смертью. Если душа человека зацепится за деньги, материальные блага, работу, положение в обществе, семью, то, по-
теряв все это и приняв, он может очиститься. Человек твердо
знает — это он в могилу не унесет. Я научился себя отделять
от этого.

После Моисея и Христа человек понял, что деньги могут давать не только радость, но и несчастья, и вредить душе. Человек говорил: "Я богач", — и отождествлял себя с деньгами, а после этого терял их, становился бедняком. Человек говорил: "Мне Бог дал деньги, поэтому они у меня есть", — и он оставался богатым. Понимание того, что богатство в могилу не унесешь, помогало не привязываться к земным благам. Душа оставалась чиста, и телу не нужно было болеть.

Оказывается, способности можно унести с собой в могилу. Раскрытие способностей происходит при активизации дубля, живущего в загробном мире, частью которого мы являемся, а дубль живет пять жизней, поэтому прилипнуть к способностям гораздо легче, отождествив себя с ними. Люди до сих пор не знают, что в словах "Я — способный",— уже заложены деградация духа и будущие заболевания. "Бог дал мне способности, мне даны способности, у меня есть способности", — понимание этого — уже великолепная блокировка будущих болезней и смерти. Это была дверь в совершенно новую область. Потом я отсмотрел всю цепочку — способности, душевные качества, мудрость и судьба на Земле. Все это оказалось деньгами, машинами и квартирами, с точки зрения Божественного. Именно это давало такую подпитку гордыне, которая блокировалась шизофренией, раком, диабетом, эпилепсией, псориазом, рассеянным склерозом и другими болезнями. И все известные системы лечения, такие, как голодание, диета, иглоукалывание, на эту область практически воздействовать не могли, ибо этот уровень духовных структур лежит выше одной жизни.

Кумирство способностей

Способности, душевные качества, мудрость и судьбу я называю третьим уровнем земных благ. Иногда, поднявшись над первым и над вторым уровнями, прилипают намертво к третьему, болеют и умирают. Именно тогда, когда я понял, насколько опасно превознесение способностей, мне позвонил молодой человек и попросил помочь его матери — у нее лимфолейкоз. Состояние критическое. Эта женщина была экстрасенсом, целительницей высокого уровня. К ней приходили люди на прием, и она через видение сцен из их жизни объясняла, почему они заболели. Я посмотрел ее поле, оно было чистым. Проверяю, за что зацеплена ее душа на Земле? Абсолютно чисто. Ни за деньги, ни за материальные блага, ни за отношения, ни за телесные удовольствия — чисто. Земли не касается — мне бы так. Одна-единственная зацепка — за способности, и здесь — намертво. Сначала через презрение к мужчинам, потом претензии к себе — не смогла, не помогла. Все это она передала сыну, и у него критическое состояние: чтобы выжил он — заболевает она. Вот почему вытащить себя она не может. Теперь я четко понимаю, почему не захотел видеть сцены, приводящие к болезни, запрещал себе видеть сцены из прошлых жизней, потому что любое событие и действие — это форма, а истинное познание мира лежит вне формы — там, где все едино. Умение абстрагироваться от окружающего мира, данное человеку, — это умение выходить на все более тонкие слои единого. Стремление человека разделить земное и Божественное в своей душе дает ему возможность духовного и физического здоровья.

Тело и сознание человека устремлены к Земле, а его поле, подсознание, душа устремлены к Богу. Если душа прилипает к земному, идет нарушение гармонии: душа становится гордой и агрессивной. Для того, чтобы очистить душу, ее нужно оторвать от земного. Земное начинает разрушаться. Сначала идут неприятности как разрушение стабильного земного счастья. Если это не помогло, должно разрушиться, быть потеряно то, к чему прилипла душа. Не помогает это — включаются травмы, болезни, несчастья. Если не помогает и это — разрушается тело, приходит смерть как очищение духа.

Я помню, как сказал одной пациентке:
— Я каждый день должен отдавать душу Богу, а тело — Земле.
— Ведь это же смерть, — ответила она.
— Совершенно .верною. Смерть нам и дается для очищения души.

Когда мы молимся и когда мы умираем, в нашей душе происходят одинаковые процессы. Если не хотите умереть, то нужно научиться умирать каждый день, устремляя душу к Богу. Но смерть не очищает нашу душу до конца. Душа очищается постоянным устремлением к Богу. Человечество долго и мучительно нащупывало, как себя вести и как воспринимать мир. Сначала восточная философия, отрекаясь от всего земного, сделала его иллюзией. Вся энергия была отдана духовным структурам. Они, окрепнув, продолжают развитие через отрицание себя, появляется материализм. Эти две противоположности постоянно выплескивались на Запад и на Восток. Появляются философские школы, в которых земное и Божественное уживаются, соперничая друг с другом. Но везде ориентация одна — духовное первично, земное вторично. Умение быть здоровым — это умение почувствовать, что духовность и благородство должны стоять на первом месте.

Я отвлекся. Продолжим разговор на очень серьезную тему. Это кумирство способностей, мудрости и судьбы. Когда душа прилипла к Земле, это уже будущие болезни и смерть. Поэтому Моисей убивал тех, кто молился золотому тельцу. В их неправильном отношении уже крылись будущее вырождение и смерть всего народа. Как определить, прилипла душа к Земле или нет? Очень просто — по агрессии. Представим, моя душа тянется к деньгам. Автоматически, хочу я того или нет, у меня возникнет ряд эмоций. Я буду презирать того, у кого нет денег, буду завидовать тому, у кого денег больше. Я буду ненавидеть того, кто меня обворует, осуждать себя за то, что не сумел заработать больше. Буду горько сожалеть и убиваться, если потеряю большую сумму, буду постоянно бояться их потерять, мечтать о них. И моя душа прилипнет к Земле. Значит, либо потеря денег, либо тяжелая болезнь, либо смерть.

Механизм блокировки агрессии, которая проникает в душу, работает безупречно. Парадоксально здесь то, что потеря денег является самой щадящей формой блокировки, но принимается она труднее всего. Если моя душа зацеплена за деньги, то человеком, обворовавшим меня, не давшим мне заработать, мне спасают жизнь. Здесь все определяется внутренней реакцией на происшедшее: умение принять ситуацию и поблагодарить Бога — это очищение души. Если я возненавидел и осудил — это означает, что я не принял спасения и очищения. Включается второй режим — болезнь. Если и это не помогает, душа очищается смертью. Снаружи я общаюсь с людьми, а внутри — с Богом. Поэтому внутри я любую потерю должен принимать с благодарностью, как очищение. Снаружи я не должен соглашаться с ситуацией, должен ее контролировать и подчинять себе, а внутри имею право только абсолютно принять и поблагодарить Бога за это. Причем, внутренняя реакция — главная, определяющая. Поэтому, когда человек молится, он должен благодарить Бога за все неприятности и болезни, которыми будет очищаться его душа. Итак, если моя душа прилипла к земным благам, то появляются презрение, зависть, осуждение. Через людей, которые будут лишать меня этого, будет очищаться моя душа. Я раньше не понимал, почему запрещается изображение Бога. Для того, чтобы не искать его на Земле.

Люди поняли, что материальные блага — это не главное, что деньги в могилу не унесешь, и сначала надо думать о душе, а затем о том, что видишь перед собой. Но люди не знали, что земным счастьем, земным благом может явиться любимый человек, семья, чувство долга. И зацепка за это, непонимание того, что это должно быть вторично, дает многие заболевания. Если я зацепился за семью, за отношения, то буду презирать, ненавидеть, бояться, завидовать. Зависть и ревность по энергетике одинаковы, и чем стабильнее будут отношения, тем сильнее я буду к ним привязываться, тем агрессивнее буду становиться. Поэтому, как ни странно, ревность лечится ссорами, расставаниями. Любимым человеком, предавшим меня, отвернувшимся от меня, поссорившимся со мной, мне будут спасены здоровье и жизнь, если я сумею это принять как данное Богом. Если я зацепился за чувство долга или за работу, то буду презирать тех, кто плохо работает, буду ненавидеть себя или других, если я что-то плохо сделаю. Буду постоянно осуждать тех, кто мешает мне работать и подводит меня, бояться подвести кого-то. Чем больше я буду это делать, тем больше будет неприятностей по работе и тем чаще буду подводить других.

Механизм кармы работает виртуозно. Допустим, я презираю тех, кто плохо работает. Зацепка за работу, зацикленность на ней резко усиливаются. Значит, и у моих детей усилится эта программа. Если это прилипание превысит опасный предел, они будут постоянно терять работу, чтобы выжить. Парадокс. Я презираю того, кто не хочет работать, следовательно, и мои дети не захотят работать. Я презираю того, кто не сумел заработать деньги, осуждаю жадного или растратчика, и у моих детей уже не будет денег. Презирая, осуждая, ненавидя, я приклеиваю свою душу к деньгам, у моих детей это будет выражено сильнее. Значит, для того, чтобы их души не зачернились, им в этой жизни не позволено будет иметь деньги. Все, что в этой жизни презираю, ненавижу, осуждаю, будет в моих детях, если не сумею вовремя остановиться. Поэтому умение контролировать свои эмоции дает здоровье и счастье моим потомкам. Умение принять любую ситуацию, как данную Богом, — это уже мои здоровые, счастливые дети и внуки.

Когда я провел исследования, то понял, что имел в виду Иисус Христос, когда говорил: "Ударили по одной щеке — подставь другую". Все заповеди Христа обращены к душе, а не к телу, а логика духа противоположна логике тела. Итак, деньги, материальные блага, работа, чувство долга, семья, любимые люди — все это, если оно поставлено выше Бога, дает болезни и смерть.

Теряя все то, к чему мы привязались на Земле, мы очищаем духовные структуры. И осознание того, что все земное будет оставлено здесь, и принятие этого очищает душу. Вот почему древние говорили: "Помни о смерти!" Если наше счастье связано с нашим телом, то с разрушением тела оно уходит. Остается ли что-нибудь после разрушения тела? Да, остается. Это способности, душевные качества, мудрость и судьба. Способности живут три-пять жизней, душевные качества — пять-семь жизней. Мудрость живет сорок-сорок пять жизней. Судьба живет сорок девять жизней. И хотя они не принадлежат телу, они являются земным счастьем. Как определить, зацепилась ли моя душа за них? По той же агрессии. Если я завидую более способному, осуждаю себя за то, что не смог что-то сделать, обижаюсь на того, кто назвал меня неспособным, ненавижу и осуждаю того, кто не дает реализоваться моим способностям, я прилипаю к способностям. Особенно опасны эти эмоции в период рождения детей. Если я презираю кого-либо за отсутствие способностей, у моих детей их не будет совсем. То же происходит и с душевными качествами. Это то же самое земное счастье, земное богатство. Если я презираю тех, кто беден ими, то есть подлецов и негодяев, то делаю своих потомков подлецами и негодяями. Зацепки за это, как правило, дают болезни и смерть, потому что их сразу не отнять.

Помню случай на приеме. Онкобольной я объясняю причину болезни:

— Вот смотрите — гордыня, неприятие травмирующих ситуаций — это принцип раковой клетки. Если клетка забывает об организме, то она подлежит уничтожению. Душа становится гордой и агрессивной, когда она прилипает к Земле. Чем сильнее душа притянута к Земле, тем меньше ее способность принять травмирующую ситуацию. И вместо внутреннего очищения в ответ рождается агрессия, направленная против других или себя. На тонком уровне это опасно для Вселенной и должно быть заблокировано. Ваша гордыня перешла красную черту, поэтому включилась блокировка болезнью. Но подпитывает гордыню то, к чему Вы привязаны на Земле — душевные качества.

— Это как же понимать? — искренне удивляется женщина.

— Вы презираете подлецов и негодяев и ненавидите тех, кто к Вам непорядочно относится. Раз Вы зацеплены за душевные качества, чтобы спасти Вам жизнь и здоровье, Вас окружили людьми, которые к Вам непорядочно относятся или обвиняют Вас в непорядочности. Если бы Вы не ненавидели, не обижались, не осуждали и не презирали, то Ваша душа и души потомков очистились бы. Вы поступали наоборот. Загрязняли не только свою душу, но и души своих детей и внуков.

— Тогда получается, что, осуждая мерзавцев, я делала детей и внуков такими же? — удивляется женщина.

— Да, так получается.

Возникает пауза.

— Вы знаете, — продолжает женщина, — неделю назад я была на обследовании в Институте онкологии. За мной приехал внук на машине, и врач попросила довезти ее до станции. Внук ничего не сказал, а когда она вышла, предупредил меня, что если я кого-нибудь еще подсажу, то до города пойду пешком.

— Вот смотрите, — объясняю я, кладя ладони ребром на стол. — Ваши зацепки за душевные качества — тридцать процентов, а смертельно для Вас — пятьдесят процентов. А вот у Вашего сына и внука — девяносто процентов, а смертельно для них — семьдесят процентов. Значит, чтобы выжить, они должны быть негодяями. — Женщина смотрит на меня, а потом медленно говорит:

— Вы знаете, что сказал мне мой сын: "Когда же ты, наконец, сдохнешь?"

— В первую очередь, Вы не должны их осуждать. Они так относятся к Вам, чтобы очистить Вашу душу и свою — интуитивно, не подозревая об этом. Когда они непорядочно к Вам относятся, очищается Ваша душа, если Вы принимаете это как данное Богом. А на уровне поля вы едины, значит, очищаются и их души. Чем больше они на Вас будут плевать, чем смиреннее Вы будете все это принимать внутри, тем быстрее Вы выздоровеете. Своей болезнью Вы искупаете не только свое неправильное поведение, но и то, что передали детям и внукам. Поэтому, не осуждая их, Вы спасаете и себя, и их. Для того чтобы полностью поправиться, нужно сделать следующее. *Первое*. Пересмотреть всю жизнь и отношение ко всем событиям. Все то, что Вы считали неприятностями, унижением, недостойными поступками по отношению к Вам, в первую очередь, было очищением души. Примите их и благодарите Бога за это. *Второе*. Вам нужно как бы заново прожить жизнь и просить у Бога прощения за моменты, когда осуждали, обижались, ненавидели людей из-за того, что свою гордыню и душевные качества поставили выше Бога. Просите прощения за то, что Вы земное поставили выше Божественного, просите прощения за то, что Вы передали это детям и внукам. Молитесь в признании любви к Богу и, когда молитесь, говорите, что Бога любите больше себя и всего, что для Вас есть земное счастье. И все, что случилось, принимайте как его волю, с любовью и благодарностью.

Женщина прощается и уходит, а я думаю, чем может обернуться для человечества резко возросшая энергетика и незнание Божественной логики. В том, насколько это серьезно, я убедился на своем собственном примере.

В октябре 1993 года я был в Москве на Международной конференции, где должен был делать доклад. Вечером, когда мы с другом возвращались на квартиру, где остановились, около парадной меня окликнул милиционер. Он что-то спросил, я ответил и пошел дальше. И тут случилось нечто совершенно неожиданное — милиционер набросился на меня и стал избивать. Ситуация нелепая до предела, а причина была во мне. Сопротивляться — значило либо попасть в тюрьму, либо быть убитым. А тут еще подоспели его дружки в милицейской форме и с автоматами. Все обошлось без травм. Придя в квартиру, мы с другом выпили по стакану водки и стали анализировать ситуацию. Минут через двадцать я все понял. Оказывается, я ехал на конференцию с ощущением превосходства над другими и чувствовал себя уникальным специалистом в области диагностики кармы. Я провел исследования, которых не было в истории человечества, могу лечить то, перед чем бессильны экстрасенсы и официальная медицина, — вот что я чувствовал тогда. Короче говоря, мое высокомерие, чувство собственной значимости и исключительности подняли мою гордыню до предельного уровня. Забыл, что в первую очередь мною делают, а потом я делаю. Значит, либо смерть, либо увечье, либо унижение. Поскольку энергетика у меня более мощная, чем у других, то и кармические процессы протекают у меня быстрее. Оказывается, случившееся было самой щадящей для меня ситуацией. Братских чувств к милиционеру я не испытал, но вот благодарность к Богу почувствовал, понимая, что милиционер здесь ни при чем. Оставался еще один неприятный момент. Поле у этого милиционера развалилось, и включилась программа самоуничтожения. Непонятно, если им спасали мою жизнь, почему он за это должен страдать? Я еще и еще раз смотрел ситуацию на тонком плане и потом все понял. Он увлекся и набрасывался на меня два раза. После первого нападения его поле было еще чистым, то есть это была блокировка моей гордыни, и наказания бы он не понес, но во второй раз он переборщил. И кроме этого, он себе в душу запустил эмоции и высокомерие. Оказывается, и в избиении должен быть своеобразный кодекс чести. Я тогда понял, что если ворами и грабителями. очищают душу, это не значит, что они не понесут наказания за совершенное. Понятно, почему у главарей мафии, которых я смотрел дистанционно, как правило, гармоничное поле и низкий уровень агрессии. От их гармоничности зависят судьба и жизнь их группировок. Итак, урок был достаточно хорош, но впрок он мне не пошел.

Через месяц я был в редакции, и разговор зашел о современной Индии и живущих там людях, наделенных суперспособностями. Мои собеседницы стали восхищаться их возможностями. Меня это задело. Это же факиры! Они не дают знаний, они только удивляют. Падай перед ними на колени, молись на них — вот и вся их программа. Я опять забыл, что любой факир, совершенный или несовершенный человек, ведется Богом. Энергетически моя речь была унижением этих людей и их способностей. Я пережал. К чему это может привести, узнал через пять минут.

Это был январь 1994 года. Идя по улице, я подошел к Т-образному перекрестку. По главной улице ехал рефрижератор и, резко тормозя, стал поворачивать. Я, задумавшись, шел по тротуару и сравнялся с рефрижератором. Вдруг из-за него выскочила легковая машина и прямо по тротуару помчалась на меня. Еще секунда — и случилось бы непоправимое. Я все-таки успел отскочить. Когда обернулся, то увидел исчезающую вдали машину. Просмотрев ситуацию на тонком плане, опять увидел, что себя и свои способности поставил выше Бога: стал осуждать других. Высокомерие, осуждение за несколько минут довели гордыню до смертельного уровня. А навстречу мне по улицам летел такой же водитель с гордыней и презрением из-за своих способностей. Когда он увидел, что рефрижератор поворачивает, то понял, что при такой скорости ему не остановиться и, не раздумывая, вылетел на тротуар. Думаю, мы бы оба погибли, и, таким образом, у обоих были бы закрыты гордыня и кумирство способностей.

Кумирство способностей приводит и к онкологическим заболеваниям. Помню, как около часа убеждал женщину, что презрение к неспособным людям и самоосуждение повысили ее уровень гордыни до смертельно опасного. Убедить ее было невозможно. Я хотел отпустить ее с миром, но потом все-таки решил дать всю информацию.

— Я Вас не собираюсь убеждать, что зависть, высокомерие, осуждение других и себя, когда это касается способностей, очень быстро дают болезни. Я Вам сейчас сообщу результаты диагностики. У Вас рак.

Женщина щупает пятно на шее и спрашивает:

— Вот это?

— Да, вот это. Если Вы не измените свое отношение к миру и Богу, процесс будет ускоряться. А если попытаетесь изменить себя и не будете ставить себя и свои способности выше Бога — выздоровеете.

Потом ее подруга сказала, что она сильно изменилась, изменилось ее отношение к людям. Я дистанционно посмотрел поле той женщины, оно было в норме.

— Мой муж начал слепнуть, — рассказывает женщина, — сделали операцию, но ничего не помогает. Вы могли бы найти причину?

— Обычно ухудшение зрения связано с ревностью, но в этот раз причина другая — зацепленность за способности, подсознательная агрессия к людям огромная, гордыня перешла за смертельный уровень. Душа Вашего мужа сделала способности целью и смыслом жизни, поэтому шло постоянное презрение к людям неспособным и несовершенным или к тем, кто ущемлял и унижал его, плюс карма предков и прошлых жизней. Презрение превращается в программу самоуничтожения. Первый удар принимает голова. Значит, либо заболевание головного мозга, например, эпилепсия, болезнь Паркинсона и так далее, либо травмы головы, ухудшение зрения, кожные заболевания. В данном случае — это ухудшение зрения.

Но это не все, что касается кумирства способностей. Оказывается, существует резонанс программ. Когда собираются люди с одинаковыми зацепками, идет мощное усиление программ. В 1993 году я разговаривал с одним человеком, который работал в авиации. Речь зашла о самолете, разбившемся под Иркутском. Он рассказал, что бывают ситуации, когда поведение пилотов понять невозможно, потому что события противоречат логике. В данном случае все действительно было странно. Самолет идет на взлет, бортинженер докладывает пилоту, что горит лампочка неисправности двигателя, тем не менее пилот игнорирует это сообщение и дает команду взлетать.

Я стал смотреть на тонком плане, что происходило в тот момент, и можно было предположить, что экипаж имел мощное нарушение высших законов, высокую подсознательную агрессию, что и привело к гибели самолета. Неожиданно для себя я увидел совершенно другое. Балансировка экипажа была в норме. Зато общее поле пассажиров несло огромную агрессию. Гордыня и зацепка за способности у пассажиров превышали смертельный уровень. Резонанс полей был настолько мощным, что перекрыл пилоту возможность реально оценивать ситуацию. Суммарный уровень гордыни и кумирства способностей у пассажиров был критическим. Поэтому у пилота пошла мощная зацепка за гордыню и повышенная уверенность в своих способностях, причем поле пассажиров влияло не только на психику экипажа, но и на техническое состояние двигателей.

Несколько месяцев спустя у меня на. приеме была женщина, которая просила помочь ей. Она сказала, что ее раньше лечил экстрасенс, но он недавно разбился в самолете. В этом самолете летела группа экстрасенсов на конференцию в Сингапур. Я посмотрел причину и увидел то же самое — гордыню и кумирство способностей. Как потом удалось установить, экипаж допустил нарушения инструкций из-за повышенной уверенности в своих способностях. Хвастовство своими способностями, нежелание показать, что что-то не получается, дают мощное прилипание к способностям и гордыне с последующими проблемами.

В мае 1994 года я отдыхал в Ялте. Во время прогулки на яхте я решил, держась за веревку, плыть за яхтой. И тут вдруг резкий порыв ветра, яхта помчалась вперед, и я не успевал набрать воздуха, погружаясь в воду. Мне стыдно было показать, что в этой ситуации я оказался беспомощным, и из-за этого чуть не утонул. Спасло только то, что я отбросил веревку и остался в море. По логике, я изо всех сил должен был цепляться за веревку. Если бы у меня была чуть большая уверенность в своих способностях, я бы пытался дольше держаться за веревку и утонул бы. Лучше пострашиться, чем похвалиться. Над первым посмеются, над вторым поплачут. Искренность является великолепным средством очищения от гордыни. Если я не боюсь показать, что у меня что-то не получается и стараюсь принять свои неудачи, что называется готовностью принять внутри унижение,— это лучшее лечение гордыни. Отсюда простой вывод — искренний человек дольше живет и меньше болеет. Человек с повышенной гордыней, как правило, неискренен, злопамятен, раздражителен и обидчив. Такое восприятие мира лечится весьма сурово.

Мы все стремимся развивать способности детей, воспитать душевные качества, сделать их мудрыми и создать им благополучную судьбу. Но мы не знаем того, что если у ребенка это превратится в самоцель, то он потеряет все это. И часто вместе со здоровьем и жизнью. Сейчас везде открывают школы развития способностей у детей. Никто не думает о том, что способности — это автомобиль, который может довезти, а может и раздавить. Большие способности без этики и понимания мира, вместо того, чтобы осчастливить, — убивают. Я не удержусь и приведу еще один пример, который достаточно наглядно иллюстрирует это.

Мне рассказали об очень интересном факте. У восьмилетнего мальчика не было никаких способностей. Он не мог выучить даже нескольких слов по-английски. Как-то его мать общалась с женщиной-экстрасенсом, и та обещала помочь ребенку. Экстрасенс увидела между полушариями мозга мальчика энергетическую перегородку. Она сняла ее, и после этого произошло чудо — мальчик стал хорошо учиться, у него открылись блестящие способности. Меня попросили прокомментировать ситуацию. Я посмотрел, в чем дело, и увидел весьма интересную картину. В первом случае информационное поле было закрыто его судьбой, способности были заблокированы. После экстрасенсорного воздействия блокировка была снята, но в поле мальчика появилась смерть, параметры судьбы развалились. Я сказал матери, что имеет смысл подойти с мальчиком на прием. И вот мать с сыном сидят передо мной, и я пытаюсь объяснить им ситуацию.

— У Вашего сына и в прошлой, и в этой жизни огромные способности. В прошлой жизни это дало ему высокий социальный статус — имидж. И он к имиджу прилип — поставил его выше Бога, презирая тех, кто имел низкий статус, завидуя тем, кто его опередил, ненавидя тех, кто сплетнями и неправильным поведением унижал его имидж. Гордыня повысилась до красной черты, и он умер. В этой жизни, если он получит высокий социальный статус, то зацепится за него и может погибнуть. Чтобы он дольше пожил, судьба закрыла его способности, которые дали бы ему высокое положение в обществе.

В глазах у женщины изумление и растерянность.

— Что же делать?

— Понятия "карьера", "положение в обществе" для мальчика надолго должны исчезнуть. Когда человек в любую секунду готов потерять и принять эту потерю как очищение, данное Богом, когда человек готов потерять все, что возвышает его над людьми, тогда этот человек здоров духовно и, соответственно, физически. Родители думают только о том, как развить способности ребенка. Способности — это стены дома, они видны всем. Но вот фундамент не виден, а без него дома не будет. А фундаментом является любовь к Богу, большая, чем ко всему земному, и правильное отношение к способностям. В первую очередь ребенка нужно учить не испытывать презрения и высокомерия к слабому и неспособному. Ребенка нужно учить не расстраиваться и не унывать, если что-то не получается, учить не испытывать зависти и ненависти к тому, кто удачливее и у кого получается лучше. Любовь к Богу, доброта и порядочность — это тот фундамент, на котором можно построить дом любой высоты, не боясь, что он рухнет. Все это дает правильное воспитание, приобщение к духовным и культурным ценностям. Для любого народа создание благоприятных условий для гуманизации всех процессов, затраты на искусство, развитие духовных ценностей — это вопрос выживания его потомков. Ожидание немедленной отдачи, быстрых успехов от ребенка — это есть процесс дегуманизации, желание способности поставить выше Бога. Увлечение этим в искусстве и в педагогике может привести к вырождению человека и общества в целом. Сейчас правительства многих стран мира понимают, что без мудрости и этики, которые работают на перспективу, без закрепления этого в законах, обществу не выжить. И чем больше усилий будет прилагаться в этом направлении, тем с меньшими потерями мы придем в завтрашний день.

Еще один пример по поводу способностей. Передо мной сидит женщина, которая пришла с серьезной проблемой: ее сын не хочет учиться, остался на второй год. Но это его не трогает. Я смотрю на мальчика.

— Вы обижаетесь на него и осуждаете его.

— Конечно, а как же иначе, ведь он же ничего не хочет делать.

— Сейчас объясню, к чему такое отношение может привести. *Первое*: у мальчика огромные способности. И они у него раскроются потом. Но если душа прилипнет к ним и станет гордой, он погибнет. Сейчас ему тринадцать лет. Период полового созревания отпечатается на всю жизнь. Именно в этот период он должен быть унижен в способностях и гордыне, что он и делает, оставшись на второй год и плохо учась. *Второе*: автор гордыни и зацепок за способности — его мама, то есть Вы. Вы презирали ленивых и неспособных и испытывали уныние, то есть нежелание жить, когда что-то не получалось. Чем сильнее обижаетесь и осуждаете его, тем сильнее прилипаете к способностям и усиливаете гордыню, а у него это вспыхивает в несколько раз сильнее. Значит, он еще хуже должен учиться и унижать себя. Думаете, что осуждением и обидой Вы ему помогаете и спасаете? На самом деле, еще туже затягиваете удавку на его шее. А потом, если из-за усиленного Вами несовершенства, он или его дети будут болеть и умирать, большую часть возьмете на себя как автор, и врачи здесь не помогут. Все негативное, что мы передаем душам детей, потом обращается против нас же самих. Если мы не осуждаем детей, то очищаем себя и их, а если фиксируемся на обиде и ненависти достаточно долго, то она проходит в душу и становится опасной, и мы не помогаем, а убиваем и детей, и себя. Поэтому необходимо запомнить одну-единственную истину: в поведении человека есть две логики. Его личная, земная логика, которой можем сопротивляться. Она занимает пять-десять процентов и девяносто процентов — логика Божественная, не подвластная нашему разуму. И эту логику мы можем только абсолютно принять и все силы отправить не на ответную агрессию, а на изменение себя, возвышение своей души.

Иногда человека, зацепившегося за способности, растирают, как муху, безжалостно. Чем духовнее человек, тем больше шансов ему дают выжить и тем больше духовных мук он получает.

Осенью 1993 года я только-только стал нащупывать тему кумирства способностей. Когда я был на конференции, ко мне обратилась одна дама из Швейцарии. Мне было интересно, какие там могут быть проблемы. Оказалось, что в России, Швейцарии, да и в других странах проблемы одни и те же. Мы общались через переводчика.

— Вы ничего не утаивайте, — попросила она.

— Хорошо, положение неважное. У Вас может развиться онкозаболевание. Это расплата за дочь, которой Вы передали несовершенное восприятие мира. У Вас есть дочь?

— Да, ей 30 лет.

— У нее есть дети?

— Нет.

— Вот это одна из причин Ваших проблем. Вы слишком зацепились за способности, абсолютизируя их, поставили их выше Бога, особенно в прошлой жизни. И это многократно передали своей дочери. Поэтому ее дети родиться не могут, их души слишком несовершенны.

— Скажите, а где я жила в прошлой жизни?

— Вы жили на другой планете.

— А я знаю, что жила на другой планете, —и она назвала планету.

— Это детали, я стараюсь видеть только самое главное.

— Хорошо, скажите, а почему я тогда родилась на Земле?

— Для Вас это карцер. Вы пришли сюда, чтобы мучиться и очищать свою душу. Вам очень хорошо жилось там, и Вы стали презирать несовершенных.

— А мне очень хочется туда, мне не хочется жить на этой планете.

— Там Вы сразу же умерли бы: слишком зацепились бы за земное. Когда я говорю "земное", не имеет значения, на какой планете Вы пребываете. У Вас можно было бы отобрать способности и оставить там, но поскольку Ваша душа возвышенна, она не может выдержать больших перегрузок, и Вас поместили на Землю в непривычную ситуацию. Высокомерие, гордыня, кумирство способностей у Вас остались, а вот с реализацией не получалось. Вам нужно было пройти через обиды и унижения, чтобы очистить душу. Для Вас Земля — чистилище. Но Вы не смогли очистить свою душу в достаточной степени и многое передали дочери. Чтобы завершить очищение, Вы должны, судя по всему, тяжело заболеть. Или же пересмотреть жизнь, покаяться и молиться, обращаясь с любовью к Богу.

— Скажите, а что, Земля для всех является карцером?

— Нет. Если человек слишком хорошо освоился на Земле, то его лишат здесь всего, что называется земным счастьем. А если духовность будет высокой — пойдет на другие планеты или в другие миры.

— В следующей жизни я вернусь на свою планету?

— Вы ее слишком любите, в следующей жизни Вы родитесь в другом мире.

— А что там, в этом другом мире?

— Детали знать не нужно. Вам сейчас необходимо решить весьма важную проблему: пересмотреть всю жизнь и молиться за дочь. Думайте лучше об этом.

— Скажите, вот я чувствую в себе большие способности, хотела организовать эзотерическое общество. Можно мне этим заниматься?

— Сначала постройте фундамент, а потом думайте о стенах. Сначала научитесь правильно относиться к своим способностям, иначе они Вас убьют.

Мы еще некоторое время общаемся, а я думаю, что в каждом тяжелобольном, юродивом, калеке, несчастном человеке может скрываться тот, перед кем в прошлой жизни все преклонялись, молились на него, целовали ему ноги. Каждый из нас в своих жизнях, судя по всему, испытает себя и святым, и негодяем и пройдет все ступени человеческого счастья и несчастья. Только вот срок этого прохождения и глубина его будут определяться самим человеком в силу его устремления к Божественному.

Мои прогнозы не всегда сбываются в отношении будущего. Причина весьма простая. Я позволяю себе видеть то, что могу изменить. По мере моего роста и расширения границ понимания мира, возможностей влиять на карму становится все больше. Меня пациенты часто спрашивают, что с ними произойдет в будущем. Я отвечаю, что даю ту информацию, которая может изменить будущее. А то, что изменить не в силах, знать им не надо — психика не выдержит. Поэтому я работаю со слоями кармы. Всплывает первый — самый мощный, после этого может быть обострение. Потом идет второй·слой — он обычно связан с глубокими структурами и с детьми пациента. Проходит время, и идет третий, который связывает воедино эту жизнь, прошлые, будущие и жизнь потомков. Мое подсознание как-то умеет группировать, выбирать главное. Но если тема незнакомая, то слои плывут десятками и сотнями, я барахтаюсь, как котенок в воде, а изменения ситуации не происходит. Спасаюсь только новой концепцией, новой формой обобщения, то есть повышением единства на все более тонком уровне.

В моей терминологии звучит "зацепка за способности", "кумирство способностей". Я объясняю пациентам, что если человек осуждает себя, когда что-то не сумел сделать, завидует тем, кто делает лучше, испытывает уныние, то есть нежелание жить, если что-то не получается, он прилипает к способностям, ставит их выше Бога, и происходит блокировка. Появляется еще больше неудач, или должен появиться кто-то, кто помешает реализовать способности, то есть нужно оторваться от того, к чему привязался сильнее, чем надо. Но это сейчас я спокойно ориентируюсь в таких проблемах.

Приведу случай, рассказывающий о том, как я начинал.

У меня на приеме родители с сыном. Стоит вопрос, брать ему академический отпуск или нет. У мальчика явно не в порядке психика. Он боится, что у него какое-то тяжелое заболевание.

Во взгляде угнетенность. Мать выходит, и он показывает какие-то прыщики и говорит, что тяжело болен. Напрасно я пытаюсь как-то успокоить его, эффект нулевой. Возвращается мать, и я ей объясняю, что они с мужем неправильно воспринимали жизнь. Завистью к способностям других, высокомерием и презрением к тем, кто не имел способностей, они приклеили свои души к земному и сделали их гордыми. А у мальчика эта зацепка за способности намного выше, и гордыня близка к смертельному уровню. Для того чтобы он остался в живых, его нужно оторвать от гордыни и от способностей. Постоянный страх и неуверенность в себе через унижение блокируют гордыню. Нестабильная психика мешает нормальной учебе и реализации способностей. Насколько родители пересмотрят жизнь и будут молиться за себя и за потомков, настолько он будет здоров.

Родители, кажется, поняли. Через неделю они опять передо мной. Я смотрю на мальчика и не вижу изменений в лучшую сторону. Мать молча протягивает мне записку: "Мама и папа, я вас люблю, но жить больше не могу, простите меня, не сожалейте обо мне".

— Мы неожиданно вернулись домой и сняли его с подоконника седьмого этажа. На другой день после Вашего сеанса он хотел выброситься в окно.

Состояние у меня шоковое. Тема способностей — новая для меня, и я ситуацию не контролирую. К чему это может привести, я сейчас увидел. Выйти из ситуации уже невозможно. Я могу войти в те слои поля, куда обычно никто не входит, но вхождение и вся ситуация должны быть контролируемы, — с этого начинается вся система. Я не понимаю, что произошло. Вновь и вновь ищу причины, которые могли толкнуть мальчика на самоубийство. И не нахожу их. Пытаюсь найти причины в поведении родителей и говорю им, что они должны продолжать свои усилия.

— Малейшее обострение ситуации — тут же звоните мне домой, — говорю им. — Если тебе захочется позвонить — звони, — обращаюсь я к мальчику.

Звонок раздается на второй день. У меня куча дел, и звонок выбивает меня из колеи. Мальчик что-то бубнит по телефону, а я с раздражением пытаюсь отключиться от других дел. Постепенно до меня доходит смысл того, что он говорит. Он просит меня успокоить и утешить родителей, потому что он выбросится сейчас из окна. Я понимаю, что у меня в запасе несколько минут. Обещаю ему, что с этим разберусь, а завтра поговорим. Главное сейчас — сбить желание умереть. Пытаюсь объяснить ему, что это нелепо. Я лечу словом и убеждать могу, но здесь все мои попытки тщетны, и чувствую, что нить, удерживающая его от самоубийства, становится все тоньше. Он сейчас молиться не будет, но наши поля взаимодействуют, соприкасаются.

Я разговариваю с ним и начинаю молитвой корректировать свое поле, но продолжают наплывать программы агрессии к миру, к людям, к себе из-за способностей. Я чищу себя. Через три минуты мальчик успокаивается, а я еще долго анализирую причины. Наконец, понимаю, в чем дело: вторжение в поле другого человека может быть опасно. Если не заблокирована карма, попросту говоря, если человек с земными страстями вторгается в душу, возникает резонанс, и это может привести к большим проблемам, особенно у пациентов. В очередной раз я понял, что великие истины и знания, данные несовершенным людям, могут вредить. Чтобы нести совершенные знания, нужно быть совершенным самому, и теперь я уже работаю на опережение и привожу себя в порядок до приема пациентов, а не после. В сложных случаях это позволяет спасти жизнь и мне, и пациенту. Моя несбалансированность, зацепка за способности резонировала с программой мальчика и могла стоить ему жизни.

О том, что ожидает человечество в ближайшем будущем, я убедился, когда стал принимать пациентов в Нью-Йорке. Жена, несущая в себе обиду на мужа, ненавидя и ревнуя его, уже желает смерти ему и детям. Постоянные внутренние претензии к мужу — это программа уничтожения собственных детей. Более духовные женщины направляют агрессию против себя, это тоже программа уничтожения собственных детей, но в меньшей степени. Все это относится и к мужчинам.

Оба моих ребенка в детстве чуть не погибли от удушья, а причиной тому было мое неумение обуздать свою гордыню, ревность, в первую очередь, и, как неприятие, шла депрессия, то есть программа самоуничтожения.

Соединенные Штаты — место, где люди весьма прочно привязаны к земному. Деньги, карьера там имеют абсолютный смысл. Поэтому выжить в этой стране может только гармоничный человек, внутренне незацепленный за видимые земные блага. Анализируя ситуацию, я понял, почему Америка является страной двойной эмиграции: не только прямой, но и кармической. Идея США — это идея реализации накопленных возможностей. Человечество всегда имело множество идей, но не имело возможности их реализовать. Человечество было подобно мудрецу, сидящему в пещере и отдающему все силы на духовное постижение мира. США стали мышцами человечества, которые позволили ускорить процесс реализации. Со временем идея реализации стала казаться важнее идеи накопления духовных ценностей. Источник казался неиссякаемым. Пока на Земле были страны, где накапливалась духовность, Америка была как бы альтернативой, сохранялась определенная балансировка. Мощным противовесом этому выступали страны социализма, где, как известно, идею, теорию пытались поставить выше земных потребностей.

Резкий сбой произошел после краха социализма. Уже в 1987 году мышление, которое принято называть "американским образом жизни", ощутимо стало превосходить все остальное. Внутреннее, духовное заземление Америки, начиная с 1987 года, стало резко возрастать. Чтобы выжить в этой стране, нельзя быть внутренне ориентированным на видимые материальные блага. Но есть блага невидимые. И вот за них Америка зацеплена очень сильно — это семья, положение в обществе, способности, душевные качества, мудрость и судьба. Особенно сильна зацепка за благополучную судьбу. Когда с человеком ссорятся, обманывают его, унижают, он может испытать ненависть к тем, кто это делает. Более духовные ненавидят себя, то есть впадают в депрессию. Когда нет явного обидчика, а просто идут неприятности по судьбе, здесь одинаково впадают в депрессию и духовные, и недуховные. Уныние и депрессия есть нежелание жить, ненависть к себе. Страдает головной мозг, зрение, слух. У Америки, по сравнению с другими странами, была благополучная судьба. Это много дало телу, но мало — духу. Поэтому в Америке неблагополучие по судьбе дает устойчивую депрессию, и в последние годы огромные средства США тратят на лечение заболеваний головного мозга. Ситуация не улучшается, а продолжает ухудшаться. Чуть ли не у каждого второго-третьего идет скрытая депрессия. Депрессия у родителей — это болезнь детей и смерть внуков, если этот процесс не остановить устремлением к Богу. Все большая зацепка за земное дает повышение агрессии, поэтому американское искусство несет все большую подсознательную агрессию. Та страна, которая дала миру американский образ жизни, должна первая от него отказаться. И эта тенденция в ориентации на духовность, бескорыстие и помощь в последние годы в Америке проявляется все сильнее. И от того, насколько эта тенденция сумеет окрепнуть и развиться, зависит будущее Соединенных Штатов.

Пришедшая ко мне на прием женщина иронично улыбается.

— Я поняла, о чем Вы говорите, но у меня ведь сложная ситуация.

— Вы считаете молитву, покаяние неэффективными средствами? — спрашиваю я.

— Ну не совсем, — протягивает она. — Но то, что Вы говорите, для меня все ново, мне сложно это понять и измениться. И вообще, я не знаю, сумею ли себя так изменить, хватит ли у меня сил?

Смотрю ей в глаза и начинаю медленно говорить:

— Месяц назад я познакомился с одним человеком. Мы с ним разговорились. У него была добрая душа, и мне захотелось ему помочь. В его поле я увидел смерть и сказал ему, что он может погибнуть в ближайшее время.

— Мне что-нибудь может помочь? — спросил он.

— Может, — ответил я. — Не презирать подлецов и негодяев.
Он некоторое время думал.

— Это очень тяжело.

— Это тяжело, но ситуация слишком серьезна. Если у меня денег больше, чем у другого, то я не имею права презирать его за это. Если у меня порядочности и доброты больше, чем у другого, то я не имею права презирать его за это.

Через неделю он заехал ко мне в мастерскую. Я дал ему свою книгу и видеокассету с выступлением.

— Сейчас пока диагностировать не буду. Посмотри это, подумай, а дней через десять встретимся и подведем итоги.

Через десять дней я с ним встретиться не смог. Накануне его убили. Убили те, кого он презирал. Кажется, человек что-то стал осознавать, пошел к Богу, а его, тем не менее, убили. Но как существуют законы для инерции тел физических, так они существуют и для тел духовных. Если человек набрал скорость и летит на стенку, то, даже если он захочет свернуть, может не успеть.

— Так вот, — обращаюсь к женщине, — у Вас есть запас времени, а возможности определяются силой нашего желания. А какое у Вас будет желание измениться и выжить, зависит от Вас.

— Скажите, а те, кто убили, неужели они не пострадают?

— Естественно, пострадают. Чем выше были устремления жертвы к очищению, тем большее наказание понесут убийцы. Думаю, этим они изувечили свое будущее, причем не в одной жизни. Но, с высшей точки зрения, они исполнители, презирать и осуждать их нельзя. Преступника можно наказывать, но на его душу покушаться нельзя.

Если я несовершенен, необязательно, чтобы меня наказывали другим человеком. Мне недавно рассказали историю: одна девушка во всем стремилась быть первой, она занималась альпинизмом, и для получения звания ей нужно было совершить еще одно восхождение. Вершина была не очень сложной. Но ей что-то мешало, происходили какие-то непредвиденные события. Как будто давали знак, что на этот раз не нужно идти, но она решила покорить вершину во что бы то ни стало. Хотя уже почувствовала, что вступает в конфликт с чем-то высшим. На одном из переходов начался камнепад, совершенно неожиданно. Группа была на открытом месте, и спрятаться было негде. В группе было, кажется, пятнадцать человек. Погиб один. Та девушка.

Из другого города звонит человек и рассказывает историю:

— Я крепкий, здоровый мужик. Могу за час перепахать весь огород, но вот уже одиннадцать лет я сижу в своем доме, а за пределы калитки выйти не могу. Когда выхожу, меня начинает так крутить и ломать, что приходится возвращаться, преследует ощущение постоянного страха. Скажите, здесь можно что-нибудь сделать или нет?

— Положите трубку на стол, выходите из дома за калитку, погуляйте там несколько минут, а потом возвращайтесь назад.

— Я пошел, — кричит он в трубку. Через пять минут возвращается и с удивлением говорит, что было гораздо легче.

— Запоминайте, — говорю я ему. — В прошлой жизни Вы жили в Тибете, у Вас были большие способности, и развитие способностей Вы сделали самоцелью. Как только душа зацепилась за земное, резко усилилась гордыня. Спасти Вам жизнь можно было только оскорблениями, унижениями, обидами, идущими от людей. Причем, чем сильнее обида, тем больше шансов очиститься. Вы не понимали и не принимали этого и накопили огромную агрессию против людей, а поскольку энергетика у Вас мощная, то любого обидчика Вы подсознательной агрессией могли бы убить в два счета. Поэтому Вам нельзя общаться с людьми, и Вас не выпускают из дома. Снимайте через покаяние агрессию по отношению к людям и молитесь, чтобы любовь к Богу стала смыслом Вашей жизни.

Кумирство мудрости

Выше Бога можно поставить и мудрость, и судьбу. Если я осуждаю человека за глупое, неразумное поведение, происходит прилипание к мудрости. Если я осуждаю группу людей, организацию, правительство, народ — прилипание удесятеряется. Если буду осуждать и ненавидеть себя за то, что не понял, не разобрался, попал в глупую ситуацию, будет происходить то же самое. Зацепка за мудрость блокируется психическими болезнями и умственными расстройствами.

Женщина-физик попросила на приеме посмотреть причину смерти одного известного советского ученого.

— Он себя и свою мудрость поставил выше Бога. Гордыня перешла за критический уровень, и произошла блокировка смертью. Зацепился он за мудрость, презирая и унижая глупых.

— А Вы знаете, — оживилась женщина, — он унижал своих ассистентов. Я слышала, что в автокатастрофе пострадал только он один: он получил тяжелейшую черепно-мозговую травму, а яйца, которые лежали в упаковке на заднем сиденье автомобиля, даже не разбились при этом. Он потом долгое время находился без сознания.

Я подумал, что законы этики на уровне чувства, которыми мы часто пренебрегаем — это, в первую очередь, законы нашего собственного выживания. Ученые долго пытались найти то, что объединяет долгожителей. Оказалось, что у них правильное эмоциональное отношение к миру. Все долгожители являются людьми добродушными, они не отвечают ненавистью и осуждением на неприятную для них ситуацию. Это и есть внутреннее смирение, умение не зацепиться за земное, не обожествить его. А когда человек сильно заземлен, он может отречься, предать, то есть логика тела побеждает логику духа.

Передо мной сидит молодой человек, у которого достаточно серьезная проблема. Я объясняю ему, что его душа прилипла к гордыне и мудрости. Он молится и через покаяние снимает ненависть к другим людям, а также осуждение себя. Сегодня он пришел на второй сеанс, но в его поле четко видны структуры самоосуждения.

— Вы до конца не сумели снять претензии к себе.

— Как же мне снять претензии к себе, если я виноват, а другие здесь ни при чем. Ведь я несовершенен, как же мне не обвинять себя?

— Поймите одну простую истину, — говорю я. — Совершенство и несовершенство даются и отбираются, отождествлять себя с ними нельзя. На тонком уровне любой человек, кем бы он ни был, выше таких понятий, как совершенство и несовершенство. Эти понятия принадлежат материальному, но материальное подлежит изменению и разрушению. Если Вы называете себя умным, испытываете радость от этого не только снаружи, но и изнутри, Вы прилипаете к мудрости. Значит, будет ситуация, когда Вы назовете себя дураком, будете ненавидеть, осуждать себя и получите за это болезнь или смерть. Человек есть диалектическая сущность, состоящая из двух противоположностей: Божественного ядра, где нет понятий "совершенства" и "несовершенства", "силы" и "слабости", и ядра, связанного с материальным, которое, в отличие от первого, постоянно разрушается, где понятия "силы" и "слабости", "совершенства" и "несовершенства" постоянно меняют смысл. Чем больше потенциал, напряжение между ними, чем больше мы устремляемся к Земле, тем больше устремляемся к Богу, и наоборот. Просто к Земле легче устремляться, чем к Богу, поэтому должна быть соблюдена система приоритетов. Точка опоры не может стоять на земных благах, видимых и материальных, она не может опираться на невидимые блага, связанные с земной жизнью. Когда мы пытаемся поставить точку опоры на то, что кажется нам стабильным, на то, что выходит за пределы одной жизни, на земные ценности третьего уровня, мы делаем ошибку.

Точка опоры может быть только на любви к Богу. Ощущение этого дает человеку истинное счастье.

Мои книги выходят достаточно большим тиражом. Информация идет по ЦТ. И тем не менее чего-то не хватает. Нужна система изменения мировоззрения, которую хочу дать в этой книге. Вчера убедился в этом еще раз. Ко мне приехала из другого города мать мальчика, у которого опухоль мозга. Положение весьма сложное.

— У Вас огромная гордыня, — объясняю я матери. — Кроме того, желание свою мудрость поставить выше Бога. С Вашей точки зрения, все Вас несправедливо обижали, все глупо себя вели, и Вы все время всех осуждали, особенно мужа. У мужа тоже огромная гордыня, поэтому у ребенка идет не просто усиление, а взрыв этих программ. Это блокируется онкологией. Расскажите всю эту систему, которую я изложил, мужу. А через несколько дней я Вам позвоню.

И вот я по телефону общаюсь с отцом мальчика, в его поле три мощных параллелепипеда, троекратная смерть, программа самоуничтожения. У ребенка — то же самое. Отец заикается, именно это несколько блокирует опасные программы.

— У Вас огромная гордыня, в два раза выше смертельной. Она блокируется онкозаболеваниями, эпилепсией, заиканием, псориазом. У Вас мягкая блокировка, у сына более жесткая. Вы смотрели мое выступление по телевидению?

— Да, и полностью с Вами согласен.

— Хорошо, так вот, душа становится гордой, если привязывается к чему-то земному. Ваша душа прилипла к семье и благополучной судьбе. Когда Вам даны были обиды, ссоры для блокировки, Вы развернули их против себя. У Вас возникло уныние, мощное нежелание жить. Было у Вас такое состояние?

— Да, было.

— Уныние — это ненависть к себе, а ненависть бьет по голове. Поэтому у Вас заикание, а у сына опухоль мозга. Вам нужно пересматривать всю жизнь и снимать эту агрессию через покаяние.

— Все, что Вы говорите, достаточно примитивно, — отвечает он мне. — Вы могли бы объяснить получше, поглубже?

— К сожалению, на сегодняшний день — это мой самый высокий уровень. Но то же самое, что говорю Вам, я говорил другим онкобольным, и, знаете, помогало.

— Хорошо, — отвечает он, — я разработал свой метод лечения ребенка.

— Изложите его.

— Это сложно, я не могу все по телефону рассказать.

— Если в основе Вашего метода лежит любовь к Богу, работайте. Если нет — то будут проблемы, так что решайте сами.

— Что же мне делать? — спрашивает он меня.

— В Вашем роду в семнадцати поколениях по отцовской линии идет желание поставить себя и любимого человека выше Бога и неприятие очищения. Этим же пропитаны и семнадцать поколений потомков. Молитесь за весь род, за себя, за своих потомков. Можете это делать двадцать четыре часа в сутки. Тогда мальчику станет лучше.

Он соглашается.

19 июня 1994 года. Сегодня Троица. Два дня назад ко мне пришла пациентка. Я смотрю ее поле.

— Странно, у Вас мощная программа уничтожения детей. У Вас есть дети?

— Да, две дочери.

Смотрю поле первой. Вокруг нее кокон, а снаружи семь иероглифов смерти. Мощная программа уничтожения. Кто ее защищает? Души ее будущих детей. Теперь понятно. Она жива, потому что человек духовный и добродушный, и у нее весьма гармоничные потомки.

— У Ваших дочерей есть дети?

— Да, — отвечает она.

Я смотрю внуков, и мне все становится понятным.

— Какой у Вас диагноз? — спрашиваю ее.

— Опухоль яичников. Еще что-то нашли в желудке. Сейчас делают анализы.

Смотрю ее поле, а потом начинаю говорить.

— Причины Ваших болезней просты, но работать над собой придется долго. Изменить душу намного тяжелее, чем сознание. Причина болезни в следующем: душа человека должна быть обращена к Богу, а сознание и тело — к Земле. Когда душа прилипает к Земле, она становится гордой и агрессивной.

— Но моя душа не тянется ни к деньгам, ни к каким другим земным радостям.

— У Вас деньги по-другому выглядят. Для Вас деньги — это мудрость и семья. И вот когда у Вас начинают это отбирать, Вам становится больно. А принять это Вы не могли и не можете.

Женщина смотрит на меня и пытается понять, но света в глазах еще не видно. Я продолжаю:

— Вот видите — клетка организма, которая живет в двух режимах: для себя и для организма. Любая команда организма личные интересы клетки ущемляет. Нужно забыть о себе и думать обо всем организме, не смотря на то, что любая команда организма ограничивает личные интересы клетки. На кратком промежутке времени интересы у них различны, на более протяженном — едины. Умение клетки принять травмирующую ситуацию, то есть команду организма, — показатель ее здоровья. Нежелание клетки принять травмирующую ситуацию делает ее раковой, и она должна быть уничтожена организмом.

Человек — клетка Вселенной. Умение человека принять любую ситуацию, любые неприятности и несчастья как данные Богом — это показатель духовного и, в конечном счете, физического здоровья человека. В христианстве это называется смирением. Если человек в травмирующей ситуации не забывает о Боге, очищающем его душу, а видит только обидчика, он уподобляется раковой клетке. Христианство называет это гордыней и считает главным грехом. Любая клетка живет в двух режимах, двух логиках: логике организма — первичной и логике собственной — вторичной.

Человеку также присущи две логики: логика духа, связывающая его с Богом, и логика тела, связывающая его с Землей. Логика духа всегда выше логики тела. Когда тонет корабль, первыми спасают женщин и детей, мужчин потом. И если мужчина бросается вперед к спасению, отталкивая женщин и детей, его нужно убить, чтобы остановить патологический процесс. Когда у человека проблемы, прежде всего спасают его душу. По важности душа — девяносто семь процентов, и только три процента — тело. Если тело бросается вперед и пытается спастись, погубив душу, это тело подлежит уничтожению. У Высоцкого есть хорошая фраза "Мы не умрем мучительною жизнью. Мы лучше верной смертью оживем". Наше тело — это одноразовая одежда, рассчитанная на одну жизнь. А нашей душе предстоит еще воплощаться. Если она не будет очищена, мы не сможем воплотиться в следующих жизнях. Это, кстати, одна из причин бесплодия многих женщин в нынешнее время. Внутренняя гордыня стоит на красной черте, за которой бесплодие, вырождение всего человечества.

Женщина некоторое время раздумывает, а потом удивленно спрашивает.

— А почему же такое произошло?

— Развитие идет через патологию. Познание Бога идет через отречение от него. Вот уже три столетия все человечество теряет логику Божественного и работает только на земной логике. В XVII веке человечество создало классическую форму раковой опухоли: "Человек — Хозяин Природы". В переводе на язык организма это означает: "Клетка — Хозяин Организма". Это и есть принцип раковой клетки. В настоящее время духовные структуры человечества настолько прижаты к Земле, что спасти человечество от вырождения и смерти может только многократное устремление к Богу. Сейчас человечество должно испытать любовь к Богу, которой до сих пор оно не испытывало. И Вам это нужно в первую очередь, потому что, когда я с Вами говорю, у Вас меняется восприятие мира, реакция на события, значит, меняется и Ваш характер. Поскольку характер определяет судьбу, то меняется и Ваша судьба, то есть Ваша карма, включая физическое состояние. Давайте посмотрим, что было до нашей встречи. Я рисую шкалу. Принятие любой ситуации на 80—100% — абсолютное здоровье, 50—80% — человек здоров, 20—50% — человек болен, меньше 20% — тяжело болен, меньше 5% — подлежит уничтожению. В 90-м году этот уровень у человечества был 3%. Сейчас 10—12%, то есть на полевом уровне человечество является тяжело больным организмом. До прихода ко мне готовность принять травмирующую ситуацию у Вас была 1—2%, сейчас, после получасового разговора со мной, больше 50%. Но чтобы это было стабильно, Вам придется работать над собой. Пересмотрите всю жизнь. Все, что Вы считали неприятностями, обидами и унижениями, справедливо на 3% для Вашего тела и сознания, а 97% — это очищение Вашего духа, и в конечном счете — спасение Вашей жизни. Если Вы принимаете любую ситуацию, как данную Богом, то вспышка сил, которая при этом происходит, идет на Ваше духовное развитие. Если не принимаете — рождается агрессия. Сначала ненависть и осуждение тех, через кого Вас спасали, а потом ненависть к себе. Все это зачернило Вашу душу. Ненависть к себе, то есть уныние, депрессию, нежелание жить, Вы передали дочерям и внучкам. Я сказал сначала, что у Вас идет программа уничтожения собственных детей. Нежелание жить у женщины — это программа уничтожения своих детей в первую очередь. В детях она многократно усиливается. Иногда бабушка больше определяет мировоззрение внуков, чем мать. У внучки гордыня перешла за смертельный уровень. Травмирующую ситуацию она не может принять даже на 1%. Сколько ей сейчас лет?

— Десять.

— Все правильно, кармическая память активизируется в пять лет, а также в период полового созревания, в десять-четырнадцать лет. В этот момент дети наиболее уязвимы. Именно в это время родители часто заболевают, чтобы спасти жизнь детям, им возвращается то, что они детям передали. Внучка может умереть, поэтому в течение полугода быстро стала развиваться опухоль, следовательно, Вам мало изменить себя. Нужно через покаяние снимать все обиды и осуждения, а также ревность и нежелание жить не только со своей души, но и с душ детей и внуков, а потом и потомков до седьмого колена. Нужно в молитве признаваться в любви к Богу не только самой, но и просить за детей, внуков и потомков до седьмого колена. За содеянное человек отвечает четырежды: за то, что сделал в прошлых жизнях; за то, что сделал в этой жизни; за то, что передал детям; за то, что передал внукам, правнукам и дальним потомкам. Чем сильнее агрессия, то есть неприятие Божественного, чем глубже она проникает в душу, тем больше поколений потомков зачерняет человек и тем дольше и серьезней он будет расплачиваться. Чем большую любовь к Богу почувствуете, чем глубже поймете, что все нелады в личной жизни, унижения и обиды были спасением Вашего духа, тем больше очистятся души Ваших потомков. Только тогда будет позволено выздороветь Вашему телу.

Мы еще говорим некоторое время, и постепенно я вижу, как женщина становится мягче, спокойнее.

— Скажите, — спрашивает она, — я сейчас прохожу лечение химиотерапией, продолжать ли его?

— Химиотерапия блокирует следствие, а не причину. Можете продолжать лечение, но при этом должны понимать, что рассчитывать и надеяться надо не на медицинские препараты, а на возвышение духа и очищение души.

Сегодня я смотрел четырех пациентов. У первой женщины проблемы с сыном — отсталое умственное развитие. Второй пациент — молодой человек с белокровием. Третий — девушка, у которой после автокатастрофы нарушена психика, координация движений. Четвертый случай — пара, у которой нет детей. И во всех случаях я вижу один и тот же механизм, по-разному себя проявляющий. У всех одна причина — желание любовь к своей мудрости и мудрости других поставить выше, чем любовь к Богу. А первое звено прилипания к Земле — это отец и мать. Если я отца и мать ставлю выше Бога, то в следующей жизни мне дают глупых, неразумно себя ведущих, не понимающих меня родителей, и осуждение, презрение к ним, зацепленное за мудрость, дает самую опасную гордыню. Деньги, которые есть у Вас, можете иметь год, два, десять лет, но рано или поздно потеряете их вместе с жизнью. Способности и душевные качества с этой жизнью можете не потерять, они могут существовать три-пять жизней, поэтому есть искушение точку опоры поставить на них, а не на любовь к Богу. Мудрость — это капитал, которым можно владеть больше сорока жизней, поэтому здесь искушение отречься от Бога — максимальное.

Дьявол — это ангел, который свою мудрость поставил выше мудрости Отца. Женщина, презирающая своего мужа, своего неразумного отца, презирающая глупых, несовершенных людей, рождает детей, стремящихся к дьяволу, а не к Богу. Человечество последнее столетие зацеплено за мудрость. Успехи науки, плоды сознательной деятельности стали абсолютной ценностью, поэтому человечество тяготеет к дьяволизму.

— Так вот, — обьясняю я пациентке, — по линии предков, также и по линии мужа, через презрение несовершенных, обиды на себя в глупых ситуациях, обман других и ненависть к обманувшим идет мощная зацепка за мудрость, поэтому гордыня у Вас в несколько раз больше, чем у других людей и, кроме того, сильное желание поставить судьбу выше Бога. Поэтому Вас, совершенно немотивированно внешне, должны были бить по болевым точкам, и если бы Вы сохранили ощущение разумности ситуации, ребенок был бы здоров. Вы видели только людей, обижавших Вас, и все сильнее включали режим тела, выключая режим духа, поэтому зацепленность за земное и агрессия у ребенка намного выше нормы. Чтобы очистить его душу и спасти от смерти других людей, его закрывают не легким психическим расстройством и не шизофренией, а более жесткой блокировкой, то есть отсталым умственным развитием.

Душа перед тем, как вселиться в тело, видит и знает, что с ней произойдет, и она заранее мучается и страдает, видя, какое ей готовят тело, и это очищает душу. Поэтому, на тонких уровнях души у ребенка проходит мощный созидательный процесс. Если поддержите его, сменив ориентацию духовных структур с земного на Божественное, то поможете своему ребенку в любом случае, даже если не заметите улучшения на физическом уровне.

Второму пациенту я объясняю следующее:
— У Вас и у матери зацепка за мудрость, семью и благополучие. Мать ненавидела тех людей, которыми ее очищали. Потом все это превратилось в ненависть к себе, в нежелание жить, а у Вас прилипание к земному намного больше. Все дело в том, что ненависть к себе — это ненависть к своим духовным структурам и большая опасность для них, поэтому ее переключают на быстрое разрушение тела. Человек, жертвуя своей жизнью ради других, убивает свое тело, но очищает свою душу. Человек, покончивший жизнь самоубийством, больший вред наносит душе, чем телу. Сначала нужно покаяться в нежелании жить и через покаяние снять все обиды на себя, на судьбу, потом покаяться в том, что лежало в основе этих обид: презрение, ненависть и осуждение других людей, а потом в том, что лежит в основе агрессии: желание любовь к земному поставить выше любви к Богу, непонимание того, что любовь к Богу есть высшее счастье.

— Ситуация сложная, — объясняю я родителям больной девушки. — У Вас, — обращаюсь я к матери, — идет тенденция презирать мужчин и свою мудрость ставить выше всего. А у Вас, — обращаюсь к отцу, — желание обвинить себя в неудачах и наказать себя за них. Это более духовный путь, но он тоже прилепляет к земному. Если бы родился мальчик, то он был бы угнетенный, болезненный, но мог бы все это преодолеть, и его перспективы были бы хорошими. Поскольку родилась девочка, она взяла худшее, поэтому шансов иметь детей и остаться в живых у нее не было. Травма и психическое расстройство физически унизили ее гордыню, ее разум. Насколько вы и она будете молиться и очищать душу добровольно, настолько ей не нужна будет болезнь.

— Ее лучшие годы потеряны, — со слезами говорит мать девочки, — она была в одиночестве и практически ни с кем не общалась.

— Вы правы только частично. Ее душа была настолько готова поднять и обожествить любимого человека, что если бы ей дали такую возможность, то ее отречение от Бога настолько бы усилилось, что она изувечила бы свои духовные структуры. При такой душе дети не могли бы появиться, и со следующими ее воплощениями были бы проблемы. Лучшие годы она провела с Богом, а не с друзьями.

Вот смотрите, как раньше это было. Представьте себе, женщина полюбила мужчину и поставила его выше Бога, вскоре он погибает. Горе ее было столь велико, что если она не кончала жизнь самоубийством, то отдавала всю любовь Богу и шла в монастырь. В следующей жизни ей давали того же мужа. Она опять безумно любила его. Сила устремления к Божественному из прошлой жизни была намного больше, чем ее любовь к мужу в этой жизни, поэтому муж не умирает, и они счастливы. Вам, для того чтобы лечить дочь, нужно изменить себя и свое восприятие мира. Когда вы будете молиться, то должны знать одно: во время молитвы не надо выпрашивать здоровья и счастья у Бога. Во время молитвы человек переносит точку опоры на любовь к Богу, чтобы легче изменить свою духовную конструкцию, главное в покаянии — устремление к Богу и желание изменить себя. Здесь уже все больше зависит от вас, чем от меня.

И вот мой четвертый случай. Семейная пара, у которой нет детей.

— Ваши души сильно прилипли к Земле, но это произошло по незнанию. Ваша личная ориентация к Богу, которая проявляется в добродушии, в устремлении к духовному, — большая. В вашей ситуации другие люди болели бы, и достаточно тяжело, но, благодаря вашему добродушию, вас подстраховывают, и вы здоровы. Но все-таки мировоззрение у вас неправильное, и гармоничного потомства вы дать не можете, поэтому вам перекрывают возможность иметь детей.

Пересматривайте свою жизнь, очищайте свои души. Хочу вас предупредить: когда начнете очищаться, вся кармическая грязь пойдет наверх, и физическое состояние и ситуация могут резко ухудшиться. Когда очистите себя, молитесь за будущих потомков, ибо их грязь придет к вам, и вам нужно будет очищать их. Если вам предназначены потомки с грязными душами, то причина этого кроется в вас же, только в прошлых жизнях. Вы разбрасывали камни в прошлых жизнях, будете собирать в будущих. Вам нужно понять, что на тонком уровне нет глупых и умных, непорядочных и благородных, способных и неспособных. На тонком уровне мы все едины и одинаково чисты, как корни, тянущиеся к тому, что нас питает, к Богу. И здесь все определяется вашими усилиями.

Я давно знал, что воздействие на одного человека сказывается и на его родственниках. Физическое состояние родственников меняется после общения с пациентом. Но я не ожидал, что может меняться и духовное состояние человека. Оказывается, по мере того, как я продвигался в своем познании, у пациентов появлялась возможность изменить себя на более глубоком уровне. Весной 1994 года ко мне обратилась молодая женщина. Когда посмотрел ее поле, было похоже на онкологию. Ей сделали несколько операций, но состояние все ухудшалось. Я объяснил ей, что у нее серьезная ситуация. И если она не пересмотрит свое отношение к жизни, то врачи ей вряд ли помогут.

— Они мне так и сказали: "Надейся только на себя".

Мы разговаривали около часа. Вновь она пришла через полгода. Сказала, что к врачам не обращается и чувствует себя прекрасно. Я провел диагностику: поле чистое, претензий нет. С моей точки зрения — здорова.

— Вы знаете, — рассказывает она мне, — то, что мир стал для меня совершенно другим, это понятно, но у обеих моих сестер изменился характер в лучшую сторону, хотя я им ни о чем не рассказывала. Осталась только одна проблема — мой племянник возьмет книгу и не может читать ее, не может учиться.

— Дело в том, что у Вас по женскому роду идет зацепка за мудрость, отсюда презрение к другим людям, осуждение и ненависть к тем, кто обманул, претензии ко всему миру, мол, глупо устроены и несправедливо себя ведут. Ваша сестра до зачатия ребенка и во время беременности слишком много осуждала и презирала мужа: обманывает, глупо себя ведет, жену — не понимает, что такое жизнь — не понимает и так далее Она так приклеила сына к мудрости, что теперь ему эту мудрость закрывают. Если бы Вы изменились на более глубоком уровне, то очистились бы Ваши племянники и внуки.

Хрупкая женщина с усталым озабоченным лицом рассказывает мне свою историю.

— На моих глазах все разваливается, ничего не могу понять. Моя мать надрывается на работе, а муж, умнейший человек, ничего не хочет делать и ничего не делает, при этом еще оскорбляет мать и меня. Свекровь безобразно относится ко мне и к матери. С детьми у меня плохо — очень вспыльчивые, их трудно контролировать. Недавно я была у ясновидящей, и она мне сказала, что могут умереть и моя мать, и мой муж. Вся жизнь превращается в сплошное несчастье, — с мукой в голосе говорит она.

На диагностику уходит несколько секунд. На тонком уровне все невероятно просто.

— Вы и Ваша мать вроде бы все делаете для того, чтобы ситуация была нормальной, а вместо этого — полный развал. И Вам кажется, что мир неразумен и несправедлив. Сейчас я попробую объяснить Вам, в чем причины этой ситуации. Вот смотрите, когда я диагностировал Ваше поле, то четко увидел в нем структуры с колоссальной агрессией: мальчик и девочка — два дьяволенка. Это Ваши дети. Теперь выясним, почему их души стали такими. Женщины в Вашем роду, начиная с прабабки, поставили отца, его мудрость, благополучие выше Бога, и, чтобы душа не отторгалась от Бога еще сильнее, у них нужно было это отнять. Им должны были давать отцов и мужей, выглядевших униженно, ведущих себя глупо, то есть таких, которых называют неудачниками. Если бы они не обижались, не осуждали, они бы очистили свои души и дали гармоничных потомков. Но они презирали, осуждали, ненавидели и зацепились за мудрость, за благополучную судьбу еще сильнее. Если отца, его мудрость и все блага, связанные с ним, люблю больше Бога, то, поскольку я часть своего отца, то сам прилипаю, и меня уже должны отдирать от этого. Женщин должны были унижать в гордыне, мудрости и судьбе. Не сумеете удержаться от презрения — очищать душу будут, уже унижая Вас. Не примете это — очистят болезнью или смертью. Ваша мать презирала, осуждала и обижалась на мужа, и этим она испачкала Вашу душу, и особенно души Ваших детей. Раньше им позволили бы выжить, а сейчас слишком много грязи в душе человечества, и дьяволята подлежат уничтожению, но поскольку большая часть этой грязи пришла от бабки и матери, то бабка может очистить душу смертью, а мать — развалом судьбы. Вы, постоянно осуждая мужа, дали детям программу осуждения отца и отречения от Бога и этим изувечили их души.

— И это уже не поправить? — ужасается женщина.

— Поправить можно — душа гибче тела.

Женщина напряженно думает. Я не мешаю ей, гляжу в окно.

— Так что же получается: то, что свекровь унижает меня, мне на пользу?

— Конечно. Гордыня лечится унижением тела, болезнью, смертью.

— Кажется, я что-то стала понимать, — говорит женщина. — Чтобы очистить души моих детей, необходимо уменьшить их гордыню. Для этого нужно ударить по причине возникновения этой гордыни, то есть по мне и по матери. Оскорбляя и унижая нас, муж как бы невольно очищает души детей.

— Совершенно верно, — говорю я, — чем быстрее примете это внутри, тем быстрее Вы очистите свои души и души детей. И не нужно будет унижения.

— Так значит то, что мои маленькие дети бросаются на людей, кусают их и то, что их называют маленькими бандитами, это от меня и моей матери?

— Конечно, — отвечаю я.

— Ну хорошо, буду молиться и просить прощения за все обиды и осуждения, презрение к другим людям и к мужу. Я поняла, что высокомерно относиться к униженному, ненавидеть и обижать унижающего нас — это болезнь и смерть моих детей. Но почему же мне нельзя любить мужа и его мудрость?

— Когда Вы мужа любите через Бога, то Вы притягиваете его к Богу. А если сначала любите мужа, то отталкиваете его от Бога, своей любовью втаптываете его душу в Землю и делаете его гордым. Поэтому он может погибнуть.

— Простите, я все равно не могу понять, как можно любовью навредить? — устало спрашивает женщина.

— На этом месте недавно сидела другая женщина, — медленно, растягивая слова, произношу я, — со следующей проблемой:

— *У меня только один вопрос, — говорила она мне. — Объясните, почему мои любовники умирают?*

— *А сколько умерло? — поинтересовался я.*

— Двадцать человек.

— *Вы любимого человека и его мудрость готовы поставить выше Бога. У Вас мощная энергетика, и Вы просто разваливаете их этим. Если от ненависти можно защититься, то от любви — нельзя. Поэтому любовь, направленная к земному, убивает быстрее ненависти. Если хотите, чтобы любимый человек был здоров, утром вставайте и говорите: "Господи, я люблю Тебя больше, чем любого человека на Земле, чем его мудрость и любое земное счастье, которое он может мне дать". Затем снимайте "клей", которым "приклеивали" себя к мужчинам и к их мудрости: это презрение, высокомерие и осуждение глупых мужчин. Тогда все будет нормально.*

Я продолжаю разговор со своей пациенткой, и мы опять переходим к разговору о детях.

— Скажите, я раньше молилась, чтобы мои дети были здоровы. По-вашему получается, что так нельзя делать. Но ведь в церкви свечку ставят за здравие. Как же так?

— Когда Вы в церкви ставите свечку за здравие, то включается эгрегор христианства, в котором здравие — это здравие души. Бога можно просить только о том, чтобы была дана возможность любить его больше, чем любое земное счастье. А когда просите у Бога не духовного, а физического благополучия, то Вы не просите, а воруете. А если просите только физического здоровья, то за счет ограбления души. Сейчас получите копеечку — потом потеряете рубль. Для Ваших детей будет постоянным искушением видеть в людях только плохое. В таком режиме они не выживут. Каждый день учите их, что внутри все люди добрые и связаны с Богом, что дураком и гением делают одно и то же. И что все живое разумно. Перед едой пусть молятся. Первую конфету пусть отдадут другому, а потом возьмут себе. Учите их помогать другим, забывая о себе, думать и заботиться сначала о других, потом о себе. Чаще бывайте с ними на природе. Больше ходите с ними пешком и купайте их в холодной воде. Меньше мясной, острой и деликатесной пищи. Никогда не заставляйте детей доедать с тарелки. Не заставляйте есть, если ребенок не хочет. Чтение стихов, игры, театр, занятия музыкой — все, что отвлекает от интересов тела на интересы духа — все, что включает в них логику единства, — это работает на их спасение. Насколько сумеете изменить свою душу, то есть восприятие мира и свой характер, настолько будут счастливы Ваши дети.

Кумирство судьбы

Я был удивлен, когда заметил, что и за благополучную судьбу можно зацепиться до смертельного уровня. У одной моей пациентки были проблемы с мужем. Я ей объяснил, что она готова поставить себя и семью выше Бога, поэтому неприятностями и обидами очищают ее душу. Она это поняла, стала молиться, и положение улучшилось. Через некоторое время она должна была полететь в Индию. За день до отлета посмотрел ее поле и увидел весьма неважную картину: гордыня была смертельного уровня. Я позвонил ей.

— Вам нужно лететь, а у Вас могут быть большие проблемы. Вы слишком зацепились за благополучную судьбу. Вы постоянно мечтаете о благополучии. Подумайте, почему Христос говорил: "Не думайте о завтрашнем, живите, как птицы"? Будущее определено Богом. Если я начинаю фиксироваться на будущем, эмоционально начинаю подкрепляться, то это переходит на тонкий уровень, и моя программа борется с программой Вселенной. Я начинаю уподобляться раковой клетке, для которой ее собственная программа выше программы организма. Моя программа должна развалиться. Все то, к чему я прилип в своей мечте, я должен потерять. А Ваши постоянные мечты о благополучной судьбе и осуждение мужа, который ее не давал, поставили Вас на опасную грань. Пересматривайте свою жизнь и молитесь!

На другой день вечером раздался звонок. Это опять была моя пациентка.

— Я пришла в аэропорт, и когда мы с подругой ждали посадки, как будто столбняк нашел. Через некоторое время мы пошли на посадку, и выяснилось, что самолет уже десять минут как в воздухе. И еще одиннадцать человек опоздали после нас. Я ничего не понимаю. Вы смогли бы объяснить, что случилось?

— На этом рейсе собрались люди, у которых была повышенная зацепка за судьбу. Вы могли стать последней каплей, и самолет потерпел бы аварию. Я бы сейчас не советовал Вам рваться к благополучию, иначе отнимут и здоровье, и жизнь.

Дама мне не поверила и больше не звонила. Через месяц я позвонил ее подруге, у которой были проблемы с ребенком, и та сказала, что она не общается с подругой из-за того, что той наплевать на все из-за своего благополучия. Мы разговариваем по телефону о проблемах, связанных с сыном этой женщины. "Да, кстати, — вспоминает она, — а ведь выяснилось, что на самолете, на который опоздала подруга, была серьезная поломка, и экипаж с трудом смог предотвратить катастрофу".

Женщина сначала стесняется, потом спрашивает:

— Мне очень легко себя сглазить. Стоит только сказать, что все хорошо, как тут же все разваливается. Вы не могли бы объяснить, в чем дело?

— У Вас зацепка за благополучную судьбу, я Вам уже говорил об этом. Стоит Вам только порадоваться, как зацепка резко увеличивается. И чтобы душа не загрязнилась, у Вас все должно развалиться.

Женщина удрученно разводит руками.

— Так что же теперь делать?

— Знаете, почему человек, когда боится что-нибудь сглазить, говорит: "Тьфу, тьфу, тьфу..."? Плевок — это знак презрения. Поэтому, когда говорите: "Тьфу, тьфу, тьфу...", — Вы как бы отталкиваете от себя благополучие и этим балансируетесь.

Когда молитесь перед едой, Вы как бы отталкиваете от себя земное благополучие, через еду можно очень сильно зацепиться. Делайте то, что делали люди раньше. Если у Вас радость, благодарите Бога за это, то есть первое чувство радости всегда отдавайте Богу и тогда ни к чему не прилипнете, и для очищения души Вам не нужен будет развал всего земного. Нам трудно поверить, что любовь, которая сначала обращена к Земле, а потом к Богу, убивает. Она приклеивает душу к Земле и калечит ее. А начинается все с невинного смещения ориентации. К любви и привязанности начинают примешиваться ненависть и обида. Мы не придаем этому значения, а это знак того, что земное перевешивает.

В последнее время я заметил, что пациенты перестают понимать меня. Я написал первую книгу для того, чтобы легче было общаться с пациентами, ибо информация была слишком необычной. Каждый раз мне приходится упрощать и уплотнять информацию. Одна из пациенток меня спрашивает:

— Я поняла, что обида, ненависть, ревность приносят вред, и нужно молиться, чтобы вред, нанесенный этим, снялся. Но скажите, пожалуйста, что такое зацепка за судьбу, как можно прилепиться к судьбе?

— Вот смотрите, есть мебель, которая Вам нравится. Есть квартира, которая Вам нравится. Есть машина, которая Вам нравится. Все это неживая природа. Есть телефон, который Вам досаждает и который Вы ненавидите. Эмоциями прилепляясь к хорошей машине, Вы на тонком уровне прилепляетесь ко всей неживой природе. Ненавидя телефон, Вы ненавидите всю неживую природу. Так вот, в Вашей жизни есть сотня различных ситуаций, связанных с Вашим телом. Все эти ситуации объединяются понятием "судьба" и замыкаются на Вашем теле. Но у Вас есть судьба не только на Земле, но и на других планетах, в других мирах. Есть судьба более высокого порядка, она включает свыше сорока девяти различных воплощений в этой и других Вселенных. Судьба — это реальная сущность, только на полевом уровне. Я говорил, что через агрессию мы прилипаем к земному. Приведу несколько примеров, как можно прилипнуть к судьбе.

Первый пример. В июне 1994 года у меня была лекция в Риге. Я сел перед микрофоном, посмотрел в зал и начал лекцию. В этот момент мне на нос села муха, я отогнал ее, тогда она села на микрофон. Потом опять села на лицо. Попытался начать разговор, но безуспешно, муха вертелась возле меня. Несколько раз пытался поймать ее, но не тут-то было. Зал начал смеяться, и я тоже. Любая ситуация не случайна, я посмотрел на тонком уровне, чем она вызвана. Оказалось, у меня появилась зацепка за благополучную судьбу, это называется "лишь бы все было хорошо". Я перестал обращать внимание на муху, стал молиться и очищать себя. Структура поля изменилась, муха отлетела в сторону и уселась на цветы, лежащие рядом, потом в течение всей лекции ползала рядом, лишая меня ощущения благополучия.

Второй пример. Мы парились в бане, все вышли, а я остался в парилке. Мне захотелось плюнуть, я подумал: "Что ж тут такого?" Оказалось, что это нарушение законов, зацепка за судьбу, то есть желание благополучную судьбу поставить выше любви к Богу. Это называется "плевать на других", лишь бы мне было хорошо. Человек начинает исповедовать этот принцип, и сначала у него все, вроде бы, неплохо, но вот проходят годы, и программа опускается в тонкие слои души, где человек уже общается не с Землей, а со всей Вселенной. И здесь это уже не прощается и лечится развалом судьбы.

Третий пример. Молодой человек попал в аварию. Тяжелая черепно-мозговая травма, мощная депрессия, сплошные неприятности в жизни, а в основе этого всего-навсего зацепка за благополучную судьбу, которую он принес из прошлой жизни и которую ему передали родители. Его уже с детства лечили неприятностями. Сначала он обижался и осуждал тех людей, которые ему приносили неприятности, а потом стал испытывать уныние, депрессию, потому что программа ненависти развернулась против него. Ненависть рождается головой и блокируется травмой головы, поэтому он получил черепно-мозговую травму. Благодарить Бога за любую неприятность по судьбе, которая у него была, — только этим можно было спасти его жизнь.

Главное, что Вы должны понять, чтобы не зацепиться за благополучную судьбу: помощь другим — один из методов очищения кармы, и чем бескорыстней помощь, тем быстрее очищается карма, то есть снимается прилипание к земному счастью.

Четвертый пример. В Риге, когда я ехал на лекцию, увидел группу людей около обгоревшей машины. Удар о железобетонную опору был такой, что машину развернуло на две части. Мотор отбросило метров на двадцать пять вперед. Меня спросили, в чем причина аварии?

Я посмотрел поле погибшего. Там были две зацепки: за гордыню и за благополучную судьбу. Зацепился он за это презрением к другим людям, внутренним высокомерием.

Приведу Вам еще два случая. Женщина попросила меня посмотреть ее сына. Искалечены ноги. Ноги связаны с судьбой. Эта болезнь блокировала мощнейшую зацепку за судьбу. Родители обижались на тех, кто им давал неприятности по судьбе, не хотели жить, когда этих неприятностей было много, и у мальчика прилипание к земному счастью и благополучной судьбе стало таким, что принять неприятности от людей и от своей судьбы он бы не смог. Значит, будет получать микродозами, но постоянно. Именно такое унижение по судьбе дает болезнь, причем никогда блокировка не дается в жесткой форме, начинается она, как и моя история с мухой, с пустяков.

Один пациент в Америке рассказал мне свою ситуацию, которая больше напоминает анекдот.

— Мне хронически не везет, — рассказывал он. — Вот представьте, стоим с женой на автобусной остановке. Автобус должен быть через пять минут. Его нет через пять, десять и двадцать минут. Жена говорит: "Отойди в сторону, иначе автобус не подойдет". Ухожу с остановки, все нормально — автобус подъезжает, и такое у меня случается часто. Если стою в очереди в магазине, кассовый аппарат ломается именно передо мной. — Я посмотрел, в чем дело, и ответил ему:

— Вы счастливый человек. У Вас зацепка за судьбу выше смертельного уровня, но поскольку Вы человек духовный и добродушный, Вас останавливают не плетью, а мелкими щелчками достаточно долго. Человек жесткий и агрессивный очень быстро получает вместо щелчков плеть.

— У моей дочери эпилепсия, — рассказывает женщина. — Я возила ее ко всем профессорам, но толку никакого.

Смотрю полевые структуры девочки. Ее душа зацеплена за деньги и благополучную судьбу. В результате — сильнейшая программа самоуничтожения, которая блокируется эпилепсией. Она уже заранее не хочет жить, хотя неприятности с деньгами и благополучием еще не начались. Причиной агрессии, направленной против себя, является агрессия у матери, направленная против других людей.

— У Вас было много неприятностей, связанных с деньгами и благополучием?

— Да, конечно. — отвечает она.

— Вы ненавидели, презирали и осуждали тех, кто Вас унижал в этом?

— Да.

— Ваша агрессия, накопленная против других людей, у Вашей дочери разворачивается против себя. Очищайте свою душу и душу девочки, объясните ей, чтобы она выполняла три правила. Первое — когда у нее много земных благ и все благополучно, она не должна презирать и высокомерно относиться к другим, не должна унижать словом, мыслью и поступком людей, обделенных этим. Второе — чтобы не обижалась, не презирала и не осуждала других людей, которыми Бог будет унижать ее в деньгах и благополучии. Третье — чтобы не обижалась и не презирала весь мир, когда ей будет плохо. Попросту говоря, пускай молится, чтобы при очищении души телесными и духовными страданиями она не убивала любовь в себе словом, мыслью и поведением.

— Скажите, а почему Вы ставите сначала слово, а потом мысль? Ведь мысль первична.

— В произносимом слове всегда есть два аспекта: слово — как причина мысли, и слово — как следствие мысли. В Библии сказано: " В начале было Слово, и Слово было у Бога, и Слово было Бог".

Мужчина, случайно разговорившийся со мной, интересуется:

— У меня две проблемы: я сам пристрастился к алкоголю, а у дочери один глаз плохо видит. Отчего это?

— Причина одна и та же — Ваша душа зацеплена за благополучную судьбу, то есть если для Вас самое главное реализовать свое намерение, а на все остальное наплевать, то Вы зацепляетесь за свое благополучие. Если Вы кому-то разрушите судьбу, чтобы себе сделать лучше, Вы зацепитесь вдвойне. Вы давили других в прошлых жизнях, а в этой жизни давили Вас. А Вы в ответ презирали. Презрение быстро превращается в программу самоуничтожения. Вот эту-то программу Вы и пытались закрыть алкоголем. А у Вашей дочери программа самоуничтожения намного больше, поскольку готовность осуждать и презирать больше. Поэтому либо у нее тяжелая форма наркомании, либо увечье, либо эпилепсия и другие нарушения функций головного мозга, либо снижение зрения и слуха. Это первый этап блокировки самоуничтожения. Сумеете правильно воспитать дочь, дать ей ощущение, что любые формы земного счастья только средство и что чувство любви священно и неприкосновенно в своей душе и в душах других людей,— тогда вам обоим не нужны будут проблемы.

Кумирство духовного отца

Последнее время все сильнее стали вырисовываться причины, дающие самые тяжелые заболевания. Гордыня, перешедшая за красную черту и дающая травмирующие ситуации, неприятие команд Вселенной, закрывается все более тяжелыми заболеваниями. Это происходит потому, что гордыня человечества и подсознательная агрессия резко возросли в последнее десятилетие.

Мы все — пассажиры поезда, идущего в тупик. Душа становится гордой тогда, когда она прилипает к Земле. Чем тоньше, духовнее земное, тем легче к нему прилипнуть. Поэтому земное третьего уровня, как я это называю, — способности, душевные качества, мудрость и судьба — является невидимым, но постоянным источником подпитки гордыни, и человек, пытающийся оттолкнуть от себя земное, не может понять, что это тоже является земным.

Одна из самых опасных зацепок — зацепка за мудрость. Первое звено — отец. "Мой папа самый лучший, самый умный, а все остальные ниже его",— вот первый шаг к болезни. Через презрение, высокомерие, зависть и обиду, которые свидетельствуют о желании земное поставить выше любви к Богу, мы прилипаем к отцу и его мудрости, а затем ставим выше Бога и свою мудрость.

Недавно я посмотрел мировые религии с точки зрения прилипания к земному. Оказалось, что религии не блокируют зацепку за духовного отца и его мудрость. Значит, все религии, устремляя человека к Богу, одновременно имеют подводное течение: все более мощное прилипание к Земле, которое в последнее время усиливается. Постепенно я понял, в чем дело. Все религии слабеют, чтобы уступить дорогу новому детищу, — религии, которая станет наукой, новому способу мышления, в котором наука и религия соединятся. Поскольку зацепка за мудрость не блокируется, то в последнее время должна усиливаться тенденция дьяволизма, ибо дьявол — это ангел, отрекшийся от Отца, от Бога, осудив его за неразумность. Почему же все-таки в религии не закрыта зацепка за мудрость? Потому что все религии базируются на вере. Вера является звеном, соединяющим человека с тем, кто создал религию, то есть с духовным отцом. Поэтому желание поставить духовного отца выше Бога не блокируется, а раз оно не блокируется в духовном аспекте, это будет делать жизнь. Желание поставить выше Бога духовного отца и его мудрость неизбежно приведет к осуждению духовного отца и его мудрости, поэтому Иуда должен был предать Иисуса Христа. И Христос знал и понимал, что Иуда здесь ни при чем. Но то, что Христос не мог дать в концепции, он давал через ситуацию. Ситуация показывала, что обвинение духовного отца в неразумном поведении свидетельствует о скрытом желании поставить духовного отца и его мудрость выше Бога, и это приводит к предательству и смерти. Не случайно Иуда повесился. Информация, изложенная в Библии, дает косвенную блокировку опаснейшей тенденции — желания поставить духовного отца и его мудрость выше Бога. Христос говорил: "Только через меня Вы прийдете к Отцу моему". Мы через духовного отца выходим на контакт с Божественным. Трудно отца и мать поставить после Бога, но еще труднее это сделать по отношению к духовному отцу. Любая религия, осуждая тех, кто не принимает идей, данных ее основателем, все сильнее зацепляется за него и за его мудрость.

Последние десятилетия прилипание человечества к гордыне и мудрости, как и желание духовного отца поставить выше Бога, резко усилилось. Трудней всего понять, что моя мудрость, мое понимание мира, мой ум — это не я. Мне они даны и будут отняты. Именно эта связка: мудрость, семья, деньги, благополучная судьба блокируется эпилепсией, шизофренией, диабетом, астмой, онкологией, сердечно-сосудистыми заболеваниями.

Эти мысли мелькают у меня, когда я смотрю на мальчика, сидящего передо мной. Худенькое тело, большие голубые глаза. Он больше похож на ангела, чем на ребенка. У него саркома. Недавно я пытался вылечить девочку с таким же заболеванием, но она умерла. У меня часто бывали неудачи. Либо мой уровень еще невысок, либо родители что-то не понимают и не хотят работать над собой, либо больному уже предстоит родиться, но в другом месте или на другой планете, либо он в прошлой жизни совершили что-то такое, что нужно отработать только болезнью и смертью. Я стараюсь видеть то, что могу изменить. Для меня главное — понять причину заболеваний. Смотрю поле мальчика и четко вижу — иероглифы смертей многих людей в его поле. В душе мальчика колоссальная агрессия по отношению к людям. И он будет убивать, просто слегка обидевшись. Если присутствует огромная агрессия, значит — большая площадь прилипания души к земному.

— Вот смотрите, — объясняю я родителям. — Подсознательная агрессия выше 220 единиц опасна для Вселенной. Значит, если подсознательная агрессия выше этого уровня, человек подлежит уничтожению или жесткой блокировке этой агрессии. У Вас, — обращаюсь я к матери, — подсознательная агрессия — 200 единиц, а у мужа — 210, то есть почти на красной черте. А в детях наше плохое и хорошее усиливается. У Вашего сына подсознательная агрессия 560 единиц, значит, либо смерть, либо жесткая блокировка. Объясню по-другому. Любая команда организма ущемляет личные интересы клетки и травмирует ее в настоящем, но в перспективе — работает на благо самой же клетки. Я неоднократно повторяю, что если клетка принимает и исполняет большинство команд организма — она здорова, если меньше 50% — начинает приносить вред организму и, соответственно, заболевает, а если менее 5% — подлежит уничтожению. Сейчас, когда я с Вами разговариваю, у Вас меняется восприятие мира и идет улучшение. Посмотрим, что было утром: Ваша готовность принять травмирующую ситуацию составляла 5%, — обращаюсь к матери. — У Вас также 5%, — обращаюсь к отцу — А у вашего сына — минус 100%. Это означает, что клетка не только не хочет брать команды, но пытается весь организм подчинить себе, то есть стремится окружающий мир сделать злокачественным. Чтобы очистить душу, этот процесс переносится на тело.

Повышенная агрессия в душе — результат мощного прилипания к Земле. У вас обоих душа прилипла к телу, то есть к гордыне, к мудрости, к деньгам и материальным благам, к благополучной судьбе. Значит, совершенно немотивированно люди должны были давать Вам неприятности по судьбе, унижать в деньгах и материальных благах, в мудрости и гордыне. Но поскольку вы не понимали, что это самая щадящая форма очищения, вы в ответ жестоко ненавидели, обижались, осуждали. Спрессованная ненависть и обида никуда не исчезли, они ушли в глубину души и, увеличившись, перешли к сыну, поэтому он болеет. Он получил таких родителей, потому что в прошлой жизни имел прекрасную судьбу и материальные блага и был очень умным человеком. Он стал презирать глупых и несовершенных, тех, кто разваливал свою судьбу неправильным поведением. Его душа так прилепилась к этому, что в данной жизни он должен все потерять, чтобы очистить ее. Поэтому ему дают медленное, мучительное заболевание.

Чем медленней душу отрывают от Земли, тем больше шансов у нее очиститься. Мы не только болеем, мы стареем с этой же целью. Так вот, что вам нужно сделать: снять любые осуждения своих родителей, особенно отца, в плане мудрости. Нужно просить прощения у Бога за то, что вы свою мудрость и мудрость родителей поставили выше любви к Богу. Пересмотрите всю жизнь и отношение к любой ситуации. Обида, зависть, сожаление, осуждение, связанные с непониманием мира, приклеивали вас к мудрости. Сначала многократно пересматривайте свою жизнь, поднимитесь над желанием свою мудрость и душевные качества поставить выше любви к Богу. Потом также снимайте агрессию, прилипание к материальным благам, благополучной судьбе. Просите прощения за то, что любовь к земному у вас больше, чем к Богу, что вы ее передали своим потомкам до семнадцатого колена, за то, что не принимали очищения, которое шло через унижение, обиды, обман, и в ответ ненавидели, осуждали, обижались, и за то, что это передали своим потомкам, и за тот вред, который этим причинили им. Мальчику нужно молиться и любить Бога больше, чем все на Земле. Мальчик должен знать, что весь мир разумен и все происходящее нужно принимать как данное Богом, как бы оно ни выглядело.

— Скажите, а на сколько процентов удачен исход?

— Этот вопрос нужно задать вам. Теперь все зависит от вас.

На другой день они пришли ко мне, поле у мальчика значительно улучшилось. Но осталось два мощных пласта. Это зацепка за земное через претензии к родителям и карма душ будущих потомков. Я сказал, что нужно молиться, очищая душу от этого. Мне потом рассказали, что мать со слезами на глазах спросила: "Неужели это может помочь?"

Во время диагностики выплыл очень важный момент, который помог мне понять, почему многие заболевания неизлечимы. Когда я говорил с родителями, поле мальчика стало чистым и зацепки практически снялись. Но я привык к тому, что нужно анализировать десятки видов зацепок. Посмотрев параметр наполненности любовью мальчика, увидел, как он судорожно рвется вверх и при этом падает вниз. Что-то держало его, и очень сильно. Я посмотрел — оказалось, это его потомки в обществе и человечестве. Странно, мальчик буд-то приклеен к карме общества и человечества. Чтобы вылечить его, нужно вылечить общество и человечество, то есть практически для него это неизлечимо.

Причина была в отце. Я вспомнил принцип прилипания к земному: все, что мы осуждаем, к этому и прилипаем. Если отец или мать осуждает общество или человечество, они своих потомков прилепляют к карме общества и человечества, и потомки уже будут отрабатывать не только свою карму, но и грехи всего человечества. Как я выяснил, одной из главных причин гемофилии является эта тенденция. Если один человек осуждает другого, это единица агрессии, если он осуждает группу людей и общество — это тысячи единиц, если он считает человечество несовершенным и погрязшим в грехах, то это еще более опасно. Осуждение любой группы людей, будь то гомосексуалисты, наркоманы, преступники, религиозные общества, другие народы и государства, дает взрыв ненависти в потомках и весьма жестко блокируется во Вселенной.

С программами уничтожения общества и человечества дети обычно не выживают. У меня недавно случилась парадоксальная ситуация, касающаяся этой темы. Попросили принять женщину, которая недавно заплатила большую сумму денег за то, чтобы вылечить собаку. На приеме я объяснил, что, спасая жизнь собаки, она спасала жизнь себе, потому что у нее была мощная программа уничтожения мужчин, но падала она в первую очередь на пса. Шансов на выживание у него два-три процента, но, тем не менее, она пыталась его спасти и этим закрывала свои программы агрессии.

Следующими на приеме были родители, сын которых страдал тяжелым заболеванием крови. Когда я посмотрел его поле, то удивился. Там было намного хуже любой онкологии. Больше всего меня поразило, что автором его болезни была судьба общества и человечества, то есть они давали ему болезнь, ибо у него в душе была мощная программа уничтожения группы людей и всего человечества в целом. И при такой постановке вопроса, если бы я взялся вылечить мальчика, шансов выжить у меня было бы мало. Браться за это дело не хотелось, на тот момент я не был готов к этому и решил дать себе поблажку. Назвал родителям минимальную сумму за курс лечения, немного большую, чем женщина потратила на лечение своего пса, и сказал, что вероятность удачного исхода всего двадцать процентов. Они ответили, что подумают в коридоре, а потом тихо ушли.

Поведение родителей больного мальчика меня слегка удивило, но потом я понял, что они здесь ни при чем. Мне, вероятно, нельзя было лечить этого ребенка, что называется, "отвело".

На новый метод диагностики или новые параметры я выходил тогда, когда оказывался в неразрешимой ситуации. Здесь нужно было или отказываться от помощи больным, или создавать новые инструменты видения.

Я только недавно нащупал решение одной важной проблемы. Для меня было загадкой, почему в одном случае идет резкое улучшение, а в другом — при том же заболевании — эффект минимальный. Потом заметил, что это связано с программой уничтожения отца. На энергетическом плане я для пациента являюсь духовным отцом, и программа агрессии против отца либо отбрасывается назад и приносит пациенту физические страдания, либо мое поле закрывается, и его усилия теряют эффект. Оказывается, кроме личных усилий, человек находит точку опоры и в моих полевых структурах.

И вот передо мной сидит девушка, о проблемах которой я уже рассказывал. Желание поставить работу, престиж, благополучную судьбу выше Бога включает программу уничтожения собственных детей. Я ей объяснил, как нужно молиться и что нужно делать, чтобы наступило улучшение, но оно не наступало. Значит, есть еще одна глубинная причина, которую нащупать не могу. Если я ее не нащупаю, все будет безрезультатно. Опять смотрю полевые структуры и вижу мощную программу уничтожения детей. Вот теперь надо думать. Отвлекусь немного.

Многие хотят научиться моему методу. Рассуждения приблизительно таковы: "Он меня научит, как входить в информационные поля, научит видеть структуры, которые влияют на судьбу и на болезни, я войду туда, получу знание и мудрость и начну лечить". Но все дело в том, что на тонком уровне я начинаю видеть тогда, когда начинаю понимать. Особенность моего метода заключается в том, что понимание в нем важнее видения. Войти в тонкие структуры и увидеть их — это пять процентов, а девяносто пять — это непрерывная работа по осмыслению. Концепции, с которыми вхожу в информационные поля, дают возможность отбора и колоссальную экономию сил. Объясню, как я пришел к осознанию механизма понимания.

Представим удар по камню и, по третьему закону Ньютона, обратный удар. В живом организме эти процессы протекают несколько иначе. Механическое раздражение превращается в нервное. Ответ идет чуть позднее. Чем больше временной промежуток между раздражением и реакцией и чем слабее внешняя реакция, тем больше физической энергии входит в нервную. У меня с детства желание переварить, осмыслить происходящее было выше желания дать ответ на ситуацию. Начиная с десяти лет, я стал заторможенным, когда меня били,— не мог защищаться. Всю энергию, рождающуюся при взаимодействии с окружающим миром, сознательно направлял не наружу, а внутрь. Все меньше эмоционально контактировал с внешним миром, но все больше разгоралось желание понять и познать мир. Обычно, внутреннее устремление останавливается, и человек опять начинает реагировать на внешний мир. Но это внутреннее состояние так мне понравилось, что я решил от него никогда не отказываться. Тогда оставалась проблема: как реагировать на внешний мир. Выход мог быть только один — работать одновременно в двух режимах.

А теперь перейдем опять к моей пациентке. Зацепка за имидж, работу, судьбу не снимается, и не снимается программа уничтожения детей, значит, это звено последующее, нужно искать предыдущее. Пытаюсь отработать ту схему, которую начал использовать недавно, и объясняю:

— Повышенная зацепка за земное дает агрессию и болезнь. Но в основе всех зацепок за Землю есть главное первое звено. Это отец и мать. От них зависит жизнь ребенка, его существование. Искушение поставить отца и мать выше Бога — самое большое. Именно поэтому Христос в главной заповеди давал блокировку этой тенденции: "Возлюби Бога превыше отца, матери, сына своего". Если я отца ставлю выше Бога, то и себя ставлю выше Бога, ведь я его часть, значит, своих детей, любимого чело-

века, жену, дом, в котором живет семья, машину, дачу тоже ставлю выше Бога. Источник заземления в том, что любовь к отцу и
матери сильнее, чем к Богу. Если отца ставлю выше Бога, то,
чтобы остановить эту опаснейшую тенденцию, он должен обидеть, оскорбить меня, расстаться со мной. Если в этой жизни я
обожествляю отца, то в следующей жизни мне дадут его же, но
уже негодяем, подлецом, пьяницей, то есть человеком, ведущим себя так, чтобы исключить поклонение ему. Если я его не
осудил, не обиделся, не испытал презрения, то я очистился и
закрыл первое звено прилипания к земному. Но если я осудил, обиделся, возненавидел, то включил программу заземления, и за все земное теперь зацеплюсь во много раз сильнее.
Отдирать меня будут болезнями, травмами, несчастьями. Поэтому, с осуждения и обид на родителей начинаются наши
болезни.

— Скажите, а обида на мать так же опасна, как на отца?
— Когда обижаетесь на мать, Ваша подсознательная агрессия
меньше, потому что мать родила Вас и кормила грудью. Запас
любви и доброты не позволит обиде проникнуть внутрь. Отец
дальше в физическом плане, но ближе в духовном, поэтому обиды и осуждение отца намного опаснее, а презрение и высокомерие по отношению к отцу из-за его душевных качеств или мудрости дает самое сильное заземление. Зацепка за мудрость блокируется у детей шизофренией, слабоумием, эпилепсией, онкологией. Дьявол — это ангел, который отрекся от Отца, посчитав,
что тот неразумно устроил мир, то есть свою мудрость поставил
выше мудрости Бога.

— Так вот, — обращаюсь я к девушке. — В Вашем роду по
женской линии в трех поколениях идет желание поставить отца
выше Бога и неприятие очищения в форме унижения и обид,
исходящих от него. Это и является мощным источником Вашего
заземления.

— Мать очень сильно обижалась на отца, своего отца я не
помню, что же делать?

— Ваша мать обижалась не только на своего отца, но и на
своего мужа во время беременности, за это ей нужно попросить
прощения. А у Вас программа уничтожения отца включилась,
когда Вы обижались на других. Дело в том, что Ваш учитель или
начальник на работе по энергетике может приходиться Вам духовным отцом, и обида на них активизирует эту программу. Дальше. В 1990 году Вам дали испытание на закрытие этой программы, Вы его не прошли, поэтому сейчас болеете.

— Да, я вспоминаю, — кивает головой девушка, — я рассталась со своим молодым человеком.

— Видите ли, — объясняю я, — если любимый человек имеет сильный контакт с Богом, он по энергетике является духовным отцом. Дело в том, что программа уничтожения духовного отца есть программа уничтожения мужа и своих детей. Представьте, я ненавижу своего отца, а моя жена беременна. Значит, я являюсь отцом и моя же программа будет убивать меня. Муж во время беременности является одновременно и отцом. Следовательно, обида на мужа, загнанная внутрь, есть программа уничтожения отца, мужа и детей, Ваших собственных детей. Если бы Вы прошли испытание и не выдали агрессии против него и против себя, Вы бы закрыли программу уничтожения отца и собственных детей. А поскольку Вы его не прошли, то не только не закрыли эту программу, а наоборот, загрязнили души потомков до седьмого колена. Теперь Вам нужно молиться не только за себя и Ваших предков по женской линии, но и за всех потомков.

— Скажите, — спрашивает девушка, — Вы говорили, что у меня программа уничтожения детей из-за работы и имиджа, а теперь говорите, что программа связана с обидой на отца. Это как понять?

— Во-первых, и в том и в другом случае это отторжение от Бога, а значит, отторжение от будущих детей. Во-вторых, в прошлых жизнях у Вас благополучная судьба, положение в обществе, работа и способности приходили от отца, и у Вас все эти звенья связаны. Потяните одно звено, за ним потянутся другие.

— А если я в близком человеке люблю Бога?

— Все земное — это тоже часть Божественного, и раковая клетка — это часть организма, только в ней смещены приоритеты. Христос потому и говорил, что пришел разлучить брата и сестру, мужа и жену. Без нового мышления увидеть в человеке одновременно и земное и Божественное весьма сложно, что-то будет побеждать: или земное, или Божественное.

У читателя может сложиться впечатление, что я спокойно получаю информацию. Это не так. Новую информацию можно получить только после прохождения испытания.

Однажды ко мне обратилась моя знакомая, у которой были большие долги. Я ей объяснил, что у нее зацепка за благополучную судьбу и за деньги, поэтому у нее так осложнилась ситуация. Она попросила помочь ей, и для этого мне нужно было ущемить себя в деньгах и в благополучии. Внешне я на это пошел спокойно, а внутри это проходило со скрипом.

Прошло некоторое время, и я понял в очередной раз, что такое механизм кармы. Оказывается, у меня такие же зацепки, только они были глубоко внутри и вышли, когда я сознательно решил унизить себя в деньгах и благополучной судьбе. Если к Вам обращаются за помощью, то это не случайно: отдавая богатство материальное, Вы взамен получаете богатство духовное.

После того, как я очистил себя, решил, что ее дела пойдут на лад, потому что мое поле являлось как бы точкой опоры для ее устремления наверх. Но ситуация не изменилась, и у нее по-прежнему продолжались неприятности.

— Ваше поле изолировано от моего, и Вам трудно выйти наверх, потому что у Вас есть программа уничтожения духовного отца, а я прихожусь Вам по энергетике духовным отцом. Если у Вас было осуждение отца или уважаемого человека, то программа уничтожения отца и духовного отца либо возвращается назад и вредит Вам, либо поля изолируются, и помочь мне Вам значительно сложнее. В 1962 году у Вас включилась программа уничтожения духовного отца и мужа. Ваш муж был Вам одновременно и духовным отцом.

— Что Вы, — машет рукой женщина, — он был пьяница, какой там духовный отец.

— Но это не показатель, пьяница чаще духовней, чем трезвенник. Он пил потому, что любимую женщину и отношения с ней ставил выше Бога, и когда рвались отношения, то не хотел жить. Программу самоуничтожения он перекрывал пьянством.

— Да, — кивает женщина, — он говорил, что только я могу его спасти. Я его вытягивала много лет, а потом устала.

— Видите, в чем дело, — объясняю я. — В прошлых жизнях он обладал огромным умом, имел очень много денег и великолепную судьбу. Вы прилипли к этому очень сильно, поставив его мудрость и все, что связано с ним, выше любви к Богу. Вы и свою мудрость, свое материальное положение поставили выше любви к Богу. В этой ситуации, чтобы спасти и очистить Вас, дают его же, но уже униженного в деньгах, мудрости, благополучной судьбе. Спасая его, спасали себя, но не знали этого. Тянули его на уровне поведения, но внутри часто презирали его. Осуждая мужа, проявляя недовольство ситуацией, Вы приклеили душу к благополучной судьбе, к деньгам и через 30 лет должны за все это расплатиться, и расплатиться достаточно жестко. Осуждение несовершенного опасно для здоровья.

Молитесь, пересматривайте всю жизнь, тогда шансы у Вас повысятся.

Мы расстались, а я шел и думал о том, что может быть с человеком, презирающим отца из-за мудрости, денег, благополучной судьбы. Вспомнил Библию, и в этот момент мне стала ясна вся ситуация с распятием Иисуса Христа. Первое звено — отречение от Бога и прилипание к Земле: идет желание поставить отца выше Бога, любовь к его мудрости, материальным благам и судьбе поставить выше любви к Богу. В следующей жизни, чтобы очистить нас, нам дают отца, униженного в мудрости, деньгах и благополучной судьбе. Если мы не предадим его, не отречемся и не будем осуждать, наша душа очистится и контакт с Богом усилится, если отречемся, то это и отречение от Бога, а такое мы будем искупать травмами, болезнями и смертями.

Иисус Христос должен был не только дать информацию, которая бы определяла стратегическое назначение человечества, он должен был избавить человечество от прилипания к земному и повышенной зависимости от него. Это могло быть достигнуто через уничтожение всего земного, что было в нем самом. Он должен был быть унижен в физическом теле, и его распяли, он должен был быть унижен в мудрости, деньгах и благополучной судьбе, и он был всего этого лишен. Это блокировало зацепленность за земное счастье и делало информацию безопасной. Но этого было мало, нужно было еще дать пример правильного отношения к его положению. Иуда осуждал Иисуса за неправильное поведение, связанное с мудростью и деньгами. Вспомните сцену с маисом. Поэтому его душа прилипла к деньгам и мудрости, и, в результате, он покончил жизнь самоубийством. Христос понимал, что дело здесь не в Иуде, а в несовершенстве восприятия мира. Петр три раза отрекся от Христа из-за благополучной судьбы и искупил это собственным распятием. В восточной философии величие духа достигалось уничтожением земного. В христианстве величие и мощь духа и физические возможности, которые проявлял Иисус Христос, сменялись резким унижением всего земного. Принятие этого не позволяло отождествить величие духа с физическим величием и таким образом прекратить развитие.

Когда разрушается земное, у человека, поставившего точку опоры на это земное, возникают два желания: еще сильнее зацепиться за распадающееся и проявлять агрессию, и наоборот, оттолкнуться от него и устремиться к Богу. И от того, что он выберет, зависит его будущее и будущее его детей.

С пациентами я разговариваю жестко, иногда грубо. У меня пока не закрыта программа кумирства духовного отца, поэтому, если не буду отталкивать их от себя, они прилипнут ко мне так же, как и ко всему земному. Искушение прилипнуть ко мне, поставить меня выше Бога во много раз мощнее и потому во много раз опаснее. Я благодарю Бога за тех людей, которые от меня отвернулись, во мне разочаровались.

Очень трудно не сделать кумиром того, кто тебя спасает. Очень трудно также понять, что он здесь ни при чем, что он исполнитель, и через него спасают. Если я веду себя жестко, но пациент меня не осуждает, я знаю: он выкарабкается. Надеюсь, что моя система разовьется так, что мне не придется прибегать к различным приемам и уловкам, чтобы спасти человека.

У очередной пациентки проблема нестандартная — раздвоение личности. Смотрю ее поле и вижу мощнейшие знаки кумирства другого человека. Желание поставить духовного отца выше Бога огромно, с этим встречаюсь впервые. Кумирство собственного отца, как и духовного, к которому прилипает наша душа, поскольку человек является его частью, рождает собственное кумирство. Если отца и духовного отца ставлю выше Бога, тенденция поставить себя выше Бога включается автоматически. Резко усиливается гордыня, как неприятие травмирующей ситуации — воли Творца. Если идет превышение нормального предела, возникает агрессия, а за ней и проблемы. У этой женщины будущие болезни и смерть блокируются раздвоением личности, которое унижает ее гордыню. Нужно выяснить, откуда пришло такое обожествление духовного отца.

Выясняется, что два года назад эта женщина попала в эзотерическую школу, которая использовала учение мыслителя, умершего более ста лет назад. Смотрю его духовные структуры. Поле недостаточно чистое. Это, кстати, беда всех, кто прикасается к высокому знанию и получает развитых учителей из других миров. Возникает желание поставить любовь к учителю, источнику информации, выше любви к Богу. Это очень трудно преодолеть. Смотрю поле членов этой школы и вижу большие проблемы. Женщина подтверждает мою информацию.

— Да, я ушла оттуда. Люди начали говорить одно, а делать другое.

Теперь становится понятным, почему возникают и быстро гибнут многие эзотерические школы. Стратегический жизненный запас группы определяется чистотой духовных структур его основателя. Чем ценнее информация, которую получает человек, тем большее у него искушение зацепиться за источник. Считанные единицы могут подняться над этим и сохранить душевную гармонию. Но как быть с другими, которые через этого человека получают информацию, но у них не будет сил для того, чтобы почувствовать, что Божественного посланника нельзя ставить выше Бога? Здесь, судя по всему, остается один выход: передающий информацию должен объявить себя Богом, чтобы не сбить ценностные ориентации людей. Вероятно, именно поэтому Христос объявил себя Богом. Или же человек должен объявить, что он получил информацию от Бога при личном контакте и, следовательно, автоматически выключиться из участия в передаче информации. На уровне сознания нет и не может быть чего-то абсолютного и незыблемого. Сознание связано с физической оболочкой и подлежит постоянному разрушению. Поэтому с развитием человечества идет постоянная смена форм и концепций в вопросах: что есть человек, его место в мире, как прийти к Богу, что такое и кто такой Бог.

Кумирство духовного отца, источника информации,— это желание абсолютизировать истины, полученные сознанием, то есть сделать форму нерушимой, незыблемой. Это ведет к окостенению и деградации сознания. Для того, чтобы это не случалось и не наступала деградация, периоды абсолютной веры в Бога сменялись периодами атеизма. Первый период способствовал накоплению информации. Второй же — ее реализации, разрушая формальные ритуалы и традиции, то есть разрушая форму, очищал содержание. Сейчас, когда процесс развития ускорился, спираль стала двойной.

Противоположности соединяются уже не на длинном промежутке времени, а на коротком. Каждый человек может быть верующим и атеистом одновременно. Философы всегда говорили, что противоположности сначала не соединяются, ибо их соединение — это нейтрализация, а потом это становится возможным, начинается примирение противоположностей. На самом деле, противоположности всегда соединены друг с другом. Все это определяет их временной промежуток соединения. Развитие во Вселенной — это ее расширение, раздувание: все больше вещества, все больше пространства и больше времени. Значит, с другой стороны, должно быть сжатие духовных структур, их концентрация, их уплотнение, то есть за один и тот же промежуток времени все больший охват событий, и тогда то, что ранее было несоединимо, соединяется и дает мощный импульс к дальнейшему развитию.

У девочки, которую держат на руках молодые родители, сложное заболевание — полиомиелит.

— У вас у обоих в роду и по материнской, и по отцовской линиям идет желание поставить отца и мать выше Бога. Поэтому вам дали родителей, которые должны были обижать, жестко обращаться с вами, или, наоборот, унижать себя, недостойно вести себя, чтобы не усугубить прилипания вашей души к земному. А вы оба вместо этого ненавидели, обижались, осуждали. У девочки программа уничтожения родителей уже огромна. Именно эта программа является первым звеном прилипания к земному и тянет все остальные за собой. Вспоминайте все моменты, когда осуждали и обижались на родителей, и просите прощение за то, что передали это дочери и ее потомкам до седьмого колена, чтобы вред, нанесенный вами, снялся. Ваша дочь — звено, соединяющее ваших предков, вас и ее потомков, значит, лечить нужно весь род, молясь за души ваших предков, за себя, за нее и за ее потомков.

Хочу рассказать о том, как я вышел на параметр подсознательной агрессии. Считая, что агрессия может быть только одной — сознательной, я как-то не думал, что сознание устремлено к телу и к его потребностям, а подсознание — ко Вселенной и Богу. У меня был один параметр агрессивности, и, исходя из него, я пытался определить характер и поведение человека. Все было бы правильно, но однажды мне позвонила женщина и попросила объяснить возникшую ситуацию. Рассказала она следующее.

Ее сыну в школе одноклассник предложил купить газовый баллончик, тот отказался. Тогда этот одноклассник пришел к ним домой, в прихожей переобулся в войлочные тапки и, войдя в комнату, направил струю газа в лицо мальчика. Когда мальчик упал, он достал из пакета топор, завернутый в тряпки, и стал рубить его, после чего мальчик попал в больницу. Следователь спросил подростка, зачем он принес войлочные тапки, тот ответил: "А чтоб рубить легче было". Психиатры признали его здоровым. И никто не мог объяснить, в чем причина такого поступка.

Я посмотрел поле убийцы и с изумлением увидел, что агрессии у него очень мало. Вся моя система параметров лопнула, развалилась в один миг. Но моя особенность в том, что, будучи с детства невероятно упрямым, я делаю не одну, а сотни попыток, поэтому настойчиво продолжал искать причину дальше. И понял, что нужно вводить параметр внутренней, подсознательной агрессии, именно он-то и оказался решающим. То есть подсознание управляет нашим сознанием, а не наоборот. Я сказал, что причина находится глубоко внутри, и спросил, как внешне вел себя убийца.

— В том-то и дело, что это был совершенно спокойный и неагрессивный парень. И самое главное, родители — вполне приличные люди. Я посмотрел поле и сказал, что причина в значительной степени от отца подростка, так как свою ненависть и осуждение людей он не проявлял внешне, а загонял внутрь, в душу, и все это передал сыну.

Женщина поблагодарила меня и положила трубку. Я вышел из дома прогуляться, и тут на меня как будто что-то навалилось. Ощущение было странным, посмотрев, понял, что это душа отца убийцы.

Я шел и думал о том, что люди не подозревают, что ненависть, вроде бы обоснованная, к одному или нескольким людям, начинает разрастаться и работать против всех, калечит наши души и делает наших детей убийцами. Мы внешне улыбаемся, не подаем вида, а внутри ненавидим и осуждаем, не понимая, как сильно это калечит и нас, и наших потомков.

Два года назад ко мне пришел человек, у которого был лимфогрануломатоз.

— У тебя положение серьезное, — сказал я ему.— Объясню, в чем ты неправильно воспринимаешь мир. Ты постоянно ищешь себе кумира, обожаешь земное. Для начала пойми, что главное устремление должно быть отдано Богу. Не сожалей о прошлом, не бойся настоящего и будущего.

Он пришел ко мне через несколько дней на сеанс. Я посмотрел его поле:

— Поле у тебя чистое.

Через некоторое время лимфоузлы пришли в норму.

— Я на тебя смотрю, как на Бога, — как-то признался он мне.

— Ни в коем случае этого не делай, нельзя делать меня кумиром.

И потом при встрече он повторял:

— Я тебя кумиром не делаю.

Ситуация изменилась. Он ко мне стал высокомерно относиться.

Недавно у этого человека начали резко расти лимфоузлы, и он опять пришел ко мне.

— Ты во мне видел Бога, а я категорически запрещал тебе это делать и был неправ. Оказывается, ты должен видеть Бога за моей земной оболочкой. И не только во мне, но и в каждом человеке.

Он мне позвонил через неделю. Лимфоузлы опять пришли в норму.

— Как Вы считаете, сколько сейчас Аватаров на Земле? — спрашивает мой собеседник.

— Одного я недавно видел, — отвечаю я. — Девятнадцатилетний мальчик с огромной раковой опухолью на шее, эпилепсией и помутненным сознанием. В прошлой жизни он был как раз тем, кого называют Аватаром. Но зацепился за свою миссию. Очистить его можно было унижением в этой миссии. Обидеть его должен был не один человек, а общество и человечество. И он начал обижаться на весь мир. В этой жизни, чтобы его агрессия не убила человечество, его защитили болезнями. Он недавно умер. Чем выше и чище душа, тем больше усилий ей нужно, чтобы воплотиться в земное, развивать земную логику. А если не погружаться в земное, развитие остановится и дух окостенеет. Поэтому вчерашние Аватары — больные и калеки. Понятие "Аватар" родилось в Индии, как и понятие каст. Если есть души абсолютно чистые, которые больше не загрязнятся, значит, должны быть души грязные, которые никогда до полной чистоты и уровня Аватара не поднимутся. Поэтому их нужно разделить на касты.

Легко в Духе Святом увидеть Бога и, когда женщина любит духовного человека, — это естественно, и это развивает ее. Но вот когда женщина любит негодяя и мерзавца, трудно представить, что это еще больше развивает и очищает ее. Земное, будь оно грязное или чистое — всего лишь тонкие оболочки, за которыми скрывается Божественное. Дух Святой — прямая линия вниз. Но прямая линия, куда б она ни была направлена, — это смерть. А живое развивается по синусоиде. И чем выше уровень Аватара, который спасает человечество, тем больше земной муки он должен получить, чтобы своим мощным духовным уровнем поднять и развить самый низкий уровень земного.

— Вы не можете избавиться от презрения к обидевшему Вас, — объясняю я пациенту, — потому что не чувствуете, что он исполнитель, что им управляет Божественное. Вы требуете от других адекватного поведения и считаете, что люди должны относиться к Вам так же, как Вы относитесь к ним. Но люди реагируют не на Ваше поведение, а на то, какой Вы есть внутри, то есть их поведение адекватно чистоте Ваших внутренних духовных структур. То, как Вы ведете себя сейчас, одновременно есть поступок и в будущем. Ваше поведение и эмоции сейчас будут определять глубинный характер и отношение к Вам в будущем. Поступок закрепляет и правильное, и неправильное мировоззрение, и если Вы считаете, что чувство любви рождается на Земле, то Ваши поступки будут усиливать неправильное мировоззрение. Но если Вы поняли, что любимого человека Вы любите после Бога, тогда Ваши поступки будут соответствовать правильному мировоззрению.

В основе каждого поступка лежит определенное мировоззрение. Если Вы считаете, что любовь рождается на Земле, то Вашей высшей целью ставятся земные ценности. Ваша цель там, где рождается чувство любви. Если Вы поймете, что чувство любви рождается только Богом и дается нам для того, чтобы мы увеличили его и вернули обратно, если мы осознаем и ощутим, что чувство любви не является нашей собственностью и мы не имеем права управлять им, только тогда Вам будет позволено иметь большее счастье на Земле.

Я сейчас разговариваю с пациентом и пытаюсь преодолеть неприятные и мучительные ощущения. Он обратился ко мне все с тем же вопросом.

— Вот уже год, как Вы наблюдаете и пытаетесь вылечить меня. Результат нулевой. Хотя втечение года я делаю все, что Вы мне сказали. Имеет ли смысл продолжать лечение?

Мучительно подыскиваю слова, чтобы помочь, а не навредить. Если сейчас он отречется от того пути, на который встал, для него это будет катастрофой. Медленно начинаю:

— Меняется Ваше физическое состояние или нет, нужно понять одно: презирать и осуждать даже самых непорядочных — это болезнь. Для того, чтобы вылечиться, Вам нужно увеличить контакт с Богом и накопить чувство любви. Давайте посмотрим, что Вам мешает. Вы много молились и много работали над собой, но не сделали главного,— не изменили свой характер. Молитва начинает работать тогда, когда она закреплена, подтверждена поступком. Вы можете молиться миллион лет, но если при этом продолжаете жить по-старому и не предпринимаете конкретных действий, шагов по изменению своего характера, то Вам ничего не поможет. Это во-первых. Во-вторых, я не ожидал, что Ваша агрессия к людям, направленная на убиение любви, проникнет так глубоко.

Вот смотрите, есть Бог-Отец, Бог-Сын, Бог-Дух. Бог-Сын — материя, Бог-Дух — поле, пространство, Бог-Отец — то, что их рождает вместе. Если я осуждаю, презираю материальное, земное, или проявляю агрессию из-за земного, душа прилипает к земле, чернеет и умирает. Нельзя часть ставить выше целого, потому что все земное — часть целого, Бога. Но Дух Святой — это часть Бога-Отца, его тоже нельзя делать кумиром. Человек, зацепленный за Дух Святой, начинает от него отрекаться, становится низменным, и это, как ни странно, очищает его, потому что кумирство Святого Духа рождает колоссальную агрессию и увечит души сильнее, чем кумирство земного. Сегодня грязный, низменный человек — это тот, кто Духа Святого поставил выше Бога и начал презирать людей, бедных Святым Духом. Поскольку еще месяц назад я этого не знал, то не мог дать Вам ощущения, что абсолютизация Духа Святого — это тоже опасно.

Как раньше развивалась история? Человек имел материальные блага, это его развивало, но он зацеплялся за них и затем становился нищим. Значит, мечта о том, что не будет богатых и бедных, могла реализоваться только тогда, когда человек, имея любые богатства, научился бы не зацепляться за них душой. Тогда бедность как очищение становилась ненужной. То же самое со Святым Духом. Низменные и порочные люди существуют потому, что богатые Святым Духом зацеплялись за него. Если не будет абсолютизации духовности, желания святость поставить выше Бога, презрения к грязному, низменному, то тогда это грязное, низменное будет не нужно как очищение. Можно сказать, что и святой человек, и низменный — это две половины одного и того же. Но это не совсем так. Если человек хочет быть всегда только богатым, то скоро он станет бедным, а если он хочет быть всегда бедным, он может умереть с голоду. Если человек хочет быть всегда только святым, то он станет негодяем, а если захочет оставаться негодяем, то чтобы что-то иметь, должен подняться над этим. Чтобы иметь земное, нужно подняться над ним и быть духовным, чтобы иметь духовное и святое, нужно подняться и над этим. А выше Бога-Сына, Бога-Духа есть Бог-Отец, то есть любовь.

— Вы всю жизнь, — обращаюсь к пациенту, — были человеком духовным и то, что оскорбляло Ваши высшие чувства, презирали неудержимо. Чтобы Вас очистить, люди должны были относиться к Вам в высшей степени непорядочно. В ответ Вы осуждали и презирали их. Рано или поздно все это превращается в программу самоуничтожения, которая блокируется болезнью. Это сохраняет Вам жизнь. Но Вы свою агрессию пустили еще глубже Святого Духа. Материя и пространство рождаются временем. Время многослойно, оно имеет около семи слоев. Если агрессия проникает в информационные структуры ячеек времени, то это искупается весьма тяжело. Такое происходит при ощущении, что весь мир грязен, подл и жесток. Чем бездуховней и низменней человек, тем опаснее презрение к нему. Чем духовнее и возвышенней человек, тем сильнее он может изувечить душу презрением. Есть структуры, которые выше по иерархии, чем время. Они тоже многослойны. Я не могу подобрать им названия. Но их Вы, слава Богу, агрессией не запачкали. Источником энергии во Вселенной является время. Выше времени, где пространство, вещество кардинально меняются, понятие энергии меняется тоже. Но это только оболочки, ступени к Богу. Говорить о них мы не будем. Поймите главное: неумение видеть за святым или грязным, низменным Божественное приводит к желанию убить любовь. А это самое большое преступление. Проходите всю жизнь заново с сохранением чувства любви. Если даже не увидите значительных физических перемен, поймите, что лечить надо сначала душу, а душа лечится любовью.

ИМИДЖ

Если бы мне несколько лет назад сказали, что желание поставить работу и чувство долга выше всего на свете может привести к смерти, я бы рассмеялся. А сейчас я вижу, к чему это может привести, и пытаюсь передать свои знания об этом другим. Помню разговор с одним врачом:

— У Вас по отцовской линии идет желание поставить работу и чувство долга выше Бога.

— А я в этом ничего плохого не вижу, наоборот, считаю, что так можно больше помочь другим людям.

— Представьте ситуацию. Человек — врач. Для него работа и чувство долга стали абсолютной ценностью, и он больше пользы может принести нескольким тысячам человек. А его сын — комендант концлагеря, и для него работа и чувство долга тоже являются абсолютной ценностью, и он на два миллиона человек сожжет больше. Когда человек земное ставит выше Божественного, в нем умирает и все человеческое, потому что все высшие качества в душе рождаются только любовью к Богу. Это тот родник, который не виден, но который неиссякаем.

Приведу пример, который хорошо это иллюстрирует. Несколько лет назад ко мне обратился директор одного завода. У него были проблемы со здоровьем. Я объяснил ему причины.

— Вы слишком зацеплены за работу. Старайтесь как-то отключаться. Вы постоянно внутренне напряжены. Это негативно влияет на нервную и сердечно-сосудистую системы. Постарайтесь расслабиться. Вечером перед сном на пять-десять минут расслабляйте все тело, мышцы и повторяйте: "Я отключен от всего, меня ничего не волнует". Любые ритмичные движения, ходьба, плавание значительно помогают при стрессе. По утрам можно обливаться холодной водой или делать контрастный душ. По выходным можете париться в бане, чаще выезжайте на природу, за грибами, на рыбалку.

Он все это начал делать, состояние несколько улучшилось, но стабильным не стало. Кроме этого, ему пришлось обратиться к массажистам, иглотерапевтам, невропатологам. Эффект был приблизительно тот же. Прошло больше года, и у пациента опять начались проблемы со здоровьем. Я снова нащупал зацепку за работу и обиды на других людей.

— Вам надо пересматривать всю жизнь и просить прощения за те моменты, когда осуждали и обижались на людей из-за работы.

Он скептически посмотрел на меня.

— У меня в коллективе есть люди, с которыми мягко обращаться невозможно, всю работу завалят.

— Хорошо, тогда поговорим по-другому. Жесткость может быть методом руководителя?

— Конечно, может.

— Хорошо, а ненависть может быть методом?

— Наверное, нет.

— Вы можете наказывать своих подчиненных, увольнять, жестко относиться к ним, но, если Вы будете ненавидеть и осуждать плохих работников, Ваша душа наполнится агрессией до опасного предела. Тогда кто-то пострадает: либо Вы, либо они.

Пациент постарался прислушаться к моим словам, но ему трудно было в это поверить. Через несколько месяцев он чуть не умер. Ненависть бьет по голове, у него было прединсультное состояние, еще немного и произошло бы обширное кровоизлияние в мозг, что привело бы к инвалидности или смерти. Когда мы встретились, я понял, что уговаривать бессмысленно, и стал говорить так, как обычно говорю с пациентами на приеме, то есть жестко.

— Вот смотрите, у Вас три выхода: первый — становитесь инвалидом или умираете, второй — уходите с работы, третий — меняете отношение к людям на работе.

Наступает пауза, он долго думает.

— Мне врачи·сказали, что я мог умереть. Но вроде пронесло, и сейчас я чувствую себя неплохо. Значит, врачи ошибаются, что ли?

— И да, и нет. Врачи не ошибаются, исходя из Вашего физического состояния. Когда полевые структуры более или менее благополучны, то по физическому состоянию тела можно давать прогнозы. А вот если в поле есть мощные деформации, то, при, вроде бы, нормальном физическом состоянии, могут быть инфаркты, инсульты. Все, что угодно. — Я кладу перед ним два листка. — Вот состояние Вашего поля до опасной ситуации, а вот на нынешний день. Видите: рисунки идентичны. Если бы врачи диагностировали не только состояние Вашего тела, но и состояние Ваших полевых структур, то они сказали бы, что при неплохом физическом самочувствии, улучшенном средствами современной медицины, состояние поля не изменилось. А значит, речь идет об отсрочке, только об отсрочке с непредсказуемыми последствиями. Понимаете, медицина помогает только тогда, когда болезнь лежит на поверхности, а когда загрязняются глубинные слои души, это лечится только любовью к Богу, молит-

вами и покаянием. Если сейчас не пересмотрите своего отношения к жизни, ни врачи, ни экстрасенсы Вам не помогут.

Он с тревогой смотрит на меня:

— Я же молодой мужик и не хочу идти на пенсию, как же мне
меняться-то?

— Судьба ведет Вас к смерти. Чтобы изменить судьбу, должны изменить свой характер. Ваш характер — это Ваша реакция
на любую ситуацию, это Ваше восприятие мира. Значит, если
меняете отношение к тем событиям, которые у Вас были, меняете свой характер, свою судьбу, свою карму. Разбойник на Кресте пересмотрел всю свою жизнь, покаялся, и он попал в Рай. Вам
нужно как бы заново пережить всю жизнь и каждый раз заново
просмотреть любую ситуацию. Все, что считали неприятностями, обидами, унижениями, унижало только Ваше тело, но очи-
щало Вашу душу. И на 3% шли обиды и унижения, на 97% —
очищение. Заново проживая всю жизнь, просите прощения за
все осуждения, обиды, ненависть. Просите прощения за то, что
работу и чувство долга поставили выше Бога. Чтобы очистить
душу, бьют по болевым точкам. Раз Вы зацеплены за чувство
долга, Вас должны были окружать людьми, которые именно в
этом и подводили Вас. Здесь нужно видеть не людей, обижающих Вас, а Бога, очищающего Вашу душу. И потом — утром
проснулись и говорите: "Господи, смысл моей жизни и высшее
земное счастье — в любви к Тебе! Больше жены, детей, работы,
дачи, благополучной судьбы". Заранее благодарите Бога за те
неприятности, которые Вас ожидают. Когда начнете это делать,
многое изменится, но не ждите немедленных результатов. Свою
душу изменить очень трудно. Главное здесь — постоянные не-
прерывные усилия. Далее... Вы все равно будете обижаться и раз-
дражаться — это не сразу пройдет, главное — не заталкивайте
обиду и раздражение внутрь. В крайнем случае, можете кричать,
ругаться матом, стучать кулаками. Если кем-то недовольны, тут
же скажите об этом, не скрывайте претензию, не запускайте ее в
душу. Человек, оскорбленный и обиженный, не чувствующий
Высшего смысла в происходящем и не видящий за любой ситуацией Бога, автоматически направляет агрессию против других
или против себя. Если эта агрессия облекается в четко соответ-
ствующую словесную или поведенческую форму — это в тройне
опасно. Поэтому стихийно люди выработали блокировку этой
агрессии. Когда человек бросает тарелку на пол, или начинает
кричать, желание убить рассыпается в мышечные и звуковые действия. Когда человек ругается матом, то, в место формы уничто-

жения, часто звучит словесная форма размножения, то есть мат является средством трансформации агрессии в те формы, которые не убивают. Поэтому мат, который всегда считался оскорбительной формой, имел еще одно особое значение — вся агрессия связывалась и не проходила внутрь. Как вынужденная форма блокировки агрессии в критических ситуациях она была просто необходима. Скрытая претензия для Вас — это смерть. Будьте сейчас максимально искренним с любым человеком, это Вас спасет.

— Надо же?! А я всегда считал, что не показать виду — это хорошее воспитание.

— Хорошее воспитание — это не убивать своими эмоциями. Все начинается с эмоций. Родители ненавидят друг друга, но при этом вежливо улыбаются, а дети уже убивают. И никто не может понять, в чем дело. Наши внутренние эмоции — это поведение наших детей и здоровые тела наших внуков.

В этот раз мы говорим достаточно долго, и мне кажется, он стал что-то понимать. Поле стало лучше. Через неделю я позвонил ему:

— Ну как, есть успехи в работе над собой?

— Стараюсь, — ответил он. — Прошу секретаршу поплотнее закрывать обе двери, когда говорю с подчиненными.

— Что же, для начала и это неплохо.

Еще через некоторое время я позвонил ему и сказал, что все у него в норме и он практически здоров.

Я свысока смотрел на врачей, уткнувшихся носом в физическую оболочку и не видящих общую картину. Закон кармы действует виртуозно, вскоре я получил серьезный урок.

Поле пациента было чистым, состояние нормальным, я это видел. Но тем не менее, у него были головные боли, которые стали усиливаться. Ему было неудобно после моих заявлений вновь прийти ко мне. Он обратился к специалистам и сделал все возможные обследования: компьютерная томография, ультразвуковая диагностика и др. Врачи сказали, что у пациента все в норме, отклонений никаких, но головные боли не стихали. Препараты, которые он принимал каждый день, не помогали. Потом он позвонил мне и извиняющимся тоном стал говорить, что врачи ничего не могут определить, говорят, что здоров, а печень уже не выдерживает лекарств от головной боли. Я вновь посмотрел его поле и понял, в чем дело. Шла подпитка от детей. Структуры, связывающие общей кармой родителей и детей, очень нежные. Я их попросту проворонил. Когда родители расплачиваются за то, что передали детям, мощных деформаций не бывает, а болезни и проблемы идут тяжелейшие и практически неизлечимые.

— Теперь все понятно, — говорю я ему. — Вы и Ваша душа уже здоровы, но Вы сейчас расплачиваетесь за то, что зачернили души детей и их потомков агрессией по отношению к людям и желанием работу и чувство долга поставить выше Бога. Пересматривайте опять всю жизнь, особенно период зачатия и рождения детей, и молитесь, чтобы это снялось с Вас, с детей и душ потомков.

Разговор шел по телефону, а через два дня мне было нужно уехать. Вернулся я только через месяц, и мы с ним встретились.

— А Вы знаете, голова-то не болит.

— И когда перестала болеть?

— А как перед Вашим отъездом поговорили, так через пару дней перестала болеть.

Я подумал о том, насколько много и как легко человек теряет, и как долго он мучается, если не понимает, как устроен мир и как к нему относиться. Наши души все сильнее прилипают к Земле. Мы все чаще говорим "Бог", но как мало чувствуем, что это такое и Кто это такой. Мы прилипаем к деньгам,— и наши дети, и внуки теряют нравственность, честь и совесть. Мы прилипаем к телесным, сексуальным удовольствиям, устраиваем сексуальную революцию,— и появляется СПИД как блокировка этой тенденции. Мы прилипаем к семье, отношениям,— и множатся предательства, разводы, ссоры и несчастные дети. Мы прилипаем к комфорту, благоустройству,— и разваливается дом, в котором мы живем, экология всей Земли. Духовное несовершенство переходит в несовершенство физическое, и любые внешние усилия не решают проблему до конца. Как бы мы ни старались спасти экологию, а человечество от вырождения и бесплодия, без духовной гармонии мы не войдем в завтрашний день, и здесь личные устремления каждого либо уничтожают, либо спасают человечество. Каждый из нас может быть той каплей, которая спасет Мир или переполнит чашу.

Я звоню пациентке в другой город. У нее постоянно повышена температура и странное плавающее состояние. При первой встрече я определил, что она готова поставить любимого человека и семью выше Бога. Поэтому у нее мощная агрессия против мужчин. Программа уничтожения мужа есть программа уничтожения собственных детей. А дочка, которая находится в ее поле, весьма духовна и хочет быть рожденной. Для этого маму нужно как-то оторвать от земного. Этим средством является повышенная температура. Понизить температуру — означает нанести вред душе будущего ребенка, поэтому врачи не могут справиться с этой проблемой. Я позвонил ей через десять дней — улучшения не было. Объяснил, что нужно молиться за душу будущего ребенка, очищать ее, так как она ответственна за своего ребенка. И делать это нужно постоянно. Инерция души огромна. Через десять дней звоню опять — результат нулевой. Странно, ситуация хоть в какой-то степени должна была измениться...

— Вы знаете, — говорю я ей, — я уже соскучился по сложным случаям.

Еще раз смотрю на тонком уровне, и выходит новый слой, который был ранее не виден.

— Вам нравится Ваша работа? — спрашиваю я ее.

— Да, конечно.

— А если муж скажет, чтобы Вы все это бросили ради детей, Вы пойдете на это?

— Не знаю, — медленно протягивает она.

— Для того, чтобы родился гармоничный ребенок, женщина должна потерять то, за что она зацеплена.

Я смотрю девушку, у которой резко стало ухудшаться зрение. Долго бился над этой проблемой, она уезжала в Америку, и мне надо было успеть разобраться, в чем дело. Только перед самым ее отъездом понял: у нее была готовность отречься от детей ради работы и имиджа. А в США это одна из главных проблем, поэтому туда могут уезжать люди, внутренне от этого свободные.

— Вы можете уехать, но придется над собой много работать, чтобы понять, что любовь к Богу выше карьеры и положения в обществе. Тогда Ваша дочь родится.

Она сумела это сделать, и, слава Богу, родилась девочка.

У меня была на приеме девушка с серьезной проблемой: у нее стали выпадать волосы, а она хотела быть актрисой. Выпадение волос связано с ее будущей дочерью. У девушки была мощная программа уничтожения собственных детей, и почему-то эта программа усилилась, как только она перешла на актерский факультет.

— Видите ли, — объясняю я ее матери, — наши волосы связывают нас с загробным миром. Там находится дубль Вашей дочери, а он пропитан программой уничтожения детей. Когда волосы выпадают, программа уменьшается. Это первое. Второе — у нее с трех лет включилась программа отречения от будущих детей.

Мать изумленно смотрит на меня:

— Да, она в детстве говорила, что не хочет детей.

— Она в прошлой жизни отрекалась от детей ради карьеры, работы. В этой жизни, когда дочка поступила на актерский факультет, программа резко усилилась. Для нее любая престижная работа активизирует программу уничтожения собственных детей. А нынешняя ситуация бьет по имиджу и по работе.

— Эти две истории я рассказал для того, чтобы Вы поняли, — говорю я, обращаясь к пациентке по телефону, — что для женщины высшим счастьем должна быть любовь к Богу, потом к детям, мужу, семье, а затем уже ко всему остальному. Ведь внутренние установки передаются в следующие жизни. Если ее душа готова принять все это, то она может иметь и деньги, и работу, и престиж.

— Скажите, а что мне делать? — спрашивает пациентка.

— Для начала надо хорошо обдумать все и понять, а это уже лечит.

— Я занимаюсь бизнесом, — рассказывает пациентка, — но у меня возникла проблема, которая может свести все мои дела на нет, а ведь до этого дела у меня шли неплохо. Сейчас врачи предлагают мне операцию по удалению женских органов. Неизвестно, что будет дальше. Скажите, у меня есть шанс выжить?

— Все зависит от Вас, — говорю я ей. — У Вас по женскому роду идет зацепка за четыре момента — гордыня, деньги, материальные блага и благополучная судьба. Значит, вам по роду дают отцов и мужей, которые вольно и невольно ущемляют вас в этом. Вы этого принять не смогли, поэтому принудительный механизм отрыва от Земли должен был усилиться. Если бы у Вас развалились денежные дела, то могло бы не быть болезни, но поскольку Вы хороший специалист — у Вас развалилось тело. Если пересмотрите всю жизнь и через покаяние будете снимать агрессию по отношению к другим людям и агрессию по отношению к себе, то есть нежелание жить последние одиннадцать лет, если будете молиться каждый день, то здоровье можете совместить с материальным благополучием. Если нет, придется выбирать одно из двух.

— Операция поможет или нет?

— Подниметесь над Землей, операция будет не нужна, зацепитесь сильней — операция не поможет.

— Скажите, а как пересматривать жизнь? С детства до сегодняшнего дня, или наоборот?

— Можете начать с той точки, где находитесь, и раскручивайте назад, а потом возвращайтесь к тому моменту, с которого начали. Колебательный процесс.

— Скажите, — интересуется женщина, — у меня сейчас выбор: вернуться в область, где я родилась, или жить в Петербурге?

Я смотрю на тонком уровне эти зоны.

— Область, где Вы родились, также зацеплена за деньги, гордыню и благополучную судьбу. Ваши шансы на удачный исход там резко понижаются, а в Петербурге полевые структуры чистые, так что делайте выводы. Петербург — прекрасное место для творчества, и если правильно использовать этот потенциал, человек может многого добиться, в первую очередь, в духовном плане, а если развить духовный потенциал, то позволяют развиваться земному потенциалу. Так что все теперь зависит от Вас.

— Скажите, — спрашивает меня пациент, — что мне делать? Мне недавно священник говорит: "Нужно покаяться!" А я отвечаю: "Не могу! Я директор завода. Живу на Украине. Моей зарплаты хватает на две канистры бензина, а мне нужно четыре. Так вот, остальные две я все равно краду. Как же я могу каяться, зная, что я все равно буду воровать бензин?"

— Вы читали Библию? — спрашиваю я его.

— Читал, — говорит он.

— А помните притчу, рассказанную Иисусом Христом о слуге, который распродавал масло своего хозяина? Смысл этой притчи в том, что человек может нарушать земные законы, но не может нарушать законы Божественные. Если жизнь толкает Вас на нарушение земных законов, это не значит, что нужно презирать себя за то, что воруешь, или осуждать другого, кто оказался в таком положении. Или осуждать себя и других. Так что каяться можете. За нарушение земных законов Вы будете отвечать перед государством, а за нарушение Божественных законов ответите перед Богом. И потом, законы государства никогда не будут вечными, с развитием общества меняться будут и они. Поэтому слишком жесткое соблюдение земных законов приводит к их извращению. Какие-то моменты нарушения земного закона ведут к его изменению и развитию. В отличие от этого, Божественные законы неизменны и вечны. Любить Бога больше всего, что есть счастье земное, — этот закон вечен. Земные законы подобны форме, а Божественные — содержанию. Форма разрушается, а содержание — нет.

Передо мной пациент, который начинает мне рассказывать.

— Прочитав Вашу книгу, я совершенно изменился. У меня появилось какое-то равнодушие к миру, нежелание работать. Скажите, работать мне дальше?

— Этот период равнодушия — временный. Он скоро пройдет. Вы слишком сильно зацепились за земное. Скоро все нормализуется.

Он думает некоторое время, а потом, глядя на меня, спрашивает:

— Но моя работа такая, что нужно обманывать людей, без обмана невозможно, что же мне делать?

Я объясняю ему.

— Если Вы кого-то обманули и ощущаете радость от этого и презрение к обманутому, то Ваша судьба прилипает к мудрости, к гордыне, к способностям и начинает чернеть. Вот смотрите: два боксера на ринге. Они бьют друг друга на физическом плане. Но в душе они не испытывают ненависти, унижения, презрения к сопернику. И когда они пожимают друг другу руки, это должно свидетельствовать о том, что в их душах нет агрессии. Помните что говорил Иисус Христос: "Возлюби врагов своих". Враг останется врагом, с ним можно сражаться и убивать в бою, но его нельзя ненавидеть и презирать. Через врагов, которых Бог посылает мне, идет мое очищение, когда я не презираю и не обижаюсь. Если кто-то лупит меня на ринге, то спортом и развитием это становится тогда, когда я внутри равнодушен. Иногда отнять — это помочь, а щедрым подарком можно навредить. Никогда не работайте на добивание, это порождает злобу и ненависть. Мы в этой жизни противники на ринге, и стычки, ушибы, соревнования неизбежны. Закон конкуренции, выживания, соперничества совершенно справедлив и стимулирует развитие. Но справедлив он только для физической оболочки. Если он проникает в душу, то происходит процесс деградации, и тогда упавшего соперника не поднимают, а стараются добить. Так вот, презрение, осуждение, злоба гораздо опасней любого обмана. Обман на работе — это нарушение законов земных, а загрязненная злобой и агрессией душа — это нарушение законов Божественных.

Один мой знакомый, который живет в Нью-Йорке, в Бруклине, рассказал, что у него есть друзья, семейная пара, которые в первый месяц его приезда помогали советом, давали нужную информацию. Я был поражен: а что же здесь такого?

— Ну что ты, здесь такая помощь не принята. Каждый, кому ты помогаешь советом, это, возможно, твой будущий конкурент.

— *Америка весь мир научила законам конкуренции, соперничества и дала толчок к развитию того, что мы называем нынешней цивилизацией. Но актер, увлекшись, забыл о том, что не должен разделять эмоций персонажа и о том, что когда актер плачет натуральными слезами — искусство исчезает и театр умирает.*

Я с особой остротой увидел, что сейчас Соединенные Штаты плачут натуральными слезами. Как сказал один из философов: "Культура рождает цивилизацию, цивилизация убивает культуру".

Мой собеседник выжидательно смотрит на меня и улыбается.

— Так что, можно идти работать?

— Конечно.

Женщина взволнованным голосом рассказывает мне.

— Я всю жизнь не могла найти любимого дела. И вот, когда я нашла смысл своей жизни, истинное призвание, любимую работу, мне здоровье не позволяет трудиться в полную силу. Последние восемь лет не могу вспомнить ни одного дня нормального физического состояния. После каждой операции разрушаются зубы, нарастает спаечная болезнь, ухудшается работа желудка и кишечника, замучил остеохондроз и варикоз, а главное — мало энергии для работы.

— Вам не давали любимой работы потому, что Вы могли бы умереть. Самая благородная миссия, если любовь к ней поставить выше любви к Богу, убивает. У Вас идет по отцовскому и материнскому роду желание себя, свои душевные качества, работу и чувство долга поставить выше Бога. Когда Вы осуждали других, из-за этого были проблемы с печенью, с венами на ногах, когда обижались на себя и не хотелось жить, нарушалась энергетика кишечника и мочеполовой системы. У Вашей дочери зацепка за чувство долга и за работу выше смертельного уровня, но она гармоничный человек, и у нее должны быть гармоничные дети, поэтому все это вернется к Вам. Когда у Вас что-то не получалось, или Вас подводили, или обманывали, то есть били по болевым точкам, отдирая от земного, Вы, вместо того, чтобы почувствовать высший смысл происходящего, сначала презирали, осуждали других, обижались на них, а потом на себя, и это передали дочери и ее потомкам. Молитесь за себя и за них, и Ваши проблемы уйдут.

Передо мной сидят юноша и девушка.

— Наш друг талантливый художник, таких единицы из тысяч. У него обожжено шестьдесят процентов тела, почки отказали и, если в течение двух часов они не заработают, он умрет.

— Где его жена? — спрашиваю я.

— Он развелся.

Начинаю объяснять молодому человеку, сидящему передо мной:

— Любовь к Богу должна быть абсолютно выше любого земного счастья и устремления. У Вас желание поставить любимую работу, судьбу, связанную с ней, выше Бога очень сильное. А когда душа прилипает к земному, она становится агрессивной. Сначала агрессия идет против других, потом против себя. У Вас сейчас идет мощный разворот агрессии против себя.

— Простите, — молодой человек смотрит на меня как на ненормального, — мой друг умирает в больнице, а Вы пятнадцать-двадцать минут говорите о моих проблемах. Вы можете что-нибудь сделать или нет?

— Я уже пятнадцать минут это делаю. Ваше и поле Вашего друга работают в резонансе. У Вас одинаковые программы. Во время нашего разговора происходит балансировка Вашего поля, и одновременно я через Вас передаю информацию, нужную Вашему другу для выживания. Ваш друг свою работу и судьбу, связанную с ней, поставил намного выше Бога. Для того, чтобы уравновесить его, ему были даны жена и двое детей, общение с которыми и забота о которых сильно отвлекали бы его от работы. Он не почувствовал высшего смысла в этом, и, когда отрекся от всего ради работы, он отрекся от Бога. Его душа начала деформироваться, переполняться агрессией, а поскольку он человек духовный, разворот агрессии против себя пошел достаточно быстро. Программа самоуничтожения привела его к травме и, одновременно, к очищению души. Когда человек что-то земное делает целью, главным смыслом, его душа прирастает к этому, чернеет и все земное становится источником муки, а не счастья. Неудачи, потери доставляют огромную боль, психотравму. Когда у него были неудачи, он не хотел жить, а все это бьет по мочеполовой системе, поэтому почки у него и отказали. Насколько Вы сейчас поймете, что высшее счастье на Земле — это любовь к Богу, и измените свое отношение ко многим ситуациям, настолько Вашему другу станет лучше. Вы идете по тому же пути и через год можете получить аналогичную ситуацию. Ваш друг немного опередил Вас, подумайте об этом. Оставьте номер своего телефона, я позвоню Вам, чтобы узнать об его состоянии.

Молодые люди в некотором недоумении уходят, вероятно, я не смог достаточно доходчиво им все объяснить, но поле художника, лежащего в реанимации, стало лучше. Вечером я позвонил и узнал, что почки заработали, состояние улучшилось. Однако в голосе его друга я не почувствовал желания общаться со мной дальше. Мне пока трудно выражать словами полученные знания. В этом главная проблема. Получить информацию для меня значительно легче, чем передать ее другим. Как много еще предстоит на этом пути.

Я веду прием в офисе одной американской фирмы. Из окна открывается вид на Атлантический океан. Передо мной сидит пациент и излагает свою историю.

— Мы с сыном художники. Несколько месяцев назад сын был в Москве. Останавливался в доме моего друга-художника. Мать то ли колдунья, то ли ворожея. После возвращения домой он стал плохо себя чувствовать и не может работать. Экстрасенсы сказали, что наслана сильная порча. Тогда жена одного моего друга решила поехать в Москву, чтобы разобраться, так ли это: "Если это все подтвердится, то я поставлю на нее свечку за упокой". Но в дороге случилось несчастье: она умерла. Вы можете сказать, есть ли на моем сыне порча или нет и кто ее наслал?

— Конечно, наслана, и именно той женщиной. Благодарите Бога, что так получилось.

Художник удивляется.

— За что же я должен благодарить Бога?

— В Америке очень сильные зацепки за гордыню, имидж, благополучную судьбу. У Вашего сына те же зацепки, то есть начался резонанс. Чем больше у Вашего сына возможность проявить свой талант, тем сильнее он зацепится за эти земные моменты, и его будут отдирать от земного тяжелой болезнью или смертью. Вероятно, он вскоре бы умер, так как гордыня его быстро растет. А порча унизила гордыню, имидж и судьбу, тем самым спасла ему жизнь. Бог через эту московскую женщину дал ему самый щадящий вариант принудительного очищения. Жена друга, поехавшая в Москву погубить человека, невольно раскручивала программу пожелания смерти божественному, частью которого является любой человек. Все это тут же вернулось назад и убило ее. Вам нужно благодарить Бога за любые ситуации, где было дано унижение гордыни, имиджа, благополучной судьбы. Нужно почувствовать разумность происходящего, и первое ощущение красоты и радости отдавать Богу, а не картине. Если раньше развитие шло по спирали, и художник, который накапливал духовность отречением от земного в прошлой жизни, реализовывал все это устремлением к земному в этой жизни, то сейчас развитие идет по двойной спирали, то есть художник должен быть и отшельником, и мирянином одновременно. Душа все сильнее должна устремляться к Богу, а сознание — к Земле. Насколько Вы и Ваш сын сумеете это сделать, настолько вам не нужны будут болезни, травмы, порчи и проклятия.

Молодая пара пришла ко мне на прием.

— У ребенка случаются припадки. Мы обращались ко всем врачам. Объясните, что с ним.

— Пожалуйста, смотрите. Сознательная агрессия — ноль, подсознательная — 300. Для Вселенной опасна — 210—220. Значит, надо остановить ее либо болезнью, либо смертью. В подсознании ребенка — то, что было у родителей в сознании.

— Вы, — обращаюсь к отцу, — передали сыну зацепленность за любимого человека и отношения. Главной болевой точкой для Вас являются отношения. А у Вас, — обращаюсь к матери, — гордыня, имидж, мудрость, благополучная судьба.

— Ничего подобного, — отвечает женщина, — никогда у меня не было ощущения превосходства над другими людьми из-за моей мудрости или положения в обществе. И не было агрессии, когда меня в этом унижали.

— У Вас зацепленность за имидж и мудрость мужа. Вы презирали и ненавидели людей, которые презирали и обманывали его.

— А что, это тоже зацепленность?

— Конечно. Агрессия из-за себя, из-за близких людей, детей, все равно остается агрессией и прилепляет к Земле не только Вашу душу, но и души потомков. У мальчика такая высокая агрессия потому, что Вы, — обращаюсь к матери, — до зачатия и рождения ребенка осуждали общество. Это выглядело приблизительно так: "Во главе государства идиоты, мы живем в стране дураков, мы живем в обществе без морали и нравственности". Уж если судьба каждого человека определяется сверху, то судьба группы людей и подавно. Агрессия снаружи во время стресса превращается в активное действие по изменению ситуации, агрессия внутри превращается в наши болезни, болезни и смерти наших детей.

— Так надо заново родиться, чтобы этого не было?

— А я это и предлагаю. Проходите всю жизнь заново, проживите по-новому все ситуации. Изменений сразу не ждите. Когда молитвой будете очищать душу ребенка, приостановите работу сознания. Сознание привязывает нас к Земле и рождает агрессию. Первая его особенность: оценка ситуации, сравнение ее, критика. На некоторое время снимите критику любой ситуации, ничего не анализируйте, не думайте о прошлом. Если почувствуете, что этого мало, применяйте техники остановки сознания: пост, голодание, молитвы, пребывание в темноте без движения, абсолютно расслабленное состояние. А также задержка дыхания или дыхание в определенном плавном ритме. Только молитвами и покаянием вы измените свою судьбу и судьбу вашего ребенка.

Один из пациентов попросил разобраться в следующей ситуации:

— Я адвокат, у меня достаточно неплохо шли дела, причем я совершенно точно знаю, что мой профессиональный уровень не понизился. Более того, я совершенно уверен, что мои опыт и знания возросли. Но одно дело за другим проваливается, и я ничего не могу изменить.

— Вам покажется до смешного простым, когда я назову причину Ваших проблем. Чтобы было понятнее, я объясню на примерах: представьте себе два судебных процесса. На одном — адвокат произносит блестящую речь, яркую, красивую и доказательную. Все восхищаются защитой, но подсудимый почему-то получает максимальный срок. На втором — адвокат вроде бы ничего особенного не говорит, но обвиняемого оправдывают. А почему? Да потому, что в первом случае адвокат лично на себе хочет вытащить защиту — это он сейчас докажет, что обвиняемый невиновен, и только он. А во втором случае, адвокат объясняет: "Я здесь ни при чем, и защищать этого человека не надо, ибо он невиновен, неужели это не понятно?" Защита складывается как бы сама собой, без видимых усилий со стороны адвоката.

Чтобы управлять ситуацией, нужно быть не внутри, а снаружи ее. Чем менее заметно Ваше воздействие на ситуацию, тем лучше Вы ее контролируете. Вот представьте: два начальника. Один вызывает подчиненного и говорит: "Ты такой-сякой, работу завалил, только мешаешь, я тебя увольняю". Подчиненный в ответ начинает ненавидеть или мстить, и у начальника возникают проблемы. И вызывает второй: "Я понимаю, что ты стараешься, но у тебя ничего не получается, хотел бы тебя оставить, но не могу. И коллектив против, и вся ситуация работает против тебя, и ты сам работаешь против себя". В этом случае, если подчиненный будет обижаться, то на весь коллектив или на весь окружающий мир, и у него возникнет весьма много проблем, в отличие от начальника. В переводе на язык кармы, у первого адвоката и начальника — раздутая гордыня и зацепка за имидж, они лично должны что-то доказать, что-то изменить. Значит, и в других людях они видят все больше личной вины, и все больше агрессии по отношению к людям появляется у них. У Вас зацепка за гордыню, имидж блокируется развалом по работе. Если этого будет мало, Вы развалитесь и физически. Резкое ухудшение ситуации объясняется просто: свое неправильное отношение к миру Вы передали детям, и из-за этого внуков у Вас может не быть. Как только ситуация на тонком уровне у них ухудшилась, Вас очищают как источник их неприятностей. Все, что Вы сеяли в юности, всходит сейчас. Возвращайтесь в юность, правильно проживите жизнь заново, меняйте отношение к людям, и проблем будет меньше.

ГОРДЫНЯ И ГОРДОСТЬ

Гордыня и гордость. Вроде бы одно и то же. Раньше определить разницу я бы не смог, теперь она мне стала понятна.

Воинов ведут три дня через пустыню, а затем подводят к воде. Одни жадно кидаются и пьют, забыв обо всем, а другие делают это спокойно и с достоинством. Эти и победят в бою. Для них духовные принципы выше потребностей тела. А воин в бою побеждает силой духа, а не силой тела. Таких людей я и называю гордыми. Гордость — это неподчинение ситуации, которая требует интересы тела поставить выше интересов духа, то есть не среда должна подчинять меня, а я должен подчинить себе среду, исходя из своих духовных принципов. Человек состоит из двух противоположных сущностей. Его физическая оболочка устремлена к земному, она и должна противодействовать и подчинять себе окружающую среду. Наша внутренняя духовная оболочка устремлена к Вселенной и к Богу. И вот она-то должна во всех земных проявлениях видеть Божественное. Внешнее неприятие ситуации дает развитие, внутреннее неприятие приводит к деградации. Мышление человека всегда являлось диалектическим процессом, но степень напряженности противоположностей для каждого времени была различной. Человек либо не принимал ситуацию на всех уровнях, либо проповедовал принятие любой ситуации. Каким же образом достигалось диалектическое мышление? Человеку с детства твердили истины, ориентирующие его духовные структуры. Люби Бога, а все земное — это грешно. Дали по одной щеке, подставь другую, то есть воспитание человека начиналось с принятия любой ситуации как данной Богом. Человек подрастал, понимал, что при таком восприятии что-то создать, чего-то добиться невозможно, и приходил на неприятие и неподчинение ситуации. Сложилось странное, казалось бы, положение. Религия призывала к послушанию и смирению, и с детства это внушалось, но люди поступали наоборот, и, вроде, все были довольны. Это и создавало основу диалектического восприятия мира. Человек по инерции нес в своих тонких духовных структурах принятие ситуации, а снаружи жизненный опыт заставлял его делать противоположное. Таким образом, хотя модели диалектического мышления не было, сама ситуация была диалектичной. Так и в Библии — та информация, которая не могла быть дана общим понятием, давалась ситуацией, взаимодействием поведенческих элементов. Самый яркий пример — распятие

Иисуса Христа. Эту информацию об абсолютном принятии Божественного невозможно было в то время выразить заповедями или притчами. Жизнь, события сами по себе диалектичны, но для того, чтобы создать мышление, которое вберет в себя диалектику, нужно подняться выше над этими событиями, связать их воедино. А такое возможно лишь при полном их внутреннем принятии. Это тот способ мышления, который называется внутренним смирением.

Таким образом, смирение есть высшая техника развития духа. Философия является наукой, обобщающей все явления видимого мира. Для этого необходимо абсолютное принятие любого проявления, как части единого целого, а это возможно лишь при ощущении единого целого и устремлении к нему. Это и есть вера в Бога. В основе философии лежит религия. Философия, давая концепцию мира, рождала набор средств, методов, приемов, которые становились наукой, и, следовательно, все значительные интеллектуальные достижения человечества рождались из устремления к тому великому, неделимому, непроявленному, что нас создало, создало наши тела и наши души. Сейчас наступает время, когда диалектические ситуации должны увенчаться диалектическим мышлением, то есть источник развития должен быть перемещен внутрь. Когда жизнь толкает меня к развитию,— это диалектическая ситуация. Когда я сам, что-то поняв, иду вперед,— это диалектическое мышление.

Религия с детства давала человеку ощущение контакта с Богом через смирение. Главным авторитетом здесь были вера и непререкаемость духовных постулатов. Вера обращена к душе человека, минуя сознание. Но именно сознание человечества в последние несколько столетий настолько выросло, что сейчас воспитание человека невозможно без ориентации на сознание. Значит, приучить сейчас ребенка с помощью веры к смирению становится все менее возможным. Отсюда следует, что элемент неприятия ситуации внешне и внутренне будет значительно усилен, контакт со Вселенной резко уменьшен и человечество становится нежизнеспособно. Единственное средство приобщить ребенка к смирению с детства — обращаться не только к его душе, но и к разуму. Это означает, что религия должна стать наукой. Без этого соединения, без создания диалектической системы мышления человечество не войдет в завтрашний день. Для создания такого мышления от любого человека требуется снять то, что мешает выйти на смирение, принятие мира и познание его. Это неприятие событий в форме ненависти, обиды, сожаления, презрения и осуждения. Мы сейчас все больны духовно, независимо от того, больны наши тела или нет. Поэтому работа над своим духовным багажом, над своим восприятием мира необходима каждому из нас. Меняя свое восприятие мира, мы меняем свое мировоззрение, а именно мировоззрение меняет нашу судьбу, нашу карму в самом широком понимании этого слова.

Итак, гордыня и гордость. Незнание правил духовного поведения создает все больше проблем на физическом плане. Недавно я со своей семьей был на базе отдыха. Вышел утром, чтобы занять очередь за билетом в сауну. В это время подошла женщина и стала просить у администратора разрешения позвонить в город. До меня долетали обрывки фраз: "...полное обезвоживание ...воду пить не может ...его тошнит, перепробовала все: и марганцовку, и уголь... отравление очень сильное ...врачей нет... что делать, помоги, посоветуй", — обращалась она к кому-то по телефону. Женщина положила трубку и отошла. Я предложил помощь, женщина согласилась, и мы поднялись к ней в номер. Я посмотрел мальчика.

— У Вашего сына нет отравления. Понос, рвота — это только внешние признаки. Причина совершенно в другом. Это мощная программа агрессии, направленная против отца. Мальчику сейчас четырнадцать лет, и его нынешнее восприятие мира весьма сильно будет определять всю последующую жизнь. Именно сейчас нужно остановить все опасные программы, которые могут деформировать душу, а затем и тело. Включается механизм блокировки, а именно, болезнь или временное нарушение функций, в данный момент — желчного пузыря и поджелудочной железы. Агрессия против отца пришла от Вас. Жена, которая обижается и осуждает мужа, программирует детей на осуждение. Дети получают программу уничтожения отца, но уже многократно усиленную. Ваша душа зацеплена за земные сущности, а очистить душу, приклеенную к Земле, можно смертью, болезнью или несправедливыми обидами, идущими от близких людей. Вам дали самый щадящий вариант, но у Вас большая гордыня, то есть неприятие травмирующей ситуации, и вместо того, чтобы принять очищение, Вы давали агрессию, которая, увеличившись, передалась сыну.

Я объяснил ей, как надо молиться и снимать агрессию.

Ее ответ меня удивил:

— А я ведь даже не подозревала о том, что гордыня — это плохо.

Через несколько часов я опять зашел к ним в номер. Женщина сказала, что после нашего разговора сын смог выпить воду, его уже не тошнило. Он спокойно уснул и проспал до обеда. На следующее утро женщина сама подошла ко мне и спросила, что ей дальше делать: везти сына в город или нет. У мальчика исчезли даже малейшие симптомы болезни. Я сказал, что он здоров не только внешне, но и внутренне, так что беспокоиться незачем.

Я разговариваю с женщиной, у которой достаточно сложное заболевание.

— Ваши проблемы связаны с тем, что Вы свою телесную оболочку поставили выше духовной. Если обычный человек ревнует, это потом ему дает болезнь. Гордый человек, ревнуя, откровенно желает объекту ревности смерти и умирает сам. Если бы Вы получили мужа, который носил бы Вас на руках, Вам не позволили бы, зачерняя душу, прилипать к гордыне и семье. Спасти Вас и Ваших детей можно мужем, который унижает Вашу гордыню, обижает Вас и нарушает стабильность в семье. Но Вы это принять не хотите, поэтому зацепились еще сильнее и передали это все детям и внукам.

— Но как же это принять, — с болью сказала она, — когда он просто издевался надо мной? Что, надо было сложить руки и смириться с этим?

— Он здесь ни при чем, благодарить надо Бога, а если будете благодарить человека, то это мазохизм. Снаружи Вы могли действовать как угодно, хоть тарелку разбить об голову, так как Ваше общение снаружи — это общение с человеком, внутри же Вы общаетесь с Богом. А там должны быть только любовь и благодарность. Но поскольку человек не чувствует, как сознательная агрессия переходит в подсознание, то лучше, особенно сначала, не проявляйте внешней агрессии, то есть абсолютно все принимайте как данное Богом.

— Так значит, получается, что он меня унижает, оскорбляет, а я должна радоваться? Это дико и несправедливо!

— А разве может быть гуманность по отношению к раковой клетке? У нас нет глаз, которые бы видели, что творится с нашей душой. Такое зрение было лишь у святых. Вот представьте, человек тонет, его хватают за волосы и тянут из воды. Он от ужаса хватается за спасающего и мешает ему. Когда он понимает, что этим его спасают, то снимает агрессию. В христианстве это называется смирением. Сейчас наступило время, когда даже смирения мало. Нужно не просто принимать боль, но радоваться, что она спасает душу и тело, конечно, тоже. Внутренне, идя навстречу боли, не просто смиренно принимать боль, а помогать спасать этим тело. Нашим спасителем является Бог, а мы — его помощники в очищении наших душ, когда в молитве заранее принимаем все унижения и неприятности для нашего тела, через которые и очищается наша душа. Чем больше страданий примет душа, тем меньше их останется телу.

— Так что же, жить без эмоций? Что за жизнь тогда?

— Нет. Жить надо с эмоциями. Только внутри — счастье и сияющая любовь, а снаружи — соответственно ситуации. Если снаружи Вы унываете и огорчаетесь, то внутри у Вас должны быть только радость и любовь. Все земное подлежит разрушению, а духовное — нет. Нам больно, когда разрушается тело. Поскольку наши тела принадлежат Земле, то мы будем болеть, мучиться и умирать. Но есть мучения, а есть страдания. Умение понимать, что все земное подлежит разрушению,— это умение не прилипать намертво к Земле и поставить точку опоры не на земное, а на любовь к Богу. У древних римлян существовал обычай: в разгар пира и веселья раздавался барабанный бой и на носилках в зал вносили полуистлевшую мумию. Несколько минут все в молчании смотрели на нее, потом мумию уносили, и веселье продолжалось. Древние умели веселиться и знали в этом толк, но они видели и знали, что происходит с человеком, забывшим о том, что точку опоры нельзя ставить на земное.

Наш разговор продолжается. Я вижу, что какая-то проблема мучает женщину. Она рассказывает:

— Сейчас я не замужем. У меня есть любимый человек, но он женат, поэтому я не хочу встречаться с ним. Но он звонит, настаивает на встречах. Я понимаю, что, встречаясь с ним, совершаю грех, и, видимо, мои проблемы в значительной степени связаны с этим.

— Да, это связано, только Ваш грех заключается в том, что Вы хотите раздавить свою любовь и отвернуться от человека, которого любите. Внутри больше думаете не о грехе, а о Ваших амбициях, гордыне и желании иметь стабильные отношения. Женщине, которая зацеплена за отношения и за гордыню, дают любовь к женатому человеку, потому что именно эта ситуация уничтожает гордыню и кумирство семьи, благотворно влияет на ее душу. Фундамент любви находится на Небе, фундамент амбиций — на Земле. И когда земное пытается подмять Божественное, за это человек расплачивается. Любовь выше приличий, семьи, материальных благ, предательства и всего остального. Одна женщина сказала мне, что у нее нет любви потому, что ее предали. Я ответил, что вряд ли это была любовь, потому что предательство очищает любовь, а не убивает ее. Истинная любовь не зависит ни от чего земного, и поэтому разрушение земного не может убить ее, а предательство — это разрушение отношений, истинной любви оно повредить не может.

Человек живет, исполняя долг перед Богом и перед другими людьми. Но когда долг перед Богом вступает в противоречие с долгом перед людьми, человек, желающий иметь здоровую душу, здоровых детей и потомков, не задумываясь, должен предпочесть долг перед Богом. Желание поставить долг перед людьми на первое место быстро превращается в свою противоположность.

Так, при социализме, для спасения рабочего класса убивали тех, кто не принадлежал к этому классу, а затем, чтобы восстановить справедливость, идея убивать одних, чтобы дать жить другим, реализовалась как убийство и тех, и других. Когда счастье пытаются построить, исходя из земного, то есть на основе классовых, расовых, кастовых, имущественных и других идей, это кончается ускоренным распадом земного. Чем сильнее клетка замыкается на себе, тем быстрее она погибнет. Любовь — это то чувство, которое не позволяет нам прилипнуть к Земле, и только человек, во имя любви поднявшийся над расовыми, классовыми, имущественными, физическими и другими барьерами, может обрести истинное счастье, которое суждено человеку на Земле.

У меня на приеме женщина с сыном лет двенадцати. Она попросила мальчика выйти и заговорческим голосом объясняет:

— Знаете, у меня жестокий сын, у него большая агрессия по отношению к людям. И когда он злится, то все время кричит, что он сын дьявола, и вообще что-то с его душой странное происходит.

Я внимательно смотрю на женщину и задаю вопрос.

— Как Вы думаете, а почему это случилось, с чем это связано? Она пожимает плечами.

— Ну, какие-то черные силы вселились, про это везде сейчас пишут.

— А если подумать? — улыбаюсь я. Она тоже улыбается, но вдруг улыбка сходит с ее лица.

— Это я причина, что ли?

— Не Вы, а Ваше неправильное отношение к событиям. У Вас слишком большая гордыня и желание свои способности, душевные качества, мудрость поставить выше Бога, которое проявлялось в десяти поколениях по женскому роду. Все женщины Вашего рода считали себя выше, талантливее, порядочнее мужчин. Ваше презрение и высокомерие по отношению к мужу у детей превращается в высокомерие по отношению к отцу. Это рождает огромную гордыню. Особенно опасна здесь зацепка за мудрость, презрение к глупым. Вот она-то и порождает дьяволизм. Дьявол — это ангел, который решил, что он умнее Отца. Для того, чтобы очистить Вашу душу и душу Вашего сына, муж должен был унижать Вас в гордыне, мудрости, душевных качествах, то есть называть Вас глупой, дурой, непорядочно к Вам относиться, ставить Вас в глупые ситуации.

Женщина смотрит на меня и медленно произносит:

— Но это было так тяжело принять.

— Конечно, болеть, умирать и рожать несовершенных детей гораздо легче. Сейчас от того, насколько Вы измените свое отношение к прошлому, настоящему и будущему, зависит судьба Вашего сына. И еще один важный момент. Гордый человек всегда обидчив и раздражителен. Научитесь использовать каждую ситуацию, унижающую Вас, для очищения. Я научу Вас приему, который очень хорошо помогает. Вас грубо толкнули — мысленно просите прощения. Вам наступили на ногу — просите прощения. Вас оскорбили словом — мысленно просите прощения. Это только кажется странным, а на самом деле все очень просто. Внешняя агрессия против Вас всегда порождается Вашей внутренней агрессией. И чем меньше агрессии Вы даете в ответ, тем быстрее закрывается Ваша подсознательная агрессия. Когда Вы мысленно просите прощения у Бога за человека, грубо толкнувшего Вас, это означает, что Вы просите прощения за подсознательную, внутреннюю агрессию, которая вызвала внешнюю, за то, что спровоцировали своей внутренней агрессией внешнюю.

Ко мне пришла женщина, которая начала свой рассказ несколько необычно.

— У меня все нормально со здоровьем, только как-то все не складывается. А в последнее время появилось желание бросить все и уйти в монастырь.

Смотрю поле на тонком кармическом уровне и вижу мощнейшую программу самоуничтожения, в три раза превышающую смертельную. Странно, человек говорит о каких-то неудачах, а сам не жилец.

Смотрю на более плотный слой полей, связанный с телом. Тело обернуто защитным коконом и как бы запечатано знаком

Божественного. Смотрю причины подстраховки — души будущих детей находятся в ее поле. Духовность и добродушие позволяют реализовать эту защиту. Смотрю, к чему прилипает ее душа на Земле: любимый человек, гордыня, мудрость, положение в обществе, благополучная судьба.

В прошлой жизни жила на юго-западе США. В принципе, она давно уже должна была умереть, слишком сильно зацепилась за земное в прошлой жизни. Но смерть недостаточно очистит ее душу, и ее дети не родятся в следующей жизни. Значит, ее нужно защищать от смерти, с одной стороны, и давать частые неудачи, неприятности, с другой стороны. Земное, которое она стала любить больше Бога, должно стать для нее невкусным. Поскольку она человек добродушный и духовный, неприятностями и несчастьем ее можно очистить достаточно хорошо, не прибегая к более сильным воздействиям. В этой или следующей жизни дети хотят появиться на свет, а для этого душа матери должна быть достаточно чистой. Обиды, ссоры, неприятности являются здесь идеальным средством.

Недавно у меня на приеме была женщина, у которой зацепка за любимого человека, за семью, и соответствующая ей ревность. Программа уничтожения мужа перешли за красную черту. Поскольку муж — человек очень гармоничный, вся эта агрессия должна была вернуться к ней и убить ее. Был бы рак груди или рак матки. Но поскольку она человек духовный и добродушный, то сверху пошла подстраховка, ее программа была обездвижена и как бы обернута. Но никакая подстраховка не может быть вечной, это только отсрочка в расчете на то, что человек сумеет выбраться на правильный путь. У женщины эта защита стала слабеть, пошли эндокринные нарушения. Я ей стал объяснять, что неправильное отношение к обидам, ссорам и неприятностям, непонимание того, что все земное может быть только средством, но никак не целью, может привести ее к более серьезным проблемам.

Чувство любви к человеку важнее этого человека. Человек не цель, а средство, когда дело касается любви. Когда мы любим другого человека, то мы, в первую очередь любим то, чем он реально является: духовной, полевой структурой. А его физическую структуру, которую мы обычно называем человеком, мы любим так же, как одежду любимого человека, которая напоминает нам о нем. Когда мы не видим душу человека, его истинную сущность, являющуюся частью Божественного, у нас может появиться искушение зацепиться за физическую оболочку. Когда я говорю, что Бога люблю больше, чем любимого, это означает, что духовное в этом человеке я люблю больше, чем физическое. Такая любовь не рассыпается, не исчезает, когда любимый человек теряет руки или ноги, уродует лицо, прикован к постели на многие годы или умирает. Такая любовь не гаснет, когда коверкается душа человека и он становится душевным инвалидом, потому что она не зависит от земного. И такая любовь ведет нас к Богу.

Один молодой человек был на грани смерти из-за того, что отрекся от девушки, которую любил, и попытался завязать отношения с другой.

— Вторую я больше полюбил, у первой характер отвратительный, она мне только нервы портила.

— Ты убеждаешь себя, что любишь ее, и поступаешь как девушка, которая уверяет себя, что любит человека, хотя выходит за него замуж потому, что он богатый. Твои чувства к этой девушке корыстны и любовью не являются.

— Ничего подобного, — ответил он мне, — мне плевать на деньги, на любые материальные блага, когда это связано с ней.

— Есть блага нематериальные, но тоже земные. Скажи, чем она отличается от первой?

— Первая меня совершенно не понимала и только портила настроение, а вторая меня понимает. И вторая, вообще, более умная.

— Ум — это тоже капитал и поважнее, чем деньги. Ты вторую любишь из-за того же денежного богатства, только деньги у тебя по-другому выглядят. У тебя зацепка за мудрость и гордыню, близкая к смертельной. Поэтому тебе дают любимого человека, который должен унижать тебя в мудрости, вести себя глупо, не понимать тебя. Мучительное очищение ты предпочел легкому и спокойному загрязнению души, поэтому твои шансы на выживание стали падать.

— Так вот, — объясняю я своей сегодняшней пациентке, — все земное должно становиться периодически невкусным, чтобы мы вспоминали о Боге. Как правило, мы вспоминаем о Боге или перед смертью, или когда несчастья идут вереницей. Для того, чтобы жить дольше, прежде всего снимите претензии к людям и к себе, и, в первую очередь, нежелание жить.

— Так идти мне в монастырь или нет? — спрашивает она.

— Монастырь для Вас — слишком легкий путь. Конечно, благополучная судьба, мудрость и гордыня там будут значительно ограничены, и Ваша душа очистится. Когда уже нет сил подняться над земным, тогда его нужно оттолкнуть от себя, а поскольку у Вас духовный потенциал достаточно высокий, Вы можете делать то же самое, оставаясь в миру. Но для этого нужно очистить душу от той грязи, которую Вы нажили, не принимая очищение, идущее к Вам в форме унижений, ссор и неприятностей по судьбе.

Женщина задумывается.

— У меня была любовь, которая изменила всю мою жизнь. Я поменяла место работы, сейчас работаю в крупной фирме, поменяла профессию, стала просто другим человеком, и все это из-за любви. Все, что я делаю, все мои успехи — это попытка быть похожей на любимого человека, достичь его уровня. Но меня постоянно преследуют неудачи. Скажите, в чем здесь дело?

— Если бы Вы стремились к успеху, развитию ради себя, Вы могли бы погибнуть, поскольку стали бы еще сильнее прилипать к земному, а когда Вы это делаете для других, это дает Вам хорошую блокировку. Точно так же, если деньги для Вас — цель, и они нужны Вам для личного счастья, Вы их потеряете, а если они нужны Вам как средство, чтобы помочь другим, Вы их можете иметь в любом количестве. У Вас успехи имеют земную цель, поэтому идет развал. Ваша душа, по инерции идущая из прошлой жизни, прилепляется к благополучной судьбе, мудрости, имиджу. А Вы при этом вместо того, чтобы принять и очиститься, не хотите жить, то есть впадаете в уныние. Благодарите Бога за эти неприятности. Лекарство прекрасное, хотя и противное.

Аура женщины начинает переливаться золотистыми и серебристо-зеленоватыми оттенками. Можно будет через месяц встретиться и подвести итоги.

СУИЦИД

В настоящее время все актуальней становится проблема суицида, то есть устойчивого нежелания жить. Происходит закономерный процесс, о котором я упоминал в первой книге. Когда смотрел матрицу человечества, то увидел, что с конца 1995 года может усилиться программа самоуничтожения человечества.

Последние три столетия человечество, зацепившись за земное, стало переполняться агрессией. Души людей пропитаны взаимной ненавистью, и когда это состояние достигнет точки перенасыщения, произойдет разворот программ назад. Если раньше, столкнувшись с неприятностью, человек ненавидел и обвинял других, и у него появлялось желание убить другого, то есть обидчика, то сейчас в аналогичной ситуации человек начинает ненавидеть себя, и у него появляется желание убить себя. Я называю такое состояние вялотекущим, скрытым суицидом с обострением. Врачи называют это депрессией, а христианство — унынием. Это один из семи смертных грехов. Программа самоуничтожения человечества уже включилась, она дает такие последствия, как онкологические заболевания, психические расстройства, общее снижение иммунитета без видимых причин, обострение хронических болезней и появление новых. Все это закономерно, и все происходит по классическому сюжету: человек идет в лес за грибами и ягодами и вдруг понимает, что заблудился. Первая его реакция — злость на грибы и ягоды. Он проклинает тех, кто его послал в лес. Потом человек начинает обвинять себя. А затем, понимая, что здесь нет виновных, ищет дорогу из леса. Пока человечество стремится найти виноватых, лучшая его часть обвиняет себя во всех бедах. Дорогу домой еще никто не ищет. Ее мы начнем искать тогда, когда перестанем винить других и себя. Здесь есть одна большая опасность: мы накопили такую мощную агрессию, что программа самоуничтожения человечества может оставить на Земле 10—30% живущих на ней. Несколько лет назад я слышал, что население Земли к 2000-му году составит около 10 миллиардов. человек. Год назад слышал, что население планеты составляет 6,5 миллиардов человек. В начале 1994 года сообщили цифру — 5,2 миллиардов человек. Недавно мне сказали, что население Земли меньше 5 миллиардов человек. Когда я стал анализировать эти данные, то понял, почему столько мучений вынесли народы Советского Союза. Человечество не выдержало бы программы самоуничтожения, это была бы гибель цивилизации. Спасти человечество можно было, сделав ему прививку, то есть включив вышеупомянутый процесс в какой-нибудь стране на несколько десятилетий раньше. Для того, чтобы к моменту включения программы самоуничтожения человечества, существовал бы народ, который прошел уже эту стадию и сумел бы своими духовными структурами вытянуть все человечество. Поэтому именно сейчас мышление и философия России могут оказать большую пользу земной цивилизации.

— Скажите, — спросила у меня одна из пациенток, — Вы говорили: если женщина обижается на мужа, то она убивает своих детей. Если она осуждает мужа, то у детей будет огромная гордыня, и они будут нежизнеспособны. Ну а если мужчина будет презирать женщину, осуждать ее, разве он за это не будет наказан?

— Конечно, будет, но для женщины презрение и осуждение наиболее опасны, ведь она рожает детей.

— А почему на Востоке женщины рожают здоровых детей, ведь отношение к женщине там безобразное?

— Видите ли, все, что мы сейчас обожествляем, потом будем презирать. Человек сначала создает кумира и из-за этого отрекается от Бога. Потом он это презирает и еще сильнее прилипает к Земле, болеет, мучается, страдает. Только после этого он интуитивно предпочитает любовь к Богу любви к земному. На Западе женщина получает все большую свободу, ее гордыня растет. Она начинает презирать мужчин и в следующей жизни рождается на Востоке. Ее от всего этого отрывают, поэтому она рождается попеременно то на Западе, то на Востоке, переходя от западного обожествления всего земного к восточному презрению всего земного. Человек начинает смещать точку опоры за пределы Земли. Каждый в свое время выходит туда. Одни — когда приходит тяжелая болезнь. Другие, более духовные, пытаются удержать презрение, осуждение, но на это уходит больше усилий. Еще меньше тех, кто умеет подняться вверх над этим уровнем, сознательно устремляя свою любовь к Богу, поднимаясь над всем земным. В последнем случае не нужны болезни, травмы, несчастья, не будет загрязнения души, ненависти, презрения. Но этот путь требует наибольших усилий. Когда я смотрю пациентов, то вижу этот механизм в деталях. У одних он стерт, у других выражен явно. Особенно сильно преклонение перед кем-то, а затем презрение к нему, если он не оправдал надежд. Агрессия против других людей и, в конечном счете, против себя, ярко выражена на Западе.

Вспоминаю одну из пациенток в Америке. Бесстрастный взгляд, неподвижное лицо со спокойной холодной красотой. Поле у нее чистое, балансировка хорошая, но одновременно развивается мощная программа самоуничтожения. Это может привести к смерти. На физическом уровне балансировка великолепная. На более тонком духовном уровне идет развал. Значит, скорее всего, у нее будет не заболевание, а убийство или проблемы с психикой.

Те, кто увлекается физическим оздоровлением с помощью физических практик и систем, часто вредят своей психике, судьбе, сбрасывают проблемы на своих детей, не подозревая об этом. Нельзя вытягивать только один параметр, духовное развитие должно идти впереди физического.

— Какие у Вас проблемы? — спрашиваю я у женщины.

— Я потеряла смысл жизни, не хочу жить, совершенно равнодушна ко всему.

"Все понятно, — думаю я. — Когда у нее были в жизни неприятности, она испытывала уныние, депрессию, и это все спрессовалось в непрерывное, бессознательное нежелание жить. Ей нужно пересмотреть всю жизнь, через молитвы снять нежелание жить, и она будет здорова." Только я хотел все это рассказать пациентке, как началось покалывание в голове, и весьма сильное. Чья-то судьба пыталась дать мне информацию. Это оказалась судьба пациентки. Раз идет информация напрямую, с подсказкой, значит, я что-то проворонил.

— *Передай ей, — записывает моя рука, — что она презирает мужчин.*

— Вы извините, — обращаюсь я к женщине, — Ваша судьба передает мне, что Вы презираете мужчин.

— Естественно, — пожимает она плечами, — а за что их уважать? Мы, женщины, рожаем, мучаемся, а мужчины имеют психологию скотов и гордятся этим.

— Понимаете, — пытаюсь объяснить, — женщина должна вынашивать ребенка, рожать, поэтому она должна больше заботиться о своем теле, то есть думать о земном. А мужчина чаще рискует, чаще умирает, поэтому меньше зацеплен за земное и больше устремлен к духовному.

Пациентка пристально смотрит на меня и спрашивает:

— Если Вам нож к горлу приставят, Вы не отдадите все, что есть?

— Конечно, отдам, — отвечаю я. — Главное, что я чувствую в этот момент. Я говорю, что для женщины страх за свое тело более естественен, чем для мужчины. Сейчас я попробую объяснить, к чему приводит презрение к мужчинам. Осуждение, презрение — это тоже программа уничтожения других людей. Любая программа уничтожения превращается в программу самоуничтожения, включает нежелание жить. Она дает онкологию, эпилепсию, инсульты, травмы, самоубийства и особенно сильно бьет по детям и будущим поколениям. Программа уничтожения своих детей убивает быстрее, чем чужих. Если вода хлынет из крана, это заметно, и ее можно остановить. Тонкую струйку мы не видим, поэтому она во много раз опаснее. Вот смотрите, на ненависть уходит 220 единиц энергии, поэтому долго удержать ее тяжело. На обиду — 80—90 единиц, это тоже требует больших расходов. А на презрение, осуждение, нежелание жить уходит 35—45 единиц. Эмоциональную усталость человек чувствует при расходе энергии свыше 50 единиц. Из этого следует, что человек не ощущает опасности, когда он презирает, осуждает и испытывает уныние. Эти эмоции и дают самое большое накопление агрессии.

То, что у Вас сейчас нет детей, и то, что не хотите жить, ко всему потеряли интерес, является следствием презрения к мужчинам. Презирая и осуждая других, Вы отрекаетесь от Бога, ибо на тонкий уровень, где мы связаны с Богом, презрение и осуждение проникают глубже. Ваша душа настолько прилипает к Земле, что тут же включается механизм разрушения земного. Разрушение структур души, связанных с земным, — это и есть нежелание жить. Вам дано слишком много способностей и внешних, и внутренних, а ощущение своей исключительности сначала поднимет, но потом раздавит. Человек должен понимать мир духом и разумом, а поскольку разум связан с телом, то он вторичен. Интеллект, разум склонны к решению сиюминутных проблем, а дух, связанный с Божественной логикой, всегда работает на перспективу. Умный выиграет вначале, мудрый — в конце. Ваш разум затмил Вашу мудрость, поэтому Вы духовно больны. И чем здоровее тело, тем больше мучается душа.

Я вспоминаю другой случай. Родители принесли девочку и положили ее на кровать, потому что сидеть она не могла. Врачи точного диагноза не поставили. Нарушение психики, вроде бы инсульт. Несколько дней подряд я встречался с родителями и практически повторял одно и то же:

— Вы всю свою жизнь, особенно до зачатия дочери, презирали людей, непорядочно и грубо себя ведущих, обманывающих вас и нехорошо поступающих по отношению к вам. Это делали не только вы, но и ваши родители, деды, прадеды. Поэтому в родителях и в вас стала развиваться программа самоуничтожения. Уныние, депрессия, когда вас обижали другие, стали расти. Значит, с одной стороны — высокомерие и презрение, с другой — уныние и депрессия. А в ребенке программа самоуничтожения перешла за красную черту.

Нежелание жить бьет по трем уровням: голова, первая чакра, судьба. Презрение, осуждение, нежелание жить опасны тем, что они быстро становятся мировоззрением, меняют характер человека, поэтому избавиться от них достаточно трудно.

— Вы знаете, — вдруг говорит отец девочки, — год назад, когда дочке было одиннадцать лет, она говорила, что мы умрем раньше нее, поэтому она сама жить не хочет. Говорила, что никогда не выйдет замуж и будет жить только с нами. И как мы ни успокаивали девочку, ее уныние, депрессия не проходили.

— Надо было тут же отвести ее в церковь и молиться, — отвечаю я. — Перед зачатием душа человека имеет очень тесный контакт с Богом. А потом человек по ступеням сходит вниз к Земле, и с каждой ступенью он должен наращивать усилия для укрепления контакта с Богом. Первые ступеньки перед зачатием и рождением проходят почти бессознательно. Здесь очень много определяет устремление матери к Богу. Третья ступенька преодолевается в три-пять лет. В этот период для того, чтобы ребенок был здоров, нужно сознательно воспитывать в нем устремление к Божественному. Очень много усилий должно идти на развитие логики духовного и Божественного. Особое внимание должно уделяться развитию доброты, заботе о других, вере в Бога и в разумность всего происходящего. Если у ребенка нет запаса устремления наверх, именно в этот период часто включается принудительный отрыв от Земли болезнями, несчастьями, травмами, смертью. Следующий контакт со всем земным, а он самый мощный, включается в период полового созревания. Наиболее сильное заземление — любовь к земному и, соответственно, самая высокая духовность проявляются у ребенка в возрасте четырнадцать-пятнадцать лет. Если заземленность больше нормы, идет резкая активизация агрессии и последующая блокировка болезнями, травмами, смертью. Обильная еда, избыток эротических впечатлений, агрессивное поведение, презрение к другим людям, уныние и, самое главное, отсутствие веры в Бога, любви ко всему существующему, как проявления Божественного, приклеивают душу ребенка к Земле столь сильно, что неминуемо следуют болезни и несчастья. Следующие ключевые периоды: 18, 30, 70 лет. Здесь многое определяет мировоззрение человека, его характер.

Главное в педагогике — это не дети, а сами родители. Один поступок отца ребенок впитывает глубже, чем сотни поучений. Демонстрировать ребенку примеры бескорыстия, заботы о другом, снятие презрения и осуждения там, где по земной логике оно необходимо, — это то, из чего складывается здоровье и счастье человека.

Сейчас в человечестве все больше активизируется программа самоуничтожения. Нежелание жить бьет по судьбе: травмы, несчастья, потом — по голове, поскольку ненависть рождается головой. Мощный суицид делает невозможным появление потомков. Поэтому, как ни странно, находящиеся в поле души детей пытаются сохранить себе возможность появления на свет снижением у родителей зрения и слуха, воспалением носоглотки, среднего уха, травмами головы, инсультами, менингитами, головными болями. И чем эффективнее борется с их усилиями медицина, тем быстрее разваливается энергетика первой чакры, что делает появление детей невозможным.

Для того, чтобы факт появления детей на свет стал возможен в следующих жизнях, программа самоуничтожения сдерживается у женщин и мужчин онкологическими заболеваниями органов мочеполовой системы. Все большее количество бесплодных женщин, вспышки онкологических и сердечно-сосудистых заболеваний связаны с этим механизмом. Не случайно поэтому уныние, которое в медицине называется депрессией, а на самом деле является вялотекущей программой самоуничтожения, считается одним из главных грехов в христианстве.

Если у Вас появилось ощущение, что мир неразумен и несправедлив, если потеряна вера в людей, это автоматически означает нежелание жить и появление больших проблем и болезней.

Однажды я сидел в сауне и разговаривал со своим соседом:
— Извини, что напрягаю, но ты не мог бы посмотреть, как у меня со здоровьем?

Я посмотрел его поле и увидел там мощную программу самоуничтожения. Депрессия, как правило, ведет к раку, и этот случай не был исключением. Все параметры соответствовали полевой онкодеформации. Но главный параметр, наполненность любовью, по которому я определяю онкологию, был стабилизирован, причем главная причина стабилизации — добродушие.

— Ты счастливый человек, — сказал я ему, — у тебя мог бы быть рак, потому что ты все время себя осуждал, и это дало тебе депрессию.

— А рак чего? — спросил он.

— Предстательной железы, скорей всего. Суицид особенно сильно бьет по первой чакре.

— У меня подозревали рак горла, а потом диагноз сняли.

Меня это заинтересовало, почему же рак горла? А потом я понял, что блокируется то, что вызвало суицид. Он себя постоянно ругал, поэтому блокировка пошла через горло. Если бы он презирал или ненавидел себя, мог бы быть рак мозга. Обижался бы — рак желудка, отрекался бы от любви к себе и другим — рак предстательной железы.

Я читал про одного монаха, который совершил прелюбодеяние и долго мучился от этого. А через несколько месяцев умер от рака и перед смертью говорил, что это Бог наказал его за грех прелюбодеяния. Причина же была совсем в другом: он мог осуждать себя за содеянное, а стал презирать, то есть стал убивать не только свое тело, но свою душу и свой дух.

Онкология хорошо останавливает желание убить свою душу, но не только онкология. Я смотрю на фотографию женщины, которая признана самым тяжелым человеком на Земле. Пыталась похудеть, но все безуспешно. Причина очень проста: колоссальное желание поставить любимого человека, семью выше Бога. И когда от этого отрывают, то появляется столь же мощное нежелание жить. Растущая полнота блокирует эту программу. Значит, нужно бороться не с телом, а с неправильной ориентацией души.

Я иду по улице и вижу человека, у которого большой горб. В прошлой жизни, не понимая, что душа очищается неприятностями, он испытывал огромную обиду на близких людей и умер от этого. В этой жизни, чтобы душа очистилась, он должен жить. Нужно заблокировать колоссальную обидчивость. Возникший горб связал обидчивость, которая стала неотъемлемой частью характера.

У женщины деперсонализация, она существует как бы вне своего тела. Видела в людях только несовершенство, худшие их стороны, накручивала презрение и высокомерие, которые превратились в мощную программу самоуничтожения. Болезнь спасает ей жизнь.

Ребенок-даун: любимый человек и семья — абсолютная ценность. Когда обижают и отворачиваются от тебя близкие люди, включается нежелание жить такой мощности, которое уже не заблокировать ни горбом, ни пороком сердца, ни избыточным весом, ни раком, ни даже шизофренией. На уровне эмоций нужно полностью перекрыть зацепку за отношения. Для дауна понятия семья и отношения прикрыты. Почему появляются заболевания такого рода? Потому что душа, невероятно сильно прилипшая к земному, может на Земле и очиститься. Значит, ребенок должен жить и очищать свою душу, но через деформации тела и психики он надежно закрыт от прилипания к земному.

Медицина, все свои усилия направляя на устранение патологии тела, способствует усилению патологии души. А наша душа и наш дух — это наше будущее и будущее наших потомков.

РЕВНОСТЬ

Ту информацию, которую получил читатель, я излагаю практически каждому пациенту. Инерция души неизмеримо больше инерции нашего сознания. И для того, чтобы правильно сориентировать душу, нужны долгие и мучительные усилия. Чем понятней и глубже я раскрою ситуацию, тем легче будет пациенту выкарабкаться.

Вот я и рассказываю об этом больному, лежащему передо мной на кровати. Тяжелая мозговая травма. Последнее время были ссоры с женой, обиды и ревность. Поскольку ревность — это ненависть, блокируется голова, то есть травмы головы, инсульты, рассеянный склероз, снижение слуха и зрения, воспаление носоглотки, рак.

— Итак, ревность, агрессия привели Вас к большим проблемам. В основе ревности лежит желание поставить любимого человека и отношения с ним выше любви к Богу, поэтому именно близкие люди должны были Вас обижать, ссориться и рвать отношения с Вами. Не принимая этого, Вы накапливали агрессию, которая рано или поздно должна была дать болезнь. Но теперь выслушайте главное. Этой агрессии в Вас должно было быть раз в пять меньше, но в Вашем случае накопление шло гораздо быстрее, чем у других. Причина: у Вас огромная гордыня, источником которой является прилипание Вашей души к мудрости. Вы зацепились за мудрость, осуждая руководство своей организации за непродуманные действия. Вот смотрите, плывет лодка, под ней камни. Камни — это зацепка за деньги, материальные блага, благополучную судьбу. Если гордыня небольшая, то воды много, удары о дно слабые, и агрессия небольшая. Болезнь не нужна. Повышенная гордыня прижимает человека к Земле, слой воды уменьшается, и камни пробивают дно.

Последние два года Вы усилили внутри претензии к людям, особенно к руководству, обижаясь и осуждая за неразумное поведение. Ваша гордыня стала стремительно расти. Соответственно зацепка за любимого человека и семью усилилась. Чтобы дать Вам возможность выжить, Вашей жене все активней нужно было обижать Вас и ссориться с Вами. Это был самый щадящий вариант приведения Вас в норму. Вы его не приняли. Значит, должна прийти болезнь или травма.

— Да, — озадаченно соглашается пациент, — все это очень похоже на правду.

Он сосредоточенно думает, потом задает вопрос:

— Чтобы вылечиться, я должен всю жизнь прокрутить назад и принять все как данное Богом? Я это сделаю. Но не понимаю, как мне быть на моей работе? Смотреть на эту тупость и идиотизм и ничего не делать?

— Вы все время пытаетесь работать в одном режиме, либо правом, либо левом. Нужно подчинить себе контроль над ситуацией, это достигается путем абсолютного неприятия ситуации снаружи, борьбы с ней и подчинения ее себе. И абсолютного приятия внутри. Снаружи Вы общаетесь с людьми, а внутри — с Богом. То, что Вы делаете снаружи, будучи перенесенным внутрь, становится своей собственной противоположностью. Если снаружи Ваше противодействие ситуации, желание подогнать ее под свою мерку дает Вам здоровье, то, перенесенное внутрь, оно дает болезнь. Раньше человек более или менее сохранял гармонию, потому что с детства его воспитывали в режиме духовного и Божественного, то есть в отсутствии ненависти, агрессии и в принятии всего существующего как разумного. Когда ребенок вырастал, и жизнь толкала его на противоположное, то сформировавшееся внутри светлое ядро не пускало агрессию в себя. Это было стихийной диалектикой. А сейчас это стало концепцией, и принять ее весьма сложно.

Ученые наблюдали, что происходит при контакте двух цивилизаций, двух народов, двух племен. Оказалось: быстро происходит обмен предметами быта, орудиями труда и производства. Гораздо медленнее идет обмен обычаями, и трудней всего — обмен религиями, верованиями. Религиозное мировоззрение есть высшая система абстрагирования от земного, оно выходит на слои духа, имеющего программную протяженность во Вселенной, потому его инерция и масса огромны. Это я рассказываю для того, чтобы Вы поняли, что Вам придется перестраивать глубинные уровни духовного восприятия мира, а это будет проходить медленно и тяжело. Но именно такой путь позволит Вам не отодвинуть проблемы на время, а снять их совсем.

У меня на приеме пациенты часто говорят:

— Так я же сейчас правильно веду себя, почему же болею?

Я отвечаю:

— Представьте, капитан парохода заснул, и судно час шло на рифы. Он просыпается и говорит, протирая глаза: "Последние пять минут я веду себя нормально, значит, все должно быть хорошо". Чтобы снять агрессию по отношению к людям, Вы должны понять, что на тонком уровне мы все абсолютно равны, нет умных и дура-

ков, нет злодеев и святых, нет богатых и бедных. *Различия есть только в верхнем слое, и они по синусоиде меняются. Коммунистическая идеология пыталась навязать народу любовь ко всем снаружи и внутри, и любовь превратилась в ненависть. Люди здесь ни при чем, несовершенная идея, незавершенная концепция дают в тысячу раз больше смертей, чем любое злодейство. А несовершенная концепция — это следствие недостаточного развития духа. Поэтому, если человечество в ближайшее время не установит жесткий приоритет духовных ценностей в экономике, политике, науке, искусстве, педагогике, медицине и других сферах человеческой деятельности, то будут включаться все более мощные механизмы принудительного характера.*

Продолжаю разговор с пациентом:

— Я Вам говорил, что отношения с любимым человеком Вы поставили выше Бога, а это дает большие проблемы. Прилипали Вы к близким и любимым людям через обиды, осуждение и ревность. Но в Вашем случае есть еще одно опасное звено — это презрение к женщинам. Презрение неизбежно рождает осуждение. Слышали присказку: "Курица — не птица, баба — не человек"? Внутри Вас восприятие женщин именно таково. Если Вы осуждаете человека скупого или того, кто промотал деньги, Ваша душа прилипнет к деньгам, и у Вас их не будет. Если Вы презираете и высокомерно относитесь к женщинам, у Вас никогда не будет хороших отношений с ними. Все развивается в диалектике, и мужчине дают мать, из чрева которой он выходит и от которой в большой степени зависит в физическом плане, и отца, который на расстоянии и от которого он больше зависит в духовном плане. Развитие духовного невозможно без развития физического, поэтому и рождение человека обусловлено тем же. Человечество рождено Землей, от которой мы зависим физически, и, оказывается, энергетика женщин тождественна энергетике Земли, а энергетика мужчин тождественна энергетике Солнца, и зачатие человечества происходило в атмосфере Земли над Южным полюсом. Человек, презирающий женщину, презирает Землю и все земное, а презрение и осуждение приклеивают нас к тому, что мы осуждаем. Мощное заземление активизирует процесс распада в физическом теле. Поэтому мужчина, презирающий женщин, деградирует духовно и начинает болеть и стареет быстрее, чем обычно. Духовность мужчины во многом определяется его отношением к женщине, поэтому, — обращаюсь я к пациенту, — многократно прокручивайте всю свою жизнь и меняйте отношение к женщинам и к ситуациям, связанным с ними.

Воцаряется молчание. Мою информацию сложно принять, потому что самые пустяковые мелочи я связываю с явлениями космического порядка. Информация — это конструкция, и, чтобы ее воспринимать, нужно менять, вернее, разрушать под контролем свою духовную структуру. Отсюда следует, что слишком большой объем информации, неточно сориентированный, может развалить психику, здоровье и жизнь пациента. Поэтому я стараюсь ответить на любые вопросы, заданные пациентом. Иногда сеанс превращается в настоящую дискуссию, как и в данном случае.

— Хорошо, — улыбается пациент, — Вы говорите, что если я осуждаю земное, то прилепляюсь к Земле, заземляюсь, у меня повышается агрессия, поэтому могу болеть. Можно привести еще какой-нибудь пример, кроме моего?

— *Вчера вечером мне позвонила знакомая. Она задыхалась, несколько раз вызывали врачей, но они ничем не могли помочь. Она позвонила мне. Я сказал, что у нее усилились зацепки за тело, за отношения и резко возросла агрессия.*

Через час она позвонила опять. Сказала, что как она ни снимала все обиды и претензии к мужчинам, ей лучше не стало.

— *Иногда я отдыхаю у подруги, и, когда к ней приезжаю, мне становится хуже, может быть, это связано с ней?*

— *Ваша подруга красивая?*

— *Да, очень. А почему Вы об этом спрашиваете?*

— *Дело в том, что душа подруги прилепилась к телу, к телесным удовольствиям, к сексу, к своей красоте. Внутри она презирает всех мужчин и ненавидит тех, кто порвал с ней отношения или дал неприятности по судьбе. Вы осуждали подругу за некрасивое поведение по отношению к мужчинам и прилипли к ее грязи, к ее агрессии, поэтому вспоминайте всю свою жизнь, снимайте претензии к мужчинам, а потом молитесь и просите прощения за то, что осуждали подругу.*

— Хорошо, — говорит пациент, — у человека есть два пути к Богу: мистический, от Бога он спускается на Землю — это восточный тип мышления, а ступенька за ступенькой подниматься от Земли к духовному и Божественному — это западный тип мышления.

— Самые примитивные люди цеплялись за видимые материальные блага, то есть за первый уровень земного, и они свою точку опоры переносили на второй уровень — отношения между людьми, чувство долга и положение в обществе. Прошло время, энергетика усилилась, и духовные люди поднялись над вторым уровнем, то есть перестали проявлять агрессию при разрушении второго уровня, потому что их сознание зацепилось за духовные сущности высшего порядка.

— Скажите, а куда нужно перенести точку опоры сознания, чтобы подняться и над третьим уровнем, выйти на следующий?

Я улыбаюсь.

— Лучше ставить точку опоры на любовь к Богу. А следующий уровень, после третьего, я называю "точками Божественного предназначения". Это уже моя терминология. Ну, скажем так, Вам должны полностью развалить судьбу, чтобы очистить Вас от зацепок этого рода, то есть идет отрыв от всего земного. У каждого есть структуры Божественные, которые практически ни у кого не работают, а если у Вас разваливается судьба и Вы цепляетесь за эти структуры, то они оживают и начинают действовать.

— Простите, а Вы могли бы объяснить это нормальным, человеческим языком, применив какую-нибудь ситуацию?

— Конечно, — соглашаюсь я. — Эти структуры активизируются тогда, когда при полном развале Вашей судьбы Вы не теряете веры в Бога. У атеиста это может проявляться верой в разумность и гармонию мира. Если Вы в тяжелые критические минуты говорите: "Я не верю в высшую справедливость, нет правды на свете", если Вы говорите: "Я не верю в благородство и в высшие чувства в людях", — то Вы теряете веру и отрекаетесь от своих высших духовных структур, структур духовного отца. Такая позиция особенно сильно калечит души потомков.

Опять возникает пауза, мы оба некоторое время молчим. А затем он спрашивает меня:

— Значит, внутри я должен общаться с Богом, а снаружи с людьми. Если раньше в моем сознании было устремление только к Земле или только к Богу, то сейчас это все должно идти одновременно. Скажите, а как появились на Земле эти два противоположных способа мышления?

— Знания, которые накапливало человечество, все сильнее прибивали его к Земле. Когда эти процессы достигли определенного уровня в карме человечества, должен был вспыхнуть противоположный процесс — отрешение от всего земного. Но чтобы отрешиться от всего земного и тела, связывающего человека с Землей, нужно было дать телу передышку, защиту. Это могло произойти на территории, которая имела связь с другими народами, цивилизациями и одновременно была бы надежно изолирована от постоянных набегов, войн и катаклизмов. Таких точек на Земле было несколько, и главной среди них стала Индия, которая была подобна бутылке с горлышком, обращенным в сторону Средиземного моря. Взаимодействие между постоянным разрушением формы в районе Средиземноморья и кристаллизацией содержания в Индии дало базу для возникновения философии, которая могла полностью отречься от всего земного и все силы устремить к духовным структурам человека. "Убей в себе все земные желания, разрушь все земное в себе, тогда будешь с Богом", — вот принцип восточной философии. Это игнорирование всего земного в стране с жарким климатом и изобилием пищи дало толчок духовного развития большим группам людей. Накопившийся духовный потенциал неизбежно должен был реализоваться в материальных структурах. Неизбежно должна была возникнуть философия противоположного направления с абсолютными приоритетами земного. Это и был материализм.

Человек, презирающий земное, прилипнет к нему и станет его обожествлять. Человек, презирающий женщину, рано или поздно будет поставлен перед ней на колени. Так вот, истинный материализм мог родиться только на территории Индии и Тибета, как следствие идеализма. Эти две философии, начав взаимодействовать одна с другой, должны были создавать новые религии, новые философские течения, в которых они уже косвенным образом должны были быть соединены. Это были зачатки нового мировоззрения, которое выплескивалось из "горлышка бутылки" в Палестину, в Средиземноморье. Из этого потенциала возникли мировые религии, исповедуемые сейчас большинством человечества. Это был процесс зарождения, формирования и объединения в духовном плане на Земле. Соединение этих двух противоположных тенденций в конце второго тысячелетия нашей эры даст начало новой теории, новой концепции, в которой соединятся наука и религия, материализм и идеализм, космическое и земное мышление. Выход человечества в Космос и существование его в Космосе невозможны без восприятия мира, соответствующего этой философии.

Я заканчиваю разговор и смотрю полевые структуры пациента. Вижу значительные улучшения. На сегодня достаточно. Сеанс можно закончить. Мы прощаемся.

По телефону женщина прерывающимся голосом рассказывает о несчастье, которое у нее случилось.

— У нас сплошные нелады в семье, и у дочери с мужем большие проблемы. А тут вдруг огромное несчастье. Внучка росла прекрасным, здоровым ребенком. Четыре года прожила практически без болезней, но совершенно неожиданно — инсульт, кровоизлияние, и она умирает. Врачи не могут понять и объяснить, в чем дело.

Поле у девочки действительно закрывается, мощный развал в районе головы, сознательная и подсознательная агрессия в два раза выше смертельного уровня. Причина — ненависть, а в основе ненависти — ревность. Причина ревности та же — любимый человек, семья — главная цель, смысл и счастье в жизни. Положение осложняется тем, что ревность идет несколько поколений по материнской и отцовской линиям. В три-пять лет человек включается во все земные проблемы, поэтому заземленному ребенку сложнее сбалансироваться. А у девочки в этот период поле встретилось с полем будущего мужа. Программа, дремавшая ранее, ожила, и тут же пошла блокировка. Природа мудра, и смерть ребенка в этой жизни позволит ему нормально развиваться в следующей. В подсознании отложится: ревность — это смерть.

Я писал в первой книге, что родители оказывают воздействие на детей. Но и дети могут наносить вред родителям, правда, на гораздо более тонком глубинном уровне, поэтому наказание переходит в следующую жизнь. Таким образом, любое действие всегда вызовет противодействие, только не всегда мы можем увидеть и понять этот механизм.

Я разговариваю на кухне с одним человеком.

— Все действительно возвращается назад, я это на своей шкуре почувствовал. Я в молодости любил девушку. Но ее у меня отбил другой, я нанял бандитов, те избили его. Потом они позвонили мне по телефону и спросили: "Может что-нибудь ему отрезать?" Тут я испугался и стал просить их ни в коем случае не делать этого. С девушкой я все равно расстался, а теперь смотри, что со мной произошло. — Он задирает рубаху, и я вижу длинный шов в районе позвоночника. — У меня межпозвонковая грыжа. Могли отняться ноги, но Бог меня пожалел, случайно подвернулся великолепный специалист, и теперь я хожу, но нормальной личной жизни у меня до сих пор нет.

— Все правильно, — говорю я, — ведь инфаркты, остеохондрозы и переломы позвоночника бывают не только от того, что обижаешься, но и от того, что обижаешь. Если бы ты согласился изувечить другого человека, то сейчас лежал бы с парализованными ногами и в следующем воплощении у тебя не было бы здоровья и личной жизни. Мне рассказали об одном человеке, который, приехав домой, узнал, что жена ему изменила. Он убил ее. Получил за это десять лет. Я посмотрел, что будет с ним в следующей жизни. Огромная подсознательная агрессия по отношению к женщинам, которую он впечатал своим поступком в подсознание, в следующей жизни развернется, от жестокого и агрессивного человека не останется и следа. Это будет скромный, застенчивый человек, которого будут унижать и обижать, женщины будут бросать его и изменять ему, и он всю агрессию будет обращать против себя, обижаясь на весь мир, испытывая унижение, то есть нежелание жить. Постепенно он будет терять потенцию, а потом, вероятно, возникнет рак предстательной железы. Затем он умрет, и так будет повторяться несколько жизней, в зависимости от того, насколько он убивал любовь в другом человеке и в себе. Так будет до тех пор, пока чувство любви не станет для него священно, и он не перестанет покушаться на него. Только тогда ему дадут земное счастье. А если чувство любви к Богу станет для него целью и смыслом жизни, а все земное — средство для увеличения этой любви, тогда ему позволят испытать земное счастье в полной мере.

Я вспомнил этот разговор, когда увидел маленькую девочку, похожую на ангела. Мать попросила посмотреть ее шестилетнюю дочь.

Начинаю смотреть почки, и энергетику левой почки взять трудно, поле квадратом замыкается вокруг нее. Правая почка не в порядке, деформации поля значительны. Женщина, глядя мне в лицо, спрашивает:

— Что, дело плохо?

— Неважно, — отвечаю я. — Удалена левая почка?

— Да, — отвечает мать. И продолжает:

— Я уже месяца два пыталась попасть к Вам на прием и начала работать по Вашей системе. Почувствовала, что стала меняться. Это могло положительно повлиять на дочь?

Я смотрю уцелевшую почку за месяц до сегодняшнего дня. На уровне поля почка была мертва, а сейчас она жива, только есть некоторые деформации полевой структуры, которые могут вызвать функциональные, но уже не органические нарушения.

— Да, — отвечаю я. — Положительные изменения происходят. Но в характере и мировоззрении дочери сокрыта огромная ненависть к мужчинам из-за ревности. Она заранее ненавидит, желает смерти своему будущему мужу. Агрессия дошла до красной черты, за которой она убивает не одного человека, а все человечество. Программа разворачивается и начинает убивать ее.

Мать ненавидит мужа, дочь ненавидит себя. Насколько сумеете пересмотреть всю жизнь и через молитвы и правильное поведение изменить свой характер и мировоззрение, насколько будете молиться за дочь и за потомков, чтобы для них любовь к Богу была смыслом жизни, а муж и семья средством для этого, настолько дочь будет здорова и счастлива.

После одного из моих выступлений ко мне подошла женщина.

— Во время лекции Вы оговорились, и я решила Вас поправить. Вы рассказывали, как советовали своей пациентке заранее представлять ситуации, когда муж ей изменяет, и при этом молиться и прощать его. Чем лучше она это будет представлять, тем быстрее муж перестанет гулять. Вы неправы в том, что мужа нужно представлять плохим. Я сама занимаюсь парапсихологией и советую обратное: мужа нужно представлять хорошим, правильно себя ведущим, и чем лучше мы себе его представим, тем лучше будет он себя вести. Вы же сами писали, что если представлять несчастья и неприятности, то эти ситуации притягиваются.

Я слегка опешил: "А, может, переборщил в своих советах?". Включаюсь и диагностирую ситуацию, и тут до меня доходит.

— Дело в том, что Вы притягиваете несчастья, не воображая их, а боясь их. Убивает не стресс, а неправильное отношение к стрессу. Это во-первых. А во-вторых, если Ваша душа прилипла к мужу, к семейным отношениям и если Вы не молитесь, не очищаетесь, не устремляетесь наверх, то Вас будут очищать принудительно. Это может быть смерть Ваша или мужа, заболевания у Вас или у мужа, ссоры и расставания. Если своими устремлениями не сумеете добиться того, чтобы муж хорошо себя вел, то вы оба автоматически получите очищение души через болезни и смерть, поскольку Вам выключили самую щадящую форму очищения. Проблемы тех, кто занимается экстрасенсорикой и парапсихологией, заключаются в том, что, развивая у себя широкий диапазон воздействия на духовные структуры, эти люди не переключаются на логику духовного, которая не совпадает с логикой телесного. Неправильное проникновение в эту область, приоритет земных интересов, интересов интеллекта и разума, связанных с физической оболочкой, вместо развития дает деградацию и духовных структур, и физических, в конечном счете.

Мужчина спрашивает меня на приеме:

— Скажите, как мне замолить грех? Я раньше изменял жене, а вот сейчас поверил в Бога и понял, что это грех.

— Нужно посмотреть, является ли это нарушением высших законов.

Я смотрю его поле, поле жены и говорю:

— У Вас очень ревнивая жена. Чем стабильнее семейные отношения, тем сильнее она за них цепляется, тем выше ее агрессия по отношению к Вам. Поскольку Вы человек гармоничный, все это отлетает назад, и она может умереть. В Вашем случае грехом будет верность жене.

— А как же в Библии сказано: "Не прелюбодействуй"?

— Граница в таких ситуациях настолько неуловима, и каждый случай настолько индивидуален, что единственным мерилом может являться только чувство любви. Если Ваше поведение и отношение убивают любовь в Вас или в другом человеке, это недопустимо и, соответственно, наказуемо. Нет ничего во вселенной, что могло бы оправдать убийство любви.

Несколько месяцев назад позвонил мой пациент, которого я вел длительное время. Он мне сказал, что умирает. У него ощущение, что не проживет и суток. Я посмотрел его поле и, действительно, увидел смерть. Он женат пятнадцать лет. Жена все эти годы, что называется, "кровь его пила". Он познакомился с другой женщиной, жена уехала в командировку, и с этой женщиной неделю жил в спокойствии и идиллии. Я ему говорил, что он невероятно ревнив из-за того, что жену и семью ставит выше Бога. Недели оказалось достаточно для того, чтобы он прилип к земному счастью и внутренне отрекся от Бога до смертельного уровня.

— Стабильные отношения с любой женщиной для Вас смертельны, — сказал я ему. — Вы остались в живых только потому, что Бог дал Вам строптивую жену. Молитесь, чтобы Вы Бога любили больше, чем женщин и благополучную семью. Снимайте тот клей, которым Вы свою душу приклеили к земному. Просите прощения у Бога за все моменты ревности, обиды, осуждения женщин. И помните, что умение быть счастливым — это, во-первых, большая любовь и устремление к Богу, во-вторых, принятие всего, что с нами случается, как данное Богом, без агрессии, направленной против других и против себя, а только с любовью и благодарностью. А теперь, пожалуйста, пригласите Вашу жену, я поговорю с ней.

Молодая женщина выжидающе смотрит на меня.

— Представьте ситуацию, — говорю я ей. — Душа молодой девушки готова молодого человека и семью поставить выше Бога.

Она любит молодого человека, он любит ее, и они хотят пожениться. Чем стабильнее будут семейные отношения, тем быстрее душа прилипнет к земному, и тем ревнивее и агрессивнее она станет. Агрессия может убить мужа. Но он гармоничен, не зацеплен за земное, поэтому погибнет она. Что может спасти ей жизнь? Если вдруг кто-то воспрепятствует их браку, и их разведут, или он передумает и женится на другой. Но ей дают самый щадящий вариант: она приходит к жениху за день до свадьбы и застает его в постели с другой женщиной. Она его не осуждает и свое чувство не пытается убить. Значит, зацепка за любимого человека и семью снята. Они живут душа в душу, и им будет позволено иметь стабильные отношения. Проходит пять-семь лет. Ее душа забывает о перенесенной боли и опять начинает прирастать к земному. Значит, опять болезнь или смерть. Как можно спасти ей жизнь? Очень просто... Муж загулял и заразился венерической болезнью. Она его опять не осуждает, они лечатся и лет пять-восемь будут жить в гармонии. А потом ее душа опять прилипает к семье и мужу, а в один прекрасный день муж приходит и говорит: "Дорогая, у меня есть другая женщина, я ухожу к ней". Жена не знает о том, что этим будет спасена ее жизнь, но не ревнует и не обижается: "Ты ни при чем, я принимаю все как данное Богом, и в моей душе нет обиды, осуждения и ревности".

Проходит несколько месяцев. Когда ее душа окончательно отлипает от Земли и устремляется к Богу, тогда муж опять возвращается к ней, и они живут душа в душу. Все, что Вы полюбите больше Бога, у Вас отнимут и разрушат. Если Вы хотите иметь мужа и стабильную семью, молитесь, что Вы Бога любите больше, чем мужа и семью, и снимайте малейшие обиды, осуждения, ревность. Своим детям постоянно напоминайте, что превыше всего — любовь к Богу.

— А как же люди раньше жили? — удивленно спрашивает женщина.

— Когда человек часто молится, его душа взлетает над Землей и очищается, и когда он любит другого человека, то он все равно сначала любит Бога, а потом уже кого-то другого. В заповедях правильное отношение уже дано. Человек, в принципе, — это кишечная трубка. У нее две базовые функции. Первая — еда, вторая — размножение, это то, что называется "любовь и голод правят миром". Но вдруг приходит Моисей и говорит: "Еда вторична, и первое чувство радости надо отдать Богу, а не миске с похлебкой". И люди стали молиться перед едой, чтобы почувствовать сначала любовь к Богу, а затем утолить голод. Христос же сказал, что размножение тоже вторично, первое чувство любви нужно отдать Богу, а потом любимому человеку. В основе всего лежит главная функция — любовь к Богу. И без этой функции не будет ни еды, ни размножения. Все живое проникнуто любовью, духовностью и Высшим единством, на каком бы уровне это живое ни находилось. Неживое тоже стремится к единству, но это проявляется несколько иначе.

— А что, и детей тоже нельзя любить больше Бога?

— Я Вам расскажу два случая.

Однажды в поезде напротив меня сидела молодая мама с девочкой лет пяти-шести. Автоматически продиагностировав поле девочки, я увидел там смерть. Автором была мать, которая ставила дочь выше Бога. Я задал матери три вопроса:

— *Вы знаете, что человек Бога должен любить больше, чем все на Земле?*

— *Да, знаю.*

— *А Вы знаете, что человек Бога должен любить больше, чем своих детей?*

— *Знаю, но у меня это пока не получается.*

— *А Вы знаете, что Бог забирает то, что мы ставим выше Его?*

Она промолчала. Но через некоторое время я увидел, что поле девочки значительно улучшилось. Мать что-то поняла.

— Теперь приведу другой случай.

Однажды мне задали вопрос:

— *Вот Вы говорите, что люди ненавидящие, злые болеют и наказываются. Рядом с нами жила женщина — исключительно добрый и порядочный человек. Никому плохого слова не сказала. А умирала от рака, и очень тяжело.*

Я посмотрел поле этой женщины, поля ее детей, и мне стало все ясно. Душа ее готова была поставить семью и любимого человека выше Бога, она осуждала мужа, через которого ее очищали, поэтому еще сильнее зацепилась за это и всю свою любовь отдала детям. Любовь, которая идет сначала к Земле, а потом к Богу, убивает сильнее, чем ненависть. И эта женщина стала любовью убивать своих детей, и они могли погибнуть, поэтому она заболевает раком и умирает. Быстрая смерть гораздо меньше очищает душу, поднимая ее над земным, чем медленная. Мучительно она умирала для того, чтобы в следующей жизни не убить любовью детей.

Супруги прощаются и уходят.

Передо мной сидит девушка лет семнадцати, рядом ее мать, с надеждой и страхом смотрящая на меня: у дочки лимфогрануломатоз. Девушка сидит в парике. Скоро очередной курс химиотерапии. У нее это заболевание уже три года, и врачи бьются, пытаясь спасти ей жизнь. Беру поле девочки — мощная программа самоуничтожения. И рядом вырисовывается еще одна фигурка, на которой наложен иероглиф смерти, — это ее будущий муж. Я раньше думал, что болезнь дается за содеянное, а потом понял, что болезнь предупреждает какие-нибудь события. Она болеет для того, чтобы не убить мужа ревностью.

— Итак, пожалуйста, выслушайте меня, — обращаюсь я к дочери. — В первой книге я писал, что болезнь блокирует подсознательную агрессию. На подсознательном уровне мы все едины, и там, убивая одного, я убиваю всех. Болезнь, травма, несчастье, смерть останавливают эту агрессию. У Вас сознательная агрессия 60 единиц, а подсознательная 20 единиц, — обращаюсь к матери. — У Вашей дочери сознательная агрессия 10 единиц, а подсознательная 260 единиц. Смертельный уровень для мужчины, которого она будет любить, — 160 единиц. Делаем вывод: любой мужчина, который женится на ней, умрет. И здесь не родительская карма, а ее личная. Так что работать придется в основном ей самой.

В основе любой болезни лежит агрессия, которая проникла в душу. Остается выяснить самое главное: что лежит в основе агрессии и что ее вызывает. Агрессия появляется тогда, когда душа прилипает к земле. Это происходит если мы любовь направляем в первую очередь к земле, а потом к Богу.

— Вот смотрите, — говорю я и поднимаю руки, — я сначала люблю Бога, а только потом дачу: забор сломали, я спокоен. Дача — это одно, моя душа — другое. Если моя душа дачу любит больше, чем нужно, то она к ней прилипает и появляется агрессия. — Кладу руки на стол и цепляюсь за него. — Если ломают заборчик, то мне уже больно и обидно, потому что я и дача — это одно целое. А вот если я ее очень люблю, — при этом делаю страшные глаза, еще сильнее обнимаю стол и прижимаюсь к нему, — то уже ненавижу и готов убить за сломанный заборчик. Чем больше я ненавижу, завидую, обижаюсь, тем сильнее прилипаю, и тем быстрее чернеет моя душа. Значит, в следующей инкарнации либо моя душа не сможет воплотиться, либо буду рожден с тяжелым заболеванием или с увечьем для того, чтобы не построил дачу и не прилип к ней еще сильнее. Самый щадящий из всех принудительных вариантов очищения — это потеря дачи, из-за которой я был готов отречься от Бога. И чем быстрее я это приму, тем быстрее очищусь.

Душа женщины может прилипнуть к деньгам, тогда ей дают мужа, у которого не получается заработать, или он не дает ей денег, или их теряет. Душа женщины может прилипнуть к сексуальным удовольствиям, и тогда ей дают мужа, слабого в этом отношении, или такого, которому на это наплевать. Если она не презирает и не обижается, тогда ее душа очищается. Душа женщины может зацепиться за положение в обществе, и она получит мужа с невысоким социальным статусом. Душа женщины может зацепиться за любимого человека, и тогда именно близкие и любимые люди будут ее обижать для того, чтобы первое чувство единения и любви было обращено к Богу, а не к Земле. Все то, что называется земным счастьем, женщина, как правило, получает через счастливую семью, поэтому искушение любить любимого человека больше Бога весьма велико. Чтобы очистить душу: либо не дадут мужа вообще, либо гражданский брак, либо муж пьет, гуляет, не бывает дома, либо у него отвратительный характер. Умение не презирать и не осуждать — это возможность очиститься и родить здоровых детей.

Для Вашей дочери идеальный муж — это тот, который будет ее периодически обижать, изменять ей и пропадать из дома. Она это должна принять на 120 единиц, а если примет на 2—3 единицы, ее агрессия убьет мужа. Поэтому нужно понять, что рассчитывать на благополучную семью — смысла нет. Чем стабильнее будут семейные отношения, тем больше будет ревность. Чем быстрее женщина поймет, что истинное счастье в любви к Богу, а не к любимому человеку и к семье, тем больше шансов у нее родить здоровых детей. Здоровый ребенок у нее родится при отсутствии официального брака. Если захочет выйти замуж, то пусть сначала родит, а потом выходит. Здесь нужно работать не только над разовыми эмоциями, нужно менять свой характер и свое мировоззрение. По мере разговора я вижу, как поле девушки постепенно улучшается. Самое опасное — это то, что мы не понимаем, что семья и любимый человек вторичны так же, как Земля и земные блага. Именно поэтому главной заповедью Христа стало: "Возлюби Бога превыше отца, матери и сына своего". И не случайно Он говорил: "Я пришел разлучить брата и сестру, мужа и жену, чтобы они Бога любили больше, чем друг друга". Огромное количество болезней, распад семей в современном обществе вызваны именно тем, что в нашем восприятии мира резко смещены акценты к земному.

— А продолжать нам курс химии? — спрашивает мать девушки.

— Это врачи решат. В принципе, химиотерапия — это унижение тела и, соответственно, души, отрыв от Земли. Через облучение, лекарства идет жесткий отрыв от земного, к которому прилипла душа. Я предлагаю делать то же самое добровольно, изменяя свой характер и мировоззрение.

"Ревнует — значит любит", — эту фразу я слышу постоянно. Раз ревнивый, значит, умный, значит, контролирующий ситуацию, не допустит никаких глупостей, поэтому все будет нормально, и одновременно идет другое. Подростком слышал о постоянных скандалах в одной семье, где жена безумно ревновала. Ночью, когда муж засыпал, она пришивала его кальсоны к простыне. Утром просыпалась и проверяла, все ли на месте, и, увидев, что кальсоны по-прежнему пришиты, бросалась на мужа и била его по лицу.

— Я все поняла, ты ночью осторожно выполз из кальсон и бегал к своей любовнице.

"Наверное, она ненормальная", — думал я тогда, считая, что наше сознание, наш разум управляют нами, и не знал, что разум управляет нашим поведением только на 10—15%. Любые наши логические выводы рассыплются, если натолкнутся на наше сильное желание. "Ты виноват уж тем, что хочется мне кушать", — приблизительно так выглядит эта схема.

Наши глубинные эмоции всегда пересиливают наш разум. Мы можем не поддаться явным, поверхностным эмоциям, но будем следовать тем из них, которые вплетены в наш характер и мировоззрение. В душе есть два слоя эмоций. Одни связаны с сознанием и телом, в них много агрессии и страсти. Вторые связаны с духом, с тонкими полевыми структурами, соединяющими нас со всей Вселенной. В них преобладают альтруизм, единение и любовь. Умение тело подчинить духу, низшие эмоции высшим — это умение быть здоровым и счастливым.

Я с восьми лет пытался понять окружающий мир и начал делать это самостоятельно, без толчка извне. Видел, что ревнивый человек смешон и иногда страшен. Ревнивый человека не нуждается в поводах, он сам их придумает. Но что же тогда, отказаться от контроля над ситуацией и пусть все разваливается? Этого я тоже принять не мог. Примирить одно с другим было невозможно, оставалось выбирать либо одно, либо другое. Тогда я не знал, что эта задача решена Иисусом Христом. Когда в борьбу двух противоположностей входит третий, стоящий выше их, тогда проблемы решаются.

Если близкого человека любить остатками любви к Богу и если в нем сначала видеть и любить Бога, тогда ревность исчезает сама собой. И то соотношение, которое постоянно нарушалось, становится стабильным. Пока между собой и тем, кого ты любишь, не поставишь Бога, счастье будет все время отравляться ядом агрессии, ненавистью, страхом, ожиданием. В молодости я думал, что ревность — это геройство и признак мужской силы, и не знал, что здесь больше унизительного, чем героического. Любовь — это желание отдать, а не взять. Тогда я не знал, что большинство болезней дает именно ревность.

Вижу женщину с тяжелейшим полиартритом. Причина — ревность. Обиды, презрение и осуждение по отношению к мужчинам, которые ее любили, превратились в мощную программу самоуничтожения. Нежелание жить — это эмоция, причем тонкого уровня. А эмоция — это поле. Нежелание жить — это программа уничтожения не только тела, но и духовно-полевых структур. А это особенно опасно, потому что в наших духовных полевых структурах уже присутствуют души наших потомков. Поскольку агрессия, связанная с интересами тела, разрушает душу, нужно остановить программу, уничтожающую будущие жизни и будущие поколения. Полиартрит достаточно хорошо блокирует данную программу.

Я разговариваю с женщиной, которая, судя по словам ее мужа, была у европейских и мировых светил медицины. Абсолютно никто не мог помочь.

— Сейчас мне гораздо лучше, — признается она.

У нее доброкачественная опухоль гипофиза. Я помню, как объяснял ей причины болезни:

— Вы ревнивый человек, а ревность — это ненависть, которая идет от головы. Значит, природа будет сдерживать Вашу программу уничтожения любимого человека и себя. Сначала, когда ревность развивается, могут быть проблемы с носоглоткой, зубами. Потом одновременно может включиться ненависть к себе. Последуют головные боли, травмы головы, снижение зрения и слуха, менингиты, инсульты, опухоли, развал психики. Год назад я смотрел одну женщину, у которой начиналась шизофрения.

— *Вы своего мужа безумно любите, больше, чем Бога, — сказал я ей, — хотя внешне убеждаете себя в обратном.*

Была долгая пауза. Потом женщина ответила:

— *Если бы я изменяла мужу, мое состояние улучшилось бы.*

— *Вы совершенно правы,* — *сказал я,* — *но это принудительный, "костоломный" метод решения вопроса. Есть другой путь, более красивый, но очень трудный: изменить свой характер и свое мировоззрение. Если Вы каждое утро будете молиться и чувствовать, что Бога любите больше, чем своего мужа, если поймете, что любой предавший и поссорившийся с Вами человек — невиновен, что все то, что считали неприятностью,* — *это очищение, данное Богом, тогда Вам будут не нужны принудительные средства. Но добровольное устремление требует больших душевных сил. Рубашку, приросшую к телу, всегда легче с треском оторвать, чем, смачивая, потихонечку отрывать по миллиметру. Оторвать легче, но, выигрывая сначала, мы проигрываем потом.*

Я опять обращаюсь к пациентке:

— Вы очень ревнивы, и это усугубляется Вашей гордыней. Вы крепко зацепились за порядочность и ум. Когда Вы работали комсомольским работником, то презирали людей несовершенных. Вы накрутили такую гордыню, которая любую агрессивную эмоцию удесятеряла. Но это от незнания. В принципе, Вы человек добродушный и порядочный, поэтому Вас, что называется, Бог хранит. У Вас мог быть рак мозга. За счет добродушия Вы получаете доброкачественную опухоль. Если бы медицинские светила Вас вылечили, то либо муж, либо дети, либо Вы погибли бы.

Чуть ли не у каждого третьего пациента, который приходит ко мне, проблемы со зрением и слухом. Я всем повторяю:

— Ревность.

У каждого третьего-четвертого ребенка, приводимого ко мне, в перспективе бесплодие. Причина та же.

В декабре 1993 года друг попросил меня продиагностировать одного человека.

— Подумай о нем, — сказал я ему.

После этого взял информацию и увидел, что этот человек невероятно ревнив. Его ревность перешла за красную черту. У него уже идет программа пожелания смерти жене и себе.

— Чем это может грозить им? — был задан мне вопрос.

— Смертью и ему, и жене.

— Неделю назад им поставили диагноз: у него — белокровие, у нее — рак прямой кишки.

Ко мне в мастерскую приходит женщина. Я сейчас занимаюсь исследованиями, поэтому прием не веду.

— Могу уделить Вам только три минуты, — говорю ей, — какие у Вас проблемы?

— Я приехала к Вам с Дальнего Востока. У мужа опухоль мозга.

— Ваш муж очень ревнив. Его подсознательная агрессия смертельна для женщины, к которой он привязан. Она бы Вас убила, если бы не Ваше добродушие и духовность. Все это возвращается к нему и бьет его по голове.

— Но он совершенно неревнивый, — пораженно восклицает женщина.

— Ревнивый, — говорю я. — Только ревность у него проявляется в форме обидчивости.

— Да, он очень обидчивый, — подтверждает женщина.

— Когда кто-то ссорится со мной и уходит от меня, а я обижаюсь, завидую, ревную, ненавижу, то прилипаю к отношениям и становлюсь еще более ревнивым. Представьте ситуацию: ревнивая женщина подсознательно пробивает мужа, и он постоянно болеет. Вдруг ее предала или с ней поссорилась близкая подруга. Она возненавидела подругу. Через месяц муж умер. Женщине и в голову не придет связать эти два события. А на тонком уровне они связаны и причем жестко. Передайте своему мужу, чтобы благодарил Бога за любую ситуацию, где его обижали и от него отворачивались. И пусть у Бога просит прощения за все обиды и осуждения.

Женщина удрученно качает головой:

— Он не сделает этого, он не верит в Бога.

Я пожимаю плечами. Добровольно или принудительно мы все равно приходим к Богу. Мы начинаем верить в Бога, когда чувствуем усиление контакта с ним. Это происходит тогда, когда ущемляется, болеет, умирает тело, а вместе с ним и разум, сознание. Добровольное развитие контакта делает ненужным разрушение тела.

Вспоминаю, как медленно развивалось мое понимание того, что такое ссоры и неприятности.

Ко мне пришла женщина, у которой были проблемы с детьми.

— У Вас большая гордыня и ревность, — сказал я ей. — Вы могли родить детей только от того мужчины, который вольно или невольно очистит Вас от этого. Оскорбления, унижения, обиды, ссоры и измены, только пройдя через это, Вы сможете родить здоровых детей.

— Без этого никак нельзя?

— Я говорю о принудительном методе, который включается тогда, когда у нас не хватает понимания, желания и сил для устремления к Богу. Пока не снимете все обиды и осуждения мужа, Вашим детям никто не поможет.

Ей было очень тяжело сделать это, я видел по ее лицу. Но сказала, что сделает. Когда она пришла на следующий сеанс, я увидел, что духовные структуры ее детей стали чище, но ненамного.

— Вы знаете, 50% осталось, — сказал я ей.

— Не может быть, — твердо ответила она, — простила все, что было и чего не было.

Я опять смотрю ее поле и пытаюсь понять, в чем же дело.

— Да, Вы правы, — отвечаю я потом, — но простить, оказывается, еще мало. Нужно не только простить, принять это, благодарить Бога за то, что этими неприятностями очистилась Ваша душа и души Ваших детей, но самое главное — при этом испытывать чувство любви ко всему происходящему.

Глядя на выражение ее лица, я думал, что она не сможет этого сделать, но у нее получилось.

Ревнивые мужчины и женщины не подозревают, что, в первую очередь, они увечат души собственных детей и убивают детей, не появившихся еще на свет. Для того, чтобы родился гармоничный ребенок, мужчина и женщина должны любить друг друга. Это ощущение единства, неповторимости того, кого ты любишь, дает мощное развитие духовных структур, которое делает ребенка духовным и талантливым. Это великое благо до тех пор, пока оно стоит на втором месте, после любви к Богу. Как только это чувство перевешивает любовь к Богу, как только единство между двумя людьми становится крепче единства с Богом, мы теряем связь с тем источником, который питает и сохраняет наши души. Чтобы спасти их, Бог рвет отношения между людьми. И первое, что нужно сделать, — это принять разрыв без агрессии по отношению к другим и к себе. Во-вторых, все нерастраченные силы обратить на любовь к Богу.

Но если человек сопротивляется при отрыве его от земного, он болеет и умирает. Если человек принимает это спокойно, но не делает второго шага и свою любовь разбрасывает на многочисленных партнеров в стремлении не привязаться к одному, его душа оскудевает. Чувство любви превращается в сексуальное влечение, и вырождаются душа этого человека и души его потомков. Это происходит менее заметно, чем в первом случае, поэтому более опасно. Любовь к земному дает все прекрасное, что мы видим вокруг себя. И чем больше мы устремляемся к развитию земных, телесных желаний, тем больше, причем с опережением, мы должны стремиться к высшему единству, называемому Богом. Тогда любовь к земному будет рождать счастье и миролюбие, а не муки и ненависть.

Чем дальше цивилизация идет вперед, тем больше может получить человек того, что мы называем земным счастьем, и тем большее появляется искушение сделать это целью, а не средством. В детстве я слаб и беззащитен, и все земное счастье получаю через других людей. Если у меня нет постоянного устремления к Богу, то периодически меня отталкивают от земного через обиды, ссоры, неприятности, идущие от других людей, или через их несовершенство. Значит, нужно принять разрушение земного, как данное Богом очищение, с одной стороны, и добровольно устремляться к Богу, увеличивая чувство любви к нему, — с другой. Поэтому Христос говорил: "Возлюби Бога превыше отца, матери и сына своего". Но можно выше Бога поставить и духовного отца или какой-то идеал мужчины, и женщина начинает презирать своего отца или мужа, которые не соответствуют ее идеалу, и ее душа через агрессию начинает приклеиваться к Земле. Тогда отец или муж должны еще хуже себя вести по отношению к ней, чтобы очистить ее душу. Неумение внутренне принять это лишает потомков возможности быть счастливыми. Я как-то разговаривал с одной женщиной, и она рассказала мне, что во время беременности дочерью ее сын совершенно нелепо выбил себе глаз, а причина, как я посмотрел, была очень простая. От матери сын унаследовал желание сделать любимого человека целью, и, значит, он будет ревновать, ненавидеть любого, кто может это отнять. Программа ревности и пожелания смерти сестре включилась еще во время беременности матери. Ненависть блокируется снижением зрения, слуха, нарушением работы головного мозга. Программа была настолько мощной, что остановить ее можно было только потерей глаза, что и случилось.

Очередная пациентка на приеме говорит о совершенно другой проблеме. Ее маленькая дочь занимается мастурбацией, и никак это не остановить. Излагаю женщине всю свою систему и потом объясняю:

— Вы любимого человека, отношения и судьбу, связанную с ним, поставили выше Бога. Любовь, направленная к Земле, рождает агрессию по отношению к любимому человеку. Эта агрессия разворачивается и начинает убивать автора. Вы ревновали и ненавидели мужчин, а Ваша дочь уже ненавидит себя и не хочет жить. Программа развернулась назад в ее душе. Чтобы спастись, она пытается увеличить чувство любви через мастурбацию. Значит, лечить следует Вас. Вам, заново проживая жизнь, нужно учиться не убивать любовь в других и в себе.

Женщина рассказывает:

— У меня рассеянный склероз. Один глаз практически ослеп, но потом зрение восстановилось. Оглохла на одно ухо, но тоже сумела восстановить. Это все связано с ревностью?

— Конечно. Как только агрессия по отношению к другим людям достигает красной черты, идет разворот программы, она превращается в программу самоуничтожения, и тогда человек начинает слепнуть, глохнуть, идет развал всего организма.

Недавно на прием пришла женщина, у которой возникли проблемы с дочерью. Врачи ломали голову, что у нее: начинается рассеянный склероз или укусил энцефалитный клещ. Я объяснял, что ревность, полученная от матери, превращается в программу самоуничтожения дочери. Если мать не пересмотрит свою жизнь и не будет молиться за себя и за свою дочь, то менингиты, энцефалиты, рассеянный склероз или что-то из этого в любом случае остановит агрессию.

Неделю назад я разговаривал с родителями молодого человека, у которого была травма головы, после чего он чудом выжил. А причина — ревность, идущая по роду от матери и отца.

У человека неожиданно начинается ранний старческий склероз. Врачи пытаются как-то очистить сосуды головного мозга. Огромные средства тратятся на новые лекарства, но лечить нужно в первую очередь не его, а его потомков. Он своим детям передал повышенную ревность. И для того, чтобы родились и не погибли внуки, ударяют по нему. Если ревность отягощается гордыней, это вдвойне опасно.

— Причина Вашей гордыни, — объясняю я женщине, — зацепка за способности и мудрость. Поэтому Вы весьма быстро набрали огромную агрессию по отношению к мужчинам, презирая их, ревнуя, и сейчас находитесь в одиночестве. Уровень агрессии настолько высок, что она начинает убивать Вас и появляется нежелание жить. На любую неприятность Вы даете агрессию против других и себя. У Вашей дочери все это перешло в программу полного самоуничтожения. И единственный Ваш шанс выжить — это усиливать чувство любви в своей душе. Насколько Вы примете то, чем Вас принудительно очищали, и поймете, что земное счастье — средство, а любовь — цель, настолько девочке станет легче. Переживайте заново любую ситуацию и проходите ее, сохраняя чувство любви, тогда будете здоровы Вы и Ваша дочь.

Женщина-врач обратилась ко мне с просьбой:

— Пожалуйста, составьте атлас болезней органов и причины, их вызывающие.

— Это невозможно. Часто одна причина приводит к разным заболеваниям. Ревность, как правило, дает снижение зрения, слуха, рассеянный склероз, травмы головы, диабет, воспаление суставов. Но если ревность сопровождается нежеланием жить, то разваливается мочеполовая система. Если агрессия сброшена на детей и внуков, начнут болеть колени и разрушаться резцы, в которых агрессия накапливается больше всего. Допустим, у человека резко ухудшается память, это может быть блокировка ревности или кумирства своей мудрости, или нежелания жить из-за неприятностей по судьбе. Ревность — это ненависть к другим людям, нежелание жить — это ненависть к себе. Презрение к людям — это особая форма ненависти. Ненависть рождается в сознании, поэтому блокируется болезнями головы. Но те же самые программы могут достаточно надежно закрываться кожными заболеваниями, причем это самый щадящий вариант. Кожа составляет одну треть человеческого тела. Энергетически кожные высыпания — это не только знак неблагополучия, но и мощная защита. Место, где возникают кожные проблемы, жестко не связано с причиной, но тем не менее связь эта есть. Если у женщины большая гордыня и ревность или кумирство своей внешности, то начинаются проблемы на лице и шее. Если устойчивое нежелание жить — бедра, живот, поясница. Если нарушение передано детям и внукам — ноги. Если идет кумирство своих способностей — руки. Вот как, например, развивается рак при ревности. Если характер у человека жесткий и постоянно плохие, ревнивые мысли о других — рак мозга. Частые агрессивные обиды на близких людей — рак печени. Обида на себя, нежелание жить — опухоли мочеполовой системы. Если ревность выражается в форме презрения, которое всегда превращается в программу самоуничтожения, то здесь уже рак мозга или мочеполовой системы, что определяется нюансами, слабыми местами рода. Самое опасное — это убийство любви в себе и в другом из-за ревности. Если не родился ребенок, которому предсказано быть зачатым, — рак легких или мочеполовой системы, или астма. Но не обязательно только поражение мочеполовой системы, поле деформируется в районе первой чакры, значит, может быть и рак кишечника, и рак прямой кишки. Могут быть и сильные травмы. Вместо снижения зрения и слуха может быть эпилепсия.То есть жесткой корреляции между заболевшим органом и причиной нет.

Случайный попутчик в Москве, водитель "Жигулей", стал жаловаться на то, что не выносит замкнутого пространства, в метро ездить не может.

— Перестаньте в людях видеть плохое и осуждать их и будете спокойно ездить в метро.

Водитель ошарашен.

— А при чем тут это?

— Вы сейчас при мне постоянно ругали всех. У Вас гордыня из-за этого на смертельном уровне. Значит, либо смерть, либо тяжелая травма головы, либо болезни. Но, поскольку Вы все-таки человек добродушный, Вам дается щадящее унижение гордыни. Перестанете осуждать людей, попросите прощения у Бога за то, что раньше наделали, и будете здоровы.

Или другой пример. Мне мужчина рассказывает, как они вдвоем с другом развлекались с одной дамой, а у нее оказалось венерическое заболевание. Друг заразился, а у него — чисто. Для врачей эта ситуация непонятна, хотя такие случаи не редкость. Я объясняю ему:

— Ты добродушен по отношению к женщинам, и у тебя не было зацепленности за телесные удовольствия. Когда случались неудачные сексуальные моменты, измены, обиды, венерические болезни, ты никого не презирал и не осуждал, поэтому иммунитет у тебя выше. Это не дает стопроцентную гарантию, но дает возможность быстрее вылечить болезнь или не заболеть вовсе

Иногда соотношение причины и следствия выглядит парадоксально. Однажды во время полета мой сосед признался, что панически боится летать в самолете, причем в детстве и юности любил летать, а потом вдруг возник резкий страх.

— Вам трудно будет в это поверить, но Вы боитесь не высоты и не самолета. Вы внутренне очень ревнивый человек. Ревность

— это зацепленность за отношения, и когда они рвутся, человек испытывает панический страх, или ненависть, или нежелание жить. В данном случае Вы испытываете страх из-за разрыва связи с Землей и всем земным, а боязнь появилась, когда Вы начали сильно ревновать в первый раз.

Собеседник пожимает плечами.

— Уж очень все странно.

— Ничего странного. Когда Вы первый раз полюбили?

— В девятнадцать лет.

— Когда стали бояться высоты?

— В двадцать.

— Вот и делайте выводы. Вы познакомились с девушкой и стали бояться разрушения отношений с ней. Отсюда ревность, обида, а одна из блокировок этого — боязнь высоты.

— Получается, что летать на самолете мне полезно?

— Если будете преодолевать чувство страха, то весьма полезно. Но в космический корабль Вам будет сесть трудновато, и космонавта из Вас не получится.

— Так что, быть космонавтом опасно?

— Конечно, если есть слишком сильные зацепки за земное, то психотравма может превысить красную черту. Но у тех, кто побывал на орбите, происходит раскрытие способностей. Медики и психологи заметили, что в любом случае психика у побывавших на орбите меняется. Этим людям легче поверить в Бога, стать ясновидящими, раскрыть свои способности, почувствовать единство Вселенной и приоритет духовного в ней. Поэтому ощущение выхода в Космос, взгляд на Землю со стороны, попытка понять логику других миров и цивилизаций активизируют духовные структуры человека, уменьшают зацепленность за земное и, следовательно, лечат. Увлечение фантастикой в юношеском возрасте весьма благотворно работает в том же направлении. Причем фантастика фантастике — рознь. Сейчас преобладает та, где все земное просто перемещается в другую точку Вселенной. Только единицы могут создавать произведения, неподвластные земной логике. Дело в том, что логика Космоса разительно отличается от нашей. Там совершенно иная система материальных ценностей, хотя Божественные законы едины для всех. Настоящий фантаст не переносит в Космос огород, лопату и грабли, сохраняя земную логику и связь. Он может на Земле взять те же предметы, но, насытив их неземной логикой и выстроив другие связи, создает фантастический неземной мир. Дело в том, что основная конструкция мира определяется не предметами, а связями между ними, то есть кодировкой полевых структур, так как конструкция любого мира определяется его духовной логикой. Значит, художник, пишущий картину и изображающий не предметы, а связи между ними, дающие логику, отличную от земной, является фантастом, хотя он всю жизнь может писать натюрморты из кувшинов и луковиц. Умение выключить земную логику и переключиться на логику других миров определило уровень способностей человека, будь он магом или ясновидящим, человеком искусства или дельцом. Сейчас для полноценного воспитания детей чтение сказок, игры с элементами перевоплощения, театральные представления, хорошие фантастические фильмы, наряду с этикой и верой в Бога, должны становиться необходимым элементом воспитания. Все это ждет нас в ближайшем будущем.

Моя пациентка честно признается:

— Я готова принять любую неприятность, потерю, катаклизмы любые, но как принять то, что близкий человек может оказаться предателем и негодяем, может словом так оскорбить, что жить не хочется. И все равно нужно любить?

Думаю, что несколько лет назад я бы с ней согласился. Мне самому трудно принять те истины, к которым пришел. А теперь отвечаю:

— Станьте животным, и у Вас не будет таких проблем.

— Почему животным?

— Потому что чувство любви живет по одним и тем же принципам. Если оно прирастает к Земле, то его обволакивает агрессия, и оно начинает погибать. Чтобы очистить любовь от этой агрессии, внутренней и незаметной, нужна агрессия внешняя. Программа гасится контрпрограммой. Эта внешняя агрессия приходит к нам в форме катаклизмов, бед, несчастий. У животных это осуществляется прямым разрушением физической оболочки, а у людей сначала включается более тонкий механизм. Идет разрушение не тела, а связанных с ним полевых структур, то есть эмоций. Умение отделить эмоции, связанные с телом, от высшей эмоции — чувства любви, которое не связано с земным, — это и есть развитие. Умение принять разрушение тела и связанных с ним эмоций — это умение сохранить любовь в душе. Нужно понять, что внутреннее сопротивление этому рождает агрессию, которая убивает чувство любви. Агрессия — это клей, который форму приклеивает к содержанию, все земное и материальное — к чувству любви. Вот представьте, у Вас душа загрязнилась агрессией, но несколькими ситуациями, ущемляющими Ваше тело, агрессию можно снять. Однако, если загрязнение более глубокое и тонкое, то часто ни смертью, ни болезнью, ни несчастьем душу не очистить. Здесь должно быть виртуозное и более утонченное попадание. Это можно сделать только близким человеком, через которого бьют по самым тонким и чувствительным струнам. Умение в данной ситуации сохранить любовь очищает душу гораздо эффективнее, чем десятки смертей, увечий, травм и болезней, то есть, попросту говоря, умение в духовных муках сохранить чувство любви дает возможность подниматься на ступени развития, которые выше тех, где мы находимся сейчас.

— Это поразительно, но мой муж бросил пить, — рассказывает пациентка.

— Естественно. Вы сняли программу агрессии к нему в своем подсознании. В данный момент — из-за ревности, то есть из-за желания любимого человека, семью и судьбу сделать смыслом жизни. Поймите одну простую вещь — карма родственников сходна. И зацепленность за земное у мужа и жены, в принципе, тоже похожи. Чем больше осуждение и презрение к супругу, тем быстрее Вы его топите и тонете вместе с ним. Чем глубже Вы очищаетесь, тем быстрее спасаете его и себя. Внутреннее состояние женщины в значительной степени определяет поведение мужчины. Слышали выражение: "Благородную женщину можно отличить не по тому, как она себя ведет, а по тому, как к ней относятся мужчины". Так вот, тактическое поведение мужчины определяет женщина, а стратегическое поведение женщины — мужчина. Внешнее и внутреннее состояние семьи зависит от обоих.

Мужчина мне доверительно сообщает:

— У меня с моей дамой ничего не получается. Сначала все было нормально, а потом — никак. И бросить ее не могу, и так мучаюсь.

— Вы внутренне очень ревнивый человек. Сейчас все вроде бы улеглось, а в молодости Вы запустили в душу много агрессии. Чем сильнее Вы привязываетесь к женщине, тем сильнее Ваша агрессия. И у нее, соответственно, агрессия вырастает, поскольку она тоже ревнивая. Вам желательно сделать две вещи: первое — очистите свою душу от ревности, второе — не заставляйте тело работать, если оно не хочет. Не бойтесь периодического снижения потенции. Все живое идет по синусоиде. Не заставляйте тело работать, если не начала работать душа. Придите к своей даме, общайтесь с ней, но отключите сексуальные моменты.

— Только душами пообщаться? — спрашивает он.

— Да, но перед этим обязательно очиститесь от ревности.

Через несколько дней он снова у меня на приеме.

— Два дня молился, всю жизнь пересмотрел, всю агрессию снял, после этого встретился со своей дамой, решил ничего не делать. Только душевное удовольствие получить. А у меня тут такое взыграло.

— Скажите, если я своей внутренней агрессией провоцирую другого человека на то, чтобы он меня оскорбил, унизил и обидел, то есть ввожу его в грех, значит у Бога я должен просить прощения за то, что своим внутренним несовершенством ввел другого в искушение?

— Да, — отвечаю я.

— Значит, я должен просить прощения за другого человека, которого ввел в грех?

Озадаченно смотрю на него.

— Знаете, судя по всему, Вы правы.

ПРЕЛЮБОДЕЯНИЕ

Иногда разговоры с пациентами превращаются в философские диспуты. Чтобы вылечить человека, нужно изменить его мировоззрение. Это сложнее, чем просто описать жизнь человека и сказать ему, за что он должен помолиться.

— Вы говорите, — спрашивает пациентка, — что, когда муж изменяет жене, ссорится с ней, не появляется дома, он ее лечит. К чему же Вы призываете? Итак уже семьи разваливаются.

— Вы меня неправильно поняли. Если у человека гангрена, то ему ногу нужно отрезать, и это нужно принять как механизм спасения, но это не значит, что я призываю резать ноги у всех людей. Я специалист по "гнойникам", по "грязи" душевной, которая приводит к болезни. Все то, что я рассказываю, является принудительным методом очищения души. И насколько мы умеем принять такое очищение, настолько душа очистится. Развитие человечества начинается с принудительных методов очищения. Окружающая среда бьет его, унижает, ломает. Если человек это внутри принимает, то уже не среда гонит его вперед, а он сам идет вперед. Добровольное очищение — это, в первую очередь, устремление и желание соединиться с Богом. Это стремление к духовному совершенствованию, это период ограничения желаний тела для того, чтобы воздалось духу.

— У женщины муж — импотент, и она заводит себе любовника. Прелюбодействует ли она?

— Для того чтобы разобраться в этом вопросе, Вам нужно понять мою систему. Я Вам ее вкратце расскажу. У человека две основные функции — поесть и размножиться. Вроде бы правильно. Но на самом деле эта формулировка не точна, потому что у человека три основные функции: первая — любовь к Богу, потом еда и размножение. Человек молился перед едой, периодически отказывался от еды и сексуальных наслаждений для того, чтобы заблокировать самые основные точки прилипания к земному. Культ еды и тела приводит к вырождению души и тела. Особенно опасно увлечение сексуальными удовольствиями. Родители, зацепившись за тело, грабят души своих детей и переключают их стремление к духовному на земные потребности. Когда это проходит в подсознание, то быстро приводит к вырождению рода.

Вот смотрите, до Х века четко соблюдается приоритет духовного над земным. С Х века христианство уже не держит это соотношение, и начинаются пандемии. XIV — XV века — эпоха Возрождения, все накопленное за предыдущие тринадцать столетий реализуется в земных формах. Земное и Божественное сравнялись в приоритетах. В эпоху раннего Возрождения преобладают библейские сюжеты, идет восхищение земным, но связанным с Божественным. В эпоху позднего Возрождения — культ тела и еды. Эпоха Возрождения сопровождается не только взрывом искусства, но и весьма разнузданными нравами, появляется блокировка — сифилис, завезенный из Америки. Процесс прилипания к телесным удовольствиям и желание поставить любовь к телу выше любви к Богу проходят в подсознание дольше одного столетия. Сейчас этот процесс идет гораздо быстрее. В 60-х годах XX века на Западе начинается сексуальная революция. Происходит проникновение данной программы в подсознание, и в середине 70-х годов она блокируется в карме человечества СПИДом и вырождением семьи как таковой. Это, кстати, одна из причин активизации ислама, в котором отношение к телу достаточно жестко. В исламе есть мощная программа унижения женщин.

Наша Земля по энергетике является нам матерью, а Солнце — отцом. Программа унижения женщины есть программа унижения всего земного. И в этом плане ислам и другие религии восточного толка работают в противовес западной цивилизации, в которой аспект земного усилен. Система работает безупречно. Чем сильнее западная цивилизация прилипала бы к земным ценностям, тем сильнее должно было происходить нарастание агрессии по отношению к земному. И этот процесс может завершиться разрушением всего земного, в частности ядерной войной. Как ни странно, ситуация разрешима только в одном плане: возвращение западной культуры к приоритету духовных ценностей и духовного воспитания.

Унижение женского начала, которое олицетворяет земное материальное, происходит от кумирства, абсолютизации мужского, то есть духовного начала. Раньше развитие шло через попеременное унижение этих начал. Сейчас амплитуда настолько выросла, что это может окончиться гибелью. Спираль должна быть заменена двойной спиралью, то есть не предпочтением земного или духовного, а диалектическим их соединениям и выходом на новый уровень.

Я вижу, что женщина уже плохо понимает меня, останавливаюсь и вновь возвращаюсь к начатой теме.

— Давайте я объясню Вам на примере.

Ко мне обратилась женщина с типичной проблемой. У ее семнадцатилетней дочери возникла неприятная ситуация. В нее влюбился молодой человек и хотел покончить жизнь самоубийством. Мать была очень расстроена и не знала, что делать.

— Скажите, — спросил я у матери, — Вашу дочь не пытались изнасиловать?

Мать была очень удивлена.

— Ничего подобного, почему Вы об этом спрашиваете?

— Дело в том, что дочь программирует всех молодых людей на сексуальное влечение к ней. Это идет помимо ее сознания. Любовь к мужчинам и сексуальным удовольствиям у нее намного сильнее любви к Богу. Блокируется это весьма жестко изнасилованиями, венерическими заболеваниями, женскими болезнями, бесплодием. То, что молодой человек хотел покончить жизнь самоубийством, говорит о том, что ее программа выше опасного уровня. Пока ее эмоциональное восприятие мира не изменится, шансов на счастливую жизнь, счастливую семью и рождение здоровых детей очень мало.

— А этого можно как-то избежать или нет? — спрашивает мать.

— Конечно, ведь это Вы ей все передали и в прошлой жизни, и в этой. До ее зачатия Вы, глядя на мужчин, мысленно занимались сексом с ними. Вы постоянно формировали программу сексуального влечения к мужчинам. Далее, внутренне предъявляли претензии к мужу, то есть долгое время "раскручивали колесо", которое теперь "раскручивает" Вас и Вашу дочь. Переживайте заново всю жизнь. Молитесь и просите прощения за все моменты, когда обижались на мужа и осуждали его, и просите прощения за то, что многие годы Вы свое чувство направляли не к духовному, а к земному, просите, чтобы желание сделать телесные удовольствия целью, главной радостью снялось с детей и внуков.

Умолкаю и смотрю на пациентку, которая сидит рядом со мной и которой я рассказал эту историю. Все-таки пример действует лучше, чем любое убеждение.

— Вернемся к тому, с чего Вы начали. Ко мне часто обращаются мужчины, у которых началась импотенция или пропадает желание иметь близкие отношения с женой. И причина, как правило, не в них, а в женах. У жены растет подсознательная зацепка за сексуальное удовольствие, и это может стоить ей жизни или обернуться тяжелым заболеванием. Принудительная блокировка выглядит так: или муж приносит венерическую болезнь, или постоянно изменяет, унижая ее как женщину, или находит работу, при которой редко бывает дома. Если этого нет, у него снижается потенция. Чем меньше жена его осуждает и предъявляет к нему претензии, тем больше шансов, что все восстановится, и, наоборот, чем больше претензий и обид, тем меньше будет желание и влечение у мужа к жене. Женщинам похотливым дают мужей импотентов, или судьба делает их проститутками, чтобы отбить тягу к телесным удовольствиям. Поэтому умение сдержать претензии к судьбе, когда Вам что-то недодали, и нерастраченные силы отдать духу, когда нет возможности отдать телу, — это умение быть здоровым.

Болезней свыше семидесяти тысяч, и каждая лечится по-своему. На духовном уровне меньше причин, поэтому меньше лекарств. В конечном счете, причина всех болезней одна — недостаточная любовь к Богу. Любовь — это желание соединиться с чем-то. Если у человека высокое желание соединиться с Богом, то все происходящее, каким бы неразумным и грязным оно ни было с точки зрения земного, всегда наполнено скрытым высшим смыслом и Божественной логикой. При таком восприятии душа не прилипает к Земле, и тогда не нужны будут болезни. Если взять смысл моих исследований, то все можно свести к следующему: *Цель жизни — в любви к Богу.*

Но ведь все давным-давно известно. Разница в том, что человечество управляло машиной, нажимая на педали и поворачивая руль. Знание мотора водителю было не нужно. Механик, знавший мотор, ушел, а водитель остался. Мотор серьезно забарахлил. Чтобы его починить, нужно знать конструкцию. Смыслом моей жизни было изучение конструкции мира, не только физической, но и духовной. Из конструкций духовного мира выходят все постулаты, законы и заповеди человеческого мира. Я никого ни к чему не призываю, я пытаюсь понять заповеди мира и опыт лечения людей и эту информацию передать другим.

Последнее время меня все чаще приглашают разобраться в сложных и непонятных ситуациях. Я это делаю с удовольствием. Чтобы понять механизмы Вселенной, необходимы ситуации, выходящие за грани обычной логики. Я еду в машине и веду разговор о том, что такое болезнь, с врачом, имеющим многолетнюю практику.

— Кстати, — обращается он ко мне, — проведи мою диагностику на медицинском уровне.

— Все нормально, только печень и поджелудочная имеют нарушенную энергетику. Много скопилось презрения к женщинам.

— Раньше было, — отвечает он, — сейчас этого нет.

— Все, что было раньше, присутствует в нас. Если мы многократно проявляем отрицательное отношение к кому-либо, то эмоция не уходит и постепенно разъедает душу. Только недавно я узнал, что презрение намного опасней ненависти. Презрение очень быстро разворачивается обратно и превращается в программу самоуничтожения. Оказывается, опасность эмоции не в ее силе, а в глубине ее проникновения в душу, и часто человек снимает ненависть и обиду, но продолжает презирать и осуждать, а потом заболевает и умирает. Сказать: "Я не испытываю ненависти", и перестать ненавидеть — достаточно просто. Сказать: "Я не обижаюсь" и перестать обижаться — гораздо труднее, потому что обида проникает глубже ненависти. Снять осуждение человека несовершенного, ведущего себя вопреки земной логике, часто бывает не под силу даже хорошо сбалансированным людям. Не презирать негодяя, дурака, предателя — могут единицы. Самое трудное — это не отрекаться от любви к человеку, который ее не заслуживает.

— Что значит — не отрекаться от любви? А если совершенно равнодушен по отношению к человеку?

— Любовь — это способ существования духовных структур. Телу для того, чтобы жить, нужно питаться и размножаться, а поле должно постоянно подпитываться от первоисточника. Поле рождает вещество, и само поле подпитывается из первоисточника, то есть первичная информация реализуется как полевая структура, а затем — как вещество. Первопричина, нас создавшая, продолжает создавать нас постоянно. Мысль о том, что Бог творит Вселенную, существует не одно столетие. Душа есть полевая структура, и, для того чтобы существовать, она должна постоянно стремиться к первоисточнику. Любовь к Богу — это и есть реализация такого контакта. Чувство любви, переполняющее душу, свидетельствует о высоком контакте с первопричиной. Это чувство в людях постоянно росло, и уровень наполненностью любовью сейчас гораздо выше, чем несколько тысяч лет назад. Но для того чтобы выжить, этот уровень должен быть сейчас еще более высоким.

Мы все любим друг друга, но только не знаем об этом. Скажем, я люблю человека на 90%, а мое сознание принимает это, как абсолютное равнодушие, я люблю его на 100% — это уже огромная, безумная любовь. Если любимый человек сделал мне гадость, и уровень моей любви упал до 90%, то мне за это болезни не будет, а если до 70—80%, то это может закончиться для меня болезнью и смертью. Для того чтобы этого не произошло, мне надо в своем мировоззрении закрепить одну простую истину: какую бы подлость ни сделал мне человек, я не имею права отказываться от любви к нему. Уменьшение чувства любви — это отсечение от первоисточника и, следовательно, деградация духовных и соответственно физических структур. Поэтому в любой ситуации должен действовать непреложный закон: чувство любви священно и неприкосновенно, и покушаться на него нельзя. А для того, чтобы было легче выполнить этот закон, нужно понять, что презрение и осуждение прежде всего убивают любовь к другому человеку.

Мы продолжаем разговор, и вдруг мой собеседник неожиданно вспоминает:

— Знаешь, я ведь почувствовал, что презрение очень опасно. У меня была сложная ситуация. Мой знакомый фактически предал меня. Я почувствовал такую ненависть к нему, что даже не мог его видеть. Потом понял, что это плохо кончится, для меня в первую очередь. Пытался снять ненависть волевым запретом — ничего не получалось. Тогда я стал молиться, просить прощения у Бога, и ненависть ушла, но вдруг почувствовал, что стал его презирать, и здесь у меня не было такой потери сил, как при ненависти. Чувствовал себя нормально, но в душе постепенно стала какая-то грязь накапливаться, и с этим было справиться тяжело, но через молитву и покаяние мне удалось это снять.

— У тебя хорошо развита система самосохранения. Душа сильнее всего загрязняется, когда она отрекается от любви, и лучше всего отречение лечится тяжелыми болезнями. Болезнь — это лекарство для души. Любовь — это тоже лекарство для души, а какое лекарство принять — горькое или сладкое — человек выбирает сам.

— Для многих любовь — это абстракция. Что же им делать?

— В душе каждого человека вспыхивают искры любви. Для начала нужно научиться не тушить их, это тоже немало.

Мы продолжали обсуждать эти вопросы, и разговор зашел об интересном случае. Пару лет назад мой собеседник просил посмотреть девочку, у которой из глаз периодически, как слезы, капала кровь. Врачи диагноза поставить не смогли. Я посмотрел девочку дистанционно и сказал, что лечить нужно отца, его мировоззрение. Родители на прием не пришли, и я забыл об этой истории.

— Так ты знаешь, чем все закончилось? Девочку должны были везти на обследование в Германию, и незадолго до этого мне было видение, — рассказывает мой собеседник, — что нужно пойти в церковь и купить три серебряных крестика и освятить их. Я пошел и сделал это. Помню, спросил священника, нужно ли им носить крестики или дома держать? Он сказал, что нужно надеть, но носить постоянно не обязательно. День был пасмурный, но когда я вышел из собора, то увидел над собой круг ослепительно-голубого неба, где ярко светило солнце. Минут через пять снова все было затянуто тучами. Потом я спросил священника, что могло это означать? "Это называется сошествие Духа Святого", — пояснил тот. В Германии у девочки никакой паталогии не обнаружили, через месяц кровавые слезы исчезли.

Я посмотрел поле девочки и увидел тот же иероглиф смерти, что и в первый раз, но он стал расплывчатым, менее четким. Попытался оценить гордыню девочки, которая раньше была на смертельном уровне, и увидел, что программа закрыта. Потом посмотрел поле ее отца и все понял. Поле было стянуто и деформировано мощными программами самоуничтожения.

— Ты знаешь, ангел-хранитель защищает девочку, но отец должен забрать то, что передал ей. У отца огромная гордыня, высокомерие и презрение по отношению к людям и окружающему миру. Презрение рождается головой, сознанием, поэтому в первую очередь страдает голова. Презрение к любимому человеку может привести к снижению зрения, к потере резцов, к болям и хрусту в коленях, деформации ступней ног и так далее Кровавые слезы говорили о том, что организм девочки ждал жесткой блокировки ее гордыни, высокомерия и презрения к людям. Прикосновение к тому, что называется Духом Святым, очистило душу девочки. Поскольку у девочки сознание было чистым, то стали очищаться ее душа и тело, а у отца мировоззрение и сознание не очистились, поэтому очищение его души было связано с более быстрым распадом того, что ее загрязняло: тело и абсолютизация его интересов. То, что отец мог получить через двадцать-тридцать лет, он получит в течение двух лет, спасая тем самым дочь от болезни и смерти.

— Что же получается, быстрое наказание — это благо?

— Чем быстрее человека наказывают за неправильное поведение, тем мудрее он становится, но чтобы человек развивал свою индивидуальность, его нельзя наказывать сразу, а надо дать возможность самостоятельного очищения. Предыдущие столетия были столетиями свободы, что формировало индивидуальность, интеллект, цивилизацию. Сейчас, когда этот потенциал исчерпан, наступает очередной период познания законов Вселенной, логики духовного и Божественного, поэтому практически каждый сейчас успевает заметить прямую связь между поступком и следствием, наступает время приоритетов Божественных законов над земными в сознании живущих на Земле людей. Чем чище душа человека, тем быстрее он наказывается за проступок. Если очистить душу человеку тяжело, и он не успевает это сделать, то наказывается один раз и надолго. Но с высшей точки зрения между ними нет разницы: у каждого свой путь выхода к Божественному. Привязывает душу к Земле и отягощает карму интеллект, разум, способности. Чем их больше, тем больше земных благ. Преодолеть это можно, перестав опираться на интеллект и земные ценности. Но разума, способностей, земных ценностей человек получает тем больше, чем больше в его душе любви к Богу. Чем крепче связь с Богом, тем больше способностей и возможностей, больше земного счастья, сильнее заземление души и отягощение кармы. И чтобы ее преодолеть нужно многократно устремляться к Богу. Поэтому люди с чистой душой отличаются от людей с грязной душой только на земном плане. На Божественном — они просто на разных этапах устремления к Богу. Все те, кто в прошлых жизнях имели способности, высокий интеллект, материальное благополучие и зацепились за это, стали отрекаться от любви к людям, презирать их, в этой жизни собирают урожай неудач и болезней, и выживают из них только те, кто о душе своей заботится больше, чем о теле.

— Хорошо, а если человек готов любить одного, а остальных ненавидит?

— Любовь — это желание соединиться с тем, что любишь, а все то, что окружает человека, — это средство выражения любви. Если я люблю Бога, то я все вокруг буду любить и ни к чему не прилипну. Любовь ко всему миру и к людям — знак, что я Бога люблю больше всего. А если я ко всему равнодушен, все презираю и люблю одного человека — это знак того, что я ставлю его выше Бога. Зацикленность на любимом человеке дает очень много проблем и болезней. Пока человек в сознании абсолютизирует секс — это не опасно, но как только это проходит в душу и подсознание — либо включается механизм бесплодия, либо приходят венерические болезни, как блокировка этой программы. Почему сифилис лечили голоданием? Еда, питье и размножение — основные функции тела. Абсолютизация этих функций ведет к затруднению их лечения. Значит, периодическое воздержание от половых сношений, обильной еды, алкоголя является не только лечебной, но и профилактической мерой против многих заболеваний, включая венерические.

Мой собеседник задумывается.

— Вот факт, который трудно объяснить. Такие случаи встречаются все чаще. У женщины берут мазки, анализы чистые. Во время беременности обследование выявляет инфекцию, например, трихомонады. Лечение не проводится. После родов опять берут мазки — анализы чистые, инфекции нет. Вопрос — где сидит инфекция?

Я улыбаюсь, так как уже рассматривал похожий случай и могу объяснить, в чем дело.

— Как-то смотрел одну даму, и она мне рассказала странную историю. Ее мужа посадили в тюрьму, и он ей на прощание сказал: "Если с кем-нибудь переспишь, то получишь гонорею". И вот после первого же контакта у нее обнаруживается гонорея, а у партнера все чисто. Второй раз — опять та же история. Третий раз — и опять то же самое. И что интересно: у партнеров ничего не находят, а ей каждый раз приходится проходить курс лечения.

Я посмотрел, что происходит на тонком уровне. Инфекция пряталась и находилась в районе яичников и маточных труб, и программа, данная мужем, активизировала ее в определенные периоды. Тогда я рассуждал так: когда-то у нее была инфекция, которая прошла в ткани и там осталась, а словесная порча мужа активизировала ее. Помню, что внутренне посочувствовал ей: если после стольких курсов лечения инфекция осталась, вряд ли женщина сможет вылечиться окончательно. Тогда я не знал главного — организму выгодна эта инфекция, и организм прячет ее и охраняет от лекарств. Любую инфекцию организм может выгонять весьма быстро, без всяких лекарств, а если он не уничтожает ее, значит, она ему выгодна и будет использована в определенных целях. Когда программа абсолютизации сексуальных наслаждений проходит в подсознание, она обесточивает духовные структуры и особенно сильно увечит души детей. Если духовный потенциал у ребенка падает, он родиться не сможет, а рожденный будет иметь настолько заземленную душу, что начнется вырождение. Поэтому природой для рождения ребенка предполагаются различные формы блокировки: или добровольные, когда во время беременности супруги ограничивают сексуальные отношения, и муж переключается на духовные структуры, или принудительные — обиды, ссоры, измены, болезни. Если беременная женщина не способна очиститься через обиды, ссоры или, когда муж по характеру не обеспечивает ей этого, организм держит в тайнике вариант — инфекцию, которая, всплывая во время беременности, заблокирует в подсознании программу абсолютизации сексуальных удовольствий и позволит сохранить духовные структуры и, следовательно, жизнь ребенку. Получит ребенок при рождении инфекцию или нет, определяется эмоциями родителей и его личной кармой. Если его душа чиста и не прилипла к телесным наслаждениям, ребенок будет чист во всех отношениях. Поскольку организму матери инфекция уже не нужна, он прячет ее обратно в те же тайники. Исходя из этого, можно предположить, что лекарства в ближайшие годы будут терять силу воздействия, а все инфекции будут становиться более жизнеспособными, потому что они организму нужны, так как без них деградация духовных структур может перейти за красную черту и обернуться физическим вырождением потомков. Следовательно, наука основные усилия должна направить не на использование лекарств, а на исследования и развитие духовных структур, как главного фактора выживания человечества.

ОНКОЛОГИЯ

Люди пытаются разобраться в своих проблемах, исходя из первой книги, а я уже давно ушел вперед. Чтобы вылечить тяжелое заболевание, нужно провести пять-шесть сеансов. Самые сложные для меня случаи я беру на курс лечения. Если ситуация сложная, пациенты звонят мне каждый день. Пять-восемь лекций вечером по телефону я воспринимаю нормально, но если попадается серьезный случай, где, несмотря на все мои усилия, ситуация ухудшается, то испытываю бешеные перегрузки. Единственный выход — находить новые решения проблем.

Вот и сейчас: то ли родители меня не понимают, то ли еще что-то, но у их ребенка положение ухудшается. Ему очень трудно снять обиды на других людей, особенно на родителей, а ведь осуждение, презрение по отношению к родителям — это самые опасные звенья.

— Поймите, что Вы не сможете простить человека, если Вы считаете, что он виноват, что он автор обиды. Когда Вы не только поймете, а почувствуете, что автором является Бог и что любой человек — это инструмент очищения, то не сможете обидеться, даже если захотите. У Вашего ребенка онкология, и одна из главных причин, подпитывающих гордыню, — желание свою мудрость поставить выше Бога. Гордыня — это нежелание принять травмирующую ситуацию. Разрушение земного усиливает контакт с Божественным. Точка опоры с земных ценностей перемещается на любовь к Богу. Неприятие очищения, идущее через агрессию других по отношению к себе, повышенное внимание к телу являются гордыней. Клетка обязана заботиться о себе и работать на себя, но если она только это и делает, то становится раковой. Поскольку основная информация клетки находится в полевых структурах, то как только уровень заботы о себе переходит красную черту — это нужно остановить разрушением того, что стало источником опасности, то есть физической оболочки клетки. Или на какой-то период клетка откажется от заботы о себе и будет работать только на организм. Для того, чтобы вылечить ребенка, Вам нужно изменить свое восприятие мира. Когда Вы пересмотрите свою жизнь и то, что считали неприятностью или несчастьем, примете как очищение, данное Богом, когда будете благодарить Бога за это, то Ваша земная логика выключится, а вы переключитесь на режим здоровой клетки. Когда через покаяние снимаете свою агрессию, прокручивая жизнь как в киноленте, когда в молитве признаетесь в любви к Богу, Вы очищаете душу. Вам нужно это делать непрерывно Но именно сознание, рождающее постоянную оценку и критическое отношение к ситуации, привязывает Вас к Земле максимально и плодит агрессию. Поэтому сейчас выключение земной логики и остановка сознания — необходимы. Прежде всего, снимите оценку любой ситуации, попытку понять ситуацию и разобраться в ней. Раз произошло, — значит, по воле Бога. Все, оценка снимается.

Сознание тяготеет к дискретности, к разрушению, поэтому оно агрессивно. Подсознание — к единству, то есть к любви. Любовь есть высшая форма единства. Поэтому, чем большую любовь Вы будете испытывать к Богу и ко всему окружающему, тем активнее душа ребенка будет обращаться ко Вселенной, и болезнь станет ненужной. Можете использовать любые добавочные техники остановки сознания. Они все связаны с ограничениями потребностей тела. Пост, голодание, уединение, молитва — все это выключает логику тела и активизирует логику духа. Вот представьте ситуацию: человек пьет алкогольные напитки, курит и нормально себя чувствует, перестал пить — заболел и умер от рака. Почему? Потому что алкоголь, курение, наркотики блокируют сознание, отключают земную логику. Но то же самое, и еще эффективнее, делают правильное мировоззрение, уединение, пост, голодание, покаяние, молитва. Раньше никак не мог понять, для чего йоги надрезают основание языка и заглатывают кончик его во время медитации. Оказывается, любая мысль заставляет дрожать основание языка, ибо мысль связана со словом. Обездвиживание языка ведет к остановке мыслей, то есть сознания. Происходит резкое переключение энергетики с потребности тела на потребности духа. Когда йог часами концентрируется на точке или стоит в ледяной воде, или практически выключает дыхание, которое сильней всего связано с потребностями тела, происходит тот же самый процесс. Но это все техники низших уровней. Выключение верхних слоев сознания происходит при любви к тому, Кто нас создал, и в желании усилить контакт с Ним. Поэтому главное, на что Вы должны направить силы, — это ощущение любви к Богу, его высшей воле и логике во всем происходящем. Молитва нужна, чтобы любовь к Богу большая, чем ко всему земному, передалась к потомкам.

Онкология — это характер. Человеку жизнерадостному заболеть раком очень трудно. Тяжелые неизлечимые заболевания приходят тогда, когда идет столкновение ориентации человека и воли всей Вселенной. Жесткое неприятие ситуации внутри — это уже будущая тяжелая болезнь. В первой книге я писал о перевороте, происшедшем в моем мировоззрении. Тяжелейшая стенокардия. Шесть раз в неделю "скорая помощь". Никакие лекарства и даже экстрасенсорные воздействия не помогали. А всего-навсего — сожаление о прошлом, неприятие ситуации, загнанное внутрь, и полное излечение после того, как я изменил отношение к происшедшему.

Мы все участвуем в реальных физических событиях и привыкли, что влиять на события нужно действием, подчинением окружающего мира своей программе, своей воле. Это земная логика. Но одна и та же программа, перенесенная в подсознание, дает разный эффект. Оказывается, на тонком уровне мы можем изменить окружающий мир, только изменив себя, свое отношение к миру. Сожаление и неприятие прошлого — это попытка изменить его, воздействовать на него с точки зрения логики земной, и такое поведение чаще всего дает сердечно-сосудистые и онкологические заболевания. Причина резких вспышек заболеваний в прошлых столетиях объясняется очень просто. С XVII века человек абсолютизировал разум и интеллект. Произошло плавное угасание восприятия мира как сущности, наделенной высшим разумом по сравнению с нами. Если наше сознание не могло объяснить случившегося, то происходила ошибка. Логические процессы давали взрывной расход энергии, притягивая к себе эмоции. Разум стал подчинять чувства. Значит, разум нужно было остановить. Психические и физические болезни резко ограничивают возможности физического тела, а оно неразрывно связано с сознанием и интеллектом. Следовательно, периодические ограничения в еде, в сексуальных удовольствиях, в том, что связано с телом и разумом, являются прекрасной профилактикой болезни. И самое главное — правильное поведение и правильное мировоззрение человека. Несовершенные философия, мировоззрение, поведение и питание формируют несовершенный характер. А потом появляется болезнь. Я даже представить себе не мог, что лучшим лекарством от рака является изменение восприятия мира и своего характера.

Мне самому была предоставлена такая возможность летом 1991 года. Высокомерие и презрение к людям порождают нежелание жить, ощущение потери смысла жизни. Из прошлых жизней я в свое детство принес ощущение своей исключительности, высокомерия и презрения к другим. Уже с одиннадцати лет появилась блокировка — все более нарастающий суицид. Огромное количество травм, болезней и неприятностей, которые я перенес в детстве, некоторое время балансировали меня, отрывая от земного. Начиная с одиннадцати лет мощно развивается тело и соответственно связанный с ним интеллект. А мой интеллект в прошлых жизнях был связан с презрением к людям. Травмы и болезни мало помогали. Значит, либо должна была развалиться психика, либо непрерывным суицидом, потерей смысла жизни, меня должны были отрывать от всего земного, либо постепенный развал и смерть, либо обретение нового смысла жизни, через устремление к Создателю.

Я мучительными и медленными шажками полез вверх, еще не зная, куда и к кому шел. Для меня это было стремление к высшей духовности, к любви и добру. Мои чувства притупились и потеряли остроту, но это меня не страшило, я обрел другую точку опоры. Устремление к духовному развитию было для меня тогда неосознанным устремлением к Богу. Не один десяток лет я находился в коконе. С точки зрения обычного человека, худшей пытки быть не может. Но я остро чувствовал, что если так подумаю, то не выживу. Весь свой запас сил я отправил наверх. И по мере того, как усиливалось устремление к Духу Святому, тоньше становился кокон, отрывающий меня от Земли. Через двадцать пять лет у меня опять стали появляться яркие чувства. Во мне все больше стало появляться того, что называют земными стратегиями. К Земле не прилипает внутренне добродушный человек, а у меня этого добродушия не было в помине, и, что самое опасное, с 1990 года жизнь моя стабилизировалась, стало меньше неприятностей и несчастий. Мне всю жизнь повторяли, что я, хотя и талантливый, но ничего не добился. А в 1990 году, выйдя на кармические структуры и проведя исследования, понял, что буду известен и буду иметь деньги хотя бы для того, чтобы нормально питаться. Это мою душу приколотило к Земле окончательно. Я жадно кинулся к земным удовольствиям, стал постоянно мечтать о деньгах, о том, что куплю квартиру и дачу. Пиком таких мечтаний была весна 1991 года. Именно в этот момент заметил на бедре темное пятнышко. Это было перед отъездом в Сочи, куда должен был поехать отдыхать с семьей и где жили моя мать и брат. На всякий случай обратился к знакомому врачу-терапевту.

— Ты знаешь, это кровь запеклась, прищемил, наверное, — сказала она мне.

Когда показал брату-врачу это пятнышко, у него реакция была другой.

— Я думаю, надо поскорее оперировать.

У него самого на ноге было пигментное пятно, которое на всякий случай удалили. Моя сестра-двойняшка умерла от рака в 1988 году. Судя по всему, пришел и мой черед. У моей бабки в поселке недалеко от Сочи был домик, куда я поехал отдыхать, пока брат договаривался об операции. Когда тело готовится к смерти, нужно думать о душе. Взял Библию и перечитывал ее уже совершенно по-новому, как лекарство для души. И все время пытался определить, рак у меня или нет. Решил проэкспериментировать, вышел на пляж и просидел час под палящим солнцем. Потом нарисовал свое поле и, увидев характерные мощные деформации, понял, что все-таки у меня рак. Приехал в Сочи и стал готовиться к операции, нужно было сдать анализы, в том числе и на СПИД.

— Кстати, вот хохма будет, если у меня обнаружат и рак, и СПИД одновременно.

Брат почесал голову,

— Да, тут сложно выбрать. Наверное, рак все-таки получше, если уж выбирать.

Операцию мне сделали очень быстро. Пятисантиметровый лоскут кожи, который вырезали, отправили на исследование. Через три дня должны были быть готовы гистологические анализы. Получил листок с подписями и печатями, где было написано, что у меня мелонома с инвазией второй степени. Понял, что идет метастазирование. Мы с братом пошли в шашлычную, заказали шашлыки и вино.

— У меня есть какие-нибудь шансы выжить? — спросил я у него.

— Шансов никаких. Год-полтора — максимум. — Я тогда не знал, что с мелономой человек может жить и два года, и десять, и пятнадцать. Здесь очень многое зависит от самого человека. О том, что даже тяжелейшую онкологию можно преодолеть и вылечиться, я не предполагал. И не знал тогда самого главного, что онкология — это болезнь души, а не тела, и лечить надо было душу.

Мне очень помог такой диагноз. Если бы брат сказал, что есть шансы выжить, я бы цеплялся за тело изо всех сил, но я очень быстро отключился от всего земного, мне хватило трех дней. Самое мучительное в этом, что тебя как теленка ведут на бойню и ты ничего не можешь сделать. Это что касается тела. А что касается души, здесь сделать можно очень много. Я перебрал все варианты и остановился на одном. Нужно выключить все эмоции, связанные с земным, и отпущенное мне время использовать для просветления и очищения души. "В конце концов, — рассуждал я, — меня бы сразу могла раздавить машина, а здесь я твердо знаю, что год еще протяну".

Интересно изменилось состояние. Все эмоции вернулись назад, но это были эмоции радости. Сожаление, зависть, страх стали быстро таять. Перед моим отъездом мы зашли в пивную, уставили стол кружками с пивом и положили несколько лещей. Когда выпили, брат стал сокрушаться, что ему не везет, много неприятностей последнее время. Нас было трое.

— Разве это неприятности, — не согласился его друг. — Вот мне действительно не везет. Чуть работу не потерял, в вытрезвитель угодил.

И они начали спорить. Я их остановил.

— Ребята, вот мне по-настоящему не везет, у меня рак, мне умирать скоро.

Они согласно закивали головами.

— Да, тебе больше не везет.

Приехав в Петербург, отвез гистологические срезы на стеклах и медицинское заключение в Институт онкологии на Песочной. Я решил не лечиться, чувствовал, что это бесполезно. Мне хотелось, чтобы там установили диагноз и сказали, сколько мне осталось жить, ведь надо было успеть привести в порядок дела. Постепенно, слой за слоем, снимал все, что связывало меня с Землей. Помню, перед операцией я с женой и детьми сидел за столом в поселке, где мы отдыхали. Стол стоял во дворе, и от солнца его закрывали листья виноградных лоз. Жена стала разливать борщ по тарелкам, а дочь и шестилетний сын раскладывали ложки. Вдруг сын нырнул под стол и стал там что-то искать. Потом я почувствовал, что он пальцем трогает черное пятно на моей ноге. Он вылез и сказал: "Папа, мне тебя так жалко!" Все эти воспоминания причиняли сильную душевную боль, но, по мере того как мои интересы устремлялись все выше, слои земного потихонечку отходили, и появлялось чувство спокойного сияния в душе. Для меня неразрешимым оставался только один вопрос, почему мне позволено было прикоснуться к информации, которая может помочь многим людям. Почему я должен умереть тогда, когда эти знания начал приводить в систему? Если бы успел написать книгу и потом умер, это было бы понятно, но почему я должен умереть, когда книга еще не закончена? Было только ко два варианта: либо я настолько несовершенен, что мне нельзя было давать информацию людям, либо, наоборот, меня очищают, чтобы книга была лучше. Я слишком зацепился за Землю, и меня от нее так отрывают. Но я ведь всю жизнь работал над накоплением и обработкой информации и чувствовал, что она нужна людям. Умирать в это время было бы слишком нелепо. Однако с таким диагнозом книга вряд ли бы получилась. Думая обо всем этом, я невольно пожимал плечами. Единственное, что может удовлетворить все варианты, это чудо. Должны были измениться результаты анализов на стеклах, которые я привез. Мне было интересно, какой сценарий выбрали наверху. Через несколько дней я сидел в институте перед врачом.

Миловидная черноволосая женщина долго перебирает истории болезней и, наконец, достает мою.

— Мы провели тщательное гистологическое исследование. Первичный диагноз не подтвердился.

Сижу в недоумении.

— В Сочи эти стекла смотрел консилиум из восьми врачей. Вы хотите сказать, что они ошиблись?

— Вы недовольны? — спрашивает она.

Нет, я был вполне доволен. А потом долго думал: "Кто же ошибся?" — и решил, что не ошибся никто. Похоже, что духовное состояние человека связано даже с гистологическими исследованиями.

Вспомнил русскую народную сказку, где герой говорил родителям: "Если на моей рубашке выступит кровь, значит, я погиб". В сказке выражалось то, что было реальным, но не могло быть объяснено обычной логикой. Похоже, что одна из сказок приключилась со мной.

Я вышел из здания института и зеленой аллеей пошел к платформе. Полчаса испытывал ни с чем не сравнимую радость. Но вскоре она сменилась тоской и огромной тяжестью.

Три дня я ходил как раздавленный и думал о том, что надо достраивать баню и решать какие-то неотложные дела.

Моя душа уже отошла от земного и наполнилась легкостью и счастьем, обратное же погружение в земное происходило мучительно. Опыт подготовки к смерти очень много дал для моего духовного развития. Я понял, что ощущение того, что скоро придется расстаться с земной жизнью, человек должен испытывать постоянно. Тогда и любовь ко всему земному не будет прибивать к Земле.

За последние два месяца смотрел четырех раковых больных, причина одна: гордыня и ревность. Но в зависимости от психической конструкции каждый болеет по-своему. Первых двух смотрел в Нью-Йорке. У первого был рак поджелудочной железы, кожа и белки глаз были желтыми. Он уже принимал наркотики, ему трудно было слушать меня. Объяснял, что его ревность, осуждение, обиды, плюс огромная гордыня, которая все это усиливала, превратились в программу самоуничтожения. От того, насколько он пересмотрит всю свою жизнь, зависит не только его судьба, но и судьба сына. После сеанса ко мне подошел его сын.

— Через неделю отец должен лететь в Индию. Нам дали возможность попасть к великому индийскому целителю. Это не помешает?

— Думаю, нет. Ведь мы говорим об одном и том же. Но только вряд ли целитель поможет. Лечить нужно в первую очередь не отца, а Вас. У Вас скоро будет встреча с женщиной, которая станет Вашей женой и матерью Ваших детей. С тем багажом, который передал Вам отец, Вы можете не выдержать испытания, значит, идет смерть детей и Вас. Всю свою огромную агрессию и отречение от Бога, которые отец передал Вам, он должен получить обратно, чтобы остались жить Вы и Ваши дети. Поскольку Ваши поля с будущей супругой уже встретились, пошла жесткая блокировка источника негатива, то есть Вашего отца. Насколько Вы сумеете молиться за себя и за потомков и объяснить это отцу, настолько повысятся его шансы выжить.

На следующий день я позвонил им. К телефону подошел отец.

— Вы молились? — спросил я его.

— Нет, я не молился.

— Почему?

— Потому что никогда в жизни не молился.

— Но ведь у Вас никогда в жизни не было онкологии.

Он промолчал.

— В таком случае помочь Вам не смогу, — сказал я.

Через два дня позвонил друг больного, который направил его ко мне, и сказал, что ему очень плохо.

— Вам плохо потому, что Вы осудили своего друга за отказ лечиться.

— Это как понять? — недоумевает тот. — А может, он мне жизнь спас своим отказом?

— У меня привычка не отступать до последнего, если за что-то взялся. Поэтому каждый тяжелый случай, где я не дотягиваю по уровню, для меня представляет опасность. Я много еще могу объяснять, но Вы поймите, что в поведении любого человека есть высшая, неподвластная нам логика, поэтому снимайте осуждение.

Смотрю полевые структуры собеседника и вижу, как они улучшаются. Значит, он все понял. А для меня это был очередной урок. Любая отрицательная эмоция по отношению ко мне или отказ пациента от встречи со мной вызваны моим несовершенством.

В первом случае была жесткая программа уничтожения, уничтожения из-за ревности. Ярко выраженная ревность вернулась назад и ударила по поджелудочной железе, ибо она остро реагирует на отношения и источает агрессию при ревности.

Во втором случае человек мягче. Из-за зацепки за отношения у него были постоянные обиды на жену, на семью, а из-за нежелания жить все это спрессовалось в жесткое уныние, депрессию. В конечном счете — рак предстательной железы. В костях и легких уже метастазы. Он вообще-то пришел с болью в ногах и пояснице. Поскольку боли в ногах объяснялись метастазами, то, чтобы снять боли, надо было убрать онкологию. Я сказал, что ему нужно пересмотреть всю жизнь и через Бога просить прощение за обиды на жену, на себя, на судьбу. Ему нужно было просить прощения из-за того, что испытывал уныние, не хотел жить. Он искренне старался все понять. Я позвонил этому человеку через несколько дней. Он пять минут шел к телефону.

— Как Вы себя чувствуете?

— Очень плохо, все тело болит.

— Я Вас поздравляю, у Вас поле гораздо лучше. Продолжайте работать над собой.

Через несколько дней я опять звоню ему.

— Мне стало еще хуже.

— Где находится Ваша старшая дочь?

— В Бостоне.

— Позвоните, пусть приезжает, мне Вас не вытянуть без нее. Молитесь, просите прощения за то, что у Вас было неприятие ситуации, которое шло через обидчивость, осуждение, нежелание жить, которое Вы передали детям и внукам. Вот за это молитесь круглосуточно.

Через три дня он и его дети сидят передо мной. Я объясняю старшей дочери, что болезнь ее отца — это подстраховка, сдерживание тех же процессов, которые могут начаться и у нее. От того, как она пересмотрит всю жизнь и очистит душу покаянием и молитвой, зависит ее жизнь и жизнь ее отца. Женщина смотрит на меня, и я вижу медленный и мучительный процесс переосмысления. Еще через неделю он пришел на прием уже повеселевшим. Я позвонил ему через два месяца.

— Слава Богу, боли прошли, чувствую себя нормально.

Когда я был в Крыму, меня попросили посмотреть молодого человека. Мочеполовая система, опять рак. Желание поставить любимого человека, семью и судьбу выше Бога. Отец — добродушный, отзывчивый человек, но его душа ставила семью, жену выше Бога. Когда его начали очищать травмами, ссорами, он всю агрессию стал направлять внутрь себя. А у сына программа во много раз мощнее. У сына уже трехкратное пожелание себе смерти.

— Пойми главное, — сказал я ему, — твоя душа намертво прилипла к земному, очистить ее можно, только сделав земное непривлекательным, значит, именно женщины, близкие люди должны обижать тебя, причинять неприятности. Но то единственное, что тебя может спасти, ты считаешь несчастьем, катастрофой. Это рождает у тебя ненависть к женщинам и к себе — что очень плохо, ты все загоняешь внутрь, внешне не показываешь, а это еще хуже. Можешь ругать, кричать, плакать, говорить, что обиделся, но не запихивай обиду и нежелание жить внутрь. Благодари Бога за любую ситуацию, когда близкие люди доставляли тебе неприятности. Это твой единственный шанс выжить. И молись за себя и за семнадцать поколений твоих потомков, за то, что земное счастье поставил выше любви к Богу и не принимал очищения, которое шло через душевную боль. Точка опоры не может стоять на материальных благах, деньгах, положении в обществе. Точку опоры нельзя ставить на любимого человека, отношения или благополучную семью. Точку опоры нельзя ставить на свои способности и мудрость. Все это будет разрушено и отнято у нас. Чем сильнее мы обопремся на все это, тем быстрее оно разрушится. Точка опоры может быть только на любви к Богу. Если ты это почувствуешь и будешь молиться, чтобы этим жили твои потомки, то ты будешь здоров.

Через месяц молодой человек умер. Его душа была не готова принять все это, слишком сильна была его инерция убийства любви, а я не смог передать ощущение, что любовь к Богу — высшее счастье на Земле.

Помню, как женщина во время приема спросила:

— Вы говорите, что обиды, унижения, оскорбления — это все хорошо. Вы что, "певец унижения"?

— Я — "певец духовного здоровья". Если человек не поддерживает его самостоятельно, то его заставляют это делать через обиды, унижения, неприятности, болезни. Если Вы не прикладываете усилий, чтобы быть духовно здоровой, то Ваша душа заболевает, и Вам дают горькое и противное лекарство, которое приходит в потерях, неприятностях и болезнях. Сморщились, покривились, но выпили с радостью — дадут одну ложку. Морщитесь, давитесь, пьете без желания — вольют стакан. Будете выплевывать — вольют ведро. Так что умение принять неприятности как данное Богом очищение души — это умение избавиться от них.

В Нью-Йорке у меня был интересный случай. У девушки саркома. Четыре года назад ее оперировали в Москве, потом в течение некоторого времени наблюдали, все было нормально. Последнее время начали беспокоить мигрирующие боли, и родители подумали, что нужно опять идти обследоваться.

Объясняю девушке, что ее проблемы со здоровьем связаны с безумной гордыней.

— У тебя большое высокомерие и презрение к людям. Ты внутренне считаешь себя умнее, мудрее и счастливее всех. Ты свою гордыню, душевные качества поставила выше Бога. Все, что в этой жизни ты поставишь после Бога, ты можешь получить. Все, что поставишь перед Богом, должна потерять, а очищать тебя лучше всего через близкого, любимого человека, скорей всего — через мужа. И чтобы очистить твою душу и души твоих детей, ему нужно бить тебя по болевым точкам. Значит, идеальный для тебя тот муж, который будет оскорблять, унижать, будет говорить, что ты дрянь и мерзавка, постоянно обвинять тебя в непорядочности и непорядочно к тебе относиться. Чтобы очистить от зацепки за мудрость, тебя надо обманывать, ставить в глупые ситуации, называть глупой и всеми средствами отравлять тебе жизнь, иначе ты зацепишься за благополучную судьбу.

Девушка смотрит на меня с ужасом, как на монстра. Может, в реальной жизни все прошло бы мягче, но я максимально даю информацию, чтобы она поняла, насколько серьезно положение.

— Для того чтобы родить здоровых детей, тебе нужно выдержать обиды и унижения минимум на 50%, а ты не хочешь выдержать даже на 1%. Поскольку твоя душа не хочет принять очищение, идущее от Бога через другого человека, тебя очищают болезнью.

Я еще долго объясняю девушке ее проблемы, а потом мы расстаемся. Через три дня дистанционно смотрю ее поле, но особых улучшений не вижу. Звоню отцу, чтобы они пришли.

На приеме отец отводит меня в сторону и извиняющимся голосом говорит:

— Она во все это не верит.

— Вы понимаете, что означает начавшаяся снова боль? Врачи удалили опухоль, но не удалили причин. Если хотите, поговорю с ней один на один, но мне придется говорить жестко.

Отец соглашается. Я вхожу в комнату, сажусь перед девушкой, начинаю объяснять, но вижу, что внутри она закрыта.

— Хорошо, слушай меня внимательно. Ты догадываешься о своем диагнозе. Шансов выжить у тебя мало, но они есть. И насколько ты пересмотришь всю свою жизнь, изменишь свое восприятие жизни и саму себя, настолько повысятся твои шансы выжить. Двадцать четыре часа в сутки воспитывай в себе любовь к Богу, молись, заранее благодарно принимай все данное Богом для очищения духа.

Девушка начинает безудержно рыдать. Входит отец и озадаченно смотрит на нее. Правдой можно сломать человека, но можно и спасти его. Здесь очень важно придерживаться золотой середины. А я, наверное, немножко пережал. Хотя других способов спасти ее не вижу.

— Молись за себя и своих детей, за потомков до семнадцатого колена, чтобы они Бога любили больше, чем то, что для них является счастьем на Земле, и все принимай с благодарностью. У тебя по отцовской и материнской линиям идет желание поставить семью выше Бога, идет огромная ревность. Высшее счастье, которое может быть на Земле, — это любовь к Богу. Тебе это нужно почувствовать, тогда все будет нормально.

Через месяц я позвонил им: состояние хорошее. Позвонил ей еще раз вчера, девушка подошла к телефону, я спросил, как самочувствие.

— Нормально, — отвечает она. — Жить буду?

— Будешь жить, только ты больше думай не о теле, а о душе, которую ты своими амбициями загрязнила. Ты в Бога веришь?

— Верю, — отвечает она.

— Тогда почему боишься? Когда человек верит в Бога, он не может бояться будущего, но ты своей трусостью можешь повредить душам своих детей. Проси прощения за это тоже, будь здорова, — я кладу трубку.

В восемь часов утра раздается звонок. Звонит девушка из Сан-Франциско.

— Однажды Вы разрешили моей матери обратиться к Вам. Я бы хотела рассказать нашу ситуацию. У моей матери тяжелое заболевание, а от лечения она отказывается. Какой-то экстрасенс сказал, что вылечит ее рак. Он лечит народными средствами, а состояние матери все ухудшается. Врачи сказали, если бы она прошла курс лечения раньше, то выжила бы. Но она упорно не хочет лечиться. Я прошу Вас убедить ее в том, что лекарство необходимо.

— Конечно, я постараюсь. Но сначала Вам нужно понять, почему она так поступает. Вы слышали заповедь Христа: "Возлюби Бога превыше отца своего и матери своей"? Ваша мама семью и любимого человека готова была поставить выше любви к Богу, поэтому близкие люди должны были обижать ее и ссориться с нею. А она, вместо того, чтобы чувствовать Божественную волю, в любой ситуации видела только людей, обижавших ее. Сначала обижалась на них, потом на себя, и ей не хотелось жить. Это одна из причин ее болезни. Главная же причина заключается в том, что она все это передала дочери, то есть Вам. И она болеет для того, чтобы очистить Вашу душу, интуитивно уклоняясь от эффективного лечения, чтобы спасти Вам жизнь. Поэтому насколько Вы будете устремляться в любви к Богу, насколько Вы пересмотрите свою жизнь, настолько будет зависеть, захочет ли Ваша мать выжить. Если у человека онкология, нужно лечить души его детей и внуков, потом близких людей, потом его самого. Когда человек думает о спасении своего тела, то чем больше он фокусируется на этом, тем грязнее становится его душа и тем быстрее он готов предать других. Когда же человек спасает свою душу, он спасает и тех, кто с ним связан, потому что в глубине все наши души — это единое целое.

Сложность лечения онкологического больного связана с тем, что часто мы заболеваем для спасения своих детей и внуков. В декабре 1993 года ко мне обратился мужчина, у матери которого был рак с метастазами. Я объяснил ему, что за желание его матери в прошлой жизни поставить деньги и благополучную судьбу выше Бога, в этой жизни ее без всякой видимой причины должны были унижать в деньгах и гордыне. Поскольку она не понимала, в чем дело, то осуждала, обижалась, ненавидела. Я рассказал ей, что нужно пересмотреть всю жизнь, снимая обиды, осуждения покаянием и молитвой. У нее улучшилось состояние, но потом произошла остановка. Пересмотрев карму всего рода, я понял, в чем дело. Свое несовершенное восприятие мира она передала сыну и внуку. В поле внука уже входила смерть. Болея и мучаясь, она очищала души сына и внука, спасая тем самым внука от смерти. Когда она стала просить прощения у Бога за то, что она это все передала сыну и внуку, и стала молиться, чтобы эта агрессия снялась с их душ, только после этого ее состояние значительно улучшилось. И я в очередной раз понял, почему медицина оказалась бессильна. Когда мы расплачиваемся за себя — источник болезни внутри нас, здесь медицина может помочь, но если мы расплачиваемся за переданное нашим потомкам — сколько ни лечи, толку не будет. Чем больше наши нарушения, тем грязнее наша душа и души потомков, тем меньше шансов помочь телу. Волна бесплодия, которая идет по миру, а также новые болезни обусловлены тем, что мы слишком запачкали наши души.

В том, что наше несовершенство, которое мы передали потомкам, может стать главной причиной, не позволяющей излечить болезнь, я убедился в Нью-Йорке в апреле 1994 года. Случай был уникальный. В офис, где я принимал, позвонил мужчина и попросил помочь его матери.

— Какой диагноз у Вашей матери?

— Рак мозга с метастазами в легкие и другие органы.

— Сколько ей лет?

— Семьдесят пять.

— В каком она состоянии?

— Она без сознания.

— Для того чтобы лечить человека, я должен общаться с ним. В этом случае я вряд ли могу помочь.

— Мать для меня самый дорогой человек, может быть, как-то можно помочь?

— Работать нужно Вам. Она умирает потому, что частично передала Вам и Вашим потомкам осуждение людей, презрение к ним, внутреннее высокомерие. У Вас это внешне не проявляется, но в детях и в будущих потомках начинает усиливаться. Вы тоже недалеко находитесь от роковой черты, так как слишком многих осуждали. Насколько сумеете очистить Вашу душу, души будущих детей и потомков, настолько у нее повысятся шансы выжить. Вам нужно полностью пересмотреть отношение к другим людям. Вы слишком презираете и осуждаете мерзавцев и негодяев, это дает Вам гордыню, близкую к смертельной. Очистить Вашу душу можно смертью, тяжелой болезнью или подлым поступком по отношению к Вам. Если не осудите, не возненавидите, зацепка уменьшится и душа очистится. У матери желание поставить свою мудрость, свои душевные качества, свои способности и, соответственно, свою гордыню выше Бога привело к желанию постоянно осуждать и ругать других. Поскольку из прошлых жизней и от родителей у нее был запас кармы, внутреннего добродушия, все это медленно проникало в подсознание и сохраняло ей жизнь. Но Вы сейчас подошли к роковой черте. Она болеет, чтобы сохранить жизнь Вам.

Три недели я наблюдал ситуацию. Два раза ездил в клинику в Манхеттен, где лежала больная. По мере того как сын молился и менял себя, улучшалось состояние матери. Сначала она стала приходить в себя, потом стала говорить, но на каком-то непонятном языке. Через две недели она пришла в себя полностью и стала говорить нормально.

— У нее сейчас хороший аппетит, разговаривает по телефону, но иногда путает ситуации, с памятью что-то не в порядке.

И вот мы с сыном едем к ней домой. Я объясняю ему и сиделке, что пробелы в памяти связаны с желанием души отключиться от ненависти, которую она накопила к другим людям и к себе. Ненависть рождается в голове и блокируется головными болями, снижением зрения, слуха и заболеваниями головного мозга. Повторяйте ей постоянно, что она должна молиться и пересматривать свое отношение к людям. Это главное условие ее выживания. Старушка пристально смотрит на меня и бормочет:

— Все это такая же правда, как вошь кашляет.

— О, маме стало лучше! — радуется сын.

Потом мы разговариваем с ним, и он сообщает мне интересную новость:

— Вы говорили, что моя душа зацепилась за мудрость и душевные качества и что я склонен ненавидеть подлецов и тех, кто меня обманывает. Я хозяин небольшого частного предприятия, у меня работал один парень, которого я пожалел. Я платил ему даже тогда, кода не было работы, чтобы поддержать его. А несколько месяцев назад он нашел более хлебное место и ушел туда, но вскоре все равно остался без работы. Я мог бы сделать так, чтобы он уехал из Нью-Йорка, но почему-то этого не сделал. Скажу честно, Бога побоялся, наверное, а вчера позвонил ему и предложил вернуться на работу.

Через два месяца его мать умерла. Он очистился, а мать не сумела изменить свой характер. Ей дали шанс, но ее душа была не готова испытать любовь к Богу на уровне сознания. Мне передали слова ее сына: "Он для моей матери ничего не сделал, но для меня сделал очень много".

Женщина, которая просит меня о помощи, приехала из другой республики.

— Я готова сколько угодно ждать, только помогите. У меня фибромиома, и решается вопрос об операции.

Поле у нее весьма неважное. Самое главное, что у ее дочерей мало шансов быть здоровыми. А у всех троих внуков положение еще хуже. Поле искажено мощными деформациями, характерными для суицида. Я отвожу ее в соседнюю комнату и ставлю видеокассету с моим московским выступлением.

— Хорошо подумайте о том, что сейчас услышите.

Через два часа я зову ее и опять смотрю поле. Намного лучше. Это очень важно: информация работает без моего непосредственного участия. Запись на кассете — это только часть информации второй книги. Значит, когда люди прочитают ее, многим не нужно будет обращаться ко мне.

— Вы определили свои болевые точки? — спрашиваю ее.

— Кажется, да.

— Женщины в Вашем роду считали себя умнее, способнее, благороднее других людей. Высокомерно относиться и презирать другого — это топтать его на энергетическом уровне. Все это должно вернуться к автору, и уже его должны топтать на уровне физическом. Энергетический подъем на эмоциональном уровне возвращается аналогично на уровне физическом. Программа гасится контрпрограммой. Вы сначала презирали, осуждали людей, а потом не захотели жить. У дочерей, особенно у старшей, повышенная агрессия и претензии к людям. А у внуков все это уже развернуто внутрь, и у них уже работает программа самоуничтожения. Вам нужно еще много раз сделать то, что Вы сделали сегодня, то есть заново прожить жизнь и на уровне чувств изменить отношение к любой ситуации. Молитесь за дочерей и внуков, а за них нужно молиться в десять раз больше, чем за себя.

— Скажите, а почему Вы считаете, что у внуков такое нежелание жить, ведь они веселые, жизнерадостные?

— У нас несколько слоев эмоций. Есть поверхностные, связанные с сознанием, и есть более глубокий пласт, сознание его не чувствует. Этот пласт в значительно большей степени управляет нашим физическим состоянием и судьбой. Если человек раньше долгое время фиксировался на ненависти к людям, то эта программа постепенно разворачивалась назад до пятого-седьмого колена и род вымирал. Сейчас ситуация изменилась. Во-первых, последние три столетия из-за абсолютизации земных ценностей люди в большей степени стали презирать и ненавидеть друг друга, и духовные структуры человечества переполнились злом. Поэтому то, что раньше прощалось, сейчас наказывается все жестче. Во-вторых, скорость протекания процессов резко возросла, поэтому сейчас у всего человечества, особенно у молодежи, усиливается программа самоуничтожения. При этом не только обостряются старые и появляются новые болезни, снижается иммунитет. Это дает все большее количество самоубийств, в том числе и массовых, и бесплодие у женщин. Дело в том, что лишь часть программы самоуничтожения приходится на автора, большая часть выбрасывается в будущее, а в будущем находятся наши дети и их потомки. Суицид бьет не столько по автору, сколько по его детям и внукам, и шансы появиться на свет у них резко падают.

— Почему же такая несправедливость, почему должны страдать дети и внуки?

— Знаете, Блаженный Августин говорил: "На свете нет явлений, не соответствующих природе. На свете есть явления, не соответствующие нашим знаниям о природе". Мы вредим не только своим детям, но и своим потомкам, а потом собираем то, что разбросали.

— Ну, хорошо, если есть высшая справедливость, есть Бог, то почему он сразу не наказывает, почему позволяет загрязнять душу?

— Представьте, ребенок только-только начинает ходить. Вы его должны поддерживать, но если он немного почувствовал самостоятельность, его нужно отпустить. Он может пройти и упасть, и его нужно опять вести. Но для того, чтобы научиться ходить, он должен пройти сам и быть ответственным за себя, поскольку на жестком поводке мы мало чему научимся, и наше сознание не будет развиваться. Человек, забыв о Боге, начинает создавать окружающий мир по своим представлениям. Ему нужно дать отсрочку, чтобы он сумел самостоятельно поработать. Но если простить ему все нарушения, у него не будет желания устремиться к пониманию Божественного и высших законов, поэтому он должен периодически останавливаться и пересматривать земную жизнь с Божественной точки зрения. Приведение своей души, своего сознания в гармонию с логикой Божественного позволяет очистить не только прошлое, но и будущее. Нам дают отсрочку в возврате наших долгов. Если мы себя правильно поведем, то долги снимаются. Разбойник на кресте должен был принять не только мученическую смерть, но и наказания в следующей жизни. Пересмотрев прошлое и изменив отношение к нему, он не изменил настоящего, но изменил будущее. Об этом и сказал ему Иисус

Христос. Люди могут менять настоящее только тогда, когда до них были те, кто изменил будущее. Мы изменяем мир, воздействуем на него. Но мы только реализуем ту духовную программу, которую создали до нас люди, великие духом. Сначала один духовный человек своим новым подходом, мощным духовным скачком прикоснулся к Божественным знаниям, меняя будущее, а потом, в этих рамках, идея реализуется другими людьми. Меняя восприятие мира, мы меняем себя. Приходите завтра, — говорю я женщине, — посмотрим, что Вы сумели сделать.

На следующее утро она приходит, поле чистое, у дочерей тоже. У внуков тоже, правда, у одной из внучек поле еще было деформировано высокомерием и презрением к людям, и это потом могло дать большие проблемы со здоровьем, но здесь уже была вина матери, а не бабушки.

— Скажите, — спрашивает женщина, — я разговаривала вчера по телефону с дочерьми и мужем, и у них совершенно иные настроение и голос. Это возможно, такое бывает?

— Бывает, бывает, — успокаиваю я ее. — Вы же на тонком уровне связаны с мужем и детьми. Очищаетесь Вы — очищаются они, то есть родственники связаны, и воздействие одних сказывается на других.

— Мы живем с мужем не первый год, но детей у нас нет. Есть ли у меня возможность иметь детей?

Я смотрю полевые структуры пациентки.

— Возможность есть, только реализовать ее весьма сложно, так как Ваша душа слишком зацепилась за Землю. Мудрость, интеллект, благополучная судьба, семья, любимый человек стали для Вас целью жизни, а не средством соединения с Богом. Ваша гордыня растет, и чувство любви, соединяющее Вас с Творцом, уменьшается. В детях этот процесс был бы в несколько раз сильнее, и Природа защищается от несовершенных детей, не позволяя им родиться.

— С чего же мне начать?

— В первую очередь уменьшить свою гордыню.

— А как быть с гордостью?

— Гордость — это нежелание подчиниться другому человеку, гордыня — нежелание подчиниться Богу. Клетка не должна подчиняться соседней клетке, но обязана подчиняться организму. Вас обижают всегда двое: Бог — этим человеком, очищая Вашу душу, и сам человек, его сознательное поведение, которое от общего занимает 15%. Все, что с Вами случается, определено

Богом, научитесь это чувствовать каждую секунду и будете здоровы, и у Вас будут дети.

— У меня была такая ситуация в жизни, — вдруг неожиданно начинает рассказывать женщина. — Несколько лет назад меня положили в онкологический центр с мастопатией, и я стала молиться: "Господи, спасибо тебе за то испытание, которое ты мне дал". А через неделю сделали контрольное обследование, и все оказалось нормально. Сначала анализы были очень плохие.

Смотрю ее поле, возвращаясь во времени. Там были не просто плохие анализы, там был рак. Мы не представляем, как часто в нашем теле начинаются процессы, ведущие к онкологии, и как быстро рассасывается опухоль, если мы усиливаем контакт с Творцом и воспитываем любовь в своей душе. Рак лечится чувством любви, не зависящим от земного. Я пытался раньше определить причину раковых заболеваний, но по всем параметрам, с которыми работал, точной диагностики не получалось. В конце концов, нащупал два параметра, по которым практически безошибочно стал определять онкологию, — это гордыня, то есть неприятие травмирующей ситуации, рождающая ответную агрессию против других или против себя, и главный параметр — это наполненность любовью. Любовь, устремленная к Богу, очищает душу и тело. Если любовь сначала направлена к Богу, а потом к Земле, то она возрастает. Любовь, направленная сначала к земному, которое мы чувствуем в нашем сознании, приклеивает душу к Земле, и душа наша, и внутренняя наполненность любовью начинают умирать, хотя в сознании чувство любви может не уменьшаться, а наоборот, может даже усиливаться.

Если я ненавижу и обижаюсь, любовь еще будет жить в моей душе. Если же я осуждаю и презираю, любовь начинает умирать. Презрение убивает любовь незаметно. Если ненависть отрывает листья и гнет крону, обида ломает ветки, а осуждение — ствол, то презрение тихо, но настойчиво подтачивает корни. Каждый человек, помолившись, пересмотрев жизнь, может снять ненависть, обиду, осуждение. Очень трудно принять то, что презирать несовершенного человека и отрекаться от любви к нему нельзя, и трудно почувствовать Божественное внутри такого человека. Внутри он совершенен, внутри мы все едины.

Сегодня утром все это объясняю женщине, которая пытается меня понять. Но принять духовную муку чаще намного тяжелее, чем болеть и умирать.

— Человек выбирает свой путь сам, — говорю я ей. — Если он согласен принять духовную муку, принять несправедливость и грязь земную как очищение души, то ему не нужны муки физические. Ваш единственный шанс вылечиться — это убрать из души презрение и отречение от любви к людям, обижавшим Вас.

— Но я давно простила тех, кто меня когда-то обижал, и у меня нет зла на них.

— И слава Богу, — отвечаю я, — и очень хорошо. Но, простив других, Вы очистили только сознание. Если убийство любви проникло в душу в форме осуждения и презрения к другим людям, то оно там и сидит. Простить человека мало, нужно еще просить прощения у Бога за агрессию по отношению к другим людям и за неприятие очищения, тогда очищается не только сознание, но и душа. Есть еще один момент: испытав в юности осуждение и презрение, Вы разбрасывали это в души своих внуков и правнуков, и сейчас, чтобы они не погибли, собираете сами. Поэтому надо молиться не только за себя, но и за своих потомков, и просить, чтобы из их душ ушло неприятие очищения в виде ревности, ненависти и осуждения.

Женщина молчит, а я продолжаю:

— Родители создали мое тело. Я люблю родителей и почитаю их, а Бог создал мою душу. Душа намного значимее тела, и, следовательно, истинным отцом моим является Бог. Искушение зацепиться за родителей и за любимого человека очень сильное. Этому особенно подвержены женщины. Здесь есть один парадокс, который трудно будет принять. Смотрите: чем подлее и грязнее человек рядом с Вами, тем меньше Вы цепляетесь за все земное. Земное становится невкусным, и Ваша душа сильнее устремляется к Богу и очищается. Чем лучше человек, возвышеннее и порядочнее, тем большее искушение зацепиться за него и сделать его целью, а, следовательно, отторгнуться от Бога и зачернить свою душу. Душа очищается не совершенством земного, а грязью земной: несчастьями, болезнями, смертью.

— Мне это очень трудно принять, — честно отвечает женщина.

— Да, это очень трудно сделать, но это единственный шанс. Сейчас продление жизни для Вас — это не сохранение физической оболочки, а, в первую очередь, возможность очистить душу через молитвы, покаяние, пересмотр всей жизни.

— Я попробую, — говорит женщина.

— Главное идти вперед медленными, маленькими шажками, но идти, — отвечаю я.

Онкология — лекарство для спасения души, эти болезни возникают при уменьшении чувства любви в душе. Почему именно любви? Почему так опасно подавлять это чувство? Ответ на этот вопрос складывался постепенно и мучительно, но я смог найти его. Разрушаются дома, материальные блага, изнашивается одежда. Разрушается со временем семья, меняются положение в обществе и работа. Наши чувства живут дольше одной жизни, но и они тоже разрушаются. Разрушаются наши способности, мудрость и все то, что связано с нашей жизнью. Через одну тысячу воплощений или через две, разрушается все, что дает нам земное счастье. Не разрушается только одно — любовь. Это единственный капитал, который мы можем сохранить, и покушение на него останавливается жестко и эффективно.

Ученые всего мира затрачивают колоссальные средства на то, чтобы найти причину онкологии. В Америке поставят памятник из золота тому, кто найдет причину онкологических заболеваний и способ их лечения. Но и причина, и лечение известны нам уже не одну тысячу лет, и памятник из золота нужно поставить тому, кто в Библии сказал: "А еще по причине нарушения многих законов в людях охладеет любовь". В последнее время наши души слишком привыкли к земному. Земное совершенство стало для нас главной целью, и наши души чернеют и теряют любовь. Чтобы не погибли души, погибают тела. Если человек не умеет и не хочет взращивать в своей душе любовь, и осуждением и презрением пытается убить ее, отравляя свою душу и души своих потомков, то, чтобы спасти душу, разрушают тело.

Человек — это диалектическая сущность, она состоит из двух противоположностей: вещества и поля. Вещество стремится к обособлению и усовершенствованию формы, то есть к дальнейшей дифференциации, а поле стремится к единству и контакту с первоисточником. Чтобы существовать, вещество, то есть наше тело, должно есть и размножаться. А поле, то есть наша душа, подобно воде, которая течет, и для того чтобы существовать, оно должно постоянно подпитываться из родника. Этот родник — первопричина, которую мы называем Богом. Душа постоянно хочет соединиться с Богом, это условие ее выживания. Высший уровень единения — это любовь. Значит, условия и способ существования души — это любовь к Богу. А поскольку тело периодически сбрасывается, как одежда, и значимость его намного меньшая, чем значимость души, то первое чувство любви должно быть отдано Богу, а не Земле. И когда душа слишком прилипает к Земле, ее любовь к Богу может быть недостаточной, она распадается и умирает. Человек, в полном смысле слова, — это поле, а физическая оболочка — это крохотная часть. Значит, способ существования человека — это любовь. Любовь, вспыхнувшая в нашем сознании, проходит в нашу душу и уходит все глубже и глубже, существуя вечно. Единственное, что неподвластно разрушению, — это чувство любви, оно соединяет нас с Богом и является бессмертным.

После одной из лекций ко мне подошел человек:

— Вы говорили, что опухоль появляется при недостатке любви в душе и что лечится она накоплением любви. Я сделал то же самое, что и Вы. У меня диагноз был рак мозга, и опухоль была довольно большая. Я и мои друзья собирались вместе и посылали на опухоль свет и любовь. При контрольном обследовании ее у меня не обнаружили. Врачи были поражены. "За последние пятнадцать лет в институте Бурденко подобных случаев не было", — сказали мне.

— Вы, как и я, интуитивно выбрали правильный путь, — ответил я ему. — В принципе, так можно вылечить любое раковое заболевание. Здесь многое зависит от тяжести проступков, совершенных в прошлом, от степени деформации характера и мировоззрения, от того, сколько передано детям и будущему. А самое главное — насколько душа человека устремлена к Богу, настолько глубоко пройдут благотворные изменения при постоянных усилиях.

ДЕНЬГИ

"Богачу дураку — по ночам не спится. Бедняк гол как сокол — поет, веселится".

Я с детства слышал сказки, песни, прибаутки. Богатый — это обязательно тупой, непорядочный и жестокий человек. Бедный — всегда духовный и добрый человек. Так почему же тогда он бедный, если умнее и порядочнее богатого? А потому, что его обворовывал и обманывал богатый. Все лишения, беды и несчастья людей происходят от того, что богатые стремятся к власти и деньгам. Значит, если отнять эту власть и поделить поровну между всеми, все будут счастливы. "Скорее верблюд пройдет через игольное ушко, чем богатый попадет в рай", "...хочешь быть счастливым, раздай богатство и имущество нищим," — две тысячи лет Библия говорила об`этом, и тем не менее количество богатых не уменьшалось. На самом деле, для того, чтобы получить и сохранить богатство, человек должен иметь высокий интеллект и большие способности. Но в первую очередь — нравственный потенциал, накопленный в прошлых жизнях. Если этот потенциал низкий, то богатство развращает, а не развивает. Неправильное отношение к деньгам и данной власти делают душу жесткой и грубой. Значит, богатство — это не только земное счастье, но и нечто опасное. Согласно моим исследованиям на тонком уровне, в X веке жесткое устремление к духовности уступает, понемногу, ориентации на земные ценности. Процесс этот начался раньше, но к X веку это стало реальностью. С одной стороны, развивается система земных ценностей, с другой стороны, делается попытка возродить ценности духовные. Соответственно, эти тенденции обусловили формирование двух противоположных идей социального устройства. В идее капитализма приоритет отдан материальному — деньгам и личному богатству, экономика и политика превалируют над нравственностью. Идея коммунизма возникла как желание духовные приоритеты поставить над телесными, как возможность объединения людей с соответствующим отрицанием того, что этому мешает, на первый взгляд, то есть форм индивидуального сознания, поведения и владения. Личное богатство объявлено злом, все ценности оторваны от личности и обобществлены, экономика и политика жестко подчинены теоретическим конструкциям. Из этого исходило закономерное нарушение прав и защиты частного собственника в его нравственной, интеллектуальной и материальной жизни. Была сделана попытка нравственность и идеологию сделать только причиной, а экономику и политику — только следствием, то есть попытка абсолютизации духовных структур.

Коммунизм возник как идея, душа. Капитализм — как тело, внутри зависящее от идеи и внешне влияющее на нее.

Согласно законам диалектики, невозможно существование одной противоположности. В ней всегда будет присутствовать элемент обратного плана. Поэтому коммунизм в своей чистой форме был абсолютно нежизнеспособен. Включение элементов капитализма в конструкцию коммунизма позволило ему выжить, но не было принято теоретически, ибо тогда идеальное не могло быть увязано с материальным в рамках одной концепции. Вынужденное принятие элементов капитализма, то есть признание, что идеология не может полностью определять экономику, должно было произойти. Этот стихийный синтез был назван социализмом и определялся как переходная форма от капитализма к коммунизму, которая будто бы должна отмереть и перерасти в коммунизм. Однако, не социализм стремился к коммунизму, а коммунизм — к социализму. Также и реальный капитализм, для обеспечения своего выживания должен был принять элементы коммунизма. Тем не менее, и социализм, и капитализм сохранили свои существенные идеологические отличия.

Таким образом, социализм и капитализм, сформировавшись как две половинки одного целого на тонком плане, исторически развивались в своих формах как диалектические противоположности, образуя взаимный противовес, удерживая глобальное равновесие.

Согласно принципу диалектического взаимодействия противоположностей, чем больше они различаются по форме, тем сильнее тяготение к единству в содержании. Главным подсознательным принципом при социализме является забота о духовном развитии человека, при капитализме — забота о теле и о том, что с ним связано. Таким образом, социализм и капитализм, наращивая обороты противостояния, формировали фундамент новых экономических отношений, то есть нового общества в целом.

В настоящее время, историческое соревнование двух систем подходит к завершению, причем, в пользу капитализма на земном плане. На тонком плане — ситуация противоположная, но, тем не менее, равновесие на каждом из планов нарушено.

Резкий крен в сторону идеологии капитализма автоматически рождает мощный внутренний противовес, проявляющийся как абсолютизация духовного и презрение к земному. Эмоционально это выражается в желании уничтожить все человечество и все земное, и на физическом уровне проявляется в виде различных идеологических течений и сект. В различных точках планеты на полевом уровне закладываются и развиваются программы уничтожения человечества, которые должны сработать в том случае, если идеология капитализма не будет преодолена созданием новых форм нравственности и идеологии. Для того, чтобы человечество выжило, ему нужна совершенно новая философия. Но соединить две неразвитые противоположности — это значит уничтожить их. Они должны сначала оформиться, окрепнуть, пройти определенный цикл развития, взаимно подпитывая друг друга, и только потом соединиться во что-то совершенно новое, не разрушая при этом друг друга. Это и есть философия человечества будущего. Социализм, постоянно нищавший, должен был принять западные технологии, умение работать, иначе развитие бы остановилось. Капитализм должен был принять социалистические идеи и внедрить их, иначе его развитие тоже остановилось бы. Вся послевоенная экономика США основывалась на соединении принципов капитализма и социализма, то есть соединении рынка с усилившимся акцентом планового начала, с плановым ведением хозяйства. Эти же принципы Америка внесла в экономику Италии, Германии, Японии и в другие страны. Социализм в послевоенные годы должен был тяготеть к рыночному началу. И в нем, и в капитализме равенства в этих принципах быть не могло, потому что не было философии, концепции, примиряющих оба эти начала. Поэтому при капитализме развивалось общество, развивались законы, развивалась экономика. Но тонкие духовные структуры истощались и деградировали. При социализме разваливалась экономика, уничтожались люди, шла деградация социальных, правовых норм. Но одновременно с этим шло накопление потенциала на тонком духовном уровне. Их взаимная подпитка и борьба должны были завершиться созданием новой концепции восприятия мира, где духовное начало не пытается уничтожить материальное, как в идеализме. И где материальное не пытается подмять духовное, как в материализме. Следовательно, крах социализма одновременно является и крахом капитализма. Если сейчас капитализм не устремит все силы к духовным приоритетам, то крах будет и физическим. В карме человечества начинаются резкие изменения, весьма негативные. Должен возникнуть новый строй, в котором органично сольются принципы коммунизма и капитализма. Но этот строй невозможен без новой концепции. Эта концепция должна в первую очередь определиться в своем отношении к деньгам, то есть человек должен понять, что деньги, как олицетворение земных благ, являются одновременно и добром, и злом. Одному человеку опасно иметь много денег, и он должен думать только о духовном, а другому нужно больше иметь денег, чтобы привязаться к Земле. В следующей жизни они меняются ролями. Богатые раньше думали только о материальных благах и все больше прилеплялись к Земле, а бедные, за неимением благ, должны были думать о Боге и своей душе. Но бедные мечтали о богатстве, а богатые — о духовности. Сейчас и тем, и другим придется думать одинаково.

Я излагаю свои взгляды на встрече с читателями в Москве.

— Скажите, а Вы берете деньги за лечение? — задают мне вопрос из зала. — Как же так, Вы в книге пишете одно, а делаете совершенно другое.

— Деньги можно иметь, если правильно к ним относиться. Если целитель получает различные суммы денег, но для него они вторичны, он может работать.

Люди, прочитав мою книгу, создают стереотип святого, то есть человека седовласого, с одухотворенными чертами лица, не берущего за помощь денег. При встрече со мной у некоторых возникает разочарование, когда они узнают, что за мою помощь нужно платить. Это и есть мышление нашего современного человека, разделяющего всех на святых и дельцов, и которое не может соединить эти противоположности. Святых становится все меньше, а дельцов все больше. Поэтому войны, болезни, вырождение, экономический развал, разрушение земного действуют как принудительно-добровольный механизм.

Каждый человек должен стать святым и дельцом одновременно. Но для этого необходимо изменение мышления, а человеку часто гораздо проще умереть, чем изменить себя. Как принудительно очищают человека, я Вам сейчас расскажу.

Я общался с молодой парой, ребенок которой был серьезно болен. В прошлой жизни они постоянно мечтали о деньгах, завидовали тем, у кого их было больше, ненавидели тех, кто их унижал в деньгах, и в эту жизнь они принесли желание поставить любовь к деньгам выше любви к Богу. А это влечет отречение от всего святого ради денег и ведет в конечном счете к деградации. Поэтому им надо пересмотреть отношение к деньгам и снять все обиды на людей.

— Но как же не обижаться, — воскликнула женщина. — Если нас лучшие друзья "подставили" на пять тысяч долларов. Представляете, сколько лет нам нужно отдавать эти долги?

— Если ваши друзья нарушили высшие законы, они за это ответят. Сейчас посмотрим, почему такое случилось?

Благодарите Бога за то, что так получилось. Ваше тело унижено, но душа очищена. Вы знаете, почему Моисей говорил: "Не сотвори себе кумира"? Кумир — это цель. Если высшие цели сводятся только к земным ценностям, то душа человека погибает. Происходит разрыв противоположностей. Дух постепенно отделяется от тела, и развитие прекращается. Поэтому ничто на Земле не может быть целью. Высшая цель всегда должна лежать за пределами моего тела, моих интересов, интересов общества и человечества.

Так вот, вы из прошлой жизни принесли чрезмерную любовь к деньгам, и в этой жизни деньги стали для вас целью, а не средством, поэтому ваш ребенок мог умереть, а вы тяжело заболеть. Теперь же деньги надолго станут для вас не целью, а средством отдачи долга. Перед тем, как на человека падает стена, на него сыпятся мелкие камешки, но бьют они очень больно. Если человек отходит в сторону, он здоров, а чем больше человек раздражается и злится, тем быстрее на него упадет стена. Развитие любви к Богу идет через развитие любви к Земле. Но если любовь к Богу может быть безгранична, то любовь к земному имеет определенные рамки. И главное условие — душа должна быть прежде всего обращена к Богу, а не к земным ценностям. Поэтому в этой жизни к деньгам допускают того, кто в прошлой их не имел и о них не думал.

Однажды в компании я встретился с молодым человеком, который очень богат. Он сказал, что бросает деньги направо и налево, но они к нему все равно возвращаются. Мне стало интересно, в чем же дело? Посмотрел его поле и увидел там мощную связь с Божественным. Причина крылась в его прошлой жизни, в которой он был монашкой, молился всю жизнь, и поэтому, сколько бы денег он не имел сейчас, все равно его душа не прилипнет к земному. Нам позволено иметь земных ценностей столько, сколько выдержит наша душа. Чем сильнее у нее связь с Божественным, тем больше земных благ дается человеку. Дистанционно просматривая богатых людей, я понял, как работает механизм эволюции. Когда у живого организма появляется территория, которую он защищает и контролирует, то это шаг вперед, к развитию. Первой такой территорией является его собственное тело. С развитием сознания, связанного с интересами тела, появляется понятие контроля над окружающей тело территорией. Чем больше поверхность территории, тем больше связи возникает при контроле, тем быстрее развивается интеллект и сознание. Чем богаче человек, тем больше в его подсознании возникает связей, соединяющих его со всем земным. Они стимулируют развитие сознания и интеллекта. Но поскольку приоритет остается за земным, наступает истощение духовных структур. В следующей жизни человека нужно отключить от забот о земном. И вот он абсолютный неудачник, нищий и больной. Чем больше неудач, тем больше он ориентирует свою душу к духовному, а не к земному. Христианство внушало бедным мысль, что их бедность не случайна, что это нужно принять по воле Божьей и нельзя ненавидеть и завидовать богатым. Умение принять это давало расцвет духовных структур. Не зацепившись за свое унижение отрицательными эмоциями, человек не зацепится за свое возвышение.

Это приводило к тому, что богатые люди все больше тяготели к духовности, воспитывали в себе все больший альтруизм. Человек, для которого духовное богатство является абсолютным приоритетом, может быть богатым всегда. Следовательно, при возникновении и развитии системы взглядов, обеспечивающих приоритетность духовного развития и постоянное преодоление любви к земному, возможно существование общества, которому не нужно социальное равенство.

Если раньше был Запад, где душа все быстрее прилипала к Земле, и был Восток, где она постепенно очищалась, то сейчас, когда везде царит Запад, внутри каждого из нас должен царить Восток.

Раньше одно было в подсознании, а другое в сознании, сейчас материализм и идеализм должны объединиться в сознании на уровне концепции, то есть сознание должно стать более диалектичным. Я сначала не понимал, почему человек, проживший две реинкарнации в США, там больше жить не может, он там погибнет, и не понимал, почему США, где царствует философия абсолютного потребительства, прекрасно существуют. Понял это только тогда, когда увидел, что Америка подпитывается прямой и кармической эмиграцией, то есть на нее работает все человечество, ибо при жесткой ориентации только на блага цивилизации и на то, что связано с телом, без постоянной духовной подпитки выжить невозможно. Этот период сейчас закончился. Без коренного изменения по отношению к тому, что такое экономика, экология, деньги, развиваться не сможет ни одно общество.

У моего знакомого есть родственник в Нью-Йорке. У него там свой небоскреб. "Миллиардер, — подумал я, — наверное, душа грязная до предела". — Но посмотрев поле, поразился его чистоте и сиянию, более гого, в его поле сияли еще два более чистых кокона — поля его сыновей.

— У твоего родственника, — удивленно сказал я ему, — очень хорошее поле, он порядочный человек.

— Точно, — подтвердил тот.

— А причиной тому три его прошлые жизни. Он жил в Индии, был очень набожным человеком и часто молился.

— А он и сейчас набожный человек и часто молится, — ответил знакомый.

Когда случаются какие-то несчастья, и мы теряем деньги, или у нас их отнимают, очень трудно, кроме обычного земного унижения, увидеть и высший смысл, но он всегда присутствует. Именно он, а не здравый смысл и житейская логика, определяет ситуацию.

Как-то ко мне обратился мой знакомый.

— Родственник попросил продать украшение, стоимость которого свыше тысячи долларов. Я отдал его ребятам, которые обычно мне помогали в таких случаях. В этот раз они пропали и не выходят на контакт. А у меня нет денег, чтобы отдать долг. Хоть вешайся.

— Ты должен понять, — объяснил я ему, — любая ситуация, происходящая с тобой, определена Богом. Раз с тобой это случилось, значит, в этом есть высший смысл. Если что-то ущемляет интересы твоего тела, то у тебя не все в порядке с душой. У тебя по отцовской линии зацепленность за материальные блага, презрение к тем, кто их не имеет, ненависть к тем, кто отнимает их, нежелание жить, когда ты сам их теряешь.

— Так что же, значит, уже ничего не изменишь? — спросил он обреченно.

— Нет, ситуация еще не закрылась, шансы у тебя есть.

— Что я могу сделать?

— Изменить свое отношение ко всему, что связано с материальными благами. Вспоминай всю жизнь и благодари Бога, когда тебя отводили от материальных благ. Проси прощения за любую обиду, ненависть и зависть ко всему, что связано с материальными благами.

— И что, после этого они отдадут мне драгоценность?

— Воля каждого человека в любой ситуации составляет около 10%. Значит, общаясь с людьми, ты общаешься не с ними, а с Богом. Вот и делай выводы.

Через несколько дней он зашел ко мне в мастерскую. Мы о чем-то говорили, и вдруг я вспомнил об украшении.

— Кстати, как у тебя дела?

— Украшение вернули. Причем, когда возвращали, сказали: "Ведь мы хотели тебя "кинуть", а потом пожалели". "А почему?" "Да сами не знаем", — ответили те.

До тех пор пока мы будем стремимся источник своих обид найти в других людях и обвинять их, или ненавидеть и обвинять себя, до тех пор пока мы не почувствуем, что кроме земной логики и земных законов существуют Божественная логика и Божественные законы, и они приоритетны. До тех пор пока мы не поймем, что источник наших обид — не плохие люди, а наше несовершенство, и виновных здесь нет, до тех пор горькое лекарство, которое мы стремимся выплюнуть, нам будут давать все большими дозами.

Водитель, сидящий рядом со мной, задает вопрос:

— Я был на Вашей лекции, где Вы говорили, что зацепленность за деньги — это очень плохо. У меня семья из четырех человек, и мне надо зарабатывать деньги. Как же быть?

— Вы просто пытаетесь однозначно решить этот вопрос: либо левое, либо правое. Если мечтать о деньгах, постоянно думать о них — это плохо, и от денег нужно отказаться вообще. Владение земными благами развивает человека, как и всю земную цивилизацию в целом. Просто нужно понимать, что все земное счастье вторично и является средством, а не целью. Деньги нужно иметь, но завидовать из-за них, сожалеть, что их нет, и проявлять душевную агрессию по этому поводу нельзя.

Я объясняю причины возникновения проблем у дочери моей пациентки:

— Вы не хотели принять неприятности и обиды от людей, а дочь уже не может. Значит, очищать ее будут уже не людьми, а болезнью. За вашими спинами уже встают болезни и смерть. Отречение от любви, осуждение и презрение уже вошли в Ваш характер. Сумеете изменить восприятие мира и свой характер, болезней не будет.

По глазам женщины вижу, что она начинает понимать, в чем дело.

— Посмотрев моего мужа, женщина-экстрасенс сказала ему, что он умрет и смерть будет весьма жестока. Это так?

— Очень похоже, — сказал я, взглянув на полевые структуры ее мужа.

— А это можно как-то изменить?

— Ваш муж слишком любит деньги. Он в душе готов убить любого из-за денег. Следовательно, убить должны его.

— Да, ему от матери перешла любовь к деньгам.

— Человек в первую очередь зависит от личной кармы и получает родителей соответственно ей. В прошлой жизни готовность предать, ограбить, ненавидеть из-за денег приклеила его душу к деньгам так, что в этой жизни достаточно нескольких промахов, чтобы механизм воздаяния заработал. Пускай дарит деньги, заботится о других, не думает о людях плохо, тогда выживет.

— Он в это не верит, говорит: "Не лезь ко мне с этой чепухой".

Я пожимаю плечами:

— Для каждого человека есть свои способы убеждения.

— Так что же, и помочь уже нельзя? — обреченно смотрит она на меня.

— Очищайте себя. Насколько Ваша душа готова пойти наверх, настолько окружающие будут пропитаны этим.

Приятель в разговоре предложил мне купить "Жигули" за пять тысяч рублей.

— Это за один доллар? — поинтересовался я.

— Да, представь себе, продает один моряк. Причем машина совершенно новая. Произошла странная история, он несколько лет мечтал о машине и наконец ее купил. Подогнал к дому, всем показал, потом пригласил жену покататься. Жена села в машину, и вдруг удар, у него заплывает правый глаз. Он с воплями набрасывается на жену, думая, что она его ударила. Жена испуганно отвечает, что пальцем его не трогала. Он велит ей выйти из машины. Вышел сам, походил вокруг, потом с опаской сел за руль. Опять удар, у него заплывает левый глаз, хотя в машине никого нет. Он кубарем выкатывается из машины, совершенно ошарашенный, и вокруг него собралась толпа. Тогда он предлагает одному знакомому прокатиться на машине. Тот садится за руль. Делает круг по двору, останавливается и выходит совершенно невредимым. Обрадованный хозяин снова садится за руль и вдруг получает удар по зубам. В голове слышится голос: "Ты должен продать машину за пять тысяч рублей". — "Да я ее за пять тысяч долларов купил", — кричит, негодуя, хозяин. Но голову начинает нестерпимо сдавливать. И до него доходит, что иначе все может плохо кончиться. Он едет на рынок и неделю пытается продать машину. Покупатели бойко торгуются, доказывая, что цена машины не пять тысяч долларов, а несколько дешевле. Узнав настоящую цену, все на него странно смотрят и уходят.

— Так машину он продал? — интересуюсь я.

— Нет. До сих пор не продал.

— Машину нужно срочно купить, — сказал я. — Немедленно звони тому моряку. — Но выяснилось, что хозяин машины ушел в рейс. То, что называется, отвело. Я понял, почему моряка колотил его собственный дубль. Постоянно мечтая о машине, он так душой зацепился за нее, что иметь машину для него стало смертельно опасно. Скорее всего, он бы разбился в автокатастрофе, то есть он должен был потерять либо машину, либо здоровье, либо жизнь. Он получил самый щадящий, хотя и странный выход из ситуации.

В компании меня отзывает в сторону мой знакомый и доверительным голосом спрашивает:

— Хочу осуществить одно бизнес-мероприятие. Получится у меня или нет?

— Лучше по этому поводу обратиться к астрологам.

— А что, ты не можешь сказать? — озадаченно спрашивает он.

— Могу. У тебя идет рост подсознательной агрессии, ты начал мечтать о деньгах и благополучии. Остановить тебя могут тремя способами: либо неудачей твоего мероприятия, либо потерей рук и ног и тяжелой болезнью, либо смертью. Ты забываешь, что ситуация контролируется сначала внутренним состоянием, а потом внешними действиями. Если агрессия вырастет до красной черты, чем удачнее будет твое предприятие, тем быстрее ты потеряешь руки, ноги или голову. Пойми простую вещь. На Западе у бизнесмена есть запас кармы, который он наработал, живя в прошлых жизнях в России или на Востоке. У русского бизнесмена такого запаса меньше. Бизнес всегда связан с риском. Но если на Западе бизнесмен ходит по доске над пропастью, то в России — по проволоке, причем, часто по колючей. Когда почувствуешь, что твоя внутренняя этика стоит впереди денег, тогда не нужно будет идти к специалистам.

Через несколько часов я общаюсь с другим бизнесменом. Вижу его расстроенное лицо и спрашиваю, в чем проблема.

— Совершенно нелепая потеря нескольких сотен тысяч долларов.

— Помните, недавно я говорил, что можете потерять деньги или жизнь?

— Помню, — уныло отвечает он.

— Но особого внимания моим словам не придали? — спрашиваю я.

Он кивает головой.

— Месяц назад я Вам говорил, что у Вас не смертельная ситуация, но зацепка за деньги и благополучие не снята.

Он опять согласно кивает.

— У Ваших будущих детей душа загрязнена любовью к деньгам и благополучию. Чем больше будете работать над собой, тем меньше будет таких неприятностей.

Вижу его расстроенное лицо и пытаюсь ему помочь другим способом.

— Вы знаете, что такое победа? — неожиданно спрашиваю я. И в ответ на заинтересованный взгляд отвечаю: "Это правильное отношение к поражению".

В первый раз вижу на его лице улыбку и рассказываю о том, что недавно организовал фирму для издания своей книги. На днях моя сотрудница спросила:

— Сергей Николаевич, Вы исследуете законы кармы, а нас постоянно обманывают, и мы все это время едва сводим концы с концами. Где же Ваша карма и Ваш метод? Где же их достоинства?

— Достоинство моего метода и моей кармы в том, что за эти полгода мы никого не обманули, — отвечаю я. — Главное счастье не в том, что я имею, а в том, как я к этому отношусь. В понятии счастья первично внутреннее состояние и вторично внешнее благосостояние. Мой метод помогает мне самому преодолевать внутреннее несовершенство.

Я снова смотрю на бизнесмена, сидящего передо мной. Это уже другой человек. Наверное, одно из высших удовольствий — сделать счастливым другого.

ВИНОДЕЛИЕ

Литература дает множество примеров, когда человек долго не ест и прекрасно себя чувствует. Сейчас уже понять не сложно, что основную энергию человек получает не из пищи. Еда — это фактор развития. Добыча еды, одежды и строительство жилища двигают вперед цивилизацию. Раньше люди после кораблекрушений умирали на третий день от голода, и вскрытие показывало, что смерть наступала от физического истощения. Сейчас практически каждый может голодать месяц, и при этом происходит улучшение состояния человека. Чем больше в поле духовные структуры возмущены агрессивными эмоциями, страхом, обидой, сожалением, унынием, тем меньше человек получает энергии из основного источника, следовательно, тем больше пищи должно потреблять тело. Поэтому голодание, смысл которого в усилении контакта с духовными структурами и получении энергии оттуда, особенно при больших сроках, должно происходить в отрешенности от всего земного, в уединении и в молитве. Что и делал Иисус Христос в пустыне. В этом случае голодание не истощает физические структуры, а очищает их.

Когда я на тонком уровне смотрел энергетику Земли, то удивился, увидев, что десять тысяч лет назад из других миров на Землю пришла программа кумирства земного, и душам людей, чтобы преодолеть мощные заземления, потребовалось создание новой философии, совершенно исключающей земное. Одновременно с этим был дан мощный стимул к развитию цивилизации и материальных благ. Земные страсти отторгают человека от духовного уровня, но толкают на развитие материальных структур, поэтому весь смысл земного развития заключается в том, чтобы сохранить земные страсти, но не пропустить их в духовное ядро. Поэтому пища нужна нам для развития цивилизации, она является принудительным рычагом активного поведения человека.

Но оказалось, не только это. Поскольку человек возник как кишечная трубка, и главную информацию он и по сей день получает кишечником, еда является не только источником разнообразной информации, но и рычагом изменения духовных информационных структур человека. В этом смысл лекарственной медицины. Особенно большую роль здесь играют травы. Чем ближе растение к земле, тем больше стремление вверх, в космос. Информация отрешения от земного балансировала духовные структуры человека, блокировала прилипание души к земному, и это приводило к физическому выздоровлению). Но здесь есть один важный момент. Лучшее лекарство — это травы, они воздействуют не только на физическое тело человека, но и на его духовные структуры. Когда душа человека прилипает к первому или второму уровням земного, тогда возможно излечение. Прилипание к третьему уровню, то есть зацепки за способности, душевные качества и судьбу, а также болезни, блокирующие их, то есть онкологию, эпилепсию, рассеянный склероз, болезнь Паркинсона, псориаз, астму, трава заблокировать не сможет. Единственное, что здесь может помочь, — это духовные структуры человека, незацепленные за земное, которые, соприкасаясь с душами других людей, ведут за собой человека к Богу.

Информация передается не только при общении. Она передается через пищу и жидкости. Вода является великолепным накопителем информации, а способность человеческой крови удерживать информацию значительно большая. Есть еще одна жидкость, уровень которой не уступает крови, это — вино. Смысл причастия хлебом и вином заключается в подключении человека к духовным структурам Христа. Я уже приводил пример о том, как четырнадцатилетний мальчик чуть не умер от отравления. А причиной была подсознательная агрессия по отношению к отцу, переданная ему матерью. Позже я задумался, почему пища в один из дней стала для него как бы отравой? Посмотрел на тонком уровне и понял, что мальчик принимал еду, приготовленную женщиной-поваром, у которой были аналогичные проблемы. Поэтому когда человек молится перед едой и благодарит Бога за пищу, он как бы принимает ее от Бога, и отрицательные программы в значительной степени гасятся. Но очень важно, что именно ест человек и кем это приготовлено.

Не так давно я отметил, что определяет качество вина. Это не только сырье и точная технология приготовления, но и душа того, кто связан с производством вина. Эта тема открылась для меня несколько лет назад. У меня есть друзья в Крыму, и я часто там бываю. Однажды мы попали на винный завод, производящий херес. Директором оказалась добродушная приветливая женщина, которая с удовольствием показала нам завод.

— Вот видите: установка, в которой все бочки соединены одна с другой. Здесь несколько десятков тысяч литров сухого вина, на поверхности которого плавает хересная пленочка. За несколько лет она меняет структуру вина и его энергетику, и получается то, что мы называем хересом. Я поверила в биоэнергетику после одного случая. У нас на заводе бывают экскурсии, и мы показываем посетителям, как делается вино. И вот однажды у меня был винодел из Средней Азии. Он заглянул в отверстие бочки и сказал, что пленочка темновата. Когда все ушли, я решила проверить сама и увидела, что пленка стала черной, она практически умерла. Решила, что пленка погибла и в остальных бочках, позвала рабочих, мы стали осматривать все бочки и были удивлены. Оказалось, что в остальных емкостях чисто. Тогда я поняла, что эту пленочку просто сглазили, и мы перестали показывать ее посетителям.

Как-то мне работницы сказали, чтобы я перевела на другую работу одну женщину, потому что, когда та входит в подвал, процесс хересования останавливается. Я проверила — точно. Вы, наверное, не знаете, что когда вино перевозят в цистернах, оно устает и после перевозки должно месяц отстояться, отдохнуть, потом его можно разливать в бутылки, иначе качество падает.

В следующий раз, когда я попал на этот завод, меня уже встретили как старого знакомого. Директор дала мне две изогнутые металлические проволоки.

— Недавно у нас прорвало водопровод, и мы искали место аварии. А Вы могли бы посмотреть неблагополучные места?

— Давайте попробуем, только будем смотреть не место, где находится завод, а все, что связано с вином. Мы вошли в помещение, где стояли бочки. В одном месте энергетика резко ухудшилась. Несколько раз я проверял себя и видел одно и то же.

— Знаете, здесь энергетика хуже, и связано это с людьми. Это не геопатогенная зона. — Я замечаю возле этого места несколько стульев. — Поскольку это связано с людьми, то те люди, которые сидели на стульях, видимо, и ухудшали энергетику помещения.

— Вы знаете, — извиняющимся голосом говорит женщина, — я эти стулья поставила полчаса назад, и на них никто еще не сидел.

Мне стало неудобно. И женщина, видя это, попыталась помочь мне:

— Видите, рядом со стульями стоит бочка, там вино. Может быть, оно как-то действует? Это не херес, это вино с другого завода.

Я посмотрел вино, и все стало ясно.

— Энергетика отрицательная, и она определена завистливым характером директора того завода, на котором это вино изготовлено. Такое вино может вредить здоровью.

Директор была в изумлении.

— А ведь Вы совершенно правы относительно того директора.

Я делаю ей комплимент:

— А у Вас энергетика сбалансирована, ялтинский херес не несет отрицательных программ, его качество высокое.

Мы пошли по заводу. Рамки показывали везде высокую энергетику и прекрасное качество вина. Но возле одного из бочонков мы остановились. Рамки показывали ухудшение качества.

— Здесь качество хуже, — удивленно сказал я.

Она тут же вспомнила.

— Когда наливали вино в эту бочку, рабочие были нетрезвые, все делали плохо, и я сердилась на них. Неужели мои эмоции так влияют на качество вина?

— Влияют, да еще как. Директор завода является как бы отцом своих подчиненных и его поле влияет на их кармические программы, то есть на их эмоциональный настрой. Значит, карма директора завода, его руководства определяет, будет ли вино благотворно влиять на человека, или будет вредить ему.

Через неделю я оказался на другом винном заводе. Экскурсию проводил один из работников завода. Он повел нас в хранилище, где лежали бутылки многолетней выдержки. Тут я решил методом полевой диагностики проверить качество вина каждого года. Мое бормотание — "...это получше, это очень хорошее, это неважное", — слышали экскурсанты.

Шедший впереди работник завода стал прислушиваться.

— А посмотрите вот это вино, — предложил он.

— Вино прекрасное, — отвечаю я.

— А вот это?

— Очень хорошее.

Когда я диагностировал вино, розлитое в бутылках, то заметил интересный факт. Хорошим было вино разных сортов 1963г. Я понял, что эмоциональное состояние общества тоже определяет качество вина. Как только программа проходит в подсознание общества, меняется энергетика вина, производимого на этой земле.

После экскурсии мы поднялись в дегустационный зал. На деревянной подставке стояло двенадцать бокалов с различными сортами вина.

— Простите, а можно мне продиагностировать? — спросил я.

— Пожалуйста.

— Вы сказали, что качество вина невысокое, а специалисты утверждают, что очень хорошее. — Я проверяю. — Нет, качество низкое.

— Но дегустаторы сказали, что качество высокое.

— Они ошиблись, — отвечаю я.

Со стороны это выглядело забавно. Но что поделать, я доверял своей диагностике.

— Скажите, — задает мне вопрос дама, сидящая напротив. — А что влияет на качество вина?

— Характер директора завода, — отвечаю я.

Дама улыбнулась, думая, что я шучу.

— А хотите, я по вину, налитому в бокалы, определю характер директора, — говорю я и начинаю рассказывать.

— На этот завод свозится вино различных сортов, которое отстаивается в бочках. И пока вино созревает, оно берет энергетику людей, связанных с его производством. На энергетику и состав вина влияет очень много факторов, вплоть до того, давят его ногами или с помощью специальных машин.

Дней через десять я оказался на одном из заводов шампанских вин. Девушка-экскурсовод объясняет нам:

— Наше шампанское делается из нескольких сортов винограда: алиготэ, рислинг, пино-гри. Сейчас в емкостях — сорт алиготэ.

Я диагностирую вино и говорю ей:

— А Вы знаете, рислинг лучше качеством, больше подходит к шампанскому.

— Совершенно верно, — отвечает она. — А откуда Вы знаете?

Мы идем дальше и проходим в цех, где идет розлив шампанского.

Девушка рассказывает нам о том, что "брют" — это абсолютно чистое шампанское, а сухое, полусухое, полусладкое получаются с помощью добавления виноградного сиропа.

— У меня по диагностике получается, что добавление сиропа понижает качество вина, — удивленно замечаю я ей.

— Да, — простодушно отвечает она. — У нас на заводе все, от директора до грузчика, пьют только "брют". А на других заводах добавляют сироп, чтобы скрыть недостатки вина.

— Когда вводят сироп в шампанское, — объясняю я ей, — то рвутся связи и нарушается информационная структура вина. Поэтому, если шампанское качественное, лучше пить брют, а если энергетика неважная, то лучше пить полусладкое. Сахар глушит отрицательные программы в вине.

Работники завода прислушиваются к нашему разговору.

— Скажите, а как шампанское нашего завода? — спрашивает одна из женщин.

— К сожалению, неважное, — отвечаю я. — У вас шампанское агрессивное, кроме того, в нем есть программы зацепок за гордыню, деньги, благополучную судьбу, поэтому, если постоянно пить это шампанское, человек прилипнет к деньгам и благополучной судьбе, будет терять деньги, и у него разрушится судьба.

— Вообще-то, Вы правы.

— Скажите, — спрашивает другая женщина, — почему шампанское стало хуже?

— У вас на заводе последнее время люди много ссорились и предъявляли претензии друг другу. Директор завода, который первый определяет энергетику вина, последнее время потерял эмоциональную балансировку. Все это влияет на качество шампанского.

Через пару месяцев мне позвонил знакомый из Крыма.

— Помните завод, где Вы в подвалах тестировали бутылки?

— Конечно.

— Я недавно встретил работника завода, который вел экскурсию. Он сказал: "Пускай Сергей Николаевич в любое время приезжает на наш завод".

Знакомый продолжал:

— Я спросил его, насколько точной была Ваша диагностика? Он ответил, что выше 90%.

Потом я уже для развлечения смотрел в винных магазинах качество вина и видел, как сильно подсознательные духовные структуры людей связаны со всем тем, что они производят.

Для меня раньше качество спиртных напитков определялось тремя моментами: крепость, вкус, мое физическое состояние на утро. Вкус часто занимал последнее место. Занявшись серьезно биоэнергетикой, я изменил отношение к вину. Впервые я понял, что вино — это не просто дурман и градусы, а нечто другое, в начале 70-х годов в Сочи, где я работал экскурсоводом. Многие экскурсионные маршруты проходили через Абхазию, я изредка дегустировал великолепные абхазские вина: "Абсны", "Лыква", "Анакопия", "Соо" и до сих пор помню их вкус. Поскольку виноградников по ходу экскурсии попадалось много, нужно было давать хоть какую-то информацию о виноделии. Изучая литературу, я с удивлением узнал, что вино содержит огромное количество химических соединений, которые благотворно влияют на организм человека. В сухом вине свыше пятисот таких соединений. Они несут колоссальное количество информации и, следовательно, развивают человека как информационную систему.

В крепленом вине таких соединений намного меньше, а при нарушении технологии информация может стать даже агрессивной и вредить. А я-то думал, что чем вино слаще и крепче, тем оно лучше, что вино — это напиток с градусами, а выяснилось, что оно берет энергию Солнца и Земли и вся эта информация хранится в нем. Так постепенно я понял, что вино может оказывать как положительное, так и отрицательное воздействие на человека в зависимости от свойств самого напитка.

Человек появился на Земле как кишечная трубка. И на полевом, и на физическом уровнях главная информация берется кишечником. Поэтому питание хоть и вторично, но тоже оказывает мощное воздействие на физическую, нервную и душевную структуры человека. А вино, накопив информацию от Солнца и Земли, оказывает мощное воздействие на человека. Но главную информацию вино берет не от Солнца и Земли, а от людей, которые его делают. И выяснил я это благодаря биоэнергетике. Что, кстати, позволило мне изменить отношение к количеству и качеству потребляемых мною вин.

ЖИВОТНЫЕ

Последнее время духовное несовершенство стало оборачиваться всё более тяжелыми последствиями. Если душа загрязнилась, то человек не заболевает сразу, и несчастья тоже сразу не приходят. Когда раздаются "первые звонки", человек может, меняя себя, изменить ситуацию. Внешними действиями можно менять сиюминутную, тактическую ситуацию. Реальный контроль над ситуацией возможен не только внешним, а в первую очередь внутренним воздействием, то есть работой над окружающим миром через работу над собой.

Недавно у меня дома раздался телефонный звонок.

— Вы не могли бы полечить мою кошку? — слышу я женский голос. — У нее отказали почки, она уже не встает и почти умирает.

Первая моя реакция — раздражение. У меня не хватает времени, чтобы тяжелобольных принимать, а оказывается — я специалист по кошкам. И тут же я себя остановил. Кошка умирает, по полю недолго осталось и хозяйке. Лечить будем кошку, спасая жизнь хозяйке. Если болеет или погибает животное, это не означает, что то же самое будет и с хозяином. На следующий день хозяйка кошки приходит ко мне в мастерскую, но у меня совершенно нет времени.

— У нас пять минут. Вы презирали своего отца?

— Да, а в чем, собственно, дело?

— Поясняю. Когда душа прилипает к Земле, она становится гордой и агрессивной. Определить это можно по высокомерию, презрению, обиде и ненависти. Есть первый уровень земного — это то, что можно пощупать: еда, машина, дача и так далее Есть второй уровень земного — семья, любимый человек, положение в обществе. Ко второму душа привязывается сильнее. Эти ценности выше, они ближе к Духу Святому. Есть третий уровень — способности, душевные качества и мудрость. Зацепиться за мудрость — самое большое искушение, она дает счастье гораздо большее, чем все остальные ценности. Мудрость — тот капитал, которым мы можем владеть в течение многих жизней. Поэтому прилипание — большое, и соответственно агрессия — самая большая. Сейчас человечество подошло к красной черте, и агрессия, порожденная мудростью, блокируется жестче, чем раньше. У кошки заблокировано поле головы и район почек. Зацепка за мудрость дает презрение, оно рождается в голове, поэтому блокируется поле в районе головы. Но презрение очень быстро разворачивается против себя, поэтому деформируется поле вокруг почек и нарушается их функция. Суицид, который является следствием презрения к другим, вначале бьет по голове, а затем по мочеполовой системе. Все дело в том, что Ваше поле такое же, как и у Вашей кошки. У Вас мощный развал в районе головы, и начинают разваливаться почки, но пока на тонком уровне. Судя по полю, Вам недолго осталось жить, хотя внешне Вы чувствуете себя нормально.

— А как все-таки помочь кошке? — спрашивает женщина.

— Вы можете умереть. Если Вы пересмотрите свою жизнь, молитвами и покаянием будете очищать себя, то автоматически спасете кошку. Женщины Вашего рода ставили любимого человека и его мудрость выше любви к Богу. Поэтому они для·очищения должны получать отцов и мужей, глупо себя ведущих, унижающих себя или обижающих и унижающих своих жен и детей. Если бы они не презирали и не осуждали, их души очистились бы. У Вас же происходило обратное.

— Хорошо, я все поняла, — говорит женщина. — Я многократно пересматриваю свою жизнь и изменяю отношение ко всем событиям и людям. Но как определить, стало мне лучше или нет, появились ли у меня шансы выжить? У меня ведь все в роду по женской линии умирали от почечной недостаточности.

— Ваш индикатор находится дома — это Ваша кошка. Помните — молитвы и покаяние. Зайдите через пару дней, посмотрим Ваше поле.

Через два дня она приходит ко мне. Наше свидание длится десять секунд.

— У Вас поле чистое, — говорю я ей, — будьте здоровы.

— А Вы знаете, — говорит, улыбаясь, женщина, — когда я вернулась домой, кошка встретила меня у дверей, а почки у нее заработали на второй день.

Развожу руками.

— Все нормально. Идите и старайтесь, чтобы кошка больше не болела.

Раз уж я начал про животных, то расскажу еще два случая. Ко мне обратилась женщина за помощью:

— Почему-то умирают мои знакомые. Я чувствую, что начинаются проблемы и у меня. Но это еще полбеды. Мой муж утверждает, что здоров, но чувствую, что все очень плохо. У нас уже был знак беды: наша собака попала под машину и погибла.

Смотрю поле животного. Судя по всему — мужского пола, значит, серьезные проблемы должны быть у хозяина.

— Кобель?

— Да.

В поле ее мужа — смерть. Он должен умереть в ближайшие год-полтора. На физическом уровне все прекрасно. Следовательно, будет травма или болезнь.

И вот они сидят передо мной через некоторое время. Я объясняю мужчине его ситуацию:

— Вам было очень много дано в прошлых жизнях, и Вы презирали людей за несовершенство. У Вас отнимают удачу и благополучие, и Вы начали презирать себя. Жизнеспособность человека определяется запасом любви в его душе. Насколько силен контакт клетки с организмом, настолько она жизнеспособна. Уровень любви в душе каждого из нас — это уровень контакта с Творцом, создавшим нас. Если этот уровень падает, наше тело должно погибнуть, чтобы не погибла душа. Вы настолько презирали себя и давили любовь к себе и ко всему миру, что это перешло за красную черту. Презрение к себе превращается в программу самоуничтожения. В обычной ситуации у Вас было бы онкологическое заболевание. Но у Вас сбалансированный организм, поэтому Вы должны были получить травму и медленную смерть. Никогда не загоняйте претензии к себе и к другим людям внутрь. То, что внутри Вас, Вам не принадлежит. И свои личные проблемы не загоняйте туда. Запомните на всю жизнь одну вещь: чувство любви нам не принадлежит, мы не имеем права прикасаться к нему, мы не имеем права подчинить его себе, им нельзя управлять. Мы являемся частью любви, которая находится внутри целого, а часть не имеет права посягать на целое. Чувство любви священно и неприкосновенно. Мы служим ему, а не оно служит нам. Вы не имеете права убивать любовь ни к другим людям, ни к себе — это наказуемо. Если Вы это примете и почувствуете, у Вас не будет проблем.

Я раньше думал, что животные просто берут карму хозяина, но ведь у животных высокая интуиция. Почему же они это делают? Поле животного входит в контакт с полем хозяина и получает его защиту. Скажем так, если в основе какого-то духовного направления стоит личность святого, то это направление будет жить и развиваться. А если во главе — несовершенный человек, то такое направление быстро погибнет. Анализируя эти ситуации, я понял, почему народам столь необходимы религии и люди, стоящие у их истоков. Контактируя с полем и духовностью основателя, последователи получают очищение и защиту. Но стократно увеличиваются и недостатки. Поэтому уровень контакта основателя религии с Богом определяет судьбу его духовных потомков.

Заверщу главу о животных случаем, в котором больше юмора.

Ко мне на прием пришла пациентка с нестандартной проблемой.

— У нашего кота блохи, — рассказывает она мне, — мы использовали все средства, в том числе, самые лучшие импортные, но ничего не помогает. Каждый день снимаем по сорок-шестьдесят штук.

— Все дело в том, что Вы не понимаете, что неприятности и неудачи работают на Вас и очищают Вас. Поэтому Ваше уныние, депрессия и сожаление превращаются в стойкую программу самоуничтожения. У Вас резко падает иммунитет. Соответственно, и у Вашего кота. При пониженном иммунитете блохи подпитываются энергетически от кота, и их жизнеспособность повышается в несколько раз. На фоне общего благополучия программа самоуничтожения развивается гораздо быстрее, чем на фоне многочисленных мелких неприятностей. Так вот, блохи — это многочисленные неприятности. Они блокируют суицид у кота, а также и у Вас. Значит, чтобы избавиться от блох, меняйте свое мировоззрение. Вы меня поняли?

Девушка ошеломленно смотрит на меня.

— Поняла.

Через несколько дней она забегает ко мне.

— Теперь каждый день снимаем только по две-три блохи. Кот чувствует себя намного лучше.

— Просите прощения за то, что нежелание жить Вы передали своим потомкам.

На этом мы расстаемся.

ТЕАТР И ИСКУССТВО

Я встречаюсь с хозяином небольшой картинной галереи в Петербурге. Он выносит из запасников картины и выставляет их вдоль стен.

— Скажите, какие картины Вам нравятся, а какие — нет?

— Кроме субъективного ощущения я еще и проверяю картины. Если у картины высокая подсознательная агрессия, то она слабая и ее лучше не выставлять.

— А при чем здесь агрессия и талант? — спрашивает хозяин.

— Картины могут иметь минимальную подсознательную агреессию при мощной сознательной. Люди не понимают, почему большинство художников пьянствуют, волочатся за женщинами, очень любят деньги, хотя это вообще им не нужно. В основе искусства лежит религия. Для того, чтобы в этой жизни быть хорошим художником, в прошлой жизни нужно было быть отшельником. Сначала человек устремляется к Богу, отрешается от всего земного, не пишет картины, потому что для него земные дела — это деградация. Когда же духовное окрепло, устоялось, тогда оно требует своей противоположности — материального. Тогда появляется художник, который сильно зацеплен за Землю и за все земные блага снаружи, но абсолютно свободен от них внутри. Отсутствие подсознательной агрессии свидетельствует о том, что душа художника устремлена к Богу и не зацепилась за земное. Чем выше потенциал материального, изображенного на картине, то есть устремление к земному по форме, и, чем сильнее устремление к Богу внутри, тем лучше живопись.

Первые годы Советской власти. Разруха и голод, но с искусством ситуация противоположная. Появляются новые идеи, течения, создаются новые формы восприятия мира.

В небольшом зале сидит один из лидеров театрального искусства — Вахтангов. Постановка "Принцессы Турандот". Актеры должны взаимодействовать с залом, перебрасываться репликами и тут же, забыв о зале, абсолютно натурально изображать своих персонажей. Отключиться от роли актеры могут, но от зала — не получается. Раз за разом требует Вахтангов не смешивать в себе актера и персонаж, но ничего не выходит. Актеры побеждают в себе персонажи, и реального чувства на сцене не получается. Актеры стараются изо всех сил, они знают, что режиссер скоро умрет, и хотят доставить ему удовольствие, но тщетно. Тогда Вахтангов встает и уходит.

— Не уходите, — с мольбой в голосе кричит ему актриса.

Он оборачивается, протягивает руку:

— Сейчас вот так же, с теми же интонациями, повторите реплику своему герою.

Он опять садится в кресло, репетиция продолжается.

Роль и смысл советского искусства 20-х годов? Почему оно в огромной степени повлияло на все человечество? Это была очередная попытка создания нового мировоззрения.

"Театр, — писал Питер Брук, — рождается, живет и умирает". Все начинается с грубого театра. Значение персонажа там минимально. Актер напрямую обращается к толпе, веселит ее, взаимодействует с ней. Затем театр становится зрелым, расцветает. Продолжается тесный контакт со зрителем, но все большее внимание уделяется искусству игры. А потом театр умирает. Зрители отделены жесткой перегородкой, актер может не думать о них, он может переключиться и работать только на свой персонаж, и ничего особенного не произойдет. В каждом театре эти тенденции присутствуют в различных пропорциях.

В периоды расцвета человечества, растянутые ранее в большом промежутке времени, эти театры объединялись в один. Такое было возможно лишь при одном условии: актер не должен был сливаться со своим персонажем. В один из первых периодов расцвета Древней Греции это правило соблюдалось неукоснительно. Зрители больше всего любили трагедии, и вот там была высшая амплитуда чувств, испытываемая актером и персонажем. Если зрители видели, что актер плачет натуральными слезами, его забрасывали тухлыми яйцами. Персонаж может рыдать, актер должен радоваться. Актер должен думать о зрителях в зале, персонаж должен думать о событиях, происходящих на сцене.

В эпоху Возрождения все повторилось. И последним, завершающим периодом является искусство XX века, в котором все отчетливее проявляется новое мышление. Дух воплощается в тело, и сначала дух силен, а тело слабо и беспомощно. Тело развивается, дух слабеет. Наступает период расцвета, где они равны. А затем тело становится все крепче, а дух — все слабее. Затем тело умирает, а духовные структуры после смерти вспыхивают, освобожденные любовью и светом, вновь устремляясь к Творцу, их создавшему. Дух слабеет потому, что в течение жизни он все сильнее прилипает к телу. Если добиться, чтобы этого не происходило, тогда развитие пойдет уже по двойной спирали. Искусство 20-х годов было связано с идеями социализма, это была неосознанная попытка гармонично соединить науку и религию, материализм и идеализм, тело и дух. К сожалению, эта попытка не закончилась созданием новой философии, созданием новой системы мышления. Забытую вахтанговскую систему возобновил Бертольд Брехт. Но в России уже начался процесс изменения сознания и устремления к новой философии.

В 60-е годы происходит очередная вспышка новых тенденций: попытка соединить стихию с плановым началом, попытка экономических реформ и одновременный расцвет искусства. Появляются Театр на Таганке, поэты, художники, писатели, в искусстве которых наблюдаются очередной взлет духа и попытка соединить материальное и идеальное. Эта попытка и тогда не была закреплена философской концепцией, поэтому она рано или поздно должна была провалиться. То был очередной этап в подготовке нового уровня сознания. И только сейчас появились все условия для того, чтобы ранее неосознанное, несоединимое в сознании единство абсолютных противоположностей было понято и закреплено новыми концепциями.

Как ни странно, формирование нового мышления напрямую ведет к болезни. Уровень энергетики настолько вырос, что неправильное эмоциональное отношение к миру дает мощную подсознательную агрессию и блокируется болезнями. В образе Богоматери есть высшее страдание и высшее счастье одновременно. Страдание пронизывает земную оболочку Богоматери, знающую, что ее ребенок погибнет. Счастье пронизывает ее духовные структуры, ибо на тонком уровне она знает, что ее предназначение — спасти людей и что тело — это одежда. Меньшая часть души Богоматери обращена к Земле, большая — к Богу.

Человечество в своих философских исканиях проходит все стадии развития живого организма. Персонаж — это наша жизнь на Земле, актер — это та главная наша сущность, которая лежит за пределами одной нашей жизни. Все начиналось с грубого театра, то есть философии Востока, где актер практически не думал о персонаже, то есть о своей жизни на этой Земле. Затем стало развиваться искусство игры на сцене и появилось то, что мы называем западной цивилизацией. Сейчас современное человечество — это умирающий театр, который думает только о том, как лучше сыграть на сцене, но при этом забывает свою роль. Поэтому все сильнее усиливаются тенденции работы не на персонаж, а на актера. Нужно постоянно помнить о том, что мы живем не одну жизнь и что главная наша составляющая — за пределами нашей жизни. А свою земную жизнь мы должны блестяще сыграть, как одну из ролей, максимально достоверно, но ни на секунду не забывать, что это все-таки только наша роль. Очень часто актеры, полностью переключившись на эмоции персонажа, потом болеют и умирают, повторяя судьбы своих героев, не понимая, что с ними произошло.

Особенно сильно этому способствуют кино и телевидение. В кино нет актера, там лишь персонажи. И когда появилось искусство кино, все говорили, что театр обречен, но он не только не угас, но начал мощно развиваться. И когда мы видим в театре актеров и персонажей, не сливающихся друг с другом, то выходим на новые уровни восприятия мира. Назначение кинематографа несколько иное.

Когда Авиценна, живший много веков назад, привязал к одному столбу волка, а к другому овцу, то через три дня овца умерла. Это были первые понятия о стрессе. Раздавит человека стресс или сделает сильнее — это определяется отношением человека к ситуации. Кино дает нам возможность абстрагироваться от настоящего в жизни. Широким ассортиментом своих средств кинематограф стремится максимально приклеивать человека к происходящему. Сначала человек переносится как бы в другой мир и в другие системы мышления, то есть он отключается от сиюминутных проблем, привязывающих его к земному. Выходя из зала, он, побывав персонажем, становится актером. И этот маятник позволяет сбалансироваться тому, у кого не хватает сил на приятие театрального действа. Как актер воспитывает в себе умение не слиться с персонажем, так и каждый человек должен воспитывать в себе умение отделить эту жизнь от того, что лежит выше нее. Если актер эмоцию персонажа, лежащую на поверхности, впускает вглубь, к себе в душу, то театр умирает. Затем болеет и умирает сам актер.

Если мы эмоции, связанные с интересами нашего тела, то есть с одной нашей жизнью, впускаем в глубины своей души, в те структуры, которые охватывают много жизней, мы так же, как плохие актеры, болеем и умираем.

И в ближайшее время каждый из нас, чтобы остаться на сцене, должен научиться быть актером и персонажем одновременно.

Театральное искусство исследует душу. В обычной жизни с нами происходят реальные события, к которым приспосабливается наша душа, считая себя первичной, а события — вторичными. Хотя на самом деле, события на духовном уровне происходят раньше. То, что творится в наших душах, лишь позднее творится в окружении. Все, происходящее на сцене в театре, вторично. Первичными являются чувства и идея, создавшие пьесу, а затем — спектакль. Главная задача театрального искусства — создавать невидимое, но гораздо более реальное, чем физические события на сцене. Если режиссер не почувствовал первоначальной идеи, если он событие, информацию о пьесе не сумел спрессовать, уплотнить в первоначальное зерно, из которого родилась пьеса, то актеры не живут на сцене, а проговаривают роль. Очень многое зависит от драматурга, ибо любое действие, событие пьесы должно соответствовать первоначальному зерну. Неподражаемым в этом плане является Шекспир. Но я не подозревал, насколько глубоко проник в тайны человеческой души Чехов. Только после двадцатилетних философских поисков и пятнадцати лет попыток работы с полевыми, то есть духовными структурами человека, я заново открыл для себя Чехова. И немного туманная, нелогичная, непонятная пьеса "Чайка" неожиданно засверкала для меня бриллиантом. Не могу удержаться от желания показать читателю свою попытку анализа этой пьесы.

Необходимым условием существования любого организма является непрерывный контакт каждой из его частей с центром. Для того, чтобы часть успешно работала на целое, ее программы должны состоять из двух матриц. Первая — матрица целого, с которым она себя отождествляет, внутреннее содержание. И собственно матрица, то есть форма. Они диалектически противоположны друг другу. Говоря простым языком: часть должна содержать информацию о целом — принцип голограммы.Человека можно рассматривать как информационную систему, являющуюся частью Вселенной. Его развитие связано с принятием и обработкой информации, идущей от Вселенной. Принятие новой информации происходит через разрушение старых связей и структур и создание новых, более высокого уровня. Разрушение может быть неконтролируемым, и тогда информация станет разрушать организм. Значит, для успешного восприятия новой информации, человеку как системе нужен дестабилизирующий фактор, периодическое разрушение устоявшихся связей. Это может быть выражено в самостоятельных, целевых программах, связанных с творчеством, поиском, риском. Есть еще объективные факторы, действующие непрерывно, — это неприятности, травмы, болезни, смерть. На разрушение связей, соответствующих телесной оболочке, организм отвечает усилением связи на духовном уровне, основном носителе информации. Попросту говоря, разрушением тела и ограничением его способностей укрепляется дух. При этом огромную роль играет психологическая установка человека. Если человек понимает, что любая неприятность, несчастье, болезнь — это новая информация, которую он не сумел правильно принять, то все его силы уходят на повышение адаптации, и тяжесть болезней, травм, несчастий как дестабилизирующего фактора, может быть резко уменьшена. Несчастья укрепляют душу и делают человека мудрым, это было замечено давно, но только в том случае, если он внутри умеет принять их, как необходимость. Если же он пытается в ответ сопротивляться, то это означает попытку закрыть свою информационную систему, что ведет к деградации и гибели. Поскольку основная информация лежит на уровне поля, дестабилизация тела обогащает духовные структуры.

Из всего сказанного следует простой вывод: то, что мы называем "способностями" и "талантом" человека, определяется количеством неприятностей, болезней, травм. В Библии сказано: "Болезнь не дает людям грешить". То есть уже давно было понято, что болезнь тела благотворно влияет на душу. Умение эмоционально принять несчастье как данное свыше, в христианстве называется смирением. Неприятие травмирующей ситуации называется гордыней. В восточных техниках и в восточной философии умение ограничить тело и подвергнуть его жестким испытаниям всегда считалось неотъемлемым условием для развития духа, что включало развитие способностей и того, что мы называем талантом.

Спросим себя, а почему пьеса "Чайка" называется комедией и почему пьеса называется "Чайка", почему МХАТ сделал своей эмблемой чайку, почему два главных лица в пьесе имеют фамилии, в которых легко уловить намек: Тригорин — три горы, несокрушимость, и второй — просто Треплев? Почему все герои должны выстроиться и работать на то, что происходит между ними, и почему Треплев убивает чайку и стреляется в конце пьесы? Почему, хотя один из главных героев в финале застрелился, пьеса называется комедией?

Ответить на это просто, если понять, что смысл пьесы в анализе того, как рождается талант. Не имеющий способностей человек, если он умеет принять удары судьбы как благо, станет талантливым — это Нина. Но есть один нюанс: формирование таланта происходит в течение нескольких жизней. Поэтому людям трудно уловить связь между смирением и талантом, в одной жизни они не явно выражены, хотя отшельники и святые давали достаточно примеров. Если человек имеет способности, но бежит от страданий и, в ответ на неприятности, презирает, унижает, завидует и обижается, он эти способности потеряет и его потомки тоже. Это мы о Треплеве.

Почему пьеса начинается спектаклем, организованным Треплевым? Здесь очень важен не сам спектакль, а мотивы его создания. Треплев унижен в деньгах, способностях, судьбе. А от своей матери он перенял категорическое неприятие травмирующих ситуаций, поэтому его пьеса и написана. Она в первую очередь — желание отомстить, расквитаться, возвыситься над другими. Для него поиск новых форм — это стремление подчинить себе других людей. У Треплева нет содержания, он информационно закрытая система, поэтому его пьесы пусты и бездушны. И это подмечает Нина. Именно поэтому она влюбляется в Тригорина, у которого все наоборот. Этот человек равнодушен к форме и готов принять любую ситуацию без истерик, претензий, осуждений.

Есть такое понятие — "доведение до абсурда". У Треплева неприятие травмирующих ситуаций переходит в желание убить другого или себя. Именно поэтому он хочет убить Тригорина и убивает чайку. Но за убийством чайки кроется другой смысл. Кульминационным моментом в пьесе является не самоубийство Треплева, а убийство чайки и слова Нины, которая сравнивает себя с чайкой, проявляет готовность пойти на муки и страдания для очищения и просветления своей души. Для нее это выражается в желании стать актрисой. Актерская профессия затемняется земными моментами — славой, имиджем, поэтому у Нины не все будет гладко, но в ее заявлении есть главное: желание поставить интересы духа выше интересов тела. Треплев не хочет страдать и мириться, очищая при этом душу. В ответ он осуждает, презирает, ненавидит, и акт убийства чайки означает убийство в его душе желания сохранить приоритет духовных ценностей. Через определенное время его душа становится все более пустой, и остается только физическая оболочка. Убивая чайку, Треплев отрекается от развития, поэтому он обречен и физически тоже. Он покончил бы с собой, даже если бы не встретился с Ниной, не обязательно для этого стреляться, просто заболел бы и не стал лечиться. Нина чувствует, что внутренняя пустота его усилилась, и поэтому, даже брошенная Тригориным, находясь в бедственном положении, она отталкивает Треплева. Принять Треплева означает убить свою душу, а она не желает этого. В принципе, герои каждой пьесы решают один вопрос: "Быть или не быть?" Да, главное — "Быть или не быть". Это решение извечного вопроса — что важнее: тело или душа? И в пьесе "Гамлет" каждый герой каждое мгновение, в каждом поступке и в каждой фразе решает, что для него выше — благородство или кусок хлеба. Героиня "Чайки" решает этот вопрос так же, как и Гамлет.

Самоубийство Треплева не является трагедией, он изначально выбрал тело. Поступки человека, "потерявшего жизнь из-за своего пиджака", более комичны, чем трагичны. Наше тело — это тот же самый пиджак, поэтому пьеса "Чайка" не может быть драмой или трагедией, а только комедией. Если говорить о трагедийном аспекте пьесы, — это убийство чайки. Человек убивает свою душу из-за своих амбиций, чрезмерной важности своей физической оболочки. Как на убийство птицы может среагировать человек типа Треплева? Убийцу птицы он презирал бы, называл бы негодяем и мерзавцем. Обычный человек в любом случае выразил бы осуждение этого поступка. Убийством чайки Треплев пытался нанести психотравму другим. Как воспринимает эту психотравму Тригорин? Никак. "Красивая птица", — говорит он. Нельзя на зло отвечать внутренней ненавистью и осуждением. То, что написано в священных книгах, у Тригорина подтверждается практикой. Именно поэтому он талантлив. Исходя из этого, можно поставить спектакль, но он не будет полным. "Весь мир театр, и люди в нем актеры", — говорил Шекспир. Если у зрителя появится ощущение, что Тригорин хороший, а Треплев плохой — спектакль будет неудачным. А если он почувствует, что мерзавцем и святым делается одно дело, и гением, и тупым тоже, если зритель почувствует, что через слабость одного воспитывается сила другого, что Треплев и Тригорин не являются авторами комедии, именуемой жизнью, и что самая главная проблема и точка опоры — вне пределов нашей жизни, у зрителя появится ощущение одинаковой любви и к Треплеву, и к Тригорину, и к другим героям, тогда спектакль может получиться. Может быть, в этом заключена еще одна причина того, почему пьеса называется комедией?

Развитие души каждого человека происходит как колебательный процесс: любовь ко всей Вселенной, к ее Творцу и усиление духовных структур, и любовь к земному с реализацией накопленного. Если душа уже отягощена земным, то дальнейшее погружение в земное — это ее загрязнение и деформация, а затем — болезнь и смерть тела. Тот человек, который хочет спасти душу, противится ее загрязнению и ради этого готов пойти на страдания телесные, что спасает не только душу, но, в конечном итоге, и тело.

9 Зак. № 35

Чайка у Чехова — это символ правильного выбора. Интересы души выше интересов тела. И те, кто делал чайку эмблемой МХАТа, правильно воспринимали выбор, совершенный героиней.

У моряков есть поверье, что души умерших переселяются в чаек. Не какую-нибудь другую птицу убил Треплев, а именно чайку. Убивая чайку, он убивал свою любовь и свою душу. Вопрос: ради чего он это делал? Его амбиции, связанные со значимостью физической оболочки, сконцентрированные еще до реальных событий действия пьесы, перевешивали чувство любви. Это называется "смех сквозь слезы". Что делает клоун на сцене? Он совершает внешне значительные движения, изображает себя важным, то есть накручивает значимость формы, устраивает какие-то конфликты, а мотивировка пустячна, и народ хохочет. Треплев — это тот же клоун, и логика его поведения именно такова. На сцене клоун достает пистолет и предлагает стреляться из-за совершенно несерьезной причины, и это смешно. Чувство любви — это то, что не принадлежит Земле. Оно не поддается управлению. Чем духовнее человек, тем меньше у него желание замахнуться на это чувство. Убивая других и убивая себя, Треплев, в первую очередь, убивает свою любовь.

Есть еще один вариант комедии. Клоун надевает королевские одежды и вдруг начинает падать в них, путаться, и зрители опять хохочут. Чувство любви, которое Треплев получил свыше, — это королевские одежды, в которых он запутался и стал падать. И снова — смех сквозь слезы.

Что такое юмор и смех? Это соединение противоположностей, неожиданное изменение формы, которое дает мощную вспышку духовных структур. Юмор — это средство адаптации человека к окружающему миру. Треплев абсолютно не принимает разрушения формы, для него форма — абсолютная ценность. Поэтому его духовность деградирует, и для него жизнь — это постоянная трагедия.

Третий вариант комедии: клоун рыдает, льет слезы из-за того, что лопнул шарик, — зрители хохочут. И повышенные трагические эмоции Треплева, причиной которых являются воздушные шарики его имиджа, высокомерия по отношению к друзьям, неуемные амбиции, в принципе, смешны. В каждой комедии есть главное комедийное лицо. В "Чайке" — это Треплев. Но он же и главный трагедийный персонаж. Если впасть только в комедию — будет нелепость, если присутствует только трагедия — это еще большая нелепость. Если неудачно соединить их, то они уничтожат друг друга, сварится пресный, невкусный "суп", а вот соединить в каждой ситуации комедию и трагедию одновременно — это может не каждый режиссер. До сих пор такое удавалось лишь одному режиссеру — Тому, кто создал нас, но ведь по образу и подобию Своему. Значит, и мы, пытаясь на сцене создать жизнь, должны научиться соединять противоположности.

РАБОТА С ГРУППАМИ

Наши духовные структуры имеют огромную инерцию. Сознание — это маленькое, легкое колесико, которое крутится вперед и назад. И равнодействующая начинает крутить маховик подсознания, огромного и тяжелого колеса. Сначала мы крутим колесо, потом оно крутит нас. Плавным и непрерывным усилием его можно развернуть. А если попытаться резко это сделать, результат будет плачевный. Поэтому болезни в их начале легче вылечить, переориентировать, чем когда душа набрала полную скорость. Ситуацию нужно контролировать до ее возникновения. Когда болезнь уже началась, требуется во много раз больше усилий для ее ликвидации. Я почувствовал, насколько это сложно, когда пытался сбалансировать весьма необычную ситуацию.

Мне позвонила одна знакомая и сказала, что какая-то женщина просится переночевать, но нищенкой не выглядит. Она впустила ее, сама не зная почему. Я посмотрел поле той женщины — оно гармонично, нарушает ли она законы? — нет, не нарушает. "Все нормально", — сказал я и положил трубку. Но какое-то чувство беспокойства не оставляло меня, я решил посмотреть еще раз. Ведь и у палача может быть гармоничное поле, и законов он не нарушает. Просмотрев поле пришедшей женщины в более широком диапазоне, увидел, что очень высока ее сознательная агрессия. Женщина была невероятно зацеплена за деньги и материальные блага. При дальнейшем исследовании я увидел программу уничтожения детей из-за материальных благ. Судя по рисунку, женщина могла убить обоих детей хозяйки и обворовать квартиру. Первой моей мыслью было позвонить в милицию, и вдруг у меня начала болеть голова и пошли мощные нарушения поля. Я понял, что не имею права влезать в ситуацию. Я был в растерянности. Кто-то может убить детей, а я не имею права даже сказать об этом.

"Хорошо, — подумал я, — если все-таки скажу, чем же это тогда закончится?"

Подсознание тут же выдало ответ, который в рисунке выглядел еще хуже, — смерть обоих детей и их родителей через несколько дней в автокатастрофе. Пытался войти в поле детей и их матери, но поле пружинило и выталкивало меня назад. Первый раз в жизни столкнулся с такой ситуацией. Я был в роли ясновидящего, которому запрещали сообщать результаты под страхом смерти. Только минут через пятнадцать понял, что пытаюсь сбалансировать ситуацию по законам земной логики. Ситуацию можно было выправить только изнутри. Если дети должны погибнуть, значит, у них были аналогичные программы — абсолютизация способностей, благополучной судьбы и денег. Программы гасятся антипрограммой. Подобное притягивает подобное. Позвонил матери детей и сказал, что ситуация весьма серьезная и что детям нужно просить прощения за осуждение отца. Это самая опасная программа, она сильней всего отторгает человека от Бога. То же самое нужно было делать их матери: снимать осуждение мужа.

— А почему за осуждение? — спросила она меня.

— Вот смотрите, жена начинает внутренне обижаться на мужа и осуждать его — зацепила себя и детей за способности, обиделась из-за денег — приклеила душу к деньгам, обиделась за то, что получила неприятности по судьбе, — идет прилипание к земному благополучию. Вы рассуждали так: "Да что же это за жизнь такая, совершенно не может заработать, чтобы жить нормально!" Год-два женщина заталкивает обиду внутрь и продолжает это делать во время беременности — и все, души детей уже изувечены, а изувеченные души лечатся изувеченным телом. Послушайте, я с трудом держу ситуацию, если Вы через покаяние свое и детей не очистите души, помочь Вам не смогу. Ситуация не ограничивается женщиной-преступницей, которая сидит у Вас дома. Вас начали наказывать сверху, и очень серьезно. Сейчас возьмите ножи на кухне и спрячьте, а ее позовите к телефону, я с ней поговорю. Продолжайте снимать молитвами осуждение мужа.

Разговариваю со вторгнувшейся в дом женщиной и чувствую: запас времени еще есть. Психика у нее плавающая, на минусе. После разговора со мной, как мне рассказали, с ней произошло странное изменение. Чистый взгляд и спокойная речь на глазах исчезли, на лице стала проступать ненависть. Шкура овцы, надетая на волка, истлела в течение нескольких минут. Девочке, когда она увидела ту женщину, стало плохо, мальчик спрятался в другой комнате. Я звонил каждые пятнадцать минут и объяснял, что главное условие — это молитва и покаяние. Ситуация снаружи уже не балансируется. Через сорок минут почувствовал перелом ситуации.

Когда пытался сбалансировать ситуацию через житейскую логику, поле меня выталкивало, и я видел, что это может кончиться плачевно и для меня. Через Божественную логику все прошло легко и изящно. Как только в душах детей наступили определенные улучшения, отцу детей, который в это время был в городе, свыше позволили вернуться домой. У него появилась необычная тревога, и он почувствовал, что дома что-то происходит. Когда он приехал, оставалось уладить детали: позвонить в милицию, чтобы забрали ту странную женщину. Правда, вместо милиции приехала бригада психиатрической службы. Уходя, женщина призналась, что хотела кого-то зарезать.

После этого случая я понял, что не имею права вторгаться в ситуацию, если не могу сбалансировать ее изнутри. Если пациент не проявляет сильного желания изменить себя, я за это отвечу, так как не имею права сообщать человеку информацию, которая может спасти ему жизнь, если его душа не хочет очиститься. Поэтому у моего метода есть ограничения. Внутренне непорядочный человек для меня является неизлечимым. И, побывав у меня на приеме, он может только усугубить свое состояние.

Один раз у меня была ситуация еще более сложная, чем та, о которой рассказал выше. Это тоже связано с корректировкой не одного человека, а группы людей.

У меня были приятели в петербургском пароходстве. И ко мне часто на прием приходили моряки. Как-то раз я беседовал с одним капитаном. Разговор зашел о его знакомом, тоже капитане. Я автоматически взял его поле и увидел там мощнейшие деформации, которые могут дать большие проблемы, вплоть до смертельных. Через две недели он должен был выйти в море с экипажем.

— Скажите, а как называется его судно? — спросил я и дистанционно глянул на поле судна, продиагностировал ситуацию и увидел разрыв поля в районе капитанской рубки. Ситуация была неважная.

— Вы кого-нибудь знаете из команды? — спросил я знакомого.

— Да, помощника капитана.

— Пожалуйста, назовите его фамилию.

Смотрю поле и вижу знакомый иероглиф смерти.

— А кого еще знаете ?

— Повара.

Смотрю поле третьего человека, и опять то же самое.

Я назвал свою книгу "Диагностика кармы". "Карма" — слово восточное, "диагностика" — западное. Раз "диагностика", значит, поиск, анализ и возможность ошибки. Я четко видел подготавливающуюся гибель корабля и экипажа, но это еще не означало стопроцентного исхода. Я вижу то, что можно изменить, иначе включится абсолютный фатализм, и я полностью потеряю интерес к исследованиям. Но в этом случае уж слишком все было характерно. Балансировка ситуации через команду давала 20% шансов на выживание, а через капитана — 80%. Я даже не подозревал, насколько карма команды корабля связана с кармой капитана и зависима от него. Через знакомых передал капитану, что ему имеет смысл встретиться со мной. А потом меня обожгла мысль: "А вдруг он не захочет?" Если я попытаюсь сбалансировать ситуацию снаружи, то есть сообщить команде о том, что может произойти, хоть как-то подготовить их, я и мои дети можем понести наказание за это.

Если какой-нибудь поезд или самолет терпит крушение, людей туда подбирают задолго до этого. Мысль, что в море должна выйти команда, у которой мало шансов выжить, была мучительной. Как говорят: "Не просят — не лезь". Я без спросу полез диагностировать и сейчас буду за это наказан.

Но мне повезло — капитан пришел. Прийти в какую-то грязную мастерскую, в район, который больше смахивает на трущобы, и слушать запугивания какого-то "колдуна-экстрасенса" было очень трудно здравому и уверенному в себе человеку. Это был не сеанс, а скорее — борьба мнений. При малейших моих амбициях и обидах ситуация бы сразу же закрылась. Мне, как и ему, сложно было бороться с собой. Я чувствовал, что он мне не верит. Даже встал, чтобы уйти.

— Подумайте о команде, которую Вы тянете за собой.

Капитан сел, и опять началась борьба. Я заметил одну особенность: чем труднее до человека доходит, тем дольше в нем остается то, что он понял. В конце разговора что-то изменилось, я увидел это не только по полю, но и внешне. А потом наблюдал дистанционно. Перед самым отходом судна неожиданно изменился состав команды. Рейс прошел нормально. Поле капитана и экипажа было в норме. Через полгода я посмотрел его поле — чисто, все в норме, никаких следов того, что было прежде.

Для того чтобы видеть будущее, нужно уметь работать с прошлым. Каждое событие записано на тонком уровне, и поэтому любую ситуацию, которая произошла, можно проанализировать, медленно прокручивая ее во времени. Опыт прошлого дает возможность работать с будущим.

В 1993 году погибло грузовое судно Балтийского морского пароходства, в живых остался один человек. Я вновь и вновь просматривал событие на тонком уровне и видел одну и ту же деформацию поля вокруг судна и одни и те же причины, повлекшие за собой смерть людей. Если теперь я видел аналогичные деформации у любого другого корабля, это уже свидетельствовало о будущих проблемах. Возможность оценить ситуацию и изменить ее до того, как она осуществится на физическом уровне, может спасти не только жизни, но и предотвратить аварии и финансовые потери.

Осенью 1993 года мы разговорились с приятелем о сложностях, возникших в петербургском пароходстве.

— Уже который месяц не платят зарплату, — говорил он, — в семьях моряков тяжелая ситуация.

Я полушутя взял информацию о пароходстве и провел диагностику. Параметры судьбы пароходства были смертельны. И, что самое главное, причины этого полностью совпадали с причинами гибели корабля. Из этого следовало, что энергетика пароходства определяла во многом судьбу кораблей. Мое желание помочь морякам привело к решению встретиться с руководством пароходства.

— Ты знаешь, — сказал я приятелю, — без встречи с руководителями изменить ситуацию невозможно.

— Хорошо, тогда я пойду договорюсь, — сказал он.

Самое удивительное то, что через несколько дней встреча состоялась, и всё, что я говорил, было серьезно воспринято. Был даже заключен договор, согласно которому я должен проводить диагностику экипажа и судов перед выходом в море. И вот здесь я "налетел" на то, что называется "инерцией человеческого мышления". Оказывается, для того, чтобы эти люди поняли меня, нужно было доходчиво разъяснить им свою систему. На меня, в лучшем случае, смотрели как на шарлатана. Я привык работать с больными, которые жадно ловили каждое мое слово, а здесь нужно было работать со здоровыми людьми, причем, скептически настроенными. Все мои попытки что-то объяснить не давали никакого эффекта, и постепенно мне стало все надоедать. Старый контракт закончился, нового со мной не заключили. Я понял, что эта тема закрылась, и решил забыть об этом. Но тут произошел случай, для меня неожиданный. Начались сильные рези в желудке. Причина была вне меня, кто-то на меня обижался. Через некоторое время нашел причину — это было какое-то общество.

"Какое же общество могло на меня обижаться? — ломал я себе голову. — Каким образом я мог повредить группе каких-то людей?"

Вскоре я понял, что это была за группа, — это было пароходство. Оказалось, люди, внешне не связанные друг с другом, реагировали на мои эмоции как единый живой организм. Поле пароходства противилось моему расставанию с ним и воздействовало на меня, когда я решил больше не думать о его проблемах. История не закончена, и мне придется заниматься этими проблемами. Так оно впоследствии и случилось. Руководитель пароходства оказался человеком с сильной интуицией, он предложил мне составить прогнозы. Моя рука чертила графики, которые я потом расшифровывал. Через несколько месяцев те прогнозы, которые я давал относительно безопасности кораблей, финансово-экономического состояния пароходства, стали подтверждаться. Меня начали приглашать на встречи с капитанами, где я в максимально простой и доступной форме объяснял, насколько глубинные подсознательные эмоции связаны со здоровьем и судьбой человека, насколько восприятие мира капитаном связано с ситуациями, происходящими на корабле и вокруг него. И вот разворачивается то, с чего, в принципе, должно было все начаться.

Я сижу в кабинете у одного из руководителей пароходства, и он проверяет мою компетентность. Делается это очень просто. Он говорит мне фамилии капитанов и названия судов, на которых они ходят.

— Вот у этого судна параметры очень плохие, — говорю я, — поле весьма неважное. С ним ничего не случилось?

— Пожар был на судне. Миллион долларов убытка.

Звучит фамилия следующего капитана и название его судна.

— Здесь все нормально, — отвечаю я, — а что, есть проблемы?

— Проблем нет, — отвечает руководитель.

Новая фамилия, здесь я вижу проблемы. Гордыня у капитана на смертельном уровне. Подсознательная агрессия очень высокая. Это блокируется либо болезнью, либо несчастьем. Значит, возможность аварии резко повышается.

— Вы знаете, — говорю я руководителю, — психологическое состояние капитана неважное, с ним надо пообщаться.

— Вот мы его и сняли несколько дней назад, чтобы пообщаться, — улыбается собеседник.

Из беглой проверки судов и их капитанов получалось, что я не сделал ни одной ошибки. Это уже расположило руководство к большему доверию.

Через несколько дней еще одна ситуация доказала мою компетентность. Я консультировал одного из работников пароходства по какому-то вопросу. Он сказал, что в тот день произошло столкновение двух судов, и спросил, не могу ли я указать причину.

— Причина в капитане второго судна, — ответил я, — причем она не зависит от профессиональной подготовки.

— А как Вы смогли определить, что виноват именно этот капитан?

— У первого капитана уровень гордыни и подсознательной агрессии минимальный, а у второго, наоборот, близок к красной черте. Значит, именно со вторым, независимо от его интеллекта и способностей, должны происходить неприятности, блокирующие его подсознательную агрессию.

Информация, данная мной, была проверена и оказалась правильной. Здесь важно было то, что работник пароходства ничего не знал о ситуации, то есть считать информацию подсознательно было невозможно. Через несколько дней я встретился с капитаном этого судна.

— Самые слабые места у капитанов — это зацепка за работу, за имидж. Чем больше презираете и осуждаете того, кто плохо работает или не подчиняется приказам, тем больше притягиваете к себе несчастья. Если не измените свою реакцию на события, проблем будет больше.

— Ударили по одной щеке — подставь другую? — иронически спрашивает капитан.

— Совершенно верно. Вы должны абсолютно принимать ситуацию внутри.

— Значит, пусть у меня будет на судне бардак, пусть все разваливается, а я должен все принять и ничего не делать?

— Снаружи Вы общаетесь с людьми и обязаны контролировать ситуацию. Внутри же Вы общаетесь с Богом и имеете право только принять ситуацию и не выдавать агрессии на тонком уровне. Агрессия по отношению к любому человеку — это агрессия по отношению к Богу, который его ведет.

Внешне реакция капитана была нулевая. Я подумал, что зря пытаюсь что-либо ему объяснить. Но на тонком уровне неожиданно увидел противоположную картину. Пятиминутного разговора было достаточно для полной балансировки и приведения в норму всех параметров. Самое главное, что балансировка поля сохранялась в течение последующих месяцев.

Для того, чтобы распутать сложную ситуацию, нужно находить новые решения. Каждая такая находка значительно облегчает работу с больными. Пытаясь убедить одного из капитанов, я неожиданно нащупал звено, которое мне помогло затем работать с раковыми больными. Добродушный и спокойный человек, а в поле мощная программа самоуничтожения. Значит, его душа будет притягивать несчастья. Я пытаюсь объяснить ему, что осуждение других, обиды на других, как и на себя, дают, в конечном счете, программу самоуничтожения.

— Вы сейчас не хотите жить, хотя и не подозреваете об этом.

— Ничего подобного, — отвечает он, — на себя не обижаюсь, нежелания жить у меня нет.

— Хорошо, тогда попробую объяснить иначе. Вы делаете неправильно две вещи: любую претензию и обиду пытаетесь скрыть, то есть запихиваете ее внутрь, что очень опасно, это первое. Агрессия, загнанная внутрь, наиболее вредна. Второе, капитан должен контролировать ситуацию снаружи. — Я рисую шкалу. — Вы должны контролировать ситуацию на 100%, у Вас стремление сделать это на 95%, норма. А ведь изнутри каждая ситуация — это часть Вселенной. Внутри Вы можете контролировать ситуацию на 5—10%, не больше, а Вы пытаетесь — на 120%. Получается, что на тонком уровне Вы стремитесь раздавить, подмять под себя Вселенную. Она Вас раздавит быстрее. Запомните раз и навсегда: внутри Вы не должны контролировать ситуацию эмоциями.

Теперь он меня понял. В дальнейшем, чтобы оценить тяжесть заболевания у пациента, я показывал ему на шкале, насколько его подсознательное желание контролировать ситуации больше нормы. Вместо 5—8% подсознательного контроля, в тяжелых случаях эта цифра достигала 250—300%.

Месяц за месяцем, общаясь с работниками пароходства, я замечал, как карма всей организации менялась к лучшему. Я консультировал работников по вопросам здоровья. Но все взаимосвязано, и очищение их энергетики влияло на судьбу пароходства.

Постепенно отношение ко мне изменилось к лучшему. Главное, что меня интересовало, — можно ли вытащить крупную организацию из тяжелой ситуации, пользуясь моим методом, и убедился, что это возможно.

Помню, как в первый раз увидел связь кармы руководителя с судьбой его организации. Мне по какому-то вопросу позвонила бухгалтер частной фирмы.

— Как дела, как работа? — спрашиваю у нее.

— Я сейчас не работаю, наша фирма сгорела.

— Как сгорела?

— В прямом и переносном смысле. Здание сгорело, и фирма сгорела.

— Что-то уж больно круто, сейчас посмотрим причины. А ты знаешь, — с удивлением сказал я, посмотрев ситуацию на тонком плане, — ведь причина — в директоре вашей фирмы. Он слишком сильно зацепился за деньги, стал ненавидеть людей и программировать их на уничтожение из-за денег. Вся организация, все работники стали цепляться за деньги и пропитываться агрессией. Фирма стала агрессивным организмом и должна была обанкротиться.

Балтийское пароходство испытывало те же проблемы. Перестройка дала не только свободу, она дала сознательное устремление к деньгам и благополучию, которое, выйдя из баланса, стало разваливать новые структуры. Когда развивается мировоззрение, позволяющее отречься от духовных ценностей ради материальных благ, материальные блага должны быть разрушены.

Россия сможет восстановить свою экономику только в том случае, когда культура и духовные ценности станут приоритетными. Пароходство, в котором работало около двадцати пяти тысяч человек, развивалось по тем же законам, что и вся страна. После перестройки стремление к наживе, к деньгам стало настолько мощным, что включился механизм блокировки. В результате вроде бы случайных, непродуманных действий руководства, пароходство стало терять десятки миллионов долларов. Оно должно было быть разворовано, разграблено и, в конце концов, должно было развалиться. Или другой вариант: оно должно изменить свое мировоззрение, свое отношение к деньгам. Тогда выживет. Но для того чтобы это произошло, мне нужно было встречаться с работниками, диагностировать их, читать им лекции. В необходимости этого надо было убедить руководство. С прежним начальством это было бы невозможно, однако я пришел со своими предложениями, когда большая часть высших чиновников сменилась. А новый президент фирмы, от которого зависело очень многое, был гармоничным человеком. Это давало пароходству значительные шансы на выживание.

Сейчас, когда пишутся эти строки, в пароходстве весьма сложная ситуация, но я вижу главное — тонкие духовные структуры всех людей, как единого живого организма, стали значительно чище и светлее. На тонком уровне организация уже выжила, она больше не будет притягивать аварии, несчастья, финансовые потери.

РОССИЯ И ЧЕЛОВЕЧЕСТВО

— Скажите, — любопытствует мой пациент, который занимает один из государственных постов, — чем объяснить нынешний идиотизм в России, этот развал экономики? Издаются законы, а нет механизма их реализации, то есть подзаконных актов. Намечается какое-то мероприятие, а оно терпит крах, издаются совершенно непродуманные указы. Можно ли узнать причину с точки зрения парапсихологии?

— Причины очень просты. Знаете, почему в Библии написано, что Ева создана из ребра Адама? Мужчина — это дух, то есть полевая структура, женщина — тело. В переводе на научный язык это означает, что поле рождает вещество. Ученые говорят, что вначале появилась информационная полевая структура Вселенной, а потом из нее вычленилась вещественная. Вы, вероятно, слышали о виртуальных частицах, попросту говоря: дух творит тело. Эти два противоположных начала в совокупности дают то, что мы называем Абсолютом, то есть — Божественным. Значит, основная генетическая программа Вселенной записана в полевых структурах, то есть процесс, происходящий на уровне поля, впоследствии реализуется на физическом плане. Следовательно, любые экономические, социальные события определяются духовно-полевыми структурами этого общества. В основе каждой формации лежит духовная программа. Каждый народ, каждая страна имеют внутренние философию, мировоззрение, отличающие их от других народов и стран.

В основе любой техники лежит философская концепция, то есть духовная программа. Почему в России до сих пор совершаются абсурдные, непродуманные действия в государственном масштабе? Потому что концепция коммунизма исключала возможность прогнозирования будущего. Прогноз будущего — это, в первую очередь, система самозащиты, выявление и просчет нежелательных ситуаций. Концепция прогноза негативных ситуаций сталкивалась с концепцией счастливого будущего и уничтожалась вместе с его создателями. Тогда спросим, почему это происходило? Потому что сама концепция коммунизма в сердцевине своей не была диалектичной. Особенно четко это проявилось в отношении будущего. У одних будущее было только хорошим, у других — только плохим. Любой процесс во Вселенной является диалектичным, состоящим из двух противоположностей. Если бы в духовной концепции России появилось понимание того, что развитие идет через патологию, негативное превращается в позитивное, то родилась бы хорошая школа прогнозирования. Для этого нужно было науку и религию, идеализм и материализм соединить в зерне коммунистического учения. Но условий для этого тогда не было, поэтому такое соединение произошло снаружи, то есть по отношению к настоящему господствовал материализм, а в отношении к будущему — идеализм. Такая концепция была нежизнеспособной и увенчалась победой идеализма, то есть полным отрицанием земной логики в экономике, политике, юриспруденции.

Многие философы до сих пор ломают себе голову, почему такая дикость и нелепость могли произойти, почему был утерян здравый смысл. Ответ очень простой — это работало на спасение человечества, поскольку цивилизация на Земле развивалась по принципу двойной спирали. Абсолютная победа рационального, материалистического начала в духовной программе США должна была сдерживаться абсолютной победой иррационального, религиозно-мистического мировоззрения в Советском Союзе. Поэтому крах социализма, как ни странно, больнее всего ударил по Америке, нарушив баланс сил. И с конца 80-х годов в духовных структурах американского общества усиливаются негативные процессы. Поэтому, как ни парадоксально это звучит, страна, создавшая американский образ жизни и попытавшаяся привить его всему миру, первой должна отказаться от него, когда он стал завоевывать весь мир. Иначе негативные процессы, происходящие в кармических структурах, сделают Соединенные Штаты сначала духовным, а затем и физическим инвалидом. В ближайшее время в Америке должно произойти мощное усиление тенденции, которая обычно присуща идеалам социализма: рывок альтруизма по отношению к слабым слоям населения, повышенный интерес к развитию духовности, к гуманитарному воспитанию всех слоев общества. Но изменить себя сложнее, чем окружающий мир, поэтому России будет легче создать мощную экономику, чем Америке — мощные пласты духовной культуры.

Главным условием для России в этой эволюции является создание духовной программы, новой философской концепции, нового мышления, в которых соединение материализма и идеализма произойдет в зерне, что сделает страну жизнеспособной. Для того, чтобы не было засилия криминальных структур и не было организационного развала, должна эффективно действовать экономика, а без продуманных законов и их исполнения это невозможно. Правильные акты и законы не появятся без фило-

софской концепции. Новая философская концепция должна быть
более диалектична, чем все предыдущие в истории человечества.
Как ни странно, социализм работал на эту философскую концепцию. Жесткая блокировка всего того, что является основой
земного счастья, привела к редкой активизации духовных структур. Россия уподобилась человеку, жестко постящемуся, когда
другие спокойно ели. Если раньше у человечества было огромное количество концепций и не было механизма их реализации,
то сейчас ситуация обратная: механизмы есть, идей нет. Созыва-
ются конгрессы, принимаются программы, создаются фонды,
выделяются огромные ассигнования, а результат минимальный.
И в этой ситуации идеалистические концепции России, усиленные социализмом, позволяют российским философам создавать
концепции и идеи, эффективно работающие на спасение человечества.

С моей точки зрения, главное здесь следующее: самой большой опасностью для человечества является не ядерная война и
экологические катастрофы, а несовершенное мышление. Ядерная война и экологические катастрофы могут уничтожить население Земли, а поскольку наше несовершенное мировоззрение
есть совокупность полевых структур, на тонком уровне обнима-
ющих всю Вселенную, то оно представляет опасность неизмеримо большую. С ядерными боеголовками и с разрушенной экологией у нас есть шанс прийти в завтрашний день, а с несовершенным мышлением таких шансов нет.

— Вы можете объяснить, — спрашивает меня пациентка, —
почему в России народ всегда пил, хотя Вы говорите, что спасение придет из России?

— Человек думает прежде всего полем, а потом мозгом, то
есть наши духовные структуры можно назвать сверхразумом. Когда
человек абсолютизирует свой рассудок и интеллект, он отрекается от высших уровней разумности. Периодическое выключение
земной логики для нашего рассудка необходимо. Наше сознание
только переваривает информацию, получаемую из подсознания
с более тонких духовных структур. Поэтому жрецы и члены различных сект для получения новой информации принимали опь-
яняющие и одурманивающие напитки, как, например, сома в
Индии, куда добавлялись мухоморы. Пьяный интеллект унижает
нашу мудрость, выключает рассудок и дает возможность выйти
на новые информационные каналы. Вот откуда идет известное
изречение: "Истина — в вине".

Если в человеке земная логика ущемляет Божественное, то есть его душа зацепляется за мудрость, чтобы не получить шизофрению или эпилепсию, как блокировку ожесточения души, он начинает пьянствовать. В России всегда была тенденция идею поставить выше телесных потребностей. Стремление к повышенной духовности и философскому осмыслению мира всегда было преобладающим. Человек духовный почитался выше богатого, а духовность ценилась дороже денег, поэтому искушение зацепиться за мудрость было большим и пьянка являлась одной из форм вынужденной блокировки.

Алкоголь отрывает человека от земного, действует так же, как кратковременное голодание. Но если человек голодает постоянно, то его тело истощается и человек умирает. А постоянная пьянка приводит к умственной деградации и вырождению. Цивилизация связана с интеллектом, с рассудком, а развитие интеллекта прямо пропорционально развитию земного. Но чтобы земное успешно развивалось, его нужно иногда унижать и разрушать. Периодическое унижение разума алкоголем и наркотиками позволяло кратковременно приводить этот механизм в действие. Сейчас человечество подошло к тому моменту, когда вместо унижения тела, то есть принудительного механизма, оно может переключиться на возвышение духа, то есть на механизм, являющийся добровольным.

Непрестанное устремление к духовному развитию, закрепленное государственными законами, позволит избежать все усиливающуюся деградацию нашего рассудка. Человечество слишком зацепилось за интеллект и разум и абсолютизирует ценности цивилизации, поэтому все активнее включаются принудительные методы блокировки — алкоголизм и особенно наркомания. Это хорошо видно на примере главного потребителя наркотиков — США, где интеллект и рассудок стали абсолютными ценностями. Униженное положение России не только спиртными напитками, но и абсурдными ситуациями в период социализма, избавило ее от абсолютизации зацепки за мудрость и интеллект, даже с избытком перехватило в другую сторону: глупое, неразумное поведение политиков и государственных деятелей стало нормой, а не исключением. Как ни странно, разрушение прямых логических связей, постоянная ломка стереотипов привели Россию к такой ситуации, при которой она гораздо легче и быстрее любой другой страны готова принять новые идеи и новое мышление, без которых человечество не сможет вступить в завтрашний день.

Один человек как-то сказал:

— На Западе люди работали, создавали материальные ценности, а в России пьянствовали и предавались лени. И эта лень до сих пор пропитывает всех, поэтому Россия из своей ямы не вылезет.

— Вы знаете, — отвечаю я ему, — я прочитал, что для того, чтобы кто-то медитировал, кто-то должен пахать и сеять. Но если смотреть истинно: для того, чтобы кто-то пахал и сеял, кто-то должен медитировать. В основе любого экономического достижения лежит определенный духовный пласт. В основе любого достижения в технике лежит идея.

"Отними у другого и будешь счастлив", — так говорили большевики.

— И так всю жизнь люди отнимали друг у друга, надеясь стать счастливыми. Экономический взлет — это всегда результат предыдущего духовного взлета. Человек, который не трудится физически и плодов труда которого не видно, просто работает не на настоящее, которое можно потрогать и пощупать, а на будущее.

— Хорошо, но кто же будет строить это будущее? Лентяи?

— Лень — мать всех пороков, но и сестра всех достоинств. Кажется, в немецкой армии существовало разделение офицеров на четыре категории:

Первые: тупые и энергичные — это самые опасные люди и подлежат немедленному увольнению;

вторые: тупые и ленивые — это низший офицерский состав, они ничего лишнего не сделают без особой надобности;

третьи: умные и энергичные — это средний состав офицерства и работники штабов;

четвертые: умные и ленивые — это элита, высший состав руководства.

В определенной дозе лень экономична и стимулирует духовный прогресс. Чтобы нормально развиваться сейчас, человек должен быть умным и глупым одновременно. Это означает, что человек умный обязан оставлять за собой право на нелогичные, глупые и необдуманные поступки. Энергично работающий человек должен понимать, что периоды лени и бездействия — это смена рабочего режима, которая просто необходима, чтобы организм нормально функционировал. Сейчас наступает то время, когда в каждом человеке начнет соединяться то, что раньше было разбросано и работало только в совокупности, как результат действий группы. Сейчас в душе каждого человека начнут соединяться, не сливаясь, те противоположности, соединение которых раньше он выдержать не смог бы. И это новое придет через новое восприятие мира.

У меня состоялся интересный разговор с одним бельгийцем.
— На знаменах французской революции было написано "Свобода. Равенство. Братство". Но свобода исключает равенство, а равенство исключает свободу. При социализме попытались сделать равенство, поэтому исчезла свобода. Из-за этого стали происходить нарушения прав человека.
— Я привык несколько раз спрашивать "почему?", — отвечаю я. — На первый вопрос "почему?" Вы ответили. При социализме у человека не было никаких прав. Но почему именно этот лозунг был написан на знаменах? Почему люди стремились вроде бы к невозможному: к свободе и равенству. Потому что свобода была олицетворением земного счастья и земных богатств, равенство и братство — олицетворением духовных богатств. И к достижению того и другого люди стремились всегда. Но развитие земного шло через защиту и укрепление этого земного, а развитие духовного — через ограничение и разрушение земного. Поэтому были восточные деспотии, где права каждой личности нещадно ущемлялись. Ограниченность не только тела, но и сознания, связанного с потребностями тела. Выражение "промывание мозгов" пришло из Китая, где человеку, высказывающему крамольную мысль, в нос вливали воду, пока он не сходил с ума. И были западные демократии, где законы стремились защитить личность человека, его территориальную, имущественную и духовную собственность. Многие страны в своем развитии попеременно впадали то в ограничение свободы личности через диктатуру, то склонялись к демократии. Для того, чтобы нормально развивался Запад, должен был быть Восток. Для того, чтобы существовали демократические государства, где-то должны были существовать деспотии и диктаторские государства. Попытка соединить демократию и деспотию не могла привести к успеху. Эти две противоположности при соединении давали реакцию нейтрализации, или побеждала одна из них, — либо диктатура, либо демократия.

Социалистический строй переходил от демократических тенденций к тискам диктатуры и обратно. Демократия давала защиту территории человека, его имущества, материального, духовного, самой личности и всех ее прав. Это привело к мощному развитию цивилизации и личности человека, его интеллекта. Но это же обесточивало духовные структуры и, перейдя за красную черту, могло привести общество к гибели. Социализм имеет главной целью духовное развитие человека, при социализме идея всегда была впереди потребностей тела. Поэтому пошло ущемление всех прав человека, но это вызвало мощный всплеск духовного роста. Попытка перестроить социализм была попыткой соединить экономическую эффективность Запада с духовными устремлениями Востока. Но механическое соединение противоположностей должно было дать либо реакцию нейтрализации, либо победу деспотии, или демократии, либо быстрое чередование одного с другим. Почему не могли соединиться противоположности? Ведь, согласно закону об их борьбе и единстве, на каком-то этапе они должны примириться, то есть соединиться, не уничтожая друг друга. Все дело в том, что это соединение должно произойти не во внешней форме, а во внутреннем содержании. Когда идет объединение на тонком уровне, то две противоположности, считавшие, что каждая из них целостна, начинают понимать, что они — две половинки единого, и тогда конфликт исчезает, противоположности примиряются.

Демократия и деспотия несоединимы. Демократия постепенно приходит к хаосу, духовной деградации, отречению от Бога. Деспотия ведет к экономической деградации общества и вырождению общества и личности в целом. Суть демократии и западного образа мышления в защите и обеспечении всего земного. Суть восточного образа мышления и восточных деспотий в обеспечении возможности развития духа. Значит, соединять нужно не демократию и деспотию, а развитие духовных и земных структур одновременно. Это реализуется при законах, позволяющих людям развиваться в духовности и демократии *без ущемления друг друга*. Но такие законы могут появиться только тогда, когда возникает философская концепция, в которой материальное и духовное не будут взаимно подавлять друг друга, когда материальное и духовное, наука и религия соединятся в рамках единой философской концепции.

Наука должна признать, что без нравственного, религиозного начала она убьет человечество. Религия должна понять, что без постоянного обновления, привносимого научными исследованиями, она станет все более догматичной и агрессивной по отношению к инакомыслящим, которых будет все больше. Наука должна быть нравственно-религиозной, религия — научной. Еще некоторое время Россия будет мучиться между анархией, беспределом, вспышками фашизма и попытками реставрации социализма и коммунизма.

Сейчас в России период, когда произошла реакция нейтрализации. В 1985 году началась перестройка. Первое, что нужно было сделать, — это объяснить людям, что такое социализм и коммунизм, почему это обернулось десятками миллионов жертв и почему, тем не менее, человечество стремилось к этим идеалам. Потом следовало создать законы, защищающие свободу человека и всех видов его частной деятельности, всех видов собственности человека и его личности. Одновременно необходимо было создание законов по развитию и защите духовности человека.

Личная независимость с ее центробежными тенденциями и духовное объединение, как необходимое условие для развития, рано или поздно правильно соединятся в России. Такого понимания в 1985 году и в дальнейшие годы не было. Россия вступила в демократию, но без демократических законов и осмысления того, что такое социализм и коммунизм. Поэтому демократия превратилась в анархию и разгул, а это подталкивает страну к фашизму, к диктатуре, к чрезвычайным мерам. Чем быстрее передовые люди поймут, что формирование новой философии, новой идеологии и, соответственно, новых законов — это единственный выход для России, тем меньше боли и страдания будет при прохождении страной этого этапа.

Сейчас человечество подошло к рубежу, за которым для физического выживания требуется на несколько порядков больше усилий по совершенствованию о очищению души. Я заметил, что в 1987 году резко усилилась агрессия человечества, ни с чем не мог это связать и думал, что просто накопилась агрессия и произошел толчок. Потом зафиксировал очередной скачок агрессии в конце 1993 года Самый мощный, судя по всему, будет осенью 1995 года с разворотом назад и превращением в программу самоуничтожения человечества. Недавно я понял, с чем это может быть связано. Особенностью Советской власти было подавление малейшей критики, оценка ситуации блокировалась и, соответственно, агрессия тоже. С 1985 года началась перестройка, и резко нарастает критика прошлого, критика социализма, осуждение России со стороны других республик. Сильнее всего осуждение и презрение, рожденное критикой, проявилось на Украине. Подсознательная агрессия республики резко возрастает и блокируется взрывом Чернобыльской АЭС. И, самое главное, противостояние двух сил — социализма и капитализма — с осени 1985 года стало исчезать. Пошел резкий крен к земным ценностям, а через два года — вспышка агрессии в подсознательных структурах всего человечества.

В 1991 году распадается Советский Союз, и через два года происходит еще более мощная вспышка агрессии. В начале 1993 года гордыня, зацепка за имидж и благополучную судьбу страны резко выросли. А поскольку после крушения социализма энергетическое воздействие Америки на весь мир резко выросло, то через два года, пройдя в подсознание человечества, эта программа дала еще более мощное заземление и, соответственно, вспышку агрессии при приближающейся блокировке.

ЗАЩИТА ДУХОВНОЙ И МАТЕРИАЛЬНОЙ ЦЕННОСТИ

— Вы говорите, что Россия — это страна, которая спасет мир, — однажды сказал мне мой собеседник, — а я вижу совершенно противоположное.

— Это не я говорю, а говорили ясновидящие. Согласно моим исследованиям, Россия является идеальным полигоном для создания нового мышления и новых отношений. Утверждение, что "спасение придет из России", в первую очередь указывает на духовные возможности спасения.

— Хорошо, — говорит собеседник. — Давайте спокойно проанализируем ситуацию. Ни одно государство без законов существовать не может. Неразумные законы приводят к его гибели. Для того, чтобы государство существовало, оно должно собирать налоги, для этого нужны те, с кого налоги будут собраны. Личность гражданина — его частная собственность, которая развивается и что-то производит, его духовная, интеллектуальная собственность — все это является необходимым условием благосостояния и выживания любого государства. В России все было разрушено. Что происходит сейчас? Каковы первые, видимые, материальные признаки цивилизации? Это дороги, коммуникации, качество и надежность их работы. В России все это в ужасающем состоянии. Деньги идут куда угодно, только не на поддержку жизненно необходимых основ цивилизации. Как при Советской власти, так и сейчас в России постоянно меняются законы. Один противоречит другому. Абсурд. Дальше... Сознание человека развивается через контроль над ситуацией, в основе чего лежит контроль за территорией, значит, закон о частной собственности на землю является непременным условием развития сознания, менталитета человека. Охраняться должны не только имущество, но и духовные права человека. Без защиты прав на интеллектуальную собственность нормальное развитие человека тоже невозможно. Зачем мне что-то изобретать, создавать, генерировать идеи, которые могут стоить мне жизни, когда это у меня все украдут и отнимут? Работать на перспективу невыгодно. А ведь интеллект развивается именно через стратегическое мышление. Значит, здесь может существовать только одна философия — урвать кусок сегодня. При таком отношении экономика долго не проживет. Рано или поздно ее возьмут в руки те, кто защищен законом. Посмотрим, делается ли что-нибудь для спасения страны? Несмотря на десятки обещаний, конференций и съездов, в России до сих пор не приняты законы о земельной и интеллектуальной собственности. Следовательно, человек не защищен, и любой, кто не имеет перспективы реализовать себя, должен уехать из России. Раньше держали границы, коммунистическая идеология, потом появились какие-то перспективы и надежда на цивилизованную жизнь. Сейчас ничего не держит. Следовательно, через несколько лет Россия потеряет свой единственный шанс на выживание. Что происходит на фоне всего этого?

У нас до сих пор нет нормального гражданского и уголовного кодексов. Страна живет без законов. Стержня у пирамиды нет, есть только кружочки, положенные один на другой. Конституции тоже нет, предыдущие — липа. Каждый новый закон идет "от фонаря", не имея никаких логических обоснований, или они минимальны. Специалистов по прогнозированию нет. А ведь, кажется, чего проще — пригласи специалистов и скажи им: "Мы планируем сделать то-то, давайте прогноз". Отбери из них тех, кто сумел правильно определить будущее. Потом из таких людей собери группу, и вот тебе контроль над ситуацией. Но этого начисто нет. Раньше в будущее не надо было смотреть, потому то оно было "нарисовано", сейчас в будущее не надо смотреть, потому что на него наплевать. Страна без будущего долго не проживет. Так что, если пользоваться Вашей терминологией, на тонком уровне Россия — уже труп.

И ведь, смотрите, что делается сейчас.

Чиновники начинают душить банки, идет опасный процесс в экономике. Объясню почему: социализм имел одну сильную сторону — планирование экономики. Теодор Рузвельт знал, что стихийность в экономике так же опасна, как и абсолютное планирование. А вот сочетание этих двух систем дало превосходные результаты. Новая система сложилась после войны в трех государствах с разрушенной экономикой. Фашизм, как и социализм, имел жесткое плановое начало с определенной спецификой. В послевоенные годы сочетание рыночных отношений и планового начала обусловило резкий экономический взлет этих государств и, по существу, создало новую экономику. В основе такой экономики лежало соединение идей социализма и капитализма. И в России после крушения социализма возникли условия для сосуществования плановой экономики и стихийного рынка. Поэтому был мощный скачок вперед. Но поскольку частного предпринимателя не защитили законом, все стало разваливаться. А для них банки — самая большая опасность, ибо банки — это реальная власть. Значит, с одной стороны, их надо задушить налогами, а с другой — вводить законы, удушающие свободную инициативу, и не принимать законов, способствующих их развитию, или взять у банков принудительный государственный заем, а затем не отдавать совсем или затянуть с выплатами. И все это проводится широкомасштабно. Поэтому любой толковый банкир поймет, что он должен блефовать и обманывать, во-первых, государство, а во-вторых, народ и сбрасывать весь капитал в западные банки, подготавливать отъезд на Запад своей семьи и свой, в конечном итоге. И чем талантливее будет банкир, тем большую сумму он перебросит на Запад. И никакие самые "драконовские" законы здесь уже не помогут. Если человеку невыгодно держать деньги в этой стране, держать он их здесь и не будет. Потенциал делового человека или человека искусства в России до сих пор на несколько порядков в среднем выше, чем на Западе. И там скоро поймут, насколько выгодно для них принять лучшие умы и силы России.

Новые законы рождаются из новой идеологии и новыми людьми. "Есть в России идеология?" — задаем мы себе вопрос. Ее нет. Коммунистическая рассыпалась, а религиозную привить не удалось. И сейчас религиозное государство будет маской, а не лицом. Раз нет идеологии — не будет законов. Посмотрите, кто сидит в Думе и правительстве. Смогут ли эти люди создать новую идеологию и новую экономику? В большинстве своем это бывшие партократы с однополушарным мышлением и желанием урвать кусок сегодня, потому что завтра его отберут. И Вы считаете, что такая страна может помочь миру, не говоря уже о его спасении?

— Давайте начнем по порядку. Однажды ученые провели следующий эксперимент: отобрали популяцию животных, которые быстро дают потомство, и стали скрещивать самых слабых, больных, худших особей. Считалось, что болезни, вырождение рода — это накопление дефектов, ошибок в генетическом коде, и при скрещивании таких особей должно происходить угасание рода, но произошло совершенно противоположное. Стали появляться абсолютно здоровые потомки с превосходными физическими данными. Механизм подобной регенерации ученые объяснить не могли, но они поняли, что физическая ущербность, в какой бы она форме ни проявлялась, часто является ступенью нового уровня совершенства. С этой точки зрения, человечество сейчас весьма ущербно. Кажется, что оно в прекрасной форме, но мы видим только теплые туалеты, богатые прилавки магазинов и красивые машины. А вот если посмотреть сверху, то человечество тяжело больно и сильно изувечено. Идеология западных государств, как и восточных, базируется на религии. Это позволило им создать определенные этические, юридические нормы и достичь высокого уровня развития экономики, науки и культуры, но все-таки этот уровень недостаточен для того, чтобы выжить сейчас. Философия, этика и законодательство цивилизованных стран не могут остановить процессы, убивающие человечество, то есть ухудшение экологии, физического и духовного состояния людей. Причем, никакие усилия — конференции, симпозиумы — кардинально ситуацию не меняют. Нужны законы, работающие на спасение человечества, и организации, реализующие эти законы. Но их нет. Сейчас весь мир находится в такой же ситуации, в какой находится Россия. Почему человечество не может создать законы, которые спасут его от гибели? Потому что нет идеологии, объединяющей все человечество, расколотое по религиозным, национальным признакам. И главный раскол сейчас происходит на религиозной почве. Механически соединить религии или создать новую, объединяющую все, — невозможно. Но без единой концепции, без новой философии и морали человечество не создаст новых законов и отношений, и оно обречено на гибель. Есть ли сейчас у человечества шансы объединиться? Есть. Новая идеология, которая может объединить всех и спасти мир, — это идеология, в которой соединятся идеализм и материализм, наука и религия. Когда религия и наука объединятся, все религиозные учения, существующие сейчас, останутся точками опоры, и процесс объединения человечества будет происходить не насильственно, через смерть или деградацию, но сознательно, по содержанию, а не по форме.

Почему сейчас такой хаос в России? Потому что нет созидающей идеологии, порождающей гармонию. Если сейчас в России восторжествуют банки и цивилизованная форма экономики, она расцветет, но весь мир погибнет. Поэтому дикая, нелепая с точки зрения законов земных ситуация в России — проста и понятна, с точки зрения высших законов. России сверху не позволят нормально развивать экономику без новых законов и новой идеологии. Что означает, с этой точки зрения, отсутствие закона о собственности на землю? Это фактор духовного объединения людей и духовного их развития. Согласно законам материализма, частная собственность разъединяет людей, рождает ненависть и злобу, нищету и унижение одних, богатство и духовное разложение других. Общественная собственность объединяет людей

не только физически, но и духовно. Однако духовность возраста-
ла не только при социализме. У любого отшельника, отказавше-
гося от материальных благ, духовность была высока. Отсутствие
в России права на землю продолжает работать на развитие духовности людей. Коммунистическая идеология не видела никаких других возможностей развития духовности и объединения
людей, кроме как механического отрыва от земного, его разрушения. Принять религию коммунизм не мог, потому что он сам
был религией, соединившейся с наукой, только боги были земные. Если сейчас в России будут найдены другие пути развития
духовности, помимо насильственного отрыва от земного, новые
формы объединения людей, то это будет работать на. спасение
всего человечества. Это возможно при нравственном очищении
страны. Формирование нравственности происходит при религи-
озно-философском осмыслении мира. Это и предстоит сейчас
сделать России.

СОВРЕМЕННЫЕ МЕТОДЫ ВОЗДЕЙСТВИЯ
НА ЧЕЛОВЕКА

В последнее время дальновидные люди понимают, что наука без нравственности — это механизм уничтожения человечества.

Нравственность в науке — это водитель, который при правильном управлении делает благо. Машина без управления — это зло. Все чаще мы слышим о том, что науку нужно соединять с нравственностью, но этого почему-то не происходит. Что такое наука, мы уже знаем и можем оценить по тому, какого уровня достигла цивилизация, и по печальным фактам последнего времени. Все чаще наука работает не на человека, а против него. Этот процесс безнравственен и может кончиться самоуничтожением человечества. В основе каждого действия, изобретения, открытия должен лежать тщательный анализ возможных последствий, в первую очередь — отрицательных. "Семь раз отмерь, один раз отрежь", — гласит пословица. До сегодняшнего дня, мы часто и одного раза не отмеряли. Так вот, именно нравственность отмеряет не один, а семь раз. Связано это с тем, что этика и нравственность — явления стратегического порядка. Нравственный человек думает об интересах окружающих его людей и только потом о своих. Во всяком случае, интересы других ставит чуть впереди своих. Нравственный ученый думает сначала о том, какой вред может принести его изобретение, а потом о его пользе. Если каждый из нас думает о других не меньше, чем о себе, то такое общество жизнеспособно.

Для нравственного человека отрицательные последствия в завтрашнем дне не позволят сегодня схватиться за сиюминутный сладкий кусок, то есть нравственный человек более склонен к планированию и прогнозированию. Тогда почему Христос говорит: "Не думайте о завтрашнем дне, живите как птицы"?

Дело в том, что заповеди Христа обращены не к форме, а к содержанию, к нашим эмоциям. Если тебя ударили по левой щеке, подставь правую — это не отрицание физической защиты. Это означает, что ответной агрессии не должно быть внутри. Завтрашний день определен Богом и кармой Вселенной. Поэтому излишняя эмоциональная зацепка за будущее — это нанесение вреда будущему, это попытка программу клетки поднять выше программы организма. Человек не мог напрямую выполнять заповеди Христа. Жизнь заставляет вести себя иначе: и сопротивляться обидчику, и заботиться о завтрашнем дне. Поэтому человек помещал заповеди внутрь себя, в свое содержание, что и требовалось.

Я заметил один парадоксальный факт, а потом понял и объяснил его себе: чем больше человек принимает ситуацию внутри, тем активнее он может противодействовать ей снаружи. Значит, чем больше я признаю внутри, что завтрашний и будущий дни определены Богом, и заранее приму это, тем больше я сэкономлю сил для планирования завтрашнего дня и его изменения на физическом плане. Все это похоже на следующую картину: щепки плывут по течению. И если щепка не понимает, что главная движущая сила не она, а течение, то она барахтается, понапрасну тратит свои силы и совершенно не контролирует ситуацию. А если щепка понимает, что основной путь определяется течением, она экономит силы, начинает соизмерять их с направлением течения и в результате резко повышает свою активность и свободу действий, а в конечном счете — и контроль над ситуацией.

Я заметил еще один факт. Если человек пытается контролировать ситуацию больше, чем на 30—40%, резко увеличиваются усилия и снижается результат. А если человек пытается контролировать ситуацию на 100%, то это уже опасно для жизни, так как резко возрастает раздражение и агрессия, как попытка управлять ситуацией, а в результате — развал ситуации и болезни. Внутреннее принятие ситуации в настоящем — это умение управлять ею в будущем. Верующий человек со смирением и добротой относится к окружающему миру. Поскольку душа имеет огромную инерцию, она проносит это в следующие жизни, и тогда, через внутреннее принятие, верующий может контролировать будущее. А через внешнее неприятие и подчинение ситуации себе — контролировать ситуацию в настоящем. Такие люди становились царями, военачальниками, банкирами и двигали цивилизацию вперед, пока в них не угасал верующий человек из прошлой жизни.

Вопрос, почему нравственный человек думает больше о других, чем о себе, а эгоист — наоборот? Дело в том, что интересы эгоиста связаны в первую очередь с его телом и сознанием. Сознание связано с эволюцией тела. Гипертрофированная земная логика, повышенная забота о теле приводят к угнетению полевых духовных структур. По природе своей сознание и вещество дискретны, тяготеют к дифференциации. Расширение Вселенной, создание новых форм вещества, пространства, времени адекватно развитию сознания и человеческой цивилизации. А поле тяготеет к единству, и с расширением Вселенной это единство усиливается. Нет левого без правого. Если Вселенная раздувается, то, одновременно, она должна сжиматься. Сжатие — это и есть устремление к усилению единства.

И когда интересы человека смещаются за пределы его тела, а это может происходить, когда тело разрушается, ущемляется при болезнях, лишениях, травмах и несчастиях, а также при доброте и любви к Богу, происходит активизация духовно-полевых структур человека. Когда человек выходит на этот уровень, его пронизывает ощущение любви и единения со всем миром. Он вдруг чувствует, что все едины и что он является неотъемлемой частью чего-то высшего. Ощущение неописуемой красоты наполняет его душу. И он начинает прикасаться к высшим истинам, недоступным человеку эгоистичному. Это происходит потому, что основная информация Вселенной заложена на полевом уровне, на том же уровне хранится информация о будущем, поэтому нравственный человек начинает видеть и чувствовать будущее гораздо быстрее, чем безнравственный. Иногда потребность общества в предвидении будущего в критической ситуации резко возрастает. И будущее тем яснее, чем больше перенос точки опоры с физических структур на духовные, полевые. Поэтому все больше появляется людей, ущемленных физически: больных, калек, юродивых; появляются люди, своим поведением уничтожающие собственные тела: алкоголики, наркоманы. Унижение тела — ограничение его в потребностях питания, общения, движения, алкоголь, наркотики — тормозит работу сознания, неразрывно связанного с телом. Тогда активнее развиваются формы мышления, где сознание связано, ограничено и поэтому не препятствует активной работе подсознания и получения новой информации. Это религиозное сознание. В религиозном сознании есть главное — вера. Вера — это некритическое восприятие истин. Без веры религии не существует.

Религиозное сознание ограничивает разум жесткими рамками. И только поэтому возможно получение информации, необходимой для дальнейшего развития. Именно религия активизирует развитие духовно-полевых структур. Поэтому религия рождала нравственность и предвидение будущего. Любая новая информация есть новая логическая конструкция. Она разрушает, перестраивает логику сознания и может быть для него опасной. Поэтому сознание, в свою очередь, агрессивно относится к информации, поступающей из подсознания. И пока новая информация не окрепла, сознание нужно сковывать, ограждать от нее.

Есть метод мозгового штурма, создатель которого интуитивно уловил условия для получения новой информации. В группе из пятнадцати-шестнадцати человек высказывается самая бредовая идея, снимается критика и оценка любой идеи, а в конце подводятся итоги. Совещания и конференции работают по тому же принципу, только гораздо слабее. Количество пятнадцать-шестнадцать человек оптимально потому, что личная значимость каждого весьма уменьшена, а ощущение единства группы еще сохраняется. Сознание работает тогда, когда оно сопоставляет, оценивает, критически относится, четко соблюдает причинно-следственные связи, ранее наработанные. При отсутствии этого, сознание схлопывается, изолируется. Активизируются более тонкие полевые структуры с выхватом из подсознания кардинально новой информации, которая не может быть сразу проверена, поэтому готовность принять ее на веру — это готовность ее получения. Следовательно, высшие истины, до которых науке не дотянуться, может открыть только религия. В основе новой технической идеи лежит нравственно-этический прорыв. Поскольку нравственность в высшем своем смысле порождается именно религией, то соединить науку и нравственность в одном мировоззрении невозможно, не соединив науку и религию. Соединение любви и веры с критическим и твердым расчетом, который появится как результат нового мировоззрения, приведет к дальнейшему развитию человечества.

Однажды меня попросили посмотреть новый прибор, который предназначен для лечения больных. Ко мне пришли автор изобретения и женщина-врач, которая, применяя этот прибор, получила хорошие результаты.

— Мы определили, что бесперспективно воздействовать на поле, перетряхивая его, чтобы убрать негативные программы. И мы с Вами согласны, что воздействие на человека без обратной связи может дать еще большие проблемы. Мы попытались создать эту обратную связь. В основе метода лежит идея рефлексотерапии. Нужно сбалансировать энергетику организма, его частоты, и болезнь уйдет. Любой объект во Вселенной — это совокупность колебательных процессов. Здоровый организм дает одни колебания, больной — другие. Идет как бы шумовая накладка. Мы снимаем с помощью компьютера эти колебания, отделяем грязный фон, и в противорезонансе грязные шумовые колебания гасят друг друга. Появляется здоровая гармоничная волна колебаний. Мы ее записываем на специальные шарики, которые пациент глотает и подстраивает свой организм под здоровые колебания. Поскольку здесь все соответствует идеям иглотерапии, негативных эффектов, вроде, не должно быть.

Я смотрю поле изобретателя и женщины-врача. У обоих, когда они работают с пациентами, наблюдается полевая деформация. Пытаюсь объяснить им ситуацию.

— Особенности восточной медицины заключаются в том, что главным лечебным фактором является личность врача и только потом технические приемы. Игла — это контур, через который происходит взаимодействие полей целителя и пациента. Два разных врача пропишут одни и те же таблетки, а результаты будут разными. Оказывается, даже в рецепте, написанном врачом, уже есть информация, которая накладывается на вещество таблетки. В рефлексотерапии этот эффект выражен сильнее.

Я смотрю дистанционно поле одного китайца, у которого, судя по рассказам, были блестящие результаты. Великолепное чистое поле. Предыдущая подготовка — три прошлые жизни, проведенные на Востоке. Лечить начал уже в прошлой жизни. В этой жизни его талант развернулся. В следующей жизни ему этот талант закроют, и он, вероятно, будет отрабатывать то, что в его лечении было больше техники, чем понимания. Сброс несовершенства у пациентов шел в будущие жизни, начиная с третьей, то есть достаточно большая отсрочка. Если пациент ее использует и займется духовным совершенствованием, то, возможно, он сумеет расчистить грязь, заброшенную в его будущее. Но все дело в том, что пациент рассматривает исчезновение болезни как излечение, а не как отсрочку. Медицина не лечит, она помогает больному облегчить страдания. Дает отсрочку его проблемам, чтобы он смог духовно окрепнуть. Лечение — это воспитание любви, доброты и единства с Творцом в душе. И любой человек, который в этом может помочь другому, лечит полноценно.

— Видя, как работает Ваш аппарат, я еще раз убеждаюсь, что самое совершенное воздействие на человека, если оно не меняет в лучшую сторону его характера, мировоззрения, — это только отсрочка. Чем аппарат совершенней, тем большее искушение поверить, что болезнь можно вылечить лекарствами и воздействием на тело, а не на душу человека.

Теперь об отсрочке. Вы мне назвали несколько фамилий сотрудников, которые должны работать с этим аппаратом. Двум из них лучше с ним не работать, у них загрязнены духовные структуры, и они, поэтому, не имеют защиты от грязи пациента и, соответственно, могут навредить ему. По мере того, как усиливается воздействие на тело человека, значительно усиливается роль врача и состояние его душевных структур. Дело в том, что при воздействии на тело, в какой-то степени, идет воздействие на полевые структуры, то есть на душу. В последнее время медицина все сильнее воздействует именно на полевые структуры. Химическим, волновым, экстрасенсорным воздействием можно изменять полевые и физические структуры человека, и таким образом попытаться создать совершенного человека. Но только из тела душу не построишь. Оказывается, есть грань вторжения в полевые структуры, переход за которую включает программу самоуничтожения у тех, кто решил это сделать. Поэтому воздействие с помощью лекарств и аппаратуры должно идти вслед за духовным очищением, а не перед ним. А перед тем, как воздействовать на пациента, Вам имеет смысл поместить его в отдельную комнату и дать ему возможность очистить душу, показав правильное направление. Через молитвы и покаяние очистить душу от агрессии, почувствовать, что любовь к Творцу есть источник счастья на Земле. Когда душа правильно устремится, тогда ей можно помочь физическим воздействием. То же самое имеет смысл делать и врачу, который работает с аппаратурой, чтобы заблокировать свое поле от грязи пациента и не навредить ему. Сохранение духовных приоритетов позволит медицине не вредить душам людей, а помогать им.

О психогенераторах я ничего не знал, да и сейчас только догадываюсь. Но могу оценить результат их воздействия, продиагностировав живой объект. Как-то раз я встретился с одним из специалистов в этой области. Он прочел мне краткую лекцию о техническом воздействии на полевые структуры живых объектов. Для того, чтобы влиять на генетический код, обычного воздействия мало, должна быть еще определенная частота импульсов.

— То есть войти в полевые структуры, которые связаны с информационным кодом, — это все равно, что войти в дверь с цифровым кодом, — уточняю я.

— Да, где-то так, — соглашается он.

— Вы знаете, — продолжаю я, — в конце 90-го года со мной произошла странная история. На приеме в Первом медицинском институте один человек рассказывал, что у него было видение, через которое он понял, что скоро Советский Союз распадется.

Видение было таким: "Два богатыря схватились, долго сражались и упали в изнеможении. Один из них снаружи теплый, а внутри холодный — этот может не выжить. А второй снаружи холодный и окоченевший, а внутри теплый — этот выживет". Следующее видение было про нашу страну. "Бежит стадо оленей к пропасти, и вот один вырывается и уводит всех. Все олени разбегаются, и он пытается их собрать, а голос говорит, что не надо собирать, что они потом сами соберутся".

Посмотрел поле этого человека. Психика в норме, но есть деформации·поля, характерные для контактеров. Я дистанционно смотрел тех людей, которые утверждают, что у них происходит контакт со внеземными цивилизациями, и часто их поле имело характерные деформации, следовательно, происходило нарушение высших законов. Оказывается, прямой контакт и передача информации опасны для нашей цивилизации и могут привести ее к гибели, но при этом будет наказана и цивилизация, вошедшая в контакт.

Этот человек потом неожиданно вспомнил, что ему еще говорил голос:

— Да, я забыл про самое главное. Я видел, что где-то под землей в пустынной местности есть лаборатория, где ученые проводят эксперименты с ядром клетки, и если у них это получится, то наша цивилизация погибнет. С ней произойдет то же самое, что и с цивилизацией созвездия Сириус.

— Но Сириус — это звезда, а не созвездие, — сказал я ему.

Он пожал плечами:

— В видении — это созвездие.

Потом оказалось, что Сириус является двойной звездой. Эту историю я воспринял сначала очень серьезно, а потом даже смешно было вспоминать о ней. Но Советский Союз действительно распался. Может быть, справедлива и информация о воздействии на ядро живой клетки? Обращаюсь с этим вопросом к специалисту в области психотронных приборов.

— Последнее время повысилась смертность людей, по работе связанных с воздействием на глубинные структуры поля.

Я тут же предлагаю провести эксперимент:

— Вы мне называете имена умерших, а я выясняю причину смерти. Вы, надеюсь, понимаете, что, например, воспаление легких, травмы, онкология — это вторичные диагнозы.

— Да, — соглашается он, — конечно.

Он называет фамилии, и я вижу одну и ту же картину. Главный информационный центр в физическом теле человека — это первая чакра, не зря здесь находятся органы размножения, и именно она сообщает информацию о состоянии физического тела. Чакра — это информационно-энергетическое образование, звено, связывающее физическую оболочку с полевой. Так вот, во

всех случаях наблюдается полное информационное закрытие чакры. Поле сворачивается вокруг объекта, прекращается его взаимодействие со Вселенной, и объект умирает.

— Хорошо, — говорит мой собеседник, — а почему же некоторые из исследователей остаются в живых?

— Действительно, интересно, давайте посмотрим, в чем дело.
Я смотрю поле одного из исследователей, работающих на Дальнем Востоке. Его поле защищено. Подстраховывает его группа
людей, находящихся в Тибете. Каким-то образом он связан с
ними энергетически и информационно. Удар идет не на него, а
на всю группу, то есть наказание началось, но идет медленней,
чем у других. Я смотрю: есть ли еще аналогичные группы на
Земле? Это Южная Америка, район Бразилии, Северная Америка (Калифорния) и Австралия. Еще минут десять я изучаю ситуацию, и мне все становится понятно. На Земле есть центры, где
у людей повышенные возможности по воздействию на окружающий мир. Их два — это район Гималаев и Южная Америка. Те,
кто в прошлых жизнях жили в этих местах, имеют повышенные
способности к магии. За ними еще два центра: Северная Америка и Австралия. Существуют и другие аналогичные подцентры.
Сейчас на энергетическом плане максимально активны два из
них: районы Тибета и Калифорнии.

— Я могу объяснить, почему Калифорния, — говорит мой
собеседник, — там очень много людей занимается этими проблемами на любительском и профессиональном уровне.

— В ближайшие годы, — продолжаю я, — в Тибете и Калифорнии возможны генетические мутации и гибель людей, так
как воздействие на полевые структуры влияет и на полевой генотип. Идет обратный удар, и автор воздействия либо умирает, либо
получает деформацию собственного генотипа, и, самое главное,
аналогична судьба тех, кто с ним связан.

— А как влияет на человека его участие в какой-либо организации? — спрашивает собеседник.

— Представьте, человек нарушил высший закон, он за это и
ответит, но если он исполнял волю организации, с которой связан, то наказана будет вся организация, то есть выбраковывать
будут не одного, а уже группу людей. Это произойдет позже, но
это неотвратимо. Представим небольшой коллектив, который
пытается вторгнуться в глубинные полевые структуры. Члены этого
коллектива начнут болеть и умирать, но они могут успеть остановиться, поняв, что их работа опасна. А теперь представим себе
ту же лабораторию, выполняющую военный заказ, значит, за ними

стоят десятки тысяч людей. Процесс этот будет идти медленно, но остановить его сложнее. Этика и дальновидность группы людей должны быть намного выше этики одного человека. Следовательно, пока работают одиночки, есть шансы обобщить ошибки, попытаться смоделировать то, куда мы вторгаемся, изучить законы поля и условия вхождения в него. Вторжение одиночки в поле может дать опыт для того, чтобы выжили многие. Бездумное вторжение в поле на уровне государственных программ ведет к гибели цивилизации. Сейчас с подсознанием, то есть полевыми структурами, происходит то же самое, что и с экологией. Сначала человек боялся явлений природы, абсолютно от нее зависел, потом он пытался как-то управлять ею, чтобы выжить, затем он стал покорять ее, а теперь уничтожает. И, начав уничтожать природу, человек осознал, что он является частью ее и погибнет вместе с ней. Если бы организации по контролю за экологией, законы, защищающие окружающую среду, появились раньше, многое из того, что безвозвратно потеряно, сохранилось бы. Мы гораздо больше зависим от подсознания, чем от окружающей среды. Человечество находится сейчас в стадии покорения подсознания, возникает все больше способов внедрения и воздействия на подсознание. Никто не думает о создании систем защиты и контроля, а негативные сдвиги в духовно-полевой экологии уже начались, причем, в масштабах всего человечества.

Вновь обращаюсь к своему собеседнику.

— Давайте посмотрим какие-нибудь коллективы, которые работают над проблемой воздействия на генетический код живой клетки.

Он называет мне нескольких человек. Это семья потомственных экстрасенсов. Они воздействовали на гены живых клеток. Оказалось, что при их воздействии в клетках менялся набор хромосом, то есть, в принципе, они могли волевым усилием вносить программу в генотип живой клетки и создавать мутантов. Соответственно, при лечении глубина воздействия была мощнее. Но они отказались от экспериментов с воздействием на ядро клетки. Я вижу в поле одного из экстрасенсов характерные искажения, присущие онкологии. В подсознании присутствует суицид, нежелание жить, программа самоуничтожения. Судя по всему, они вовремя остановились. Вселенная очень просто расправляется с теми, кто нарушает глубинные процессы саморегуляции. Человеку или группе людей вводится программа самоуничтожения, но здесь еще есть шансы выжить. При более глубоком и жестком воздействии возможности выжить перекрываются.

— Назовите мне, пожалуйста, еще какие-нибудь группы, работающие с генетическим кодом.

— Пожалуйста, — улыбается мой собеседник, — правда, когда я приехал к ним последний раз, установка была практически разобрана. Руководитель кричал: "Я не хочу, чтобы у меня рога выросли, эксперименты прекращаем!" А получилось там следующее. Один из исследователей нашел путь вхождения в поле. Он определил, что прежде всего работает полевой генотип, потом — хромосомный. Значит, воздействуя на полевой, можно менять хромосомный. Нужно решить две задачи: войти в структуру полевого генома и дать программу, которую можно менять по желанию заказчика. Ему это сделать удалось, он концентрировался на какой-то эмоции, а потом интуитивно подбирал к ней частоту. Эксперимент проходил с веслоногими рачками. "Я хочу, чтобы вместо семи щетинок на лапках-веслах были две щетинки". И это получилось. Следующая установка: "Я хочу, чтобы на одной лапке было вдвое больше щетинок, а на другой — ничего не было." И это тоже получилось.

В этих экспериментах есть одно важное обстоятельство. Если на физическом уровне мы хотим изменить генотип, скрещивая различные виды, меняя различные условия обитания, то полевые деформации мы будем наблюдать только у потомков. Если же будем воздействовать на полевой генотип, мы можем получить результат воздействия втечение очень короткого времени. Каждую секунду в живом организме поле перетекает в вещество, то есть каждую секунду полевой генотип во взаимодействии с хромосомным воссоздает наши тела. Чем глубже уровень воздействия, тем быстрее изменения. Есть еще один момент. Если мощное нарушение законов происходит у одного человека, то может погибнуть не только он один, но и весь его род. Изучая полевые структуры, я понял, что полевой генотип отличается от физического в первую очередь высоким уровнем единства. Значит, есть полевые структуры, заведующие сознанием, судьбой и жизнью одного человека и групп людей, то есть мы можем говорить о полевом генотипе родственников, народов, генотипе, объединяющем различные цивилизации и все живое в конечном счете. Если хирург вторгается в тело человека, и сделает ошибку, то пострадает один человек. Но если при лечении идет вторжение в полевые структуры, то здесь вред можно нанести большим группам людей. В принципе, можно перемешать генотип человека и животных, о результатах страшно подумать.

У меня была интересная ситуация, когда я попытался организовать курсы по обучению моему методу. Ко мне в мастерскую должны были прийти человек пятнадцать, чтобы посмотреть, как я провожу диагностику. Перед самой лекцией я стал ощущать в различных участках головы ноющую боль: шла какая-то важная информация для меня. Начал считывать ее текст: "Осторожнее в работе с группой точка осторожнее в работе с группой восклицательный знак".Толком ничего не понял и не обратил на это внимания. И вот читаю лекцию и начинаю объяснять: "Сейчас я буду диагностировать одного из вас и входить во все более тонкие слои полей. Смотрите и запоминайте". Начинаю работать и вдруг чувствую большую опасность. Смотрю на тонком уровне и вижу, как поля сидящих в комнате людей начинают перемешиваться. Я немедленно остановил диагностику и сказал, что, судя по всему, мой метод не подлежит массовому распространению.

Наши поля постоянно взаимодействуют и перемешиваются, в том числе с полями растений, животных и неживой природы. Поскольку это происходит медленно, работает контроль за своим выживанием и выживанием любого объекта. Получение новой информации развивает организм, если она идет постепенно и небольшими порциями. Если информация идет обвально, организм погибает. Вмешиваясь на тонком уровне в генотип одного человека, мы можем погубить все человечество. Вторжение человека в природу, освоение природных богатств остановить невозможно, ибо это развивает и поддерживает цивилизацию. Речь идет о том, чтобы этот процесс сделать разумным и безопасным. Точно так же не остановить процесс вторжения в подсознание, слишком много преимуществ оно дает. Сейчас через внушение, гипноз, аутогенную тренировку человек в сжатые сроки может достигать того, что раньше достигал десятилетиями. Приемы, развивающие способности, достаточно просты. Но способности — это стены, которые всем видны, а фундамент — это понимание мира и его законов. А под те стены, которые возвело человечество, уже нужно подвести более крепкий фундамент. И если строители не будут думать о фундаменте, возведенные ими стены их же и похоронят.

Сейчас биоэнергетика еще не является наукой. Для того, чтобы наука возникла, нужны концепции, объединяющие факты. Должен быть банк данных о всех удачных и неудачных попытках воздействия на подсознание и психику человека. К сожалению, если и говорить о системных подходах, то они присутствуют только в военных структурах. А у военной машины есть одна слабость:

там меньше всего думают о последствиях, сначала воплощается в жизнь идея уничтожения, потом — выживания. На физическом уровне, убивая противника, человек выживает сам. На тонком уровне, человек, убивая другого, убивает себя.

В последнее время военные, врачи, инженеры, педагоги, психологи, люди искусства пришли к выводу, что без активной работы с подсознанием им не решить своих проблем. Я общался с одним педагогом, который через игровые ситуации развивал у детей определенные способности. Он заинтересовался, можно ли у детей, с которыми он будет работать, активизировать высшие уровни подсознательного восприятия мира. У психолога Леонтьева есть труды по развитию новых форм чувствительности, например, когда кожей воспринимают световые волны. И педагог провел эксперимент по развитию чувствительности к электромагнитным полям. Если у Леонтьева испытуемый при ошибке получал удар током, то здесь ребенок получал конфету, если мог определить правильность расположения магнита, находящегося за перегородкой. Через некоторое время у детей стал меняться характер, появились способности к ясновидению. "В какой-то момент я остановил эксперимент, — рассказывал педагог, — испугался и почувствовал, что веду детей туда, откуда можно не вернуться".

Мне стало интересно, и я посмотрел поля детей, участвовавших в эксперименте. У нескольких из них в районе первой чакры — знак закрытия в информационном поле. В данном случае это не угрожало жизни, но перекрывало им возможность деторождения. Их способности резко возросли, но их сознание и мировоззрение не были к этому подготовлены. Эти неконтролируемые способности у детей могли еще больше возрасти, и природа начала защищаться.

Недавно ко мне обратились исследователи, работающие с электромагнитными полями.

— Мы создали приборы, которые воздействуют на информационные поля людей. С их помощью можно считывать информацию о будущем физическом состоянии человека. Скажем так, то, что могут видеть единицы, то есть то, что называют "аурой", регистрируют наши датчики. Но мы поняли, что вторгаться в генетические структуры клетки опасно, и решили не делать этого. Мы работаем только на диагностику и лечение, но тем не менее боимся, как бы не появились большие проблемы.

— А у вас есть кто-нибудь, кто работал с воздействием на ядро клетки? — спрашиваю я.

— Некоторых мы знали, но они уехали в Калифорнию. Один из них здесь, но работает не по профилю, так как ему не удалось осуществить исследования из-за отсутствия денег на это.

— Ему здорово повезло, — сказал я, посмотрев его поле. — Еще немного времени, и он мог бы умереть так же, как те, кто зашел дальше, чем нужно. Поле вокруг него уже обернуто, перекрывая информационные каналы на четыре пятых. Если он попытается опять что-то подобное делать, то может погибнуть. Кстати, а в чем заключался его эксперимент?

— Предполагая, что главная генетическая информация находится на полевом уровне, он попытался внести туда свою программу. Помещал психогенератор возле икринок лягушки, а затем менял частоты, обрабатывал их электромагнитными излучениями, так как хотел сделать суперлягушку. Лягушка получилась, только с шестью лапами и без глаз. Повторный эксперимент ему не удался.

— То есть он не смог найти ключ вхождения в полевые структуры? — уточняю.

— Да. Как войти в полевые структуры и как должна выглядеть эта программа, еще никто не знает.

Я улыбаюсь.

— Разгадка существует. Когда человек перемещается, после этого остается его фантом, записанный в электромагнитных полях. Но если у человека развиты экстрасенсорные способности, фантом живет гораздо дольше. Если человек сознательно концентрируется на сохранении фантома, то это уже устойчивое образование. Вы считываете основные характеристики с этого фантома, и у вас готова программа ввода в поле. Чтобы знать код входа в поле, нужно узнать код выхода, потому что они одинаковы. Их различие в том, что код выхода можно узнать. Берем лягушку и помещаем в условия, близкие к гибели организма. Именно в этот момент информация о физическом теле резко смещается на полевой уровень. Скажем так: умирая, живое существо резко активизирует полевые матрицы, связанные с физической конструкцией. Их можно записать — это и есть код входа в полевые структуры. Затем находим похожие звенья в обеих программах и вводим информацию, взятую с фантома человека, в икринки лягушки. Давайте посмотрим, что при этом произойдет. Погибнут участники эксперимента, а дальнейшая информация закрывается. Делаем вывод: с нашими возможностями и обратно пропорциональной им этикой мы уже подошли к роковой черте.

— Мы как раз и не хотели работать в этом направлении, — говорит мой собеседник.

— Но дело в том, что и в ваших глубинных структурах начинаются опасные процессы: вы пытаетесь лечить людей, перетряхивая слои полей на глубинном уровне с помощью электромагнитного воздействия. Но вы не лечите, а сбрасываете грязь в структуры будущего.

— Хорошо, — говорит женщина, участвовавшая в нашем разговоре, — с помощью этой аппаратуры я спасла девочку от наркомании, ей было всего четырнадцать лет. И Вы хотите сказать, что я не должна была ее лечить?

— Вы спасли девочку, но убили ее будущих детей. У нее была гордыня смертельного уровня из-за прилипания к земному, а наркотики отрывали ее от земного. Унижаясь, болея, мучаясь, она возвышает свою душу и души потомков. А теперь шансов иметь детей у нее практически не осталось. Вы спрашиваете, имеете ли право как врач не помогать человеку, а я спрашиваю — имеете ли Вы право помогать человеку, убивая его будущих детей? Значит, речь идет не о том — помогать или не помогать. Помогать нужно, это однозначно, но нужно это делать правильно, чтобы мы, улучшая день сегодняшний, не грабили день завтрашний, поэтому все, что связано с воздействием на душу человека, должно проверяться гораздо тщательней, чем воздействие на тело.

— Так что же получается? — спрашивает мой первый собеседник. — Получается, что воздействовать на человека вообще нельзя?

— Для того, чтобы воздействовать, надо иметь концепцию и понимание или хотя бы к этому стремиться. Поймите, болезнь — это не грязь, которую нужно убрать. Болезнь — это механизм помощи. А Вы пытаетесь ее просто выгрести и выбросить так же, как делают это многие экстрасенсы.

— Кстати, — вспоминает мой собеседник, — я обратил внимание на одну странную особенность: с помощью нашей аппаратуры мы можем выделять в электромагнитном спектре нарушения, свидетельствующие об онкологических процессах. Когда мы смотрели работающих экстрасенсов, то обнаружили, что при возрастании мощности их воздействия, в их поле появлялись нарушения, соответствующие онкологии. Как это можно объяснить?

— Дело в том, что экстрасенсорика развивается, и пока основная ее концепция — это мощность воздействия накачкой энергии. Чем сильнее идет вторжение, улучшающее физическое состояние, а не духовное, тем оно опаснее. Соответственно, тут же включается блокировка.

— Но ведь электромагнитное воздействие можно применять, исходя и из других позиций, — продолжаю я. — Вот смотрите, раньше человек голодал и умирал от этого. Голодание было синонимом смерти, и люди, не поев один-два дня, умирали от истощения. А сейчас голоданием лечат, и очень успешно, многие заболевания. Вывод: дозированная опасность лечит. Раньше человек, попадая в критические ситуации, активизировал все защитные силы своего организма, но часто погибал. А потом перегрузки он отделил от смерти, и появился спорт. Раньше человек попадал в холодную среду и умирал от переохлаждения. Одежда и теплое жилище стали одним из символов цивилизации, но периодическое охлаждение, обливание холодной водой дают здоровье. Если происходит только неблагоприятное воздействие — это смерть, если только благоприятное — это тоже смерть, но медленная. Но если оно идет по синусоиде, то это жизнь и развитие. Значит, наши духовные структуры можно развивать по тому же принципу: допустим, ограничение тела создает организацию духовных структур. Ситуация на уровне смерти дает мощную вспышку полевой активности.

Я читал об эксперименте, который провели ученые. В камеру, полностью изолированную от электромагнитных полей, сажали животное, и через десять дней оно погибало, причем сначала погибало поле, его плотные слои, и только потом — физическая оболочка. Этот эксперимент показывал, что первичными являются полевые структуры, и если у живого объекта великолепное физическое самочувствие, но развалены полевые структуры, то он нежизнеспособен. Это при длительной изоляции, а вот при коротком пребывании в такой камере — наоборот: улучшалось полевое состояние и физическое в целом. Ученые провели данный эксперимент на себе и отметили, что при кратковременном пребывании в камере улучшаются способности, память и многое другое. Когда умирают плотные полевые структуры, главные — информационные — активизируются и продолжают существовать. Следовательно, неблагоприятное воздействие на физические и низшие полевые структуры является необходимым условием развития. До сегодняшнего дня главная парадигма состояла в том, что человека нужно лечить, избавлять от грязи и запихивать в теплую комнату. А если мы проанализируем развитие человека в различных мистических сектах и школах, то увидим обратное: самые изощренные формы воздействия на человека, обычно приводящие к уничтожению с устранением последнего фактора — смерти. Смерть разрушает физическое тело, но приближение к ней — развивает его. Главное здесь — выбрать правильную дозировку, поэтому рассчитанные на максимальные перегрузки приемы мистических школ могли выдержать единицы, и при этом процент смертей был высок. Поскольку аппаратура, связанная с воздействием на подсознание, психику, душу человека создает ситуацию более агрессивную, чем любое физическое воздействие, то при правильной концепции, постоянном тщательном анализе всех ситуаций, при сохранении главного элемента исследований — этики — биоэнергетика, психотроника могут стать важным рычагом формирования человека будущего.

— Вы пробовали лечение гербалайфом? — задала мне вопрос одна из пациенток.

— Человек является минералом, растением и животным одновременно. Информация, содержащаяся в растениях, воздействует на глубинные подсознательные структуры человека, поскольку все живое произошло из растений. Местонахождение, время сбора, способ приготовления настоя, режим его приема — все это позволяло варьировать информационное воздействие. И это позволяло человеку, не совершая поступков, менять информационную структуру. Оказывается, растение способно блокировать подсознательную агрессию человека за счет подключения к другим информационным планам и за счет изменения подсознательной эмоциональной ориентации. Если нравственно-эмоциональное направление человека не расходится значительно с Высшими законами, то тогда растения дают лечебный эффект. Но если человек не меняет характер и мировоззрение даже в малой степени, никакие лекарства ему не помогут. Лекарства из растений могут быть нацелены на гармонизацию духовных структур, а могут, в основном, только на укрепление физического тела, что дает внешний быстрый эффект, а потом порождает большие проблемы. Судя по всему, гербалайф — из последних.

Однажды в компании мне рассказали, что молодая женщина и ее муж стали принимать гербалайф. После этого у женщины начались проблемы с гинекологией, а у мужчины — кожные высыпания. Я посмотрел, что случилось. У женщины до этого практически не было ревности, а теперь она ярко вспыхнула. Программа ревности могла убить мужа, поэтому часть ее вернулась к женщине и превратилась в программу самоуничтожения, а внутреннее нежелание жить бьет по мочеполовой системе. Остальная часть ударила по мужу, и агрессия блокировалась кожными заболеваниями. Осталось выяснить, почему после принятия гербалайфа так резко активизировалась ревность? Поскольку ревность есть зацепка за отношения, за телесную близость, то, следовательно, лекарство как-то усилило зацепленность за земное, и произошло это, судя по всему, из-за того, что физически тело стало чувствовать себя лучше.

Получается, что периодические недомогания, боли отрывают нас от земного и блокируют нашу агрессию и более худшие болезни. Человек убирает десять мелких проблем и взамен получает одну крупную. Значит, если человек не предпринимает постоянных усилий в устремлении души к Богу для ее очищения, то нормой для него является тело, которое болит и недомогает. Увлечение физическим аспектом, не подкрепленное духовностью, — бесперспективно. Духовность — это соединение с Богом, которое проявляется в ощущении любви, не связанной напрямую ни с чем земным, и которая продолжает существовать даже тогда, когда земное разрушается. Чувство любви, когда земное разрушается, рождает религию, дающую жизнь культуре и искусству, и впоследствии реализуется благами цивилизации. Чувство любви появляется при соприкосновении с земным счастьем. Это сладкое лекарство, так любовь лечит душу, затем идет разрушение земного, чтобы чувство любви не приросло к Земле. Это горькое лекарство. Неприятности, болезни, потери, унижающие наше физическое благополучие являются таким лекарством. Если мы будем развивать в себе чувство любви и периодически добровольно унижать тело, мы будем сознательно делать то, что делает Природа. Значит, периодические физические перегрузки, стрессы, экстремальные ситуации необходимы телу и являются прекрасным средством, помогающим развитию души. В этом, например, кроется механизм уринотерапии. Если душа человека заземляется, у него повышается агрессия, которая разворачивается против самого человека и бьет по органам выделения. Человек пьет свою мочу, земное для него становится горьким и противным. Его душа идет наверх, и физическое состояние улучшается. Естественно, это не дает полного духовного очищения, но помогает в устремлении души наверх. Значит, вкусная деликатесная пища дает заземление и может привести к заболеваниям, а однообразная, простая пища — каши и овощи — благотворно влияет на нашу душу. Чем разнообразнее пища, тем больше энергии уходит на ее переваривание.

Недавно у меня состоялся разговор с врачом-психотерапевтом. Это талантливый человек, издавший несколько книг, посвященных проблемам психического здоровья людей. Для меня психотерапевты делятся на две категории: "силовиков" и "информационников". Первые думают только о способах воздействия, а вторые понимание ставят выше воздействия. В принципе, эта психология присуща в какой-то степени всем целителям и врачам. Мы оба информационники, и нам легко понять друг друга.

— Знаете, — сказал он доверительно, — когда я читал рукопись Вашей книги, то делал это очень критически. Теперь, после ее публикации, я просто с удовольствием прочитаю книгу как обычный читатель. Но сейчас я хотел бы поговорить о своей книге. В ней, мне кажется, есть много интересных мыслей, ее стоит почитать. И вообще, у меня такое ощущение, что моя книга больше меня, в книге больше, чем есть во мне, как будто книгу делал не я, а через меня.

— Да, у меня тоже есть такое ощущение, — поддерживаю его я. — Насколько книга — часть автора, настолько автор — тоже часть книги. И наши ощущения подтверждают мои исследования. Когда я начал читать сигнальный экземпляр своей книги, то заметил поразительную особенность: книга на меня воздействует так же, как на любого читателя, я чувствую мощное энергетическое воздействие, особенно на кишечник.

— У меня уже был подготовлен весь материал для книги, но не хватало чего-то главного. И вот как-то меня озарило — толстый и тонкий кишечник, вся соматика идет оттуда. Все болезни являются следствием, а причина их — кишечник, все реакции идут через кишечник. Причем тонкий кишечник реагирует агрессивно, а толстый — наоборот, уступая, подчиняясь, провоцируя депрессии и трусость.

— Получается, — задаю я вопрос, — что если человек не удерживает стресс, ломается, то у него заболевает толстый кишечник, а если озлобляется, накапливает агрессию, то — тонкий?

— Совершенно верно. Тонкий кишечник страдает, когда агрессия уже подавлена. Есть и другой вариант, когда агрессия направлена не внутрь, не наружу, а снята решением проблемы, вызвавшей стресс.

— Верно, и с моей точки зрения психотерапевты делятся на тех, кто идет по пути заглушения проблем, и тех, кто пытается найти решение через понимание. В таком случае основа излечения: через заповеди — к Богу.

— Да, Вы правы, — соглашается он.

Я приятно удивлен блестящей интуицией собеседника.

— Те исследования, которые я провел, совпадают с Вашими выводами. Когда я увидел, что при уменьшении контакта с Божественным в первую очередь нарушается работа кишечника, то не мог понять, почему. Как может быть кишечник связан с Космосом сильнее, чем мозг? Потом начал анализировать и вспомнил, что в йоге все болезни советуют начинать лечить с желудочно-кишечного тракта. Я в юности был "не от мира сего", и, пытаясь опустить меня на землю, мать говорила: "Пойми, человек — это усовершенствованная кишечная трубка". И ведь действительно, вся жизнь развивалась из простейших организмов, имеющих кишечную трубку, и основной контакт с Космосом шел через кишечник.

— Совершенно верно, — соглашается мой собеседник.

— Когда я стал работать с полевыми структурами, пришел к еще более удивительным выводам. Оказывается, информация в первую очередь принимается кишечником, и главная роль в первичной переработке ее принадлежит именно кишечнику.

Врач пожимает мне руку.

— Вы мне сообщили сейчас новость, о которой я давно догадывался, но сам боялся даже думать об этом. Кстати, Ваша книга получилась очень удачной.

Я не стал объяснять, что хорошее ощущение от книги появилось после полутора лет чистки моей кармы в процессе создания рукописи.

БУДУЩЕЕ БИОЭНЕРГЕТИКИ

Чем отличается мистика от религии? Разница иногда бывает просто неуловимой, хотя на самом деле она принципиальна. Религия сначала дает понимание мира и нацелена в основном на стратегию, поэтому она положительно формирует духовные структуры любого человека. Мистика, оккультизм исходят из прагматических соображений: очень важен результат, поэтому идет активизация не высших стратегических структур, а более плотных, соответственно ориентированных на интересы тела. Сильная сторона религии — это возможность максимального контакта с первопричиной, следовательно, оптимальны перспективы ее развития в будущем. Слабая ее сторона: такой прорыв доступен единицам, основателям религии.

Сильная сторона мистики заключается в том, что она из-за своего прагматизма несет рациональное начало. В ней есть элементы науки. Но поскольку систематического подхода нет, наукой она не является. И здесь есть один важный момент — сознание само по себе атеистично. Оно обеспечивает потребности тела и всего того, что с ним связано. Наука, как и сознание, всегда была жестко закрыта от подсознания, информационно-полевого уровня. Поэтому, будучи жестко прагматична, наука не увечила души ученых. В интересах сознания и интересах тела необходимо большое внимание уделять проблемам тела, это дает развитие цивилизации. А вот полевые структуры, то, что мы называем подсознанием, сверхсознанием, имеют совершенно другую логику, противоположную интересам тела. Как только появляются интересы тела, то есть прагматизм перевешивает, начинается деградация духовных структур. Поэтому все многочисленные мистические секты на первых порах делали очень много для познания мира, а потом быстро вырождались и умирали. Если в мистическом течении побеждали религиозные тенденции, то это давало шансы на выживание и дальнейшее развитие. Если же побеждали научные — шла деградация души, вплоть до физической гибели.

Сталкивались две противоположности: научный подход позволял обобщать и передавать опыт, выходить на новые концепции, постоянно развивать понимание мира, но приводил к духовной деградации. Религиозное мировоззрение всегда было догматичным и невероятно трудно принимало новые идеи. Поскольку наука связана с земным, то постоянное разрушение формы делает ее демократичной и восприимчивой к новому. Любая религия, в силу своего происхождения, весьма консервативна, и любая новая информация либо жестко отбрасывается, либо приводит к образованию другой религии. Мистика, соединяясь с наукой, таила в себе огромную опасность, поэтому на протяжении всей истории религия стремилась ограничить эту тенденцию. Торжество науки в XVII веке, формирование мощного менталитета подорвало силу религии. Мистическое мировоззрение стало быстро развиваться, давая всплески в развитии науки и искусства. Любой ученый, соприкасающийся с этой темой, чувствовал, что сталкивается с явлениями, лежащими за пределами тела и рассудка. Это называли "бессознательным подсознанием", не подозревая о том, что это полевые структуры. Началось изучение подсознания, попытки научного проникновения в область, которая сулила очень большие перспективы. Оказалось, что увеличение способностей и расширение возможностей у человека непременно связаны с тем, что мы называем подсознанием. Но странный факт: биоэнергетика не стала наукой. Единой научной концепции в масштабе человечества не появилось, и это не случайно. Если бы это случилось, то духовная деградация всего человечества перешла бы черту, из-за которой возврата нет. Гибель и вырождение произошли бы не с какой-то отдельной сектой, а со всем человечеством. С другой стороны, попытка связать все достижения в области бессознательного в рамках какой-либо религии привела бы к окостенению этой религии и остановке поисков. Значит, с одной стороны, — остановка развития и религиозный фанатизм, с другой стороны, — развитие все более прагматичного, научного подхода к духовно-полевым структурам, неотвратимая деградация и гибель человечества.

Выход из создавшейся ситуации и выживание возможны только в одном случае: дальнейшие исследования биополевых структур и всего того, что мы называем духовным развитием человека, может быть реализовано в рамках концепции, объединяющей религию и науку, идеализм и материализм. Что мы видим в настоящий момент? Хаотическое, бессистемное внедрение в подсознание с помощью аппаратуры дает определенный опыт и формирует научное мировоззрение. Но учесть и оценить это мы можем просто не успеть. Много экстрасенсов, магов, колдунов занимаются опасным ремеслом без всякого контроля, в первую очередь — нравственного. Это усиливает тенденцию постановки всего под контроль врачей. Но вся официальная медицина и тенденция ее развития направлены на тело человека и улучшение физического самочувствия. Это является главной задачей современной медицины. Значит, биоэнергетика, подчиненная официальной медицине, ориентированная только на интересы физической оболочки, будет убивать быстро и крупномасштабно. В принципе, сейчас это уже и происходит. Следовательно, будущее биоэнергетики возможно при создании организаций и школ с развитым религиозным мировоззрением, с приоритетными духовными ориентациями, с участием и контролем ситуации со стороны людей, продвинувшихся в духовном развитии. Необходимо создание экспертных групп, куда в первую очередь входили бы специалисты по диагностике тонких полевых структур, ибо ни один врач или специалист по воздействию на полевые структуры с помощью современной аппаратуры не опередит человека, направившего свои силы на нравственное и духовное совершенствование. Поэтому биоэнергетика завтрашнего дня невозможна без создания нового мировоззрения, в котором наука и религия будут объединены в единое целое.

ПОСЛЕДНЯЯ ИНФОРМАЦИЯ

О том, что потеря смысла жизни, нежелание жить, программа самоуничтожения в первую очередь рождаются из-за презрения к другим людям, я узнал, когда смотрел пациентку в Нью-Йорке. Но о том, что презрение к какому-либо сообществу людей гораздо опасней, не думал и убедился в этом неожиданно для самого себя.

Произошло это после того, как мне в очередной раз отказали в визе в США. Девушка за стеклянной перегородкой убеждала меня, что я мечтаю остаться в Америке и, поэтому, визу не получу. В тот же вечер у меня было выступление в Москве, где я стал объяснять, что абсолютизация земных ценностей грозит вырождением человечества, его гибелью. Если Восток был душой и мозгом человечества, то Запад был его мышцами, и Америка, как лидирующая страна Запада, всегда имела ярко выраженную мышечную психологию. Идей всегда было много, а вот технических средств для их реализации не хватало. Именно мышечная психология здесь очень многое дала. Но живому существу весьма сложно развиваться, если оно будет только мозгом, и еще сложнее, если оно будет только мышцей. Без постоянной духовной подпитки начинается деградация духовных структур, а потом и физических.

Я вспомнил, как за год до этого мне отказывали в визе в американском консульстве. Девушка вяло перебирала мои документы, потом спросила:

— Вы автор метода диагностики кармы или книги?

— И того, и другого.

— А Вы можете принести книгу?

— Хорошо, — сказал я. — Но как я вернусь назад?

— Я напишу записку, чтобы Вас пропустили.

Я побежал за книгой и через час был у двери консульства, но напрасно показывал записку. Меня не пускали.

— Звоните по телефону, — посоветовал охранник.

Звоню по телефону и объясняю:

— Я вышел на некоторое время, у меня там остались документы, и мне нужно вернуться.

— За чем Вы ходили? — спрашивает мужской голос.

— За книгой, которую написал.

— Подождите минутку.

Жду одну, две, пять минут. У меня уже звенит в ушах, но к телефону никто не подходит. Сзади напирают те, кто тоже хочет

позвонить. Опускаю трубку и уступаю им место. Через некоторое время опять звоню.

— Алло, моя фамилия Лазарев, я выходил на некоторое время, и мне нужно вернуться, чтобы забрать документы.

— За чем Вы ходили? — опять спрашивает мужской голос.

— Меня послали за книгой, которую я написал.

— Подождите минутку, — и я опять жду одну, две, семь минут.

Я понял, что ожидание бесполезно, и вешаю трубку. До этого
на морозе я простоял в очереди 1,5 часа, и ноги у меня одереве-
нели. Получасовое топтание перед закрытой дверью вымотало
окончательно. Делаю третью попытку.

— Алло, моя фамилия Лазарев, я выходил на некоторое время и хотел бы вернуться забрать документы.

— А за чем Вы выходили? — опять спрашивает мужской голос.

Я с тоской понимаю, что буду ждать пять-десять минут и
меня не пустят. Тут меня осеняет, я же нахожусь перед дверью
американского консульства, и выпаливаю:

— Я выходил за деньгами.

— О'кей, проходите, — немедленно следует ответ.

Я передал книгу девушке, сидящей за столом. Она позвала
кого-то, и они стали просматривать ее, смеясь и разговаривая
по-английски и тыча пальцем в страницы. Потом девушка посмотрела сквозь меня и сказала, что в визе мне отказано.

Этот случай я рассказал зрителям, объяснив им, почему Моисей убивал тех, кто молился золотому тельцу. Когда духовные
структуры прилипают к Земле и делают земное целью, душа обе-
сточивается, и контакт с Богом, от которого она получает силу и
духовную энергию, уменьшается. Духовные структуры начинают
разрушаться. Соответственно распадается и тело. Если форму пытаются сделать целью, то содержание гибнет. Повышенный праг-
матический подход возможен только при мощной духовной под-
питке. Если этого нет, природа включает механизм физического
вырождения. Я привел данные американской статистики на лето
1994 года. На первое место в статистике детской смертности вышла
смерть во время сна без всяких видимых причин. Количество
семенной жидкости у мужчин в настоящее время в два раза меньше, чем в конце 30-х годов. Каждый второй ребенок рождается
умственно неполноценным. Абсолютно здоровым рождается один
на десять тысяч. Начинающееся вырождение общества происходит на фоне все возрастающего благополучия.

Выступление прошло нормально. А на следующее утро у меня
начался сильнейший насморк. Посмотрел свое поле и с удивле-

нием увидел мощную программу самоуничтожения. Откуда могла выскочить программа? В основе лежало презрение к какому-то сообществу. Оно находилось в Северной Америке. До меня дошло — Соединенные Штаты. Я понял, что где-то допустил эмоцию презрения. Презирать отдельного несовершенного человека опасно. Чистота земная и грязь обусловлены Богом. Попытки осуждать и презирать любое общество очень опасны и дают у потомков тяжелейшие заболевания. Тогда я в очередной раз со всей ясностью понял, что несовершенное общество и окружающий нас мир нужно стараться изменить и переделать, но его нельзя презирать и осуждать. Конфликт с окружающим миром необходим снаружи, но недопустим внутри. Если человек в первую очередь — исполнитель, а потом — автор поступка, то что тогда говорить об обществе? Для того, чтобы выжить, Америке в недалеком будущем придется стократно устремляться к духовному. Это будет работать на будущее всего человечества. Для того, чтобы больному, слабому и увечному подняться, ему нужно намного больше усилий, чем здоровому. И если мы, цепляясь за физическое, земное, забываем о душе, то рано или поздно перед нами поставят жесткий выбор: или физическая смерть и вырождение, или смещение ценностных ориентиров в область духовного развития.

Молодая женщина делится со мной своими бедами.

— У меня астматические приступы, в метро совершенно не могу ездить, Вы могли бы мне помочь?

— Ваша душа и души детей пропитаны презрением и отречением от любви. Расскажите, что с Вами произошло и когда это было.

— Главная проблема была перед замужеством. Я очень любила одного человека, но у нас ничего не получилось, поэтому, что называется, вышла замуж за хорошего человека. Потом постоянно сравнивала их, и сравнение было не в пользу мужа. Может быть, это повлияло?

— Повлияло, и еще как. Вы, возможно, удивитесь, но попробуйте это понять и прочувствовать. Эмоция — спрессованная мысль. Если мысль постоянно напоминает Вам, что первично земное, то со временем эмоционально будете принимать мир в этом контексте. Правильная мысль исходит из правильного понимания мира, правильной картины мира. Чувство любви есть высшая ценность в этом мире. Оно дается Богом и не принадлежит Земле, поэтому часто вступает в противоречие со всеми земными ценностями. Если мы зацепились за земные ценности, ставим их выше любви, то любовь умирает. Мысль становится эмоцией, характером и мировоззрением весьма медленно. Родители начинают опасный процесс, дети продолжают его и болеют, а внуки уже умирают. Если неправильная мысль часто повторяется, то она начинает увечить эмоции. Родители, вежливые и добрые снаружи, но в мыслях ненавидят и презирают, а их дети почему-то убивают, и никто не может понять, в чем дело. Родители отрекаются от любви, топчут ее в себе и в других, а их дети рождаются с раковыми опухолями. Если души у будущих детей и у внуков чистые, то грязь, когда-то выброшенная в будущее, отлетает назад к их родителям, дедушкам и бабушкам.

Вы никогда не любили того человека и настоящую любовь испытывали только к мужу. Настоящее чувство любви не имеет земного объяснения. Если Вы его любите за то, что он красив или богат, или способный, или порядочный и умный, то это не любовь, а подделка. Здесь такое же отличие, как между удовольствием от хорошего вкусного блюда и счастьем любви, переполняющим Вас. Еда необходима, но если она становится абсолютной ценностью, духовные структуры перестают развиваться. Прекрасно, когда любимый человек способен, порядочен и умен, но если это главная причина любви, то духовные структуры деградируют. Ничто земное не может быть фундаментом для любви. Ее фундамент находится на Небе. Вы любили его способности, его мудрость. Это была неосознанная, корыстная любовь. А потом, сравнивая и презирая, убивали в себе любовь, ставя земные ценности выше Божественных. У детей это выражено ярче, поэтому Вы сейчас страдаете, чтобы спасти их души. Если сумеете своим детям объяснить, что чувство любви не может быть подчинено никакому жесткому контролю, что не мы руководим им, а оно руководит нами, и при этом заново переживете всю жизнь, проходя каждую ситуацию с сохранением чувства любви и молясь, чтобы это было дано потомкам, тогда для очищения ваших душ не нужны будут физические страдания.

Разговариваю с родителями девочки, у которой сложное заболевание: аутизм, замедленное умственное развитие. Я объяснил им достаточно просто: у обоих зацепка за мудрость. Их эмоциональное состояние до зачатия и состояние жены во время беременности определили здоровье девочки.

— Но у нас не один ребенок, и второй совершенно здоров. Вероятно, здесь больше личной кармы.

— Да, груз личной кармы здесь велик, поэтому вытянуть ее будет тяжело. И потом чаще первому ребенку достается больше семейной кармической грязи. Хотя можно, не пройдя испытания, второму нанести вред больший, чем первому.

— Скажите, — спрашивает меня мать, — если мы очистим себя полностью, то можем ли быть уверены, что ребенок выздоровеет?

— В данной ситуации это будет трудно. На тонком уровне вы связаны с ребенком, и, очищая себя, очищаете его. Но все зависит от глубины вашего очищения. Через некоторое время вы очиститесь полностью и, с моей точки зрения, будете здоровы. Но это одна пятая того, что пройдете. Чем глубже идет очищение, тем дальше оно простирается на прошлое и будущее.

— А девочка виновата в чем-либо, что мы не можем снять?

— На тонком уровне вина каждого абсолютно отсутствует, то есть теоретически очистить можно.

— Можно ли помочь ей, воздействуя не только через нас, но непосредственно на нее?

— Можно. Что говорят врачи относительно ее питания и ее воспитания?

— Ее нужно регулярно кормить и обеспечить ей щадящие условия.

— Видите ли, отношение врачей определяется концепцией, лежащей в основе современной медицины. Лечат тело, не думая о душе. Если человек постоянно плохо питается, его организм истощается, но если он иногда не ест, то это идет ему на пользу. В прошлой жизни у Вашей девочки было пожелание смерти людям из-за унижения ее гордыни и мудрости. Это дало ей настолько мощное заземление, что в этой жизни очищения, идущего в форме унижения ее другим человеком, она не выдержит и убьет энергетически либо его, либо себя. Лечение другим человеком — это мощный, кратковременный отрыв от земного, от такого лечения можно отказаться. А лечение болезнью — это постоянные небольшие порции, и отказаться от него невозможно. Здесь многое зависит от степени агрессии. Если я из-за денег завидовал или обижался, то у моих детей и у меня в следующей жизни будут проблемы с деньгами. Если я презирал и ненавидел, убивался о потерянных деньгах, сделал их целью своей жизни, то это уже 3—4 поколения моих потомков и моих будущих жизней. И очищение, соответственно, будет более жестким. Если я долго желал кому-то смерти или убил кого-то из-за денег, то это уже поколений семь и больше. Тогда меня, моих детей и правнуков будут убивать из-за денег, обманывать, обворовывать.

У Вашего ребенка готовность принять унижение в гордыне и мудрости была минимальна. Поэтому у нее сознание мощно ориентировано на Землю, и это привело к закрытию его. Если в прошлой жизни она не приняла стрессовую ситуацию, то в этой жизни принять ее будет намного сложнее. Духовно-полевые структуры имеют большую инерцию как в хорошем, так и в плохом. Поэтому все формы стресса для девочки, то есть выключение земного с подстраховкой, весьма полезны. В магии, например, для достижения совершенства, главное условие — остановка сознания и, соответственно, активизация духовных структур. Сознание останавливается, схлопывается, когда возникает смертельная ситуация, когда очень много или очень мало информации, когда ограничиваются потребности тела. Это принудительные моменты, но есть добровольные: вера в Бога и абсолютное сохранение чувства любви. Если на это сил не хватало, люди применяли добровольно-принудительные методы: ограничение дыхания, уединение, молитвы, а если этого не было, то шли несчастья, унижения по судьбе. В некоторых моментах созерцание качающегося блестящего предмета или неподвижной точки приводило к остановке сознания.

Врачи видят, что сознание ребенка остановлено, не развивается, и они дают рекомендации, чтобы его открыть. А чем более открыто сознание, тем более оно привязано к Земле, тем больше стрессов оно получает и тем быстрее будет развиваться деградация. Поэтому нужно приучить ее к стрессам и, наоборот, периодически сжимать ее сознание. Раньше, когда ребенок болел и у него повышалась температура, то он отказывался от еды. Врачи пытались сбить температуру и рекомендовали хорошо кормить ребенка, а нужно было снижать температуру и давать еду только в крайнем случае, — организм все четко рассчитывал. Если сознание девочки остановлено — это защита, это лечение. И бороться с этим процессом — значит, бороться с системой защиты духовных структур.

Для того, чтобы сознание открылось, его сначала нужно переориентировать от земного к Божественному. Поэтому, все игры, ориентированные не на сознание, а на подсознание, полезны. Это игра в жмурки с завязанными глазами, прыжки, лазание по канату, спортивные стенки, игра с мячом. Если ребенок падает и получает травму — ничего страшного. Болевой шок и правильное отношение к боли тоже необходимы. Далее: сознание человека унижается нестабильностью земного, поэтому раскачивание на качелях, движение на неустойчивых поверхностях — полезны.

Если ребенок не хочет есть, не страшно. У детей организм хорошо сбалансирован и знает, что ему нужно. Следовательно, если во время болезни ребенок отказывается от еды, то предлагать ему лучше легкую овощную пищу или каши. Мы вышли из воды, поэтому погружение в воду производит тот же эффект. Любые водные процедуры: купание, ныряние, задержка дыхания под водой очень хорошо тормозят сознание. Прекрасный эффект дает обливание водой из ведра. Полезна музыка, но максимально рассчитанная на подсознание, то есть без слов, или явно выраженная ритмичная, или классическая. Не исключено химическое воздействие с помощью лекарств или растений, в которых есть программа уничтожения гордыни и мудрости. Индия и Тибет являются местами, где достижение мудрости лидировало. Значит, там должны быть растения, в какой-то степени блокирующие зацепку за мудрость, за земное. Шизофрения, эпилепсия, задержка умственного развития, снижение памяти и другие психические расстройства в основе своей, как правило, имеют абсолютизацию мудрости, поэтому игры, где ребенка обманывают, где у него что-то не получается, все рассыпается — полезны. В христианстве смирение — высшая добродетель, то есть умение принять внутри разрушение земного. Пасьянс, составление карт, означает смирение в переводе с французского. Строить из кубиков башенки, которые разваливаются, складывать цветовые композиции, имитировать стрессы, угрожающие здоровью и жизни, необходимо для каждого ребенка.

— Скажите, а электрошок может дать эффект?

— Электрошок, инсулиновый шок и другие виды шока, которые используют при лечении заболевания, дают эффект, когда есть какая-то внутренняя подготовка. Если раскачивать человека, давая стресс и тут же успокоение, отрывая его при этом от Земли, то это дает к положительный эффект. Все формы воздействия на ребенка, о которых я говорил, полезны для любого человека, поэтому Вам они тоже могут помочь в изменении самих себя.

Я вспоминаю о том, что перед смертью люди с тяжелыми формами психического расстройства приходили в себя и четко осознавали все происходящее вокруг. Смерть разрушает тело и связанное с ним сознание и снимает только первый пласт. Под ним есть второй слой сознания, связанный уже не с одной жизнью, то есть у нас есть много уровней сознания, и абсолютизация первого, самого грубого, связанного с физическим телом, обесточивает другие. А их очищение в первую очередь имеет отношение к переориентации земных ценностей на Божественные.

— Я хочу задать Вам два вопроса по поводу нашего ребенка: мучается ли она, находясь в таком состоянии, и второе — стоит ли ее выводить из этого состояния? — спросил отец девочки.

— Ее сознание спит, но душа мучается. Точнее, мучается ее второе сознание, охватывающее не одну жизнь. Душа ребенка перед зачатием, приходя из загробного или противостоящих нам миров, видит свое будущее и страдает. Когда он рождается, то мучения продолжаются, и очищение духовных структур происходит. Поэтому, чем дольше живет и мучается такой ребенок, тем больше очищается его душа. Если Вы сейчас начнете пьянствовать или принимать наркотики, то сознание будет тормозиться, и Вы меньше будете страдать. Но стоит ли избавлять Вас от наркотиков и выпивки, которые увечат Вас? Я думаю, стоит. Значит, нужно не избавляться от мук, а нужно подниматься над ними, преодолевая их. Когда сознание ребенка будет разбужено, мучений будет больше, но это все станет очищать душу. Дело в том, что душевная боль, страдания возникают, когда сравниваешь. Чтобы почувствовать хорошее, нужно знать, что такое плохое. Чем больше развивается наше сознание, тем больше появляется систем оценок и сравнений, значит, тем больше мук и страданий будет испытывать человек. Вот почему в христианстве сказано: "Знания умножают скорбь". Развитие интеллекта дает не только скорбь, но и наслаждение. Следовательно, насколько при пробуждении сознания усилятся муки, настолько возрастет и счастье при преодолении их.

Здесь еще есть один момент: почему вам дан такой ребенок? В прошлых жизнях вы имели высокую мудрость, высокое положение в обществе и благополучную судьбу. Что такое благополучная судьба? Это именно то, что в глазах окружающих является эталоном счастья, и, самое главное, возможность реализовать то, для чего ты предназначен. Чем больше в человеке мудрости, тем легче ему контролировать ситуацию вокруг себя, реализовать свои желания и иметь счастливую судьбу. В этом есть большая опасность: чем лучше контролирую ситуацию, тем сильнее у меня ощущение, что я полностью ее контролирую, то есть клетка незаметно начинает навязывать свою волю организму, исходя из личных потребностей и целей. Начинается деградация духовных структур, и, чтобы спасти человека, нужно развалить вокруг него ситуацию. Должны начаться необъяснимые, нелогичные вещи, которые бы подсказали человеку, что он потерял контроль над ситуацией. Если бы вам дали физические унижения, обманы, неприятности, идущие по судьбе от других людей, а вы, в силу своей зацепленности, не выдержали бы их, то осуждением и презрением избивали бы других людей и себя. А вы люди духовные и добродушные, и вас нужно сохранить, несмотря на неправильное мировоззрение. Раз вы не приняли одиночные болезненные удары, дают ситуации, от которых вы не можете отказаться, с одной стороны, и которые наносят травму, с другой.

Врачи-специалисты осматривают ребенка и не видят никаких отклонений, и тем не менее, сознание практически остановлено. Причину болезни врачи объяснить не могут, конкретных рекомендаций дать тоже не могут, то есть вам постоянно сверху напоминают о том, что контроль над ситуацией, то есть реализация ваших желаний, всегда вторичен, и как бы от вас ни зависела окружающая среда, для того, чтобы выжить, вы должны ощущать свою зависимость от воли Вселенной и ее Творца. Чем большую власть вы получаете над людьми, тем больше унижений дается вам Богом. Короли не зря имели шутов, которые высмеивали их недостатки. Контроль над ситуацией у любого человека возрастает по мере того, насколько он следует воле Творца. На какое-то время вы должны выключить земную логику и контроль над ситуацией. На Руси тех, кто постоянно входил в это состояние, называли юродивыми. Не обязательно по форме полностью включаться в этот процесс, но по содержанию это необходимо. Во всем происходящем вы должны видеть и чувствовать Божественную логику. Люди должны как бы исчезнуть. Если вас обидели или обманули, то первым желанием должно быть оправдание этого человека. Первым признаком того, что логика Божественного у вас становится приоритетной, является ощущение любви ко всему миру, которое не меркнет в любой ситуации и только увеличивается. Если вы испытаете это чувство, то считайте, что ребенок получает лучшее лекарство.

Два года назад в Ленинградской области я начал строить баню, вернее, домик, в котором можно было бы париться и отдыхать. Мы поставили стены и стропила. Все это так и стоит там по сей день. Работа над книгой занимала все время. Сейчас начало марта, в городе мало снега, и он постепенно оплывает с полей, лежащих за городом. Я еду посмотреть, что осталось от моей бани. Нас в машине двое. Рукопись уже закончена, но тема разговора все та же.

— Мой знакомый моряк уходит в рейс, но чувствует себя неуверенно. Посмотри, могут ли быть у него проблемы? — просит меня мой попутчик.

— Да, — отвечаю я. — Поле весьма неважное, у него резко усилилась гордыня из-за прилипания к способностям и благополучной судьбе. Причем здесь интересный момент: обычно душа зацепляется за земное и становится гордой через агрессию по отношению к другим людям или к себе. Агрессия к другим — зависть, ненависть, презрение, осуждение. Агрессия к себе — нежелание жить, уныние. А здесь агрессия к себе проявляется в форме насилия над собой.

В данном случае жена моряка совершает насилие над ним, и он ей подчиняется. Она ему советует, как что сделать, учит, как устроить жизнь, и это может для него плохо кончиться. Информацию можно предлагать, но нельзя настойчиво навязывать. Уступать и подчиняться можно снаружи, но внутри подчиняться можно только Богу. Нежелание духовно подчиниться кому-то называется гордостью, это защита духовных структур от посягательств. Если не защищаться от этого постоянным стремлением к Богу, то богом для меня станет человек, который дает мне информацию, и это может привести к печальным последствиям.

Однажды у меня на приеме был командир воинской части. Он приехал со всей семьей. Я посмотрел их полевые структуры и сказал, что на их роду лежит проклятие. Виноват в этом он, так как передал свое восприятие мира родственникам. Его прокляла за полгода до этого женщина, и проклятие опустилось на всех. Он рассказал, что у него в части разбилась машина, и в ней погибли два солдата. Мать одного погибшего прокляла его. Он ходил к экстрасенсам, но они ничем не могли помочь, говорили: "Иди, молись в церковь".

— Проклятие спасает весь Ваш род от смерти. Вы начали командовать подчиненными не только снаружи, но и внутри и стали их души подчинять себе. В машине было два человека: один по карме должен был погибнуть, второй — нет. Но Вы, подчинив себе его духовные структуры, сломали его защиту, и он тоже погиб. Это очень опасное нарушение, поэтому следует либо гибель всего рода, либо проклятие всего рода, которое дает шанс выжить.

За окном автомобиля проплывают заснеженные поля с островками весенней земли.

— Знаешь, — говорит мой напарник, — мой сын недавно задал интересный вопрос: "Как можно победить дьявола?" Я ему ответил: "Не думать плохо о людях, не презирать их". А сын отвечает: "Нет, папа, дьявола можно победить любовью". Я даже не знал, что ответить.

— А сколько лет твоему сыну?

— Шесть.

Сейчас вообще очень много талантливых, духовно одаренных детей. Это необходимо для того, чтобы человечество шагнуло в завтрашний день. Государство должно помочь развиться этой духовности.

Кстати, о дьяволе. Обратите внимание, как о нем говорит Христос: "Избавь нас от лукавого", — ни ненависти, ни презрения, какая-то игровая ситуация. К чему склоняет дьявол людей, к чему их искушает? К тому, чтобы больше любить земное. Адам и Ева ослушались и впали в грех, они вкусили плод познания, значит, познание, сексуальные наслаждения — это грех. Но без этого греха и человечество не появилось бы. Следовательно, все, что есть человек, земные блага и цивилизация, и развитие — это грех. Но почему тогда не устранить, не уничтожить этот грех? Вроде бы можно, и вроде бы нельзя. В чем же дело, почему такая странная ситуация? На самом деле все достаточно просто. Если не объявить греховными земные ценности, сексуальные удовольствия, изысканное питание и другие земные наслаждения, которые способствуют развитию разума, то есть познания, то это может стать целью, сознание человека прирастет к земному, развитие остановится, цивилизация погибнет. Поэтому давалась информация о том, что главные ценности не связаны с земным, это останавливало человека от абсолютизации земных наслаждений. Поэтому и зачатие у Девы Марии должно быть непорочным. Божественное не может рождаться от земного. Земное рождается от Божественного.

Мне одна женщина сказала: "Я всегда в своих неприятностях искала виноватых и потому презирала, осуждала, плохо думала о людях. А сейчас не могу удержаться от презрения к себе и осуждения себя".

— Это пройдет, — успокоил я ее. — Когда расширяются промежутки времени, понятия о добре и зле меняются. Если человек сидит и не хочет встать, то его нужно стегать кнутом, чтобы он встал, с одной стороны, и поддерживать, и помогать ему, чтобы он встал быстрее, с другой стороны. И того, кто будет его поддерживать, он будет считать Богом, а того, кто его хлещет, — дьяволом. А поддерживает и бьет один и тот же, только мы этого не понимаем. Дьявол — это наше неправильное представление о Боге, ограниченность нашего мировоззрения. Почему человек сидит и не встает? Потому что не видит и не понимает того, что происходит вокруг. Поэтому его нужно хлестать. Но если его понимание мира расширяется, он встает сам. Принудительное развитие становится добровольным. Развитие — это перемещение внешних источников постижения мира внутрь. Значит, дьявол появляется тогда, когда развитие становится принудительным, когда ослабевает желание расти добровольно. Когда человек сам себе будет причинять духовную боль для внутреннего роста, тогда она не нужна будет снаружи. Дьявола нужно не уничтожать и не изгонять из души, его нужно постоянно преодолевать и побеждать. А побеждать его можно любовью. Пройдет некоторое время, и мы поймем, что плохого не существует, есть несовершенное. Оно рождается из-за слабости понимания, которая появляется, когда недостает любви. Поэтому, главным источником преобразования мира является чувство любви, данное нам, и наше желание увеличить его.

Я объясняю молодому человеку, сидящему передо мной, что он зацеплен за способности и мудрость.

— Желательно, чтобы иногда Вы сами себе разваливали удачу и вели себя глупо, позволяли себя обманывать и ущемлять.

Он удивляется.

— Но ведь это противоестественно.

— Если у Вас есть деньги и душа зацепилась за них, а Вам советуют, чтобы Вы часть их отдавали: благотворительность, церковь, нищие. Это нормально?

— Нормально, — соглашается он.

— Если Вы будете отдавать часть того, что имеете, у Вас не заберут всего. Перед тем, как дать человеку большие блага, Бог часто отбирает у него маленькие. И тот, кто правильно принимает маленькую потерю, достоин большого подарка. Умение проиграть в мелочах — это умение выиграть в крупном. Вы со мной согласны?

— Да.

— Если умеете отдавать часть денег, чтобы не загрязнить душу излишней любовью к ним, научитесь отдавать и способности, и мудрость. Но никогда не отдавайте чувства любви к Богу, то есть не теряйте и не отталкивайте его от себя.

— А почему в Библии сказано, что мы живем один раз?

— Дело в том, что мы действительно живем всего один раз. Мы — это сочетание тела и духовных структур. Я умру, и такого уже не будет. Будет уже другое тело, и душа тоже несколько изменится. Поэтому смерть, как любое разрушение земного, — двойственна, она носит абсолютный и относительный характер одновременно.

Объясняю, что когда человек что-то теряет, когда его обижают и унижают, то есть разрушается земное, нельзя испытывать только страдания, агрессию и сожаление. Абсолютизация этого патологична и приводит к болезням и смертям. Но и абсолютные рабости, при этом — тоже патологична. Умение сохранить эти две противоположные эмоции — непременное условие духовного развития. Но поскольку раньше человек был слаб и испытывать одновременно противоположные чувства не мог, то эти эмоции приходили к нему попеременно. Поэтому одни люди говорили, что высшая радость и счастье — это обладание земными благами и наслаждениями, а другие — что это отказ от земных наслаждений. Правы были все. Когда человек умирал, он страдал и мучился, а потом получал высшее наслаждение и умиротворение и не хотел уже возвращаться назад к любым земным ценностям. Для этого посмертные ощущения надежно закрывались от живущих. Человек всегда боролся с двумя искушениями. С одной стороны,— презрение земного и отречение от него, это было преодоление дьяволизма. С другой стороны — восхищение земным, восхваление земных ценностей, это материализм. Оба течения существовали реально, но в сознании одного человека они не могли объединиться. А сейчас это становится возможным.

— Когда сын был маленьким, то начал таскать разные вещи, приворовывать потихонечку. Я помню, в парке отвела его в сторону и сказала: "Я своими руками тебя задушу, если будешь так делать". Могло это спровоцировать проблемы?

— Могло. Вы должны понять следующее: силовым давлением никогда ни одну задачу не решить. Если Вы пытаетесь подавить одну эмоцию, то появится другая. Когда человек ворует, он унижает других людей в имидже, благополучной судьбе и материальных благах. Родитель не помышляет о воровстве, но презирает тех, кто унизил его по имиджу и по судьбе, или высокомерно относится к тем, кто ниже его. А его дети почему-то воруют. Они попросту реализуют внутреннее желание родителей унижать других мыслями и словами из-за абсолютизации своего благополучия. Резко надавив, Вы блокировали у ребенка зацепленность за имидж, благополучную судьбу, и желание воровать из-за этого, и вся зацепленность перешла на отношения. Агрессия против себя является более высоким уровнем, чем агрессия против других, но проблемы остаются. Поэтому пересмотреть всю жизнь, прожить ее заново и молиться за потомков будет намного эффективнее, чем попытка жесткими запретами и наказаниями изменить человека к лучшему.

У девочки, которую держит на руках ее мама, диэнцефальный синдром. Подсознательная агрессия выше смертельного уровня, направлена против мужчин. Соответственно идет блокировка.

— Мы у Вас были на приеме полгода назад, — рассказывает мать. — Девочке стало лучше, но полностью она не выздоровела.

— У Вашей дочери гордыня выше смертельного уровня. Причина в Вас. Вы постоянно совершаете духовное насилие над мужем, пытаясь изменить его. У него в прошлых жизнях были огромные способности и интеллект. И Вы его мудрость, земную оболочку сделали целью и смыслом жизни. В этой жизни ему позволяют реализовать только десятую часть того, что он имел, а Вы пытаетесь заставить его быть способным и умным. Для него это может кончиться печально. А Ваша дочь просто раздавит любого мужчину, не соответствующего ее идеалу.

— Значит, если мой муж пьет, — это и есть самоунижение? — спрашивает женщина.

— Да, пьянство — это унижение имиджа, то есть положения в обществе, способностей, мудрости. Наркотики — это унижение судьбы. Если душа человека зацеплена за эти моменты, он, чтобы спасти себе жизнь, начинает выпивать или принимать наркотики. Поэтому Вы прежде всего должны снять осуждение и презрение к мужу и молиться, чтобы любовь к Богу стала целью жизни для вас обоих.

— Скажите, а почему после приема мне стало хуже?

— Потому что вся грязь, которая была у Вас, начинает выходить на поверхность. Вы ее должны молитвой и любовью превратить в чистоту. Можно проявлять агрессию к прошлому, сожалея о нем или не принимая его. Можно — к настоящему, осуждая его и презирая, проявляя недовольство им. Можно — к будущему, боясь его, плохо думая о нем, или постоянно мечтать о благополучном будущем. Сначала человек меняет свое отношение к прошлому, снимая агрессию. Потом он снимает агрессию к настоящему правильным поведением и отношением к миру, потом он снимает агрессию к будущему, молясь за души потомков, а потом стираются границы между прошлым, настоящим и будущим, и остается только чувство любви, которое выходит за пределы материи, пространства и времени.

Для того, чтобы сбалансировать какую-либо ситуацию, я должен привести себя в порядок. Когда я начинал заниматься экстрасенсорикой и пытался улучшить физическое состояние людей, то понимал, что и мое физическое состояние должно быть хорошим. Я голодал, старался очиститься. Потом понял, что главная информация находится не в физическом теле и что очищать в первую очередь нужно свою душу, а потом душу пациента. Я понял, что главным накопителем энергии является не тело, а полевая структура. Значит, воздействуя на полевую структуру, мы воздействуем и на тело. Если этого не случается, воздействие на полевую структуру не носит глубинного характера. Я понял, что, проникая все глубже и глубже в полевые структуры, должен выйти на главные информационные структуры, управляющие Вселенной. Последние два-три месяца стал подходить к этому рубежу, но результат был совсем не тот, которого ожидал. Оказалось, что главным накопителем информации является не вещество и не поле, им оказалось время.

Время рождает пространство и материю. Когда я пришел к этому выводу, неожиданно вспомнил, что в индийской философии причиной всего называется время. А первопричина, то есть абсолютный Бог, лежит за пределами времени. Оказалось, что нарушения по отношению ко времени являются самыми опасными. Время тоже можно сделать кумиром, и это отторгает от Бога на очень тонком, неощутимом уровне. Оказывается, любование молодостью, презрение к старости, сожаление о том, что стареем, являются одними из самых опасных нарушений во Вселенной. В Божественном — время остановлено, и его там не существует, а в пространственном материальном мире время активно рождает материю и пространство.

Для того, чтобы победить время, нужно не уничтожать вещество и пространство, а стремиться, чтобы внесенное Божественное не слипалось с земным. Я понял, почему в Библии сказано, что все люди будут как Ангелы. И почему человек должен победить время. Раньше для выхода на Божественное нужны были разрушение пространства и остановка времени. Если люди смогут привнести Божественное вещество в пространство, то тогда смерть — как фактор развития — не нужна, потому что те благотворные изменения с духовными структурами, которые происходили после смерти, станут возможны и при жизни. Воскресение Христа — символ постоянного присутствия Божественного в земном. В этом случае земные муки и смерть перестают быть такими значимыми, как раньше.

Понимание того, что происходит, дается не сразу. Иногда результаты моей диагностики пациентам кажутся нелепостью или ошибкой.

Как-то ко мне пришла женщина и сказала, что у нее умер сын, но она не верит в это и попросила меня посмотреть, жив ли он и если жив, то где он сейчас.

— Я не занимаюсь поиском, — ответил я ей, — Вы пришли не по адресу.

— Ну тогда скажите хотя бы, жив он или нет.

Я вышел на контакт с духовными структурами, но в загробном мире его не обнаружил. Его душа находилась в России, на Дальнем Востоке. Почему он оказался там и почему он не пишет матери, я объяснить не мог.

— Вы знаете, он жив, — сказал я ей. — Подождите некоторое время, он, может быть, напишет письмо или встретится с Вами.

Но он не написал ей письма, и встреча не состоялась. Через полгода стало понятно, почему. Женщина опять ко мне приехала и умоляла, чтобы я назвал хотя бы город, где находится ее сын. Нет правил без исключений. Мне пришлось ломать себя, чтобы получить информацию на физическом уровне.

— Да. Он живет сейчас на Дальнем Востоке, чувствует себя нормально. Может те, кто сказал, что он погиб, ошиблись. Может быть, у того человека была неточная информация.

— Мне прислали документы из полиции и его вещи.

Итак, судя по всему, ошибки быть не могло, он умер два года назад. А диагностика дает информацию, что он жив.

Опять дистанционно смотрю физическое состояние тела, и вижу, что оно живет, что оно в норме. Энергетика хорошая, как у ребенка. И тут меня озаряет, смотрю его возраст. У него возраст годовалого ребенка. Значит, это его следующая жизнь. Я вижу, с какой надеждой мать ждет моего ответа. Но я ничем не могу ей помочь.

— Видите ли, когда я диагностировал в первый раз, моя диагностика была точна, но ситуация оказалась сложной. Ваш сын жив, но это уже другая жизнь. Его не надо искать сейчас, у него другие родители. Вы с ним встретитесь, но уже не в этой жизни. А сейчас, как это ни больно, Вам нужно принять то, что случилось. У каждого человека в жизни и в судьбе есть то, что можно изменить и что нельзя. Если ему предназначена какая-то важная роль в следующей жизни, то невозможно изменить время его ухода с Земли. Временная точка ухода с Земли может быть жесткой, и тогда ни один целитель не поможет. Это бывает не так

часто, но бывает. Не убивайте в себе любовь сожалением и не-
приятием прошлого, потому что до сих пор у Вас сохраняется
контакт с душой Вашего сына. А убивая эту любовь в своей душе,
Вы вредите и ему тоже.

— Скажите, если я сочувствую человеку, то могу заболеть? —
спрашивает пациент.

— Можете, — отвечаю я.

— Когда-то я очень переживала за подругу, и все беды перешли на меня. Значит, это не случайно? У меня всегда была ду-
рацкая привычка повышенного сочувствия к другим, — говорит
пациентка.

— Потому что у Вас внутри огромное высокомерие и презрение к людям. Комплекс полноценности. Повышенное сочувствие
— интуитивная борьба с этим. Поэтому вместо тяжелой болезни
и смерти, Вы получили некоторые проблемы по судьбе и по здоровью.

— Значит, быть равнодушной тоже плохо?

— Это хуже, чем сочувствие. Сочувствие и сострадание — это
человеческие эмоции, и они развивают душу человека и его сознание. Сочувствие и альтруизм рождаются из ощущения единства, а это признак единства человека с Богом. Но в самой глубине, в каждом из нас не человеческое, а Божественное, и только
там может быть чувство любви и абсолютное принятие происходящего, как данного Богом.

Следующей пациентке я объясняю:

— Можно зацепиться за деньги, за семью, за способности и
мудрость, а можно за свое высшее предназначение. В прошлых
жизнях Вы имели выдающиеся качества, которые позволяли вести за собой людей и помогать им, но зацепились за это, сожалея, что не смогли в чем-то помочь, презирали тех, кто мешал
Вам в этом, обижались на себя, что не сумели сделать больше. И
в этой жизни Вы совершаете духовное насилие над людьми, пытаясь поломать и подчинить их себе. Вам кажется, что Вы умнее,
способнее и дальновиднее, хотя это у Вас уже отнято, раз душа
за это зацепилась. Поймите, что смыслом жизни не может быть
только помощь людям.

— Простите, — удивляется женщина, — а что же?

— Смысл жизни — в любви к Богу, в накоплении этого чувства, а помощь людям — развитие земного и реализация накоп-
ленной любви.

Однажды я был на юге, и ко мне обратилась с просьбой женщина по поводу здоровья старшего сына. Я объяснил, что все моменты, когда она презирала и осуждала, еще до зачатия деформировали характер ее старшего сына, и с такой гордыней он будет унижен людьми и болезнями.

— Скажите, как здоровье у младшего?

— У младшего лучше. Дело в том, что гордыня старшему пришла еще и от отца. А у младшего другой отец. Вы в 1989 году любили человека, и этот ребенок от него, а не от Вашего мужа.

— Да, я любила в это время человека, но у меня ничего с ним не было. Так что, — улыбается женщина, — извините, но Вы не правы.

— Извините, но я прав, — улыбаюсь я в ответ. — Полевая, духовная структура определяет тело. Поэтому отцом ребенка является тот, кого женщина любит или любила. Кроме физического генотипа, есть полевой генотип, и он формируется именно чувством любви, а не ситуацией. Поэтому, часто на внешность ребенка физический отец влияет гораздо меньше. Строго говоря, ни один мужчина не является на 100% отцом своего ребенка. Душа, а следовательно, и тело ребенка в значительной степени сплетены с чувствами женщины, начиная с детства, и ребенок берет карму того, с кем у него высокая идентичность полей. Но это не означает, что физический фактор здесь абсолютно вторичен. Чувство любви возникает к тому человеку, от которого должен родиться ребенок, и отречение от любви означает отречение от будущего ребенка. За это человек может сильно поплатиться.

Как-то в Москве я смотрел женщину.

— Никогда ничего не болело, а сейчас очень странное состояние, — говорит она, — болезни еще нет, но голова кружится, перед глазами все плывет, психологическое состояние неважное.

— У Вас в поле душа будущего ребенка, а Вы поставили благополучие выше чувства любви.

— Значит, мне нужно убрать спираль?

— Да. Вы душу ребенка уже запачкали, убивая любовь в себе и в других. В ситуациях, где амбиции, благополучие, стабильные отношения для Вас были важнее чувства любви. Поэтому Вам нужно молиться не только за рожденных, но и за нерожденных детей. Ребенок, который у Вас родится, будет не от Вашего мужа. У Вас есть человек, которого любите?

— Есть.

— Так вот, ребенок должен родиться от него. Если Вы не захотите этого сделать, будут большие проблемы со здоровем:

Вы настолько зацеплены за отношения, что, живя с любимым человеком, Вы бы убили его или себя ревностью, поэтому Вам дают мужа, которого уважаете и не хотите бросить. Для того, чтобы родился гармонично развитый ребенок, Вам необходимо сохранить создавшуюся ситуацию неизменной. Если женщина чувство любви ставит выше стабильного земного благополучия и готова на лишения ради любви, ребенок рождается гармоничным.

— Скажите, — спрашивает меня один пациент, — Вы в первой книге пишете, что жалеть нельзя, жалеть тяжелобольного опасно. Люди прочитают Вашу книгу и скажут: "Мне наплевать на то, что рядом болеют, умирают, здоровее буду". И потом, я смотрел недавно по телевизору, как в США делали операцию ребенку в утробе матери, так нужно ли вообще спасать таких детей, ведь карма человечества ухудшается?

Я отвечаю на первый вопрос:

— Сострадание ближнему — показатель единения с ним, и это развивает душу и очищает ее. Но внутри оно должно дойти до определенной черты, когда человек должен сказать: "Это дано Богом, и как бы больно и ужасно это ни было, я это должен принять". Если такого не происходит, сострадание проникает глубже, и человек берет на себя часть кармы того, кому сострадает. Но, оказывается, это тоже очень полезно. Когда я беру на себя грех, который я не совершал, мне гораздо легче очистить душу и вместо тяжелой болезни я получаю легкую прививку. А вот если сострадание проходит еще дальше, то возникает обида и озлобление на весь мир, возникает острое ощущение несправедливости мира. И вот такое сострадание влечет серьезное наказание.

Теперь об усугублении кармы при рождении несовершенных детей. Я дистанционно посмотрел ребенка, у которого была опухоль. У девочки была программа уничтожения мужчин из-за ревности. Опухоль связывала эту программу. Операция, то есть испытанные мучения, любовь родителей, их духовные муки значительно очистили душу ребенка и позволили нормализовать ситуацию. Природа очищает нас болезнями, муками и несчастьями. Но самое лучшее очищение — все-таки любовью. И когда она вспыхивает, несовершенное становится совершенным. А когда любовь к земному перевешивает, душа грубеет и начинаются поступки, отягощающие карму. Поэтому в восточной философии очистить карму означало убить желания. Лечить болезни, эпидемии с этой точки зрения нельзя, карма не отрабатывается, значит, ситуация ухудшается. Любовь к земному — это зло, и весь материальный мир — это несовершенство и зло, и, в конечном счете, его надо либо покинуть, либо уничтожить. А в христианстве дается понимание того, что любовь к земному — это добро, это счастье. Она становится несчастьем тогда, когда превращается в абсолютную ценность, самоцель. Оказывается, отречение и уход от земной реальности не являются единственным условием очищения кармы. Чувство любви, поднимающее душу над землей и освобожденное от агрессии, очищает карму еще лучше. Если человек не успевает развить в себе любовь, то помогает себе в этом, ограничивая себя в земном, но не уничтожая. Нужно стремиться к спасению самого несовершенного человека, это спасает всех в конечном счете, только нужно понимать, что спасение в первую очередь должно быть духовным. Если сначала спасение происходит на физическом плане, это значит, что его нужно наверстывать в духовном.

— Я пришел рассказать о своих проблемах, — говорит мужчина, — только это касается не меня. Расскажу все по порядку. Однажды я подвергся сильному радиоактивному облучению, после чего стал тяжело болеть. Никакие лекарства не помогали. В это время я занимался методом задержки и ограничения дыхания и стал горячим приверженцем этого метода. Все болезни прошли. Около двух тысяч человек я наблюдал и помогал им, и у всех было четкое улучшение. Правда, в последнее время стал замечать странные вещи: у больного идет физическое улучшение, но начинают умирать родственники. Вы не могли бы объяснить, в чем дело.

— Если душа стремится к Земле, то, чтобы очистить ее, нужны болезни, то есть наше подсознание начинает останавливать наше сознание, сковывать его, чтобы ограничить процесс абсолютизации земного. Оно относится к нашему сознанию, как родитель к малому ребенку. Но не только родители могут воздействовать на детей, существует и обратная связь, то есть и сознание воздействует на подсознание. Когда Вы ограничиваете себя в питании, общении, дыхании, происходит активизация раскрытия подсознательных духовных структур. Такое же раскрытие происходит во сне. Но когда человек спит, его сознание закрыто. При перечисленных выше техниках сознание активно. Значит, в этой ситуации любая программа из сознания в подсознание проходит гораздо быстрее. Если Вы при этом молитесь, устремляетесь к Богу и воспитываете чувство любви в себе, то идет кардинальное очищение физических и духовных структур. А если Вы при этих техниках нацелены на физическое здоровье, то воздействие несколько иное, более эгоистическое, скажем. В первом случае Ваше очищение влияет и на родственников, и на всех, кто с Вами связан, во втором — очищаетесь только Вы, а сброс идет на родственников и потомков. Если духовные структуры подчиняются телесным, подсознание — сознанию, это становится опасным. Когда душа прирастает к Земле, ее нужно оторвать болезнями, травмами, несчастьями, чтобы она устремилась к Богу. Когда тело и все, что связано с ним, разрушается, то включается механизм, созданный Природой, — устремление к первоисточнику, объединение с ним для подпитки духовных структур. Но если с помощью техник разрушить все желания, связанные с земным счастьем, а при этом тело здорово, то механизм устремления к первоисточнику включается не сразу. Человек получает силы и не знает, куда их девать, а сознание начинает диктовать свою волю подсознанию. С этого начинается магия.

Развитие человека — это развитие его интеллекта, разума, то есть цивилизации, это расширение возможностей сознания и его воздействия на подсознание. Но развитие человека, в полном смысле этого слова, — это непременное развитие духовного, нравственного начала в сочетании с интеллектом. Подсознание рождает сознание, религия рождает магию и науку. Магия и наука пытаются управлять подсознанием, и если они переходят красную черту, то погибают. Поэтому познание мира сопряжено со смертельным риском, развитие идет на грани катастрофы.

Ко мне обратилась моя знакомая:

— У меня очень серьезная ситуация. Я никогда особо не болела, но состояние вялости у меня присутствовало. Когда я познакомилась с твоей системой и начала работать над собой, измениться глубоко мне было трудно, и тогда я решила преодолеть свою вялость с помощью магических техник. Один знакомый экстрасенс сказал, что я вампир и забираю энергию у ребенка. Это сейчас я узнала от тебя, что вампир забирает энергию у вампира, то есть если тебя вампирят, — это как болезнь и очищение, а лучшая защита от вампиризма — это духовное совершенствование, увеличение любви и устремление к Богу. Два месяца назад мне это было неизвестно. Техника, которую я изучала, заключалась в разрыве связи с прошлым, и я решила применить ее, чтобы, не забирая энергию у других, увеличить свою собственную. А еще до этого я практиковала попытку сохранить сознание во сне и выполнять какие-то действия сознательно, то есть как бы управлять течением сна.

После обрыва связи с прошлым почувствовала себя значительно лучше, слабость исчезла. Раньше я была внутренне зацеплена за своего бывшего мужа, а после этого стала к нему равнодушна, и он тоже. Сейчас можем пройти мимо друг друга и не заметить. Но у меня начали умирать родственники, и недавно в один день заболели дети. Ты мог бы сказать, связаны ли смерти моих родственников и болезнь детей с моими техниками? Кстати, у детей физическое самочувствие изменилось. У сына постоянно были поносы, а теперь наоборот — часто бывают запоры.

— Начнем с мужа, — говорю я. — Смотри, — показываю на рисунке. — Вот он, вот ты. Посмотрим, как взаимодействуют ваши эмоциональные поля. Действительно, разрыв на уровне поля, и обусловлен он смертью детей. Что связывает мужа и жену? Дети. Они олицетворяют прошлое, настоящее и будущее. Часто дети из будущих жизней уже сейчас привязывают нас друг к другу в настоящем. В наших взаимоотношениях формируется полевой генотип будущих детей. Прошлое и будущее неразрывно связаны. Временное тело человека опирается на прошлое, настоящее и будущее. В этом заключается механизм кармы. Твой поступок в настоящем совершается одновременно в будущем и, совершив грех в настоящем, ты получаешь такую же ситуацию в будущем, при этом не понимая, в чем дело. Воздействуя на прошлое, мы воздействуем на будущее. Значит, проклиная прошлое, мы проклинаем будущее. И если мы рвем связи с прошлым, то рвем связи и с будущим. Мысленно проживая прошлое с ощущением любви и единства с Богом, с сохранением и умножением этой любви, мы лечим наше будущее. Отрекаясь от прошлого и разрывая связи с ним, мы убиваем себя в своих будущих жизнях, убиваем своих детей.

— Что же теперь делать?

— Попробуй себя очистить через покаяние, попроси прощения за то, что ты рвала единство и забирала энергию из энергетических запасов прошлого и будущего. Проси прощения за то, что в основе этого лежали интересы тела, а не духа.

Она посмотрела на меня странным взглядом.

— Скажу искренне, во мне что-то сопротивляется этому. Каяться не хочется. Наоборот, хочется удержать состояние силы и легкости.

— Это объясняется тем, что, тренируясь сознательно, контролируя свои действия во сне, без видения и оценки ситуации, ты превысила степень контроля сознания над подсознанием. Сознание связано с интересами тела, оно эгоистично по своей природе, и подсознание, которое работало, настраиваясь на волю Вселенной, переключилось в режим сознания. Как только угнетение подсознания перейдет опасную черту, включается блокировка и сознание начинает разваливаться. Поэтому резко выросло количество психических заболеваний. В принципе, этот процесс происходит сейчас в масштабах всего человечества. Если не будут разработаны правила цивилизованного вторжения в подсознание, этот этап развития человечество будет проходить с большими трудностями.

— Вы можете погибнуть, — объясняю я мужчине, сидящему передо мной. — Вы слишком долго поддерживали в себе ощущение превосходства и высокомерия к другим людям. Программа самоуничтожения в Вас начинает набирать ход. Если Вы не измениетесь, то года через полтора можете погибнуть.

— Я не боюсь смерти, — отвечает мужчина.

— Умереть можно с достоинством, выполнив что-то на Земле, а можно унизительно. Вы же не хотите, чтобы Вас пинками гнали к смерти, отрывая понемногу.

— А как выглядит неунизительная смерть?

Я рассказываю ему:

— *Омару Хайяму было 68 лет. Его слуга описывает, как однажды тот читал научный трактат, вдруг отложил его в сторону, встал, пошел почистил зубы, помолился, лег и умер.*

Другой случай. Мне рассказывал один мужчина, что его деду было 106 лет, он весь день пахал, пришел домой, поел и сказал жене, чтобы разбудила его через два часа. Когда она стала будить его, то увидела, что во сне муж умер.

— Я понял, — говорит мужчина. — У меня жена болеет, с чем это связано?

— Она очень гармоничный человек, но делает Вас кумиром, поэтому берет часть Вашей кармы на себя.

— Хорошо, — пытается понять мужчина. — Вы говорили, что кумирство, зацепленность рождают агрессию. Если есть рядом больной человек, и я его презираю, осуждаю, это признак того, что я сделал его кумиром и его болезни могу взять на себя? Презирая других людей мы можем их грязь брать на себя?

— Конечно. Войти в грязь и не запачкаться можно тогда, когда мы не презираем ее и не осуждаем.

На встрече читаю записки, присланные из зала. Женщина пишет, что ее бросают все мужчины, несмотря на ее старания снять агрессию по отношению к ним. Я диагностирую ее поле и начинаю объяснять:

— Вы не делаете кумиром деньги и материальные ценности, Вы не делаете кумиром отношения и положение в обществе, то есть второй уровень земного. Вы не зацеплены за третий уровень: мудрость, способности, благополучную судьбу. Вы делаете кумиром Духа Святого. В Библии сказано, что есть Бог-Отец, Бог-Сын и Бог-Дух. Бог-Сын — это материальное вещество, Бог-Дух — это поле, пространство. А Бог-Отец — это то, что их порождает и находится за пределами времени, пространства и материи, и неуловимо присутствует во всем. Если сделать целью материальное и все, что с ним связано, это будет кумирство земного и деградация духовных структур. Если сделать целью духовное, это, как ни странно, тоже может привести к деградации души. Человек, который делает кумиром святость в другом человеке, презирает тех, у кого нет святости в душе. Презрение к бездуховности, низменным, неверящим в Бога людям есть кумирство Святого Духа. Человек, создающий кумирство Святого Духа, становится низменным. Человек, живущий только материальными ценностями, становится алчным, беспринципным, ненавидящим. Но если человек живет только духовным и презирает земное, тогда он незаметно приходит к выводу, что для очищения духа нужно уничтожить все земное, включая человеческую цивилизацию. Поэтому внутренне отрекаться от любви, презирать что-либо во Вселенной нельзя. Все это проявление Божественного. Презрение к несовершенному, низменному наполняет душу колоссальной агрессией, и человек убивает других и себя, даже не понимая, почему.

Через агрессию человек прилипает к Земле. Я считал, что сильнее всего человек прилипает через ненависть, пожелание смерти другому. И только работая с тяжелыми формами патологии, я убедился, что самыми опасными являются агрессии тонкого уровня.

Сначала я увидел, что не ненависть и обида, а осуждение создает полевую онкодеформацию. Потом, сопоставляя и наблюдая, заметил, что презрение еще опасней осуждения.

— Вот смотрите, — объясняю я пациенту, — Вы разбежались и прыгнули на два метра, потом еще и еще раз по склону горы. За час преодолеете сто метров и безумно устанете. А мелкими, неторопливыми шажками за то же время преодолеете километр.

Презрение — это незаметные, неторопливые шажки, которые не дают заметной усталости, но увечат душу больше всего. Поскольку они совершаются непрерывно, то они глубже всего проникают в характер.

Некоторое время я думал, что презрение есть самая опасная форма загрязнения души. Потом оказалось, что есть еще более опасные. В основе осуждения лежит презрение, в основе презрения лежит отречение от любви к человеку. Отречение от чистого чувства любви к другим людям дает волны агрессии.

Я в первой книге, интуитивно чувствуя важность этого, написал, что самое опасное — убить в себе любовь. Главный показатель, по которому я определяю полевую онкоинформацию, — это уровень наполненности любовью. Внутреннее отречение от любви к людям, закрепленное в мировоззрении и характере, — это прямой путь к онкологии и другим заболеваниям.

Мне звонит знакомый:

— Скажите, а что означают слова Иисуса Христа "Возлюби ближнего своего как самого себя"?

— Все заповеди Христа обращены не к телу, а к душе. Мы снаружи обижаемся, ненавидим, осуждаем, а внутри мы должны любить друг друга, потому что там мы все едины. И если в душе нет любви, то туда приходят осуждение и обида, а убивая друг друга на тонком уровне, мы убиваем себя и своих детей, потому что здесь мы — одно целое.

Теперь самое главное: когда любовь уходит из души и когда она расцветает в душе? Чувство любви — это чувство единения с Богом. Единение с любимым человеком вторично. Черпаем силы для любви к другому из любви к тому, кто нас создал. Значит, постоянная забота об усилении контакта с тем, кто нас создал, приводит к постоянному повышению чувства любви в нашей душе. Наша душа и, значит, наше тело здоровы до тех пор, пока существует вера в Бога и любовь к нему.

Внутри, на тонких уровнях, есть только любовь, то есть высшее единство. И чем больше любви у человека в душе, тем ближе он к Богу. Когда летом 1991 года мой диагноз еще не был уточнен, я прикладывал ладонь на опухоль и постоянно проговаривал слово любовь. Мы любим всех людей, и даже если они ни за что вдруг обижают и оскорбляют нас, а мы сохраняем внутри чувство любви, то мы уже в них любим Бога. В любви к каждому человеку всегда есть два слоя: любовь к его земной оболочке и любовь к Божественному зерну внутри него. И для того, чтобы усилить любовь к главному, что есть в человеке, земное периодически должно разрушаться. Умение все силы переключить со второстепенного на главное — это умение очистить себя и других. Насколько человечество сумеет сохранить любовь в своей душе, настолько ему будет открыт завтрашний день.

Мне передали, что женщина сообщила по телефону свои проблемы. Ее дочь начала заниматься йогой, и сначала было все хорошо, а затем началось резкое ухудшение психики. Сейчас она в сумеречном состоянии, и находится в реанимации. Я смотрю в чем дело и, через некоторое время, разговариваю по телефону с матерью, которая позвонила второй раз.

— Чтобы иметь много денег, надо понимать, что в могилу их не унесешь, и понимать, что то счастье, которое они дают, весьма относительно. В индийской философии абсолютизация земного счатья блокируется исходными установками. Весь материальный мир — это майя, иллюзия. Поэтому нет смысла цепляться за нее и любить ее. Это дает возможность развития больших способностей и знаний, огромный взлет духовности. Но, в конечном итоге, дух, презирающий тело, становится бесплодным, тормозится развитие земных аспектов, цивилизация начинает увядать. И для дальнейшего развития должно быть отрицание предыдущей формы, то есть появление философии, отрекающейся от Духа Святого и ориентированной на земные ценности. Если эти две противоположности оторвать друг от друга — они обе погибнут. Восточная и западная ориентации связывались оригинальным способом — кармической эмиграцией. Человек одну или несколько жизней жил на Востоке, а затем — на Западе. Прямая эмиграция, естественно, тоже имела место, но носила скорее формальный характер. Так вот, если европеец жил в прошлой жизни на Востоке и занимался духовными практиками, в этой жизни его занятия давали определенный положительный эффект, но только при жестком выполнении нравственных принципов, поскольку земной аспект уже был включен.

В мистических сектах широко применяли способы ограничения и подавления телесных желаний и потребностей. Без достаточной подготовки занятия восточными практиками для европейца весьма опасны. В России был период, когда противоположности какое-то время сосуществовали рядом, и формировалась модель мышления будущего человечества, в начале 60-х годов, когда пошатнувшаяся идея коммунизма перестала душить капиталистические тенденции. Это была Малая Эпоха Возрождения в России. Именно этим объясняется расцвет науки, искусства и культуры в то время. Сейчас все это России придется повторить в еще большем масштабе. Кстати, зачаток такого расцвета наблюдался в России в начале 20-х годов в период НЭПа, и тоже был отмечен мощным прорывом в искусстве и науке. Так вот, в 60-х годах в России многие стали увлекаться восточной философией и духовными практиками, и многие попали в психиатрические клиники. Сейчас происходит тоже самое.

— Для того, чтобы помочь дочери, — обращаюсь я к матери,— Вам нужно очистить себя, а потом молиться за дочь. Все моменты, когда Вы презирали людей, обидевших и унизивших Вас, ущемивших в способностях и мудрости, Вам нужно вспомнить, и благодарить Бога за очищение Вашей души и душ Ваших потомков. Все моменты, когда Вы презирали неспособных и несовершенных, высокомерно к ним относились, когда из-за своего неумения и неумных поступков обижались на себя и на весь мир — просите прощения за нанесенный вред и за то, что Вы невольно передали это дочери. Просите прощения за то, что дочь, не очистив душу, стала развивать в себе способности и интеллект. И молитесь за то, чтобы для Вашей дочери целью и смыслом жизни и высшей радостью была любовь к Богу.

— Скажите, а в чем смысл развития нашего интеллекта? — спрашивает пациент. — Особенно, если интеллект привязывает к земле. Ведь стресс, который губит человека, рождается сознанием. Йоги говорят, что сознание — зло, его надо отключить, и тогда познаешь Бога.

— Сознание становится злом, когда оно направлено неверно. Человек, как любой объект во Вселенной, является причиной и следствием одновременно. Раньше ученые считали, что звезда или планета создает вокруг себя поле, и что любые виды полей вторичны по отношению к физическим объектам. Потом выяснилось, что микрочастицы являются одновременно и полевой структурой, и что поле порождает виртуальные частицы. Следовательно, тонкие уровни полей создают небесные объекты и определяют их существование. То же самое — с человеком. Сначала наука считала, что психическая деятельность человека — следствие его физиологической деятельности, мысль — создается мозгом, эмоции человека — это реакции на внешние события. Из этого следовало, что эмоции вторичны, и

{увство любви есть результат физиологического влечения и
стремления к размножению.

Но мистические и религиозные источники постоянно давали
информацию, что мысли и эмоции человека продолжают жить
после разрушения тела, то есть они являются причиной, а не
следствием. "Слово, повторенное миллион раз, становится пред-
метом", — говорили йоги. Значит, словом можно лечить человека и менять его судьбу, и это подтверждает первичность слова, то
есть происходит постоянное диалектическое взаимодействие причины и следствия, и факты доказывают это. В реальности, духовные и физические структуры диалектически связаны, и одно порождает и переходит в другое.

Полевые структуры человека двойственны. Есть слои полей,
которые зависят от тела и его органов, и есть слои, которые определяют тело и его поведение. Экстрасенсы чаще работают со
вторичными полями, поэтому все воздействие сводится к улуч-
шению физического состояния тела. Отсюда отношение церкви
к экстрасенсорике и колдовству было всегда отрицательным. Религия работает на первичных полях. Мысли, эмоции, поведение
человека восходит к первичным полям, то есть следствие переходит в причину, и таким образом они формируют дальнейшую
судьбу и здоровье человека. Мысли и эмоции, как духовные структуры, в большей степени предваряют появление физического тела,
определяют его состояние и поведение.

В начале причина и следствие были едины. Потом, с развитием времени, пространства и материи, они стали отделяться друг
от друга, и порождаемые ими сознание и эмоции по законам
диалектики должны все больше стремиться к соединению причины и следствия, то есть к повышению единства. Чем выше
единство, тем больше чувство любви. Поэтому смысл развития
интеллекта в его гуманизации. Познание Мира без гуманисти-
ческих тенденций невозможно. Значительный шаг в познании
Мира и развитии гуманизации в ближайшее время предстоит
сделать человечеству.

Во время приема пациент спрашивает:
— А как очистить свою карму?
— Верное средство — заботиться о других и помогать им.
Помощь слабому и беззащитному — это поведение, исходящее
из интересов духа, а не тела. Активизация духовных структур и наполненность любовью являются лучшим средством очищения кармы. Ряд негативных поступков, которые Вы когда-то совершили,

появились потому, что ценности духовные были поставлены после ценностей физических, то есть любовь к Земле была поставлена выше любви к Богу. Первая эмоция: отречься от земного и презирать его. Это неверно. Развитие духа не может происходить без развития любви ко всему земному. Чем больше человек заземлен, тем выше должна быть его духовность. Чем духовнее философия и мировоззрение, объединяющее людей, тем большее количество земного счастья они могут получить потом.

— А что такое истина?

— Истина — это плотность информации. Представьте, два человека дают оценку одной и той же ситуации. Но один оценивает ее с одной позиции, а другой — с десяти. Один дает плотность информации, равную двум событиям, второй — десяти, то есть в пять раз больше. Чем опытнее человек, то есть чем большее количество ситуаций он может стянуть в один узел, тем больше шансов приблизиться к истине. Но это не главное. Духовный человек ближе к истине, чем опытный. Вот смотрите. Вселенная постоянно расширяется. Но ведь левое без правого невозможно, значит, должно быть сжатие. Если на физическом уровне происходит все большая дифференциация и разъединение, то на полевом, соответственно, сжатие и соединение. По мере того, как Вселенная развивается, она должна становиться все духовнее. Чем выше духовность человека и чувство любви, соединяющее его с Богом, тем больше радиус его контроля над физическими событиями, то есть истина состоит из двух компонентов: первый — это бессознательный выход на все более высокие духовные структуры, второй — возможность реализовать это на сознательном уровне в масштабах ранее определенной духовной платформы.

— Скажите, а как молиться Богу, какие молитвы читать?

— Смысл молитвы в том, что Вы обращаетесь с любовью к тому, кто создал Ваше тело и Вашу душу. Ваши полевые структуры, любое слово, становятся весомее во много раз, поэтому неправильная молитва может изувечить гораздо сильнее, чем неправильный поступок. Хотя, мне кажется, любой человек может сказать:

"Господи, Творец, создавший меня! Моя любовь к Тебе — это высшее счастье и смысл моей жизни. И все земное счастье, которое я имел и буду иметь, для меня и для моих потомков всегда будет средством, способом, чтобы усилить любовь к Тебе. И все, что произошло и произойдет, я принимаю, как данное Тобой, и моя душа принимает это с любовью".

НОВЫЕ ИССЛЕДОВАНИЯ

Я писал о том, что крах социализма резко сдвинул ценностные ориентации в сторону земных благ, о том, что приблизительно с 1987 года в карме всего человечества в связи с этим начались негативные изменения и стала возрастать агрессия. Соответственно, должна усилиться блокировка. Как все это будет выглядеть, я не предполагал.

Последние несколько месяцев я стал чувствовать в себе частые вспышки агрессии. Причина: из моего подсознания периодически вылетали программы кумирства денег и благополучной судьбы. Я подумал, что это связано с тем, что мое материальное состояние улучшилось после выхода первой книги, а так же с проблемами, связанными со второй книгой. Программы были очень мощными, причем не только из моих прошлых жизней или от моих предков, они были связаны со всем человечеством. С конца 1994 года я стал фиксировать, что психика многих людей резко деформируется: деньги и благополучная судьба как-то незаметно стали преобладать перед моральными ценностями. Квинтэссенцией всего этого стали два случая, которые мне надо было понять.

Случай первый. Женщина недоуменно рассказывает о своих проблемах: "Мой муж совершенно нормальный человек. И в то же время последний год мне кажется, что он сходит с ума. Он помешался на деньгах, только о них и думает. Причем я вижу, что он и нравственно опускается".

Я начал смотреть ситуацию. В прошлой жизни и в этом же возрасте он зацепился за деньги, и кармическая память дала сейчас вспышку. В этой жизни он мог передать эту память потомкам, и начинающиеся процессы в их душах сдетонировали в нем. Неправильное поведение в последние годы могло сильно заземлить его и активизировались зацепки, лежащие в сознании: деньги и благополучие как символ земного счастья. Могли быть накладки со стороны общества, проживающего на территории России. Оказалось, ни один этот вариант не сработал. Причина шла из общества, находящегося на территории Северной Америки и связанного с "Накопителем", энергетической зоной над Антарктидой. Информационно-энергетический комплекс человечества распространен по всей территории Земли, но главные структуры, объединяющие все в единое целое, почему-то находятся над Антарктидой. Вывод был несложный.

Полевой генотип человечества резко сдвинулся в своей ориентации на земные ценности, и ведущая роль в этом принадлежит США. Это называется "торжество американского образа жизни на всей планете после крушения социализма". Противостояние Запада и Востока, дававшее развитие, стало исчезать, и деградационные процессы резко усилились. Я объясняю женщине:

— Человек что-то совершил в этой жизни и пропитал этим свое подсознание, но ситуацию можно исправить, работая над собой. Если грязь прошла глубже, и он запачкал своих потомков, это будет гораздо тяжелее. А в случае, если то же самое делали родители и прародители, то, соответственно, увеличивается объем работы над собой и уменьшаются шансы на выживание. При нарушениях в прошлых жизнях — проблем еще больше. Если в обществе, в котором живет человек, активизированы аналогичные тенденции, то шансов выжить у человека практически нет. Когда человек начинает развивать свою нравственность, религиозное мировоззрение, постоянно заниматься духовным совершенствованием, он может не только закрыться от грязи, пришедшей от предков и из прошлой жизни, преодолеть и трансформировать ее, но и очистить себя и потомков.

Но закрыться от кармы общества и человечества значительно труднее. Поэтому сейчас начинается деградация духовных структур даже у тех, кто раньше достаточно хорошо держался, соответственно усиливаются негативы у потомков.

Теперь о блокировке. Речь идет *о втором случае*. Человечество заземляется, усиливается агрессия, которая, достигнув красной черты, превращается в программу самоуничтожения. Люди и их потомки начинают заболевать и умирать. Но оказалось, что это не единственный механизм. Когда душа ребенка перед зачатием входит в поле человека, то ту грязь, которая передается ребенку, человек должен отработать через потери, мучения, болезни. При правильном поведении возможно более быстрое очищение и себя, и потомков.

Мне недавно позвонила одна знакомая, живущая в другом городе.

— У меня большие проблемы с гинекологией, я уже думаю об операции.

Я опешил, не так давно смотрел ее, все было нормально. Диагностирую и начинаю ей рассказывать:

— Вспомни: в конце 60-х годов, когда ты познакомилась с мужем, у тебя мог быть ребенок, девочка, но твоя гордыня, абсолютизация благополучной судьбы и агрессивные эмоции по этому поводу загрязнили душу девочки, и она не появилась на свет. Сейчас идет усиление контакта с загробным миром, и ее грязь возвращается к тебе, так что тебе нужно молиться и очищать души нерожденных детей и их потомков.

Потом я задумался: а, действительно, почему происходит такое усиление связи с загробным миром? Оказывается, это один из элементов того, что называлось Божьим судом. Если у человека потомки гармоничны и чисты, то его подстраховывают и вытягивают. Если он их загрязнил, то болезнями и несчастьями человека многократно очищают. Резко усилившийся контакт с загробным миром как бы подводит итоги поведения каждого человека в прошлой и в этой жизнях. Чем порядочнее и благородней был человек в прошлой и в этой жизни, тем чище его потомки и больше шансов у него лично выжить. Соответственно, наоборот, загрязнивший души потомков поведением в прошлых жизнях будет очищать их в этой болезнями.

Мне стало интересно, когда происходят максимальные всплески нашей связи с загробным миром и с нашими высшими структурами? По результатам диагностики получилось: февраль-март, сентябрь-октябрь и первая половина декабря. Из дней недели — среда. Поэтому усиленные духовные практики и посты в это время дают возможность быстрее очистить духовные структуры. Причем этот контакт будет усиливаться, и осень 1995 года для многих может пройти гораздо тяжелее, чем весна.

Человек контролирует ситуацию сознанием, физическим действием и подсознанием, то есть духовными структурами. Снаружи человек общается с людьми и старается контролировать ситуацию, и это развивает его. Внутри он един со Вселенной и с Богом, и желание подчинить ситуацию на внутреннем, духовном уровне — опасно. Это попытка навязать свою волю Вселенной и Богу. В этом режиме включается внутренняя агрессия ко всему миру, которая очень быстро превращается в программу самоуничтожения. Чтобы спасти человека, ему разваливают внешний контроль над ситуацией. Недовольство ситуацией поверхностным слоем эмоций ведет к изменению структуры ситуации. Недовольство ситуацией внутри, ведет к развалу, деградации и смерти. Чем смиреннее человек внутри, тем больше он может контролировать и изменять ситуацию снаружи.

Знание особенностей существования биополевых структур дает человеку большие возможности для духовного развития, но не может быть целью. Главным всегда будет оставаться любовь к Богу, которую человек взращивает в своей душе.

Во всех странах мира люди заняты развитием способностей и продвижением науки вперед, не понимая того, что они вместо пользы и счастья принесут смерть. Лидером во всем мире стала страна, все идеалы которой связаны с земными ценностями. Идет настолько мощное ухудшение ситуации, что полумерами уже ничего не спасти. Развитие идет по ступеням, и каждая ступень имеет блокировку снизу, чтобы откат эволюции назад не произошел. Развитие цивилизации и заземленность науки настолько возросли, что дальнейшее существование человечества возможно только при стабильно высоком уровне духовных структур и приоритете духовных ценностей.

На тонком уровне у Америки большие проблемы, а Россия на тонком уровне расцветает. Дефицит духовного развития Америка подсознательно решает через гуманистические тенденции. Она постоянно помогает другим странам в экономическом развитии. В России растут коррупция, преступность, разваливается экономика, разгораются межнациональные конфликты, усиливается недоверие к власти. Мнение талантливых людей, которые могли бы спасти страну, игнорируют, а их самих убивают. Единым в трех лицах становится представитель мафии, бизнеса и правительства. Усилия одиночек мало что решают. Необходимо создание государственных программ и новой идеологии. В России происходит доказательство от противного: если не будет добровольного очищения души, оно произойдет принудительно.

Некоторые говорят, что в России мафия и бизнес сольются в единый конгломерат, который захватит власть. Это противоречит логике нынешнего мира и поэтому не произойдет. Целью любой мафиозной структуры являются деньги, материальные блага. Если мафиозная структура будет у власти, то ее энергетика быстро пропитает всю страну, и дальше произойдет стремительный распад духовных структур, экономики и самой страны в целом.

Для бизнесмена главное — имидж, положение в обществе. Это вещи более тонкого плана, но, в принципе, те же самые. Поэтому правительство с идеологией бизнесменов обрекает страну на деградацию и распад.

Только тогда, когда идеология страны и людей, руководящих ею, определяется духовными ценностями, общество может выжить. Если руководство страны будет состоять не из бизнесменов, а из политиков, ситуация улучшится. Для политика главное

— это контроль над ситуацией, понимание ее, то есть мудрость. Если мафиозные структуры зацеплены за первый уровень земного, бизнесмены — за второй, то политики — за третий. Возникает вопрос, есть ли люди, которые не зацеплены за все это и которые смогут обеспечить выживание общества?

Интеллект, мудрость — это понятия земные, это развитое сознание, а оно является крохотной частью того, что мы называем Вселенной. Информацию о происходящем мы получаем через тончайшие информационно-полевые структуры. Это то, что мы называем подсознанием и сверхсознанием, информация о чем приходит к нам в виде эмоционально-нравственных переживаний. Высшее знание сокрыто в том, что нас создало, — в Боге. Любовь, соединяющая нас с Богом, является высшей истиной и высшим источником информации. Значит, люди, для которых главное не деньги, не положение в обществе, не мудрость и понимание мира, а сохранение чувства любви, нравственности и высших духовных принципов могут обеспечить развитие общества и его будущее.

Выше мудрости лежит судьба. Значит, через развал судьбы, неприятности по судьбе, мы исправляемся от зацепки за мудрость. Если судьба благополучна, мудрость может слабеть.

Для лечения чего-либо, надо над этим подняться. Что лежит выше судьбы? Ведь судьба уже не принадлежит целиком земному. Чтобы снять зацепленность за мудрость, нужно развалить судьбу. Но что нужно развалить, чтобы снялась зацепка за судьбу? Я это понял, когда была готова рукопись второй книги. Оказалось, что информация в книге с такой силой отрывает от всего земного, что человек кидается в другую крайность — абсолютизирует духовное. Появляются равнодушие и презрение ко всему земному. Тогда я еще раз почувствовал, как можно абсолютизировать, сделать кумиром Дух Святой. И для того, чтобы человек не забыл о Боге-Отце, идет разрушение не только Бога-Сына, но и Бога-Духа Святого.

Дух Святой воспринимается как высшая справедливость, и зацепленность за Дух Святой рождает обостренную внутреннюю агрессию против несправедливости, категоричность в суждениях, желание всех подмять под свою волю. Такие люди, получив власть, с одной стороны, имеют большой запас духовных возможностей, что обеспечивает им выживание и ситуационное превосходство над другими. Но, с другой стороны, параноидальные наклонности, связанные с кумирством духовности, определяют их линию поведения как жесткую, непримиримую к любому ина-комыслящему. И часто в истории это приводило к гибели многих людей. Это же породило инквизицию. Огромная заземленность в нынешнее время создает почву для абсолютизации духовности и появлению политиков и деятелей другого толка, которые для реа-лизации своих идей будут готовы пойти на гибель человечества.

Быть политиком и нравственным, духовным человеком од-новременно удается очень немногим. Следовательно, для выжи-вания общества необходимо поддержание и развитие структур, объединяющих силы людей нравственных, могущих родить но-вые идеи, без которых общество существовать не может. Обще-ство должно законодательно признать, что руководителем его является не президент и парламент, а то, что мы называем обще-ственное мнение, которое складывается не из голосов большин-ства, а из мнения людей, в первую очередь, нравственных и даль-новидных. Эти люди реализуют себя в культуре, искусстве и сред-ствах массовой информации. Поэтому государство должно да-вать большие дотации на развитие культуры и искусства и вся-чески способствовать развитию их новых форм. Для того, чтобы приспособиться к новой ситуации и развиваться, организм дол-жен измениться. Если он готов на духовные муки, то ему не нуж-но мук физических.

Новая информация всегда мучительно воспринимается. Если такой готовности нет, изменения происходят за счет болезней. Неготовое духовно мучиться государство обречено на вырожде-ние, эпидемии, конфликты и войны. Поэтому готовность обще-ства к духовным мукам — это гарантия его выживания. И здесь главное место принадлежит средствам массовой информации. Если они законодательно получают права для контроля над пра-вительственным, военным, экономическим комплексами, то уг-роза распада общества, возникновения войн резко падает.

Чтобы общество нормально развивалось, нужны деньги. Но их дает каждый отдельный производитель, значит, защита част-ной собственности является непременным условием существо-вания государства. Но наличие денег — это не все. Они должны нормально функционировать. Для этого должны быть защищены не только деньги и имущество, но сами граждане и их права.

Защита имущества и личности человека — элементарные нор-мы существования любого государства. Но должны быть защи-щены и идеи человека, его интеллектуальная собственность, то есть третий уровень земного. Самое главное внимание должно быть уделено четвертому уровню земного, который по существу уже принадлежит не земному, а духовному. Это защита нравственных и духовных начал человека. Раньше нравственность создавалась в монастырях, а сейчас пресса, кино, театр могут дать новые формы развития, которые жизненно важны для обеспечения будущего.

В настоящее время это одно из условий выживания. Поэтому тенденция развития духовности и гуманности будет нарастать во всех странах мира. А в России за счет предыдущих десятилетий унижения эти усилия могут сконденсироваться в теоретическую концепцию, в новую идеологию. Судьба каждой страны в ближайшем будущем будет зависеть от того, насколько для каждого гражданина ценности духовные и нравственные станут важнее прочих.

Западная философия ведет к абсолютизации земного и в перспективе не оставляет шансов на выживание. Восточная философия абсолютизирует духовное, и, в настоящее время, эта абсолютизация не менее опасна. Они по отдельности исчерпали себя. Дальнейшее развитие возможно только в соединении их в новом качестве, то есть формирование новой философии и нового мышления.

Сидящая передо мной женщина — это очередная загадка. Нарушение поля в районе правой грудной железы, район поджелудочной, гинекология. Идет достаточно опасный процесс. Смотрю сознательную агрессию — ноль. Подсознательную агрессию — ноль. Беру третий, глубинный уровень агрессии — чисто. И только на четвертом агрессия взмывает резко вверх. Просматриваю все земное, за что могла бы зацепиться душа женщины. Поразительно, но все чисто, зацепок нет. Смотрю зацепленность за духовный уровень, за Дух Святой. Здесь странная картина. Волнообразно вспыхивает зацепка и резко падает. Значит что-то подпитывает зацепку за Дух Святой и лежит в основе этого. Смотрю, за что зацеплена душа женщины — это время, главный носитель информации о пространстве и материи. Я улыбаюсь.

— Вы знаете, — обращаюсь я к женщине, — Вы не зацеплены ни за что земное. Вы не зацеплены и за духовное. У Вас идет абсолютизация времени, и это проявляется в презрении к мужу.

— Да, у меня проблема с мужем, — кивает она головой.

Интересно, что же должен сделать муж, чтобы очистить, её от кумирства времени?

Женщина рассказывает:

— У меня с мужем совершенно разное восприятие мира. Если я что-то говорю, он все это превращает в какую-то грязь, и с презрением относится к моим духовным порывам.

Я объясняю женщине:

— Ощущение высшего благородства связано у человека с контролем над временем. Временем тоже можно владеть как собственностью, и можно абсолютизировать это. И тогда высшие духовные порывы мы ставим выше любви, и очищаемся опять же высшей несправедливостью. Вот смотрите, женщина любит негодяя, и тут же ей предлагают святого, которого она не любит. И если женщина решит родить от негодяя, которого она любит, ее дети не будут зацеплены за высшие духовные моменты, и будут святыми. А если она святость поставит выше любви и родит от святого, то она родит мерзавца и негодяя. Святой и негодяй одинаково близки к богу, для них наказание и поощрение бывают разные. Поэтому, пересмотрите свою жизнь заново и поймите, что единственной путеводной звездой является чувство любви.

Идем вместе с женщиной по коридору к ее кабинету.

— Вот здесь, — показывает она одно из помещений, — бесплатная столовая для наших сотрудников.

Я улыбаюсь. Социалистические принципы, забытые государством, возрождаются у российских бизнесменов.

Встреча с этой женщиной состоялась потому, что случай был очень интересный. Человек, который занимается бизнесом, совершенно не зацепленный за деньги, помогающий другим, вдруг начинает видеть, что ситуация вокруг него начинает разваливаться.

Мы заходим в кабинет и начинается разговор.

— Вы знаете, — рассказывает женщина, — я недавно была за рубежом и там обратилась к ясновидящей. Та сказала, что у меня все очень плохо, и я могу погибнуть. И сказала, что мне могут помочь два человека. Один из них — Вы.

Я смотрю ее поле и вижу там возможную смерть. А кроме того, смерть мужа и ребенка. Причина, которую я раньше назвал бы зацепкой за благополучную судьбу. У женщины должны были быть неприятности по жизни, но до конца принять и очиститься, и сохранить чувство любви она не смогла. Раньше я ей сказал бы только это. Сейчас я начинаю иначе.

— Человек познает Бога-Отца несколькими путями. Через Бога-Сына — развивая все материальное и создавая цивилизацию. Через Бога-Духа — развивая духовность и культуру.

И напрямую через чувство любви к Богу. Раньше, например, человек устремлялся в духовность, и все сильнее отдалялся от земного, делая духовность смыслом жизни. И, в конечном счете, это давало деградацию. И, чтобы развиваться, в следующей жизни он отрекался от духовных ценностей. Деньги, материальное благополучие становились для него смыслом жизни. И в этот период он был ближе всего к Богу. Наступала, так сказать, "эпоха возрождения" в душе этого человека. Он оттолкнулся от духовного, но не успел еще зацепиться за физическое. Но затем он все сильнее припадал к земным благам и начинал испытывать несчастья, болеть и умирать. И, преодолевая притяжение земного, он опять устремлялся к духовности, но уже на новом витке.

То же самое происходило со всей человеческой цивилизацией. Восток устремлялся к духовности, но абсолютизация Духа приводила к догмам, окостенению идей, кастам и деспотизму. Отрекаясь от духовности, Запад рождал цивилизацию и демократию. В России постоянно боролись обе тенденции, но всегда побеждала абсолютизация духовного. Поэтому демократические реформы кончались их удушением. И элементы каст и догматизация идей присутствовали всегда. Например, когда к начальнику обращаются по имени-отчеству на "Вы", а к подчиненному — на "ты", в этом есть элемент касты. То же самое, когда так обращаются к старшему по возрасту. На западе, особенно в Америке, ориентация на земные ценности стирала кастовые различия и развивала демократию, как защиту прав личности, ее материально-вещественной оболочки. В Америке, старше ты или моложе, богаче или беднее, ты был и остаешься Джоном. Это подчеркивает, что перед Богом мы все равны. И такая ориентация, разрушающая догматичность духовных стереотипов, является непременным условием развития цивилизации.

Но для того, чтобы человек думал только о деньгах и развивал цивилизацию, он должен иметь мощный духовный пласт, накопленный ранее. Иначе вместо развития будет деградация. Как правило, на западе бинесмен имеет духовные запасы из прошлых жизней.

У российских бизнесменов такой запас гораздо меньше. Поэтому, они на сознании должны устремляться к духовности гораздо больше. Духовные традиции России настолько мощны, что преодолеть российскому бизнесмену власть денег достаточно просто. Но тут его подстерегает еще большая опасность — кумирство духовности. Он начинает презирать бездуховных и низменных, общество и правительство, безнравственно себя ведущие.

Нравственность всегда создавалась народом, а не правительством. Абсолютизация духовности лечилась несправедливым, безнравственным и деспотическим отношением со стороны государства. И понять, что произвол и безнравственность государственных чиновников в России являлись не причиной, а следствием кумирства духовного, было очень трудно. Произвол чиновников, как болезнь, блокировал абсолютизацию духовного.

Сейчас российский бизнесмен заботится о подчиненных, вкладывает деньги в развитие, умудряется проскочить между законами, где один противоречит другому, пытается пробиться через косное кастовое мышление чиновников, при этом около 80-90% прибыли он должен отдать государству и около 20% — мафии, то-есть оставшиеся минус 10% он может употребить на себя, и государство не только не помогает, но активно душит любые здоровые начала. Так вот это — абсолютно закономерный процесс.

Запад, абсолютизирующий земные ценности, идет к смерти. И специалисты начинают говорить о физическом и социальном вырождении из-за недостатка духовного. Восточный путь, абсолютизирующий духовное и рождающий презрение ко всему земному, тоже ведет к катастрофе. Россия в течение многих десятилетий была унижена и в духовном, и в физическом плане. Поэтому, быть одновременно и духовным и земным для российского человека легче. Трудно зацепиться за земное, когда это земное постоянно разваливается и его постоянно отнимают. Трудно зацепиться за духовность, то есть за нравственность, законность и справедливость, когда этого в стране попросту не было. Чтобы познать Бога-Отца, надо подняться над Богом-Сыном и Богом-Духом.

Новое мировоззрение в России во многом формируется людьми бизнеса, потому что в силу своей работы они должны ориентироваться на земное, и в соответствии с русской традицией — на духовное. Российскому бизнесмену нужно преодолевать не только власть денег, но и власть Духа. Побеждает власть денег человек, любящий и помогающий тому, кто унижен в деньгах. Преодолевает власть Духа тот, кто сохраняет любовь и желание помочь тем, кто унижен в духовном. Не презирать несправедливость, безнравственность, сохраняя любовь к людям, внутри и бороться с безнравственностью и несправедливостью снаружи — это жизненно необходимо для российского бизнесмена.

— Так вот, — обращаюсь я к женщине, — Вы легко поднялись над властью денег и всего земного. Но не смогли подняться над властью духовного. Также и Ваш муж, и Ваш ребенок.

Поэтому, сначала вокруг Вас должны были учащаться несправедливые, безнравственные, травмирующие ситуации. И Ваше непонимание того, что все дано Богом, и внутри мы имеем право только на принятие всего, могло для всех вас кончиться трагически. Для того, чтобы познать Бога-Отца, должно разрушиться все, за что мы можем зацепиться.

Наши материальные и духовные достижения — это определенный порядок. Абсолютизация земного и духовного — это желание такой порядок сделать незыблемым, что означает остановку развития и смерть. Новое и более совершенное приходит к нам, разрушая наш порядок, и воспринимается нами как хаос и боль. Болезнь, как элемент хаоса, повышает приспособляемость организма, но в больших дозах может привести к смерти. Но если убрать всю инфекцию, человек тоже умрет. Порядок часто бывает опаснее хаоса. Для того, чтобы развиваться, надо подняться над порядком и хаосом, а это возможно лишь при накоплении и увеличении чувства любви.

— Вам всем предстоит это сделать, — говорю я женщине. — Теперь все зависит от Вас.

То, что я считал третьим уровнем земного, на самом деле оказалось первым уровнем духовного. Есть два уровня земного и два уровня духовного. Человек сначала бросается к земному, и его душа чернеет. Тогда он отрицает все земное и бросается к духовному, и его душа светлеет и наполняется любовью. Но проходит время, и его душа, зацепившись за духовное, тоже начинает чернеть. И тогда он опять бросается к земному, и его душа, как ни странно, начинает светлеть. То есть высшее счастье было не в земном и не в духовном, а в момент перехода от одного к другому, в момент внутреннего объединения этих двух противоположностей. Бог-Отец является одновременно и Богом-Сыном, и Богом-Духом, и он выше их. Тот запас любви, который накопило человечество, пребывая в земном и духовном, должен поднять его на совершенно новый уровень, при котором запасы любви позволят человеку пребывать одновременно и в земном, и в духовном, то есть еще с большей силой почувствовать в себе Бога.

Любовь окунается в земное и духовное, а затем, чтобы она не приросла к земному и духовному счастью, разрушает все, что не является любовью. И в этом акте внешней трагедии есть высшее приближение к Богу. Но человеку не дано сознательно вершить это. Только Бог может совершить это для очищения любви.

Сегодня мне опять звонит пациентка и сообщает, что ее состояние все хуже и хуже. Несколько месяцев назад она сдала костный мозг для своей сестры, и той стало лучше.Я объяснял этой женщине, что у нее — зацепка за благополучную судьбу, и что, жертвуя своим благополучием и деньгами для сестры, она спасает не только сестру, но и себя. Проходит главное испытание.

— Вспоминайте всю жизнь и благодарите Бога за любые неприятности. Просите, чтобы это снялось с детей.

Она все делала, но я видел, что коренного изменения не наступило.

— Вы знаете, у меня самого не снята зацепка за благополучную судьбу. Поэтому Вам придется тяжело.

И вот сегодня она звонит, и я уже знаю, что ей сказать.

— Раньше,— говорю ей, — я думал, что выше судьбы лежит судьба человека на других планетах и в других мирах. То есть то же самое, только большего масштаба. Все то же земное. Оказалось — нет. Это уже не земное, это — духовное, то, что мы называем Бог-Дух. Но это только часть Бога-Отца. Бог-Отец есть высшая справедливость. И для того, чтобы ее почувствовать, разрушается справедливость земного, то есть Бога-Сына. И так же периодически разрушается справедливость высших духовных моментов. Но абсолютизация этого рождает огромную духовную агрессию и жестокость, и человек очищается здесь высшей несправедливостью со стороны других людей и со стороны своей судьбы. То есть зацепка за духовность, за Дух Святой, очищается высшей несправедливостью, то есть земным и духовным беззаконием. У России, например, при ее огромном духовном потенциале, блокировка абсолютизации духовности происходила как постоянный произвол в экономике и нравственности. Дикие, нелепые вещи, происходившие с Россией и ее народами, как ни странно, были принудительным очищением от абсолютизации духовности.

— Так вот,— обращаюсь к женщине,— Ваша зацепка за благополучную судьбу не снималась потому, что не была снята зацепка за Духа Святого. Ведь кажется, что может быть несправедливее — Вы спасаете сестру, а сами можете умереть? И Вы начинаете презирать себя и свою судьбу. И Вы внутренне не принимаете эту ситуацию, как данную Богом. За любой, даже высшей несправедливостью — стоит Бог. И чувствуя это, Вы агрессией на несправедливость отрекаетесь от любви и Бога.

Я вижу, что женщина поняла. Мы прощаемся, и я кладу трубку. Кажется, еще одна мучительная ступень преодолена.

ЗАКЛЮЧЕНИЕ

Весной 1993 году вышла моя первая книга. Одновременно я работал над второй и думал завершить работу в августе 1993 года. Но постоянно возникали разные проблемы, что-то мешало, под вопросом был выход второй книги вообще. Полтора года я переделывал текст и пытался одновременно оформить все это единой концепцией. Надеюсь, мне это удалось.

Последнее время под моим именем вышло много подделок второй книги. Но я думаю, читатели разобрались сами. Когда я начинал работу над книгами, то считал, что многое понял об окружающем мире, но оказалось, что я сделал только два маленьких первых шага. На мои исследования уходит много сил, поэтому я прием прекратил. Надеюсь, что информация, изложенная в книге, поможет читателю самостоятельно разобраться в своих проблемах. Из-за отсутствия времени ни на одно письмо, присланное мне, я не ответил. Думаю, книга будет лучшим ответом. Если я сумею сделать еще один шаг в познании мира, то напишу об этом.

Я желаю всем читателям добра и счастья.

Март 1995 года   Санкт-Петербург

СОДЕРЖАНИЕ

В первом квартале 1996 г. Академия Парапсихологии планирует выпуск книги С.Н. Лазарева

"Случаи из практики"

Ввиду большого количества подделок книг С.Н. Лазарева точную информацию о выходе планируемых издательством книг предлагаем получить по контактному телефону:

(812)252-68-97

На базе Петербургской Академии Парапсихологии планируется создание Института Прогнозирования. Академия Парапсихологии предлагает специалистам в любой области сотрудничество в этом направлении. Лучшие статьи, разработки и предложения будут опубликованы в специальном сборнике, включающем три уровня прогноза: на один год, на три года и на ближайшие пять — десять лет. Издание сборника планируется в марте — апреле 1996 г.

Академия планирует создание банка данных и оценку рейтинга всех ведущих специалистов; прогнозирование будущего.

Справки по контактному телефону:

(812) 252-68-97

Академия Парапсихологии планирует создание Духовного центра в городе Санкт-Петербурге. С предложениями и проектами обращаться по контактному телефону:

(812) 252-68-97

Лазарев Сергей Николаевич

ДИАГНОСТИКА КАРМЫ

книга первая
СИСТЕМА ПОЛЕВОЙ САМОРЕГУЛЯЦИИ

книга вторая
ЧИСТАЯ КАРМА

Лицензия ЛР № 063469
Подписано в печать 30.06.95
Формат 84×108$^{1}/_{32}$. Гарнитура Таймс. Печать офсетная.
Усл. печ. л. 22. Заказ № 35. Тираж 100 000 экз.

Издательство «Академия Парапсихологии»
191014, Санкт-Петербург, Саперный пер., д. 14

Отпечатано с готового оригинал-макета в типографии им. Володарского
Лениздата. 191023, Санкт-Петербург, Фонтанка, 57.